新文科背景下经管类专业系列教材

U0497727

营销策划

理论与实务

▶ 主　编　刘　伟

▶ 副主编　李　斌　周　晓　罗　强　高丽丽

▶ 参　编（排名依据参编章节先后排列）

　　　郝丽哲　张　露　谢　婷　吴　蓉

　　　冯子芸　周燕珍　杨　岚　罗晓岚

　　　李　娟　曹思奇　陈　勇

西南财经大学出版社

中国·成都

图书在版编目(CIP)数据

营销策划理论与实务/刘伟主编;李斌等副主编.—成都:西南财经
大学出版社,2024.5(2025.3 重印)
ISBN 978-7-5504-6175-8

Ⅰ.①营… Ⅱ.①刘…②李… Ⅲ.①营销策划 Ⅳ.①F713.50

中国国家版本馆 CIP 数据核字(2024)第 083292 号

营销策划理论与实务

YINGXIAO CEHUA LILUN YU SHIWU

主　编　刘　伟

副主编　李　斌　周　晓　罗　强　高丽丽

责任编辑:冯　雪

责任校对:金欣蕾

封面设计:墨创文化

责任印制:朱曼丽

出版发行	西南财经大学出版社(四川省成都市光华村街55号)
网　　址	http://cbs.swufe.edu.cn
电子邮件	bookcj@ swufe.edu.cn
邮政编码	610074
电　　话	028-87353785
照　　排	四川胜翔数码印务设计有限公司
印　　刷	成都市火炬印务有限公司
成品尺寸	185 mm×260 mm
印　　张	17.875
字　　数	446 千字
版　　次	2024 年 5 月第 1 版
印　　次	2025 年 3 月第 2 次印刷
书　　号	ISBN 978-7-5504-6175-8
定　　价	49.80 元

1. 版权所有,翻印必究。

2. 如有印刷、装订等差错,可向本社营销部调换。

3. 本书封底无本社数码防伪标识,不得销售。

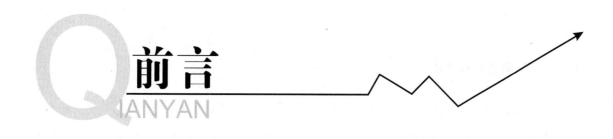

前言
QIANYAN

党的二十大以来，国家经济布局逐步优化，产业结构稳步调整，生态经济、环保经济、文化经济等新的经济增长点不断涌现，国家经济取得新一轮飞速发展。今天的中国已经成为世界第二大经济体、第一大货物贸易国、第一大外汇储备国，对世界经济增长贡献率连续多年高比例增长。此外，中国拥有世界规模最大的中等收入群体，消费结构升级正在加速，释放新型消费巨大动能。这些成就为营销领域的应用和发展提供了千载难逢的机会。在大数据、"互联网+"、人工智能技术及其驱动的产业高速发展的背景下，新观念、新技术、新方法和新思维等必然融入营销领域，丰富营销理论体系，创新营销实践，培养高素质、应用型营销人才，为高等教育提出了新的要求。

在这样的时代背景下，本教材编写团队根据专业教学改革与人才培养的新要求，着力开发符合"互联网+"时代特征的、实用性强的理实一体化营销策划教材，着力开发一套与课程思政紧密结合的营销策划教材，以更好地达到国家营销策划人才培养要求。

1. 教材编写理念

教材主要面向应用型本科院校及高职高专院校财经商贸类专业学生，以培养高素质、应用型营销策划人才为目标，以"精讲多练、能力本位"的教学要求为准则，体现出"立足应用型教育、注重课程思政、彰显理实一体、尽显能力导向"的编写特点。教材设计既符合社会需求，立足应用型本科院校和高职高专院校财经商贸类专业的学生教育，又符合教学特点，突出对学生实践技能、综合素质的培养。教材编写在系统的理论框架的基础之上，大量地引用了教学案例、知识拓展和多角度营销策划视角，加强对营销策划教学的情景训练。教材内容选择既注重理论的系统性、思政性、科学性，特别是将课程思政元素贯穿教材始终，又注意突出营销策划实务，突出对学生职业技能的训练，以大量简单可行、实用性强的案例分析与实训项目应用于学生实践教学。教材编写充分体现课程思政导向，教材体例、教材内容、课后练习充分体现思政元素，注重培养学生良好的道德品质，促进学生在专业学习的过程中养成良好的思想品德。

2. 教材内容设计

在教材体例设计上,教材在每章的开篇通过典型的【导入案例】,引导学生对所学内容有个初步的思考,带着问题进入学习;在各章的理论知识和实务实训中穿插【实例】和【策划视角】,帮助学生更好地理解该部分内容和拓展学生的知识面,培养学生的学习能力和实践能力;在每章理论与实务学习内容后,安排【知识训练】帮助学生进一步牢固掌握营销策划相关知识,检验学生的学习效果;每章安排【能力素质训练】,通过案例分析与实训项目,锻炼和提高学生的思辨能力和应用分析能力,帮助学生深化营销策划实务操作、提升营销策划实践技能。每章内容不管是学习目标、能力素质目标的制定,还是教材内容的编写、案例的引入,或是课后知识技能训练的编排,全部贯穿和融入了思政元素。

教材设计体例新颖、内容简洁、案例丰富,实践特色明显,并将企业界、学术界的最新动态有机地穿插到各部分内容,从而在较成熟的营销策划学框架之上,构筑出较为新颖、充实的内容体系。

3. 教材特色体现

(1)目标导向明确。教材建立在塑造培养高素质应用型人才和技术技能人才为目标的教育理念基础之上,以高素质、应用型人才的社会需求为导向,注重学生的思想品德提升和综合素质提高,从写作指导思想到内容筛选、编排,从体例设计到每一章节构架,从撰写方式到表述方法,都以营销策划实务能力为出发点。

(2)突出能力培养。依据高素质、应用型人才培养的需要以及学生学习的能力和兴趣等,以理论联系实际为原则,突出学生职业核心能力的培养,将知识、能力和素质等要素贯穿和融合到具体的教学环节中。

(3)强化创新意识和创新思维。教材提倡使用经典案例和最新案例,增加了互联网时代新型的营销专题策划,加入了拓展性知识、策划视角等专栏,加强了对学生营销策划技巧和创意的培养,力求教材形式多样、创意无限,有利于学生创新创业能力的培养。

(4)突出思政元素,培养学生综合素质。教材编写充分体现课程思政导向,教材体例、教材内容、课后练习充分体现和融合思政元素,注重培养学生良好的道德品质,促进学生在专业学习的过程中养成良好的思想品德。

教材由宜宾学院刘伟教授担任主编，负责设计全书结构和大纲，负责全书的总纂、统稿并最终修改定稿。李斌、周晓、罗强、高丽丽老师担任副主编，协助主编审核教材内容。各章写作分工如下：前言，刘伟；第 1 章，刘伟、郝丽哲；第 2 章，张露；第 3 章，罗强；第 4 章，谢婷；第 5 章，吴蓉；第 6 章，李斌、冯子芸；第 7 章，周燕珍；第 8、10 章，高丽丽；第 9 章，杨岚；第 11、12 章，周晓、刘伟；第 13 章，罗晓岚；李娟、曹思奇、王辉、陈勇负责部分企业案例收集与开发。在此对参与编写的宜宾学院李斌、谢婷、郝丽哲、周燕珍、杨岚、冯子芸、李娟老师，成都工业学院罗强老师，西华大学张露老师，宜宾职业技术学院周晓、高丽丽、吴蓉、罗晓岚老师，宜宾五粮液集团公司战略发展部曹思奇女士及宜宾丽雅城市建设发展有限公司王辉、陈勇先生的辛勤付出表示感谢。

教材编写借鉴了很多学者的观点和研究成果，在此对为营销策划理论做出贡献的学者和专家表示感谢！此外，书中难免存在不足之处，恳请专家学者和企业界的朋友批评指正。

刘伟

2023 年 10 月

目录
MULU

第一章　营销策划概述

【学习目标】

知识目标：

1. 熟悉营销策划及相关概念，正确认识营销策划的作用。
2. 了解营销策划行业及机构，正确认识营销策划人员的素质要求。
3. 掌握营销策划的要素构成，掌握营销策划的基本流程。

能力素质目标：

1. 使学生能利用营销策划的要素构成分析、解决问题。
2. 使学生能利用营销策划流程解决营销实务问题。
3. 培养学生具备营销策划专业素质、能力素质和综合素质。

【导入案例】

"快手"的东京奥运会营销策划

2021 年 7—8 月，作为四年一度的盛事，东京奥运会因疫情延迟，受到了更多的瞩目。

因疫情延迟一年的东京奥运会开幕前夕，有消息称日本当地电视机销量增长，不断调整的政策让这一届奥运会的观赛体验发生变化。作为该届奥运会持权转播商，"快手"从社区生态、嘉宾阵容、互动体验等维度全景展现了东京奥运热点的商机与快手全域营销的蓝海机遇。

一、快手，"正面出击"东京奥运营销

1. 正：正版

可以说，"快手"是全球首家获得奥运转播版权的短视频直播平台。东京奥运会期间，"快手"平台优势与奥运版权内容碰撞，从内容到互动、从短视频到直播，从冠军到全民参与，一次全民奥运的"云互动"体验正在徐徐拉开。拥有真正版权内容这一点不需要做太多说明了，正版内容代表了权威、一手与及时。对于企业营销推广来说，正版内容、持权平台的选择是基本，当然有正版内容又有流量，且符合当下全民观赛体验模式的平台，更是优先选择。

2. 面：全面

奥运前方演播室，17×24 小时精彩不间断放送，场内外热点及时触达，全面直击。

在版权型合作方面包括热门比赛点播、巅峰时刻集锦、突发二创话题等，比如女排、羽毛球、游泳等中国队优势比赛项目毋庸置疑是备受国人关注的，还有每一个夺金巅峰时刻的全方位报道也同样极具吸引力，而短视频、直播等方式恰恰可以让内容维度更加丰

富。在奥运队合作方面，5 支冲冠高优国家队（女排、赛艇、皮划艇、羽毛球、游泳）与"快手"官方合作，从内容报道到运动员合作，做到专业、垂直，内容全面多维度展现奥运盛宴。

3. 出：出圈

像奥运会这样的全民超级热点，无疑是品牌出圈的好机会，过去众多快消、大众、互联网等品牌通过各类全民类赛事（奥运会）、晚会（春晚）的赞助、植入等方式破圈出圈。随着移动互联网的兴起，人们的阅读习惯日益碎片化，年轻一代观看比赛的习惯也在改变，相比于体育直播，短视频因其"短平快"迅速走红。在人们习惯迁移的主因下，"快手×奥运"成为品牌出圈的机会点，有其特别归因。一是有顶流圈的加入，黄渤、黄景瑜、林更新、郎朗、孟美岐、杨幂等 120 多位明星加持"体娱跨界大事件"；黄健翔、邓亚萍、魏秋月等 30 多位体育大咖坐镇"陪你聊不停"；白小白、天舒、芈姐等 200 多位"快手大 V"齐看奥运，一同线上"云观赛"。二是有次元圈：神秘"萌宠"养成带你玩转奥运赢福利，全新破次元互动体验。

4. 击：直击

现场演播室第一时间与冠军互动，明星及体育大咖等参与的直播节目引人入胜。比如《冠军来了》节目，现场邀请夺金冠军在东京奥运前方直播间即时访谈，快速直击并实时互动。通过短视频、直播方式让全民随时随地透过快手抓住每个比赛瞬间。

另外，观众也可以通过短视频二创方式挖掘更多奥运故事。每一个登上奥运舞台的选手，都有直击人心的拼搏故事，这些故事也会成为奥运这场盛宴中令人难以忘怀的"美味"。

二、"快手×奥运"的营销策划机会点

"快手"在拿到转播权时就对外发布了"奥运五环增长引擎"，即顶流助推不打烊、创新交互不打烊、多重福利不打烊、版权内容不打烊、多元栏目不打烊。

营销策划中讲究借势，借势是"策略+执行"，跟风是"盲目+蛮干"。不要错过任何热点，要学会借势。比如奥运会就是绝佳的借势机会，但一些品牌如果不是奥运会官方合作伙伴，一旦借势不当，错用奥运会信息，就会带来一些麻烦，而与有版权内容的转播平台合作也是一种可选方式。那么，在此次"快手×东京奥运会"营销策划方面，企业该如何找到借势机会点进行营销策划？

1. 赛程机会

从 7 月 23 日到 8 月 8 日，17×24 小时不间断内容，从开幕到闭幕，从中国第一金到各个热门比赛，奥运会的热点不是短期的即时热点，而是长效的超级热点，每个阶段都会有品牌参与的时机。

营销机会点小贴士：有代言有赞助权的品牌可以采取全平台流量运营，精准信息流锁定对某体育项目、运动员关注人群；无代言无赞助权的品牌可以与平台栏目合作、参与相关话题内容创作。

2. 内容机会

从版权内容的全赛程热门比赛点播，到三档独家栏目《老铁早上好》《冠军来了》《奥运1年级》以及边聊边看红包不断的《大话奥运》……内容多样，全面直击奥运。

营销机会点小贴士：可植入集锦资讯类内容，进行全站 Push/开屏/全站弹窗卡片等站内优质资源推广，如《老铁早上好》；可开展直播访谈类内容，在演播室权益、主持人口播、视频包装等植入品牌，如《冠军来了》。

3. 互动机会

"快手×东京奥运会"的组合必然是一次全新互动伴随式观赛体验，让观众可以随时随地、边聊边看，同时"快手"推出趣味闯关赢取好礼"快手状元—奥运答题季"互动活动，深度结合赛事定制的互动游戏贯穿奥运全程，游戏对战、闯关答题、红包雨等创新交互、多重福利（如快币奖励、现金红包、品牌礼券、游戏金币等）激发老铁的参与热情。

营销机会点小贴士：可以用红包卡券形式，红包封面植入品牌元素、拆红包品牌卡券发放，品牌联动高效转化用户；可以定制挑战，吸引达人、体育名人、用户共创，定制魔表挑战赛，运动员、达人发布挑战，老铁跟随创作，用户参与互动助力品牌出圈。

不是所有的热点都是全民超级热点，奥运会这样的机会四年一次，然而东京奥运会我们等了五年，而拥有月活用户 5.19 亿（2021 年数据）、每位用户日均使用时长 99.3 分（2021 年第一季度数据）的快手与东京奥运会"碰撞"的火花足够绚烂，不能去现场观赛的空间现状与几乎无时差感观赛的时间现实，更是让此次"快手×东京奥运会"多了的全新体验，两者结合更是造就了奥运营销的成功策划。

资料来源：根据央视财经公众号文章《快手的东京奥运会营销攻略》改编。

营销策划推动着我们这个精彩的世界。创新性和艺术性是营销策划永恒不变的两大主题。面对逐渐升级的竞争以及同质化的产品，企业必须不断地尝试和实施与竞争对手差异化的营销策划思路、方法，使策划活动充满艺术性、观赏性，甚至和消费者产生情感共鸣，赢得消费者对企业和产品产生较高的认同感，从而将其转化为购买行为。

第一节　认识营销策划

一、策划与营销策划

（一）策划

策划思想及策划行为在我国古代就已出现。"策"指的是竹子编成的马鞭，有驱使和促进的含义。《吕氏春秋》中的"此胜之一策也"，可以译为"这是取得胜利的一种谋略"，因此"策"也有"谋略"之意。"划"则有计划和划分的含义。"策划"一词最早出现在《后汉书·隗嚣专》"是以功名终申，策画复得"一句中，此处"画"通"划"，译为计划和打算。流行至今的"三思而后行""先谋后事者昌，先事后谋者忘"，"运筹帷幄之中，决胜千里之外"等名言，都具有策划思想。在中国传统文化中，"策划"与"计谋""谋略""筹划"等含义相近，在大多数情况下可以替代使用。

从古至今，人们为了达成特定目标，总是有意或者无意地进行策划活动。最早的策划出现在军事领域，在我国的战争史上不乏大量的令人称赞的经典策划活动，比如"完璧归赵""鸿门宴""火烧赤壁"等。古人说的"运筹帷幄之中，决胜千里之外"的本质就是军事策划。在当今社会，商业领域等同于战场，即在商业中进行策划以取得商战中的胜利。

随着经济社会的发展，人们对策划的理解和使用逐渐深入。日本策划家和田创认为，策划是通过实践获得最佳成绩的智慧。而美国著名市场营销学家菲利普·科特勒认为，策划需要遵循一定程序，在本质上是一种思考的理性行为。

"策"指计策、谋略，"划"指计划、安排，连起来就是指有计划地实施谋略。从广义上来说，策划是社会组织或者个人为了取得成功而对未来活动进行的谋划、筹措、计划，是对某一项活动的方向、目标、程序进行全面翔实地预先安排与设计。从狭义上来讲，策划指的是人们为了达到某种预期的目标，借助科学方法以及创新性思维，对策划活动进行环境分析，优化自身资源配置，进行调查、分析、设计并制定行动方案的行为。策划可大可小，时间可长可短。好的策划，能环环相扣、前后呼应，须组织者因时、因地制宜，集天时、地利、人和，整合各种资源而进行周密安排。

策划具有如下特征：

1. 可行性

策划不是空想，策划方案的产生要建立在现有人、财、物的基础上，要具有可操作性，不可脱离实际。

2. 目标性

策划过程中的一切活动始终不能脱离目标，任何策划都必须把握原则与方向。

3. 开创性

策划是一种创造性思维，要突破常规，富有新意，不落俗套。策划产生的创意、制定的方案应该具有开创性，而不是遵循习惯思维，方案制定要体现新、特、奇，具有吸引力。

4. 前瞻性

策划是一种超前思维，对于可能产生的效果有明确的预测，策划者必须有超前意识，有长远眼光，在设计方案时要高瞻远瞩。对策划方案实施过程中可能遇到的变化与困难，策划者需事先做出评估并制定应变对策与措施。

5. 整合性

从资料整理分析、信息数据处理、策划方案构思、策划方案制定、方案实施到最后的信息反馈与策划方案评估，策划是一种全方位、多谋略、多手段的整合。精心组织，合理组合，方能达到理想的策划效果。

(二) 营销策划

1. 营销策划的概念

营销策划（marketing plan），是市场营销策划的简称，是在对企业内部环境予以准确的分析，并有效运用经营资源的基础上，对一定时间内的企业营销活动的行为方针、目标、战略以及实施方案与具体措施进行设计和计划。

营销策划是企业主要活动内容之一，是企业对将要发生的营销行为进行超前规划和设计，从而提供一套系统的供未来参考使用的企业营销方案。这种策划以对市场环境的分析和市场竞争信息为基础，充分考虑到外部环境的机会与挑战，自身资源条件的优劣势，编制出规范化、程序化的行动方案。也可以说，营销策划是策划主体根据企业的整体战略，在对企业外部环境和内部条件进行分析的基础上，设定预期的营销目标并精心设计营销因素，从而高效地将产品或者服务推向目标市场的操作程序。

营销策划是为了改变企业现状，完成营销目标，借助科学方法与创新思维，立足于企业现有营销状况，对企业未来的营销发展做出战略性的决策和指导。营销策划适合任何一个产品，包括无形的服务，它要求企业根据市场环境变化和自身资源状况做出相适应的规划，从而提高产品销量，获取利润。

【实例 1-1】　　　　　　　华帝："法国队夺冠退全款"

2018 年 7 月 16 日凌晨，俄罗斯世界杯决赛法国以 4∶2 战胜克罗地亚，时隔 20 年再次捧得大力神杯。全球一片沸腾，但朋友圈里，除了法国队，华帝也刷了屏。

"法国队夺冠，华帝退全款"的活动将夺冠的法国队和华帝紧紧地联系在了一起。

购买华帝"夺冠套餐"并成功参与"法国队夺冠，华帝退全款"活动的消费者，华帝将按所购"夺冠套餐"产品的实际付款金额退款。由华帝董事长履行承诺签字，正式启动了退款流程。

一时间，"华帝退全款"火遍全网，且迅速占据了百度搜索热点的榜首，相关消息也不断推出。

与此同时，华帝线上线下的退款工作已经开始，天猫、京东、苏宁易购等电商渠道的售前售后全员在线加班处理，流量堪比"618"。有趣的是，友商也发来"慰问"——"好担心你"。

资料来源：根据营销策划网（https://www.yxcehua.com/10386.html）文章《华帝世界杯退全款事件营销》改编。

2. 营销策划的特点

营销策划是现代企业管理的重要内容，是企业竞争力提升的必由路径。根据营销策划定义可以总结出营销策划的以下特征。

（1）创新性。创新性是营销策划的关键以及灵魂。企业采用创新的营销手段，通过不断研制新产品投放市场，达到"人无我有"的状态，进而赢得更多客户，获得较大的市场份额，赢得较大效益。营销策划切忌模仿他人、缺乏创意，否则会失去策划的生命力。只有拥有创意的营销策划才能在如今激烈的市场竞争中脱颖而出，最终取得成功。

（2）战略性。企业营销策划不能脱离企业的整体战略而独立存在。无论营销策划如何完美，如果与企业整体战略方向发生冲突，肯定没有好的结果，甚至对企业长远发展带来不利影响。因此在做营销策划时，一定要依托企业战略和目标，明确营销策划是为了企业战略的实施和目标的实现而存在的。

（3）可操作性。营销策划不是空洞的理论说教，它具有较强的实践性和应用性，在营销策划落实到企业营销实践的过程中，需要借助营销策划理论回答企业市场营销活动中"为什么、是什么、如何做"的问题。因此，营销策划是在创新性的指导下，以企业战略和目标为依托，为企业的市场营销拟定具有现实可操作性的营销策划方案。

（4）系统性。营销策划是一项系统工程设计，需要全面考虑影响营销策划目标实现的各种因素，并用科学、周密、有序的系统分析方法，对各种因素恰当组合和搭配，对企业的市场营销活动进行分析、创意设计和整合。在此基础上，系统地形成目标、手段、策划与行动高度统一的思维过程和行动方案。

（5）动态性。任何事物都处于动态的环境中，市场环境复杂多变，营销策划倘若机械、刻板，不能根据市场环境和自身资源特征进行更改与调整，便不具备可行性。因此，在动态的营销环境中，策划思想、策划模式和策划方案要因时制宜、因地制宜做出调整和改变，增强营销策划的适应性和适用性。

二、市场营销及其与营销策划的联系

（一）市场营销

在企业的经营过程中，营销策划、营销管理、营销组织、营销控制都在营销实践中不断地修正、改革、完善，要认识营销策划，就需要认识市场营销及其管理过程。

美国著名管理学家彼得·德鲁克曾指出："市场营销是企业的基础，不能把它看作单独的职能。从营销的最终成果，亦即从顾客的观点看，市场营销就是整个企业活动。"美国著名市场营销学家菲利普·科特勒是这样定义的：市场营销是"个人和集体通过创造提供出售，并同别人自由交换产品和价值，以获得所需之物的一种社会和管理过程"。由此可见，市场营销是企业以顾客需求为出发点，有计划地组织各项经营活动，为顾客提供满意的商品和服务而实现企业目标的过程。

市场营销的含义包含了以下几个要点：

第一，市场营销是企业有目的、有意识的行为，其中满足和引导顾客的需求是市场营销的出发点和中心。企业必须以消费者为中心，面对不断变化的环境，做出正确的反应，以适应消费者不断变化的需求。企业应通过开发产品并运用各种营销手段，刺激和引导消费者产生新的需求。

第二，市场营销的对象不仅包括产品、服务，而且包括思想。

第三，市场营销的主要内容是对思想、产品及劳务进行设计、定价、促销及分销的计划与实施，强调的是营销管理全过程——计划、组织、实施与控制。

第四，市场营销的目的是"完成个人和组织目标的交换"。市场营销的核心是交换，只有实现交换，才能达到企业目标，市场营销是在经营过程中达成企业目标不可缺少的环节。

【策划视角 1-1】　　　　　　　　海尔的市场营销理念

1. 紧盯市场创美誉。紧盯市场的变化，甚至要在市场变化之前发现用户的需求，用最快的速度满足甚至超出用户的需求，在恰当的时期创造美誉度。

2. 绝不对市场说不。每个岗位的员工都要迎合市场，创造顾客满意度。形成以每个员工为单位，尽力让所有的用户满意。

3. 用户永远是对的。海尔提出"星级服务"，其宗旨是"用户永远是对的"。用户就

是衣食父母，只要能够不断给用户提供满意的产品和服务，用户就会给企业带来最好的效益。

4. 用户的抱怨是最好的礼物。用户抱怨的内容，正是我们工作改进的方向。

5. 创造感动。创造感动就是对工作充满激情，就是用"心"工作，对产品用心，对用户用心，用心去感动用户。

6. 先讲信誉后卖产品。质量是产品的生命，信誉是企业的根本，产品合格不是唯一的标准，用户满意才是目的，营销不是"卖"而是"买"，通过销售产品的环节树立产品美誉度，"买"到用户忠诚的心。

7. 只有淡季的思想，没有淡季的市场。海尔认为企业的经营目标应紧贴市场，最重要的是开发市场，创造新市场，从而引导消费来领先市场。

8. 浮船法。只要比竞争对手高一筹，"半筹"也行，只要保持高于竞争对手的水平，就能掌握市场主动权。

企业为了实现市场营销中交换的目的，达到预期的效益目标，必须设法创造性地构建与市场间的联系，实现并完善企业与消费者之间的交换关系。因此，企业在市场营销活动中既要科学分析市场、顾客以及各种影响因素，在此基础上合理安排、有效设计和实施自己的经营活动，以求得在合适的时间、地点以及价格向消费者提供适当的产品，并且在与消费者沟通中采取适当的促销方式。为了使得以上活动变成现实，市场营销人员必然需要进行营销策划。

（二）市场营销与营销策划的联系

营销策划在发展之初只是附属企业市场营销的一项职能，在企业内部设置专人或职能部门，兼职进行市场营销策划。直到20世纪50年代，美国有些公司出现独立的营销策划职能部门，但其职能早期也只有广告策划和公共策划。在我国，营销策划直到20世纪80年代末才开始兴起，最开始主要是"点子"创意。直到20世纪末期，营销策划发展为广告公司、文化传播公司、管理咨询公司等法人实体，从业人员素质也不断提升，营销策划也由个体行为演变成了团队行为、专业行为，并实现长期发展。

营销策划是在营销理念基础上的策划，是对市场营销活动的设计与计划。营销策划是根据企业的营销目标，以满足消费者需求和欲望为核心，设计和规划企业产品、服务、创意、价格、渠道、促销方案等内容。

营销策划是企业市场营销活动的基础，指导企业营销行为。营销策划是一种运用智慧与策略的营销活动与理性行为，是为了改变企业现状，达到理想目标，借助科学方法与创新思维，分析研究创新设计并制定营销方案的理性思维活动。这是为实现营销目标而对营销策略进行实际运用的活动，是营销管理全过程的重要组成部分。

理论上讲，市场营销是一个大的范畴，而营销策划则是市场营销的一个部分。市场营销（marketing）又称为市场学、市场行销或行销学，是指个人或集体通过交易其创造的产品或价值，以获得所需之物，实现双赢或多赢的过程。市场营销基本理论包括了市场调研、市场分析、营销策划、营销战略、营销策略、营销组织与控制、营销应用与创新等，营销策划属于市场营销理论中的一部分。

三、营销策划的要素构成与作用

(一) 营销策划的要素构成

营销策划是策划在经济领域的典型应用，是企业为达到一定的营销目标，在掌握有关营销信息的基础上，遵循一定的程序，对未来的营销活动进行系统全面的构思，谋划、制定、选择、完善营销方案的一种创造性活动过程。营销策划是市场经济条件下成功开展企业市场营销活动的重要前提。一项完整的营销策划，由以下要素构成。

1. 营销策划的主体——策划者

营销策划的主体是进行营销谋划，提出策划方案的策划者。

策划主体有两大类：一类是以个人为主体的策划者，既可以是独立的自然人，也可以是企业、组织或专业策划公司的策划人员；另一类是以机构或组织为主体的策划者，既可以以企业组织的策划团队、专家团队的形式出现，也可以以具有执业资格的职业策划公司/策划团队的形式出现。由于营销策划是一种高智力、知识密集型的创造性活动，对专业知识、创新思维、逻辑能力、技能技巧等方面要求很高，因此要求营销策划者有较强的综合素质和能力素质。

为保证营销策划的实施和效果，企业在开展营销策划前，应择优选择营销策划主体，确保制定优质高效的营销策划方案。目前，更多的企业选用营销策划主体会考虑专业性较强的商业咨询公司、策划公司或专业性较强的科研院所担任。

2. 营销策划的客体——策划对象

营销策划的客体是结合企业策划目标开展营销策划工作的策划对象。

营销策划对象大体可分为四类：一是对企业或组织内部的员工群体、个人、决策层所构成的对象因素的策划，二是对企业外部的顾客，经销商、代理商、相关公众所构成的对象因素的策划，三是对产品、部门、地区等组织构成的对象因素的策划，四是企业营销过程中对市场选择、市场定位、市场营销组合因素、营销现象等构成的策划因素的策划。

营销策划对象类别不同，且处于不断发展变化的宏观环境和微观环境之中，因此识别营销策划客体，针对策划对象的特点采用不同的方法手段制定营销策划方案非常重要。

【实例1-2】 　　　　　　　　从第三空间到第四空间

随着消费升级和新消费群体的兴起，众多新消费品牌发力各大细分赛道，为消费行业注入了新的活力。在资本和新一轮咖啡品牌加盟热的助推下，咖啡市场已经硝烟四起，加速开店、新品竞争、价格补贴等都成为各大商家互"卷"的方式。星巴克主张"第三空间"，瑞幸押注产品研发，库迪甩出低价补贴，咖啡"三国杀"，谁能笑到最后？

"第三空间"的定位曾让星巴克稳坐咖啡界第一把交椅，但面临兴起的"互联网咖啡"，星巴克也不得不做出转型。近年来，星巴克越来越多地提及"第四空间"，加强数字化服务，包括啡快、专星送和2023年3月上线的沿街取服务。目前，在星巴克App、美团、饿了么等平台均可享受专星送服务，起送20元、配送费9元。星巴克还铺开了"啡快"概念店，门店面积较小，通过店内的中央厨房，为客户提供自提和外卖的服务。在客流高峰时段，啡快概念店将分担附近门店的专星送订单，减少商圈内其他门店顾客的等候时间。据悉，星巴克中国上一季度专星送（外送业务）销售额同比增长63%，占销售总额的25%，折合人民币约14.75亿元。

资料来源：根据搜狐财经公众号《新消费观察》2023年41期文章《咖啡三国杀：星巴克、瑞幸、库迪，谁能笑到最后？》改编。

3. 营销策划的任务导向——策划目标

营销策划的任务导向是指营销策划所要达到策划目标，即通过营销策划预期达到的结果和策划者需完成的策划任务。

营销策划的任务导向引导企业根据市场状况和企业实际制定营销策划目标，针对策划对象制定不同的营销策划方案并应用于企业营销实践。策划目标的完成情况是评价和检查营销策划的重要标准。

策划项目不同，营销策划的目标也不同。策划目标可以是单一目标，也可以是复合目标。单一目标策划是指策划营销活动中针对策划对象所制定的具体的某一目标，如品牌推广策划、新产品价格策划，复合目标策划是指营销策划活动方案中涉及两个或两个以上的活动目标，如新产品上市之际同时对价格、渠道、促销等各项活动的预定目标进行策划。从企业角度来讲，是否需要就企业营销行为展开营销策划，如何确定营销策划目标是很重要的。常规性的企业营销活动，即企业能顺利进行和开展的营销业务不需要系统策划，无须浪费企业财力、人力、物力，而关系企业生存、影响企业发展等企业面临的重点、难点问题，才需要确定策划目标开展营销策划。

4. 营销策划的核心——策划创意

营销策划的关键在于创意，策划创意是营销策划的核心和灵魂。创意，即创造性的思维和意念，是一切思维成果的最初萌芽和价值所在，是营销策划主体最宝贵的思想精华。

创意的产生主要靠思维的积累，而思维的积累离不开对信息收集及整理的日积月累，长期积累信息并重视对信息的加工处理，才会实现灵感的爆发，无数灵感交错碰撞方能产生创意。策划创意的产生需要不断地吸收知识开阔思维，充分发挥想象力和创造力。创意为营销策划提出全新思路，凝结为营销策划最核心最具灵魂的内容。策划创意要求策划人员必须打破常规思维习惯、思维定式，用发散思维方式成功创造出优秀的营销策划方案。

5. 营销策划的载体——策划方案

营销策划以策划方案的制定为载体开展营销策划活动并实施。营销策划方案是策划主体从策划目标出发，创造性地作用于策划对象的产物，是在创造性思维的过程中，遵循科学的策划运作程序和步骤设计完成的。营销策划方案是营销策划活动最终的结果，它详细记录了营销策划的方法以及实施内容。营销策划方案也是企业营销策划活动成果的反映，为后续营销策划的实施及效果评估提供了对比依据。

无论从哪个角度研究企业营销策划，都应当明确营销策划的基本要素。营销策划主体根据已经掌握的信息判断事物的发展规律，针对营销策划客体分析亟待解决的问题，以企业营销策划目标为导向，充分发挥营销策划创意核心的作用，对营销方针、营销战略、营销策略、营销成本、营销手段等做出创新性构思与设计，在此基础上展开营销策划方案制定，并借此为载体开展营销策划实施、反馈和评估活动。

（二）营销策划的作用

随着市场经济的发展、社会环境的变化和营销理念的不断创新，营销策划在企业经营决策中的作用越来越重要，主要表现在以下方面：

（1）明确营销目标导向，避免企业营销活动的分散性和盲目性；

（2）提高企业经营决策水平，加强企业营销管理科学性和系统性；

（3）促使企业积极创新和拓展市场，有效提升企业市场竞争力；

（4）优化企业资源配置，降低企业经营成本和营销费用；

（5）树立企业形象，提升品牌价值，扩大企业无形资产；

（6）预估潜在风险，提前准备应急措施，降低市场风险，缓解营销危机。

【实例1-3】　　　　　五粮液飘香2022年成都米其林指南晚宴

2022年2月25日，"2022成都米其林指南官方合作伙伴"五粮液精彩亮相"感味星趣"2022年成都米其林指南晚宴，为现场嘉宾奉上了一场美妙的舌尖盛宴。

来自北京、上海、广州、成都等地的米其林餐厅主厨以奇巧精湛的厨艺，精心打造了6道风格各异、独具特色的菜品。其中，"煎焗挪威银鳕鱼"专为搭配穿越时空而来的经典五粮液独家定制，以菜品充分凸显经典五粮液美酒的独特口感，融美味、匠心和品鉴之道为一体，将西式菜品与中国白酒创意结合，食材的鲜香与五粮液的醇厚相互交融，带来了经典的味觉碰撞和极致的味蕾享受，让现场嘉宾纷纷点赞称好。

美食美酒都是不分国界、相融相通的世界语言，都是民心相通的纽带。活动现场，501五粮液、经典五粮液、第八代五粮液、国际时尚·五粮液、五粮液·缘定晶生等核心产品也集体亮相，向中外嘉宾展示了五粮液丰富的产品体系、深厚的文化底蕴和灵动的时尚表达。

资料来源：根据五粮液集团公司官网（https://www.wuliangye.com.cn/zh/main/）文章《五粮液飘香2022年成都米其林指南晚宴》改编。

第二节　营销策划基本流程

营销策划作为一种兼具科学性、艺术性、实践性的市场营销活动，其本身有严谨的逻辑设计思路，以及可操作的科学程序。一项优秀的营销策划方案的设计，绝非策划人员心血来潮随意编排的作品，而是遵循一定的程序达成项目策划构思并付诸营销实践的结果。因此，在营销策划时需要按照一定的流程进行，以提高营销策划的科学性和有效性。当然，企业营销策划程序并不存在一个标准的模式，但结合企业营销策划案例及其应用实践分析，营销策划的基本流程一般遵循以下七个步骤：界定营销问题、市场调研与环境分析、确定营销目标、营销要素策划、撰写营销策划书、营销策划实施与控制、营销策划效果评估（如图1-1所示）。

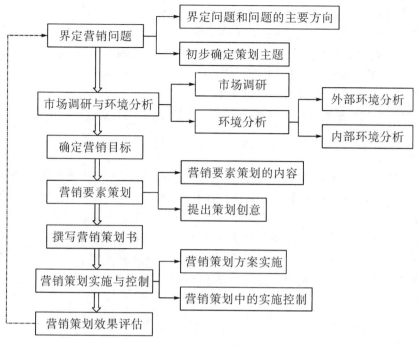

图 1-1 营销策划基本流程

一、界定营销问题

营销策划是为了解决企业营销管理中的特定问题，所以营销策划的首要工作是界定营销问题。只有准确地找到企业营销中的问题所在，后续的解决方案和营销策划才具有实践意义，否则再好的创意都是空谈。这个程序分两步完成：一是界定问题和问题的主要方向，二是初步确定策划主题。

（一）界定问题和问题的主要方向

企业在经营管理过程中可能会面临很多问题，但问题需要分清楚轻重缓急，不是所有的营销问题都需要用系统化的营销策划及实践应用来解决，一些普通的、大众化的营销问题只需要按照企业营销管理的常规思路去处理，而与企业发展方向和企业营销创新紧密相连的企业问题，如企业创新、市场竞争、产品上市、企业危机等，则需要周密筹划解决方案。

进行营销策划时，面对企业所显现的一大堆问题，不是立即替企业"开药方"，而是先帮助企业界定问题，即帮助企业找出主要问题及问题的主要方向。问题界定中需要逐层深入分析原因，切入问题重点，使复杂问题浅显化、直观化显示出来。这对于下一步针对确定的主题开展调查分析奠定了良好的基础，可以让市场调查与市场分析有的放矢，节约资源。

【实例 1-4】 **甘孜文旅局长霸气回应酒店投诉获全网好评**

2023 年 2 月 23 日，一位网友在短视频平台上发布视频称，自己带着朋友一起去四川甘孜旅游，在网上订了康定一家酒店的四个房间。刚订好没多久便遇到路牌提示大雪封山封路不允许通行。于是该网友选择了退款，"前 3 个房间都自动退款，第 4 个房间刚好卡在 5 分钟，商家就显示处理中，24 小时之内给答复"。结果商家第二天才回复，称房间留了一晚，拒绝退款。

该网友给了商家差评后，被商家开了小号辱骂。因此，网友在网络上曝光了此事，并@了当地文旅部门以及甘孜文旅局长刘洪的短视频账号。随后，该网友表示，当天已经有文旅局的工作人员联系了他，并了解了情况。

2月26日，康定文旅公布了此事的处理结果：

1. 查封该酒店，责令其停业整顿；

2. 向当事人退款并协商赔偿；

3. 向当事人公开道歉。

当晚，甘孜文旅局长刘洪在短视频账号上回应了此事，并表示借此机会告诉甘孜州所有经营户、酒店、饭店，一定要诚信经营，净化市场。"如果谁砸了甘孜旅游的锅，我一定砸了他的饭碗。"

这是一个针对旅游营销投诉事件的公关策划，整个事件的解决办法和事情的处理速度、态度收获了无数网友的好评。不少网友表示，"你这样处理，我们才能大胆过来旅游"，"太爱了，康定我一定去，太爱这种态度和处理方式了"，"最后一句话霸气，我没钱也要去耍一趟"。

资料来源：根据封面新闻公众号文章《网红局长放话："谁砸甘孜旅游的锅，我砸他饭碗"》改编。

（二）初步确定策划主题

明确了主要问题和问题的主要方向后，就可以初步确定策划主题。之所以是初步确定策划主题，主要是因为前期的问题界定并没有建立在详尽的市场调研和充分的数据信息分析的基础之上，只是对问题的初步界定、分析和判断。后续还要通过市场调研及充分的市场分析进一步找准策划主题及细化方向。

二、市场调研与环境分析

（一）市场调研

问题界定后，营销策划的主题也初步确定。在此基础上，策划者需围绕策划主题进行全方位的市场调查和市场分析，为后面的营销策划工作提供可靠的依据。一个成功的策划方案，要有良好的创意和策划技巧的应用，但是这并不意味着策划是空想的产物，或脱离现实情况的推测或假设，而是需要在市场调查分析基础上，用科学的方法进行策划，才可能达到事半功倍的效果。

（二）环境分析

基于市场调研的分析，有一个非常重要的内容，就是进行市场环境分析。环境分析包括企业外部环境分析和内部环境分析，即通过确定外部环境中蕴含的机会和挑战以及企业自身相对于竞争对手的优势和劣势，明确企业当前位置并预测未来发展方向。由此可见，环境分析对于营销策划的质量是至关重要的。没有环境分析，就没有营销策划的根据，会成为"无源之水""无根之木"，这样的营销策划是没有生命力和发展潜力的。

1. 外部环境分析

外部环境分析从调查分析整体经济信息入手，然后对产品对应的市场以及竞争对手进行考察分析。外部环境、市场以及竞争对手构成了企业的不可控变量。外部环境主要包括对宏观环境、行业环境和经营环境的分析。

对宏观环境的分析，主要着眼于对政治环境、经济环境、社会文化环境和技术环境等的分析。具体如图1-2所示：

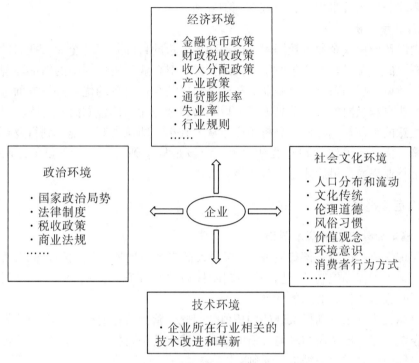

图1-2 宏观环境分析的内容

对行业环境的分析，需要考虑到行业竞争情况。可采用波特"五力"模型进行分析。具体如图1-3所示：

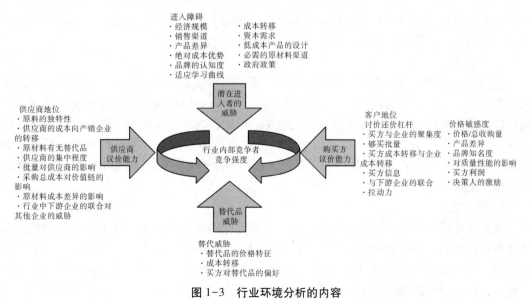

图1-3 行业环境分析的内容

对经营环境的分析，主要是对企业营销活动影响最直接的因素进行的分析，包括主要竞争对手的市场目标、现行市场营销策略、资源和能力、消费者的心理状况和购买行为、供应者、债权人、总市场规模、增长和趋势、市场特点等。另外，对消费者和竞争者的调查是外部环境分析的重中之重，应该做到细致和深入。

2. 内部环境分析

企业内部环境构成企业可控因素，内部环境分析的目的是评价企业所拥有的资源、与外部环境有关的资源以及与竞争对手有关的资源，对企业营销策划中的内部环境内容进行归纳。内部环境分析的重点应是企业的整体战略以及企业资源的优劣势等方面，其目的是制定符合企业自身状况的营销策划方案，以利于得到企业内部各方面的支持。

需要注意的是，外部分析的分析顺序是从大到小，即从宏观环境，到行业环境，最后是经营环境。但是在关注度和花费精力上，应该是从小到大，即最需要关注的是经营环境，其次是行业环境，最后才是宏观环境。

三、确定营销目标

(一) 确定营销目标的基本原则

美国管理学权威彼得·德鲁克说："管理人员应当由他所要达到的目标来管理，而不是由他的上司来指挥和控制。"他把这种制度称为"目标管理"。目标是企业预期要达到的结果，同时也是评价其业绩的标准。

营销目标就是营销策划要实现的期望值，因此，营销目标的确定是营销策划流程的关键环节。企业需在市场调研与环境分析的基础上确定营销目标。

营销目标的确定需要遵循以下原则。

1. 层次化

企业往往有许多不同层次的目标，企业在确定其目标时要先进行选择，并遵循和满足一定的要求。营销目标属于企业目标下面的目标，涉及产品和市场。广告、定价、服务水平等是确定营销目标的手段和方式，也是营销目标的下一层次目标，因此，不能将营销目标与定价目标、广告目标等相混淆。

2. 具体化

美国学者威廉·斯坦顿指出，目标应当明确具体地用文字表述出来，目标要大胆而现实且相互协调，并尽可能定量化。定量化是指企业的营销目标应该可以被量化和评估，只有可以量化和评估的目标，才能确认其成功率。因此，为了便于衡量与考核，切忌将战略目标变成笼统、空洞的口号，应尽可能将目标用数量表示出来，使目标清晰、明了。如"增加利润"这个目标，就不如"投资收益率提高10%"或"利润增加100万元"这样的目标易于把握与核查。

3. 现实性

现实性即所确定的目标是可行的。企业营销目标的提出不能是主观的臆想和希望，而应建立在对企业内外环境进行周密的调查研究和综合平衡的基础上。目标应具有充分的客观依据，并且经过努力是可以达到的。如果营销目标定得高不可攀，就会挫伤营销人员的积极性，起不到鼓舞和激励士气的作用。同时，营销目标也不能没有挑战性与激励性，否则不但不利于企业总体目标的完成，也会使企业丧失客户和市场。

4. 协调性

各项营销目标之间应是相互联系、相互制约的，只有相互协调，平衡衔接，才能获得良好的效果。营销目标之间的平衡协调，包括不同层次、不同职能、不同时期之间的平衡协调与衔接。在平衡协调中，应当分清主次，次要目标要服从主要目标，下层目标要保证上层目标，职能目标要保证总体目标，短期目标要保证长期目标的实现。如对一项季节性差异不大的公司核心产品来说，公司年度销售目标拟确定为年销售额 3 600 万元，而每月销售目标却确定为月销售额 200 万元，就无法保证公司年度销售目标的实现。

5. 时间性

营销目标要有明确的时间性，说明在什么时间完成相应的营销任务，达到既定的营销目标。

【策划视角 1-2】　　　　　企业常用的市场营销目标

企业常用的市场营销目标有以下几项：

1. 投资利润率（投资收益率）

投资利润率是指一定时期内企业所实现的利润总额与企业所有者投入企业的资本总额之间的比率，这是衡量和比较企业利润水平、获利能力的一项主要指标。

2. 市场占有率

市场占有率是反映企业竞争能力的一个指标，它可以分为绝对市场占有率和相对市场占有率两种。

绝对市场占有率，是指在一定时空条件下，本企业产品销售量（销售额）在同一市场上的同类产品销售总量（销售总额）中所占的比重。

相对市场占有率，是指本企业某产品的市场占有率与同行中最大竞争者的市场占有率之比。

3. 销售增长率

销售增长率是指产品销售增加额与基期产品销售额的比率。它是反映企业产品在市场上的成长潜力大小的一个指标。

4. 产品创新、塑造企业及其产品的良好形象等指标

产品创新、塑造企业及其产品的良好形象，越来越显示出其在企业战略目标体系中的重要性与深远性，它们反映的是企业创新能力和在市场上知名度、美誉度。实现这类目标对于提高企业竞争能力、扩展市场、延长产品市场寿命、扩大销售会长远地发挥作用。

除以上几项指标外，企业还可根据需要选择利润额、销售额、销售费用、产品服务质量、品牌影响力等作为其目标。

（二）设定营销目标的注意事项

第一，营销目标设置要明确，不能模糊。为了便于测量，营销目标需要量化。对于不易量化的目标，也需要设置较为客观的评价目标。

第二，营销目标设置要科学合理。营销目标不能设置得太高，也不要设置得太低。企业可在往年的目标设置基础上结合实际情况进行调整，也可以在对比竞争对手目标的同时结合企业自身情况来设置。

第三，如果存在多个营销目标，那么应该使营销目标相互协调一致。在不同营销目标之间有难以协调的矛盾时，要明确目标的优先顺序。

四、营销要素策划

（一）营销要素策划的内容

营销要素策划指企业根据营销策划目标，结合确定的营销策划主题，制定具体的要素策划（见图1-4）。从市场营销组合4P要素构成的角度，营销要素策划包括产品策划、价格策划、分销渠道策划、促销策划等。在营销观念不断发展、营销策略不断更新、营销手段不断丰富、营销方式不断细化的今天，更多形式的营销策划要素在企业营销实践中丰富发展、不断创新。品牌策划、新产品上市策划、包装策划、广告策划、公共关系策划、营业推广策划、事件营销策划、整合营销策划、新媒体营销策划、直播营销策划等更加具体深入的营销要素策划方式层出不穷，实现了营销策划由宏观层面到微观层面的延伸。营销要素策划需要在营销策划目标导向下，综合考虑并整体优化各种营销手段，取得良好的策划效果。

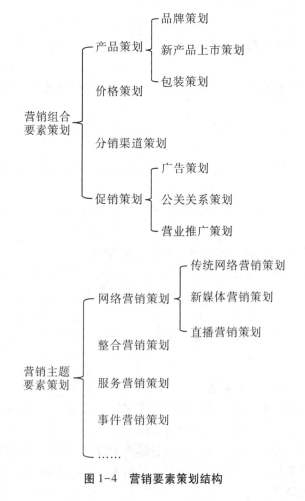

图1-4　营销要素策划结构

（二）提出策划创意

营销策划创意是营销要素策划的核心。创意是营销策划的灵魂，没有好的创意就不可能有高水平的营销策划。开展营销要素策划需要培养创意思维和挖掘有创新性、新颖性、艺术性、科技性的创意思想。

在本书后面的章节，我们将详细介绍不同类型的营销要素策划和营销主题策划，介绍如何培养创意思维，以及如何在营销策划中应用好的创意。

【策划视角 1-3】　　　　从 4P 到 SAVE，带来营销模式的改变

4P 理论所代表的营销策略在提出后被不断更新，从 4P、4C、4R、4V 到 4S 不断发展。而现实生活中，客户视角不断发生变化，尤其是在 B2B 领域，客户提出，他们需要实际方案来解决复杂问题。因此，营销方式从传统的 4P 模式向更现代化的 SAVE 模式转变。

1. P→S：从 product（产品）转变为 solution（解决方案）。营销产品强调整体性和应用性。

2. P→A：从 place（渠道）转变为 access（接入）。互联网的发展为客户提供了更多获取信息的途径和方式。

3. P→V：从 price（价格）转变为 value（价值）。与传统营销方式不同，整体营销强调价值的重要性。

4. P→E：从 promotion（促销）转变为 education（教育）。在产品单一时代，企业更注重用销售行为刺激消费者（让利促销等），来提高销售量。而在产品多样化的时代，如何激发消费者需求成了企业需要着力思考的问题。

从 4P 到 SAVE 模式，营销思想不是简单地由旧观念到新观念的转变，更多的是一种扩展、延伸与渐进的过程。

资料来源：潘益. 从 4P 到 SAVE，带来战术的改变［J］. 成功营销，2014（7）.

五、撰写营销策划书

营销策划书是营销策划过程的文字报告形式，是指导企业营销活动开展所做的事先安排。营销策划书是营销策划最终成果的表现形式，因此可以说营销策划书和营销策划具有同等重要的意义。营销策划书作为营销策划过程和内容的载体，凝聚了整个策划活动的智慧。它一方面是营销策划活动的主要内容，另一方面也是企业进行营销活动的行动指南。因此，营销策划书的写作水平直接影响了营销策划方案的表达和执行。

营销策划书的写作需要遵循一定的基本格式，本书后面章节会详细述及。

六、营销策划实施与控制

（一）营销策划方案实施

营销策划书制定完成后，需要将各项营销策划方案付诸实施。营销策划实施指的是营销策划方案实施过程中的组织、指挥、协调和控制活动，把策划方案变成具体行动的过程。再完美的营销策划方案，若没有通过企业各相关部门有力实施，也只是纸上谈兵。企业需要根据营销策划方案的要求，协调企业各部门、分配企业资源、加强实施管控、保质保量完成策划目标和营销任务。

（二）营销策划中的实施控制

营销策划是一项系统而复杂的工作。从营销策划的调研、开发、方案形成到方案实施，不仅环节众多，涉及内容、范围广，而且需要有大量的配合与协作。环节众多与过程复杂，不仅导致了营销策划工作中不确定因素大大增加，而且使营销策划活动变得相当"脆弱"，极易出现失误或偏差。尤其是营销策划的实施，更易遭受环境变化的冲击而出现问题。当这些失误、偏差和问题积累到一定程度时，它们就会严重阻碍营销策划活动的进行。因此，及时发现、解决与纠正这些失误、偏差和问题，就显得非常重要。在方案实施过程中，企业要不断地进行审查，确保方案的合理性，对不完善的部分要及时调整。如果环境变化剧烈，方案已经完全不可行，那么要马上放弃这个正在实施的方案。

七、营销策划效果评估

这是企业营销策划的最后一个步骤。营销策划的评估指的是通过营销策划实施得到的实际目标完成情况与方案预期目标的对比，分析出营销策划实施的效果并进行评价。营销策划效果评估需要评价营销策划设定的目标是否合适、在实施过程中有哪些不足、企业在今后需要注意的问题等。

营销策划评估包括项目考核、过程考核和终期考核。项目考核指的是每完成一个项目，对项目的进展和达成情况进行评估，以便及时发现和解决问题；过程考核指的是当营销策划完成一个标志性阶段或中期任务后，对其实施效果进行评估；终期考核指的是对营销策划实施的最终结果进行评估分析，以便查验营销策划的期望值与实际结果是否有差异。评估结果将作为企业绩效考核和纠正偏差、改进营销方式的依据，也可以为今后的营销策划提供可供借鉴的经验。

第三节　营销策划行业与职业

一、我国营销策划行业发展状况

（一）营销策划行业发展进程

随着中国经济快速发展，市场竞争日益激烈，中国营销策划行业也迅猛发展。从 20世纪 80 年代末至今，中国营销策划行业的发展进程历经了三个阶段。

1. 启蒙阶段（1988—1993 年）

中国第一代营销策划人开启了策划行业的启蒙阶段，何阳、王力、牟其中是这一时期的代表人物。他们靠的是以个人智慧发挥为主的策划方式，为企业提供"金点子"帮助企业寻求市场机会。在他们的带动下，出现了越来越多的策划人，他们充分发挥策划智慧帮助企业寻找商机，推动企业乘势发展，进入了中国营销策划行业的发展初期。这个时期，营销策划人是伴随着中国市场的日益开放和卖方市场向买方市场过渡而成长的，但由于缺乏对市场整体的洞察和理解，时常会出现凭经验拍脑袋式的策划行为。

2. 成长阶段（1994—1999 年）

20 世纪 90 年代末期，中国营销策划业的环境发生了巨大变化，营销策划业逐步走向职业化、行业化、规范化，第二代营销策划人开始登台。这个时期，市场上的营销策划人开始出现优胜劣汰，真正意义上的策划公司浮出水面，有许多国外留学归来的学者创办了策划公司，国外咨询公司也进入这个庞大的市场。这个时期的营销策划多依附于新闻炒作，局限于对企业某一方面的策划，如广告策划、公关策划等，缺乏对企业整体的长远的策划。

3. 整合阶段（2000 年至今）

21 世纪后，国外跨国企业大举进入我国市场，国际国内市场竞争越来越激烈，企业对营销策划的需求不断扩大。中国的营销策划逐渐走上了良性发展的轨道，开始出现对企业全方位的整合营销策划，包括营销战略策划、营销要素策划、营销组织策划、专题策划等。企业和策划公司开始建立战略联盟，国际知名咨询公司大举进入后开始面临如何本土化的问题，客观、公正、独立的咨询人员与组织正在形成，逐渐出现细分市场。这个阶段，营销策划深入各行各业，IT、通信、医药、房产、影视、公益活动、娱乐、图书教育等各个领域，到处活跃着营销策划人的身影，大数据、新媒体、云计算等新的手段也应用于营销策划领域，营销策划理念不断创新，新的策划手段层出不穷。

（二）营销策划行业发展现状

近年来，我国营销策划行业得到了空前的发展，行业市场规模逐年增长，我国营销策划公司如雨后春笋般出现。作为一个新兴行业，营销策划业在新经济时代起着越来越举足轻重的作用。越来越多的人员加入策划大军，从业人员既包含专业策划公司的策划人员，也包含一般企业、广告公司、媒体等的策划人员，另外还有大量散布在社会各个阶层的个体和非职业策划人员。此外，营销策划行业还带动了管理咨询行业的成长与发展，协助企业系统地认识和解决管理和营销中的关键问题，为企业获取竞争优势提供了专业的咨询服务活动。

然而，我国营销策划业在获得长足发展的同时，仍然存在诸多不足。如从业人员鱼龙混杂，素质参差不齐；有的策划人或策划机构策划方法简单，缺乏科学性、可操作性；一些营销策划公司盲目承担能力范围外的业务，行业竞争无序。这些问题在未来营销策划行业的发展中亟待解决。

（三）营销策划行业发展前景

随着互联网技术的进步，全球经济一体化进程加快，国际国内市场竞争已经到了炽热化阶段，企业对营销策划的需求越来越大，而且这种需求正以迅猛的速度向前发展。预计到 2030 年，营销策划行业市场规模将超过 500 亿元。

此外，企业家的素质越来越高，对策划业的要求也越来越高，要求策划业走专业化、规范化、国际化和集团式作战之路，要求策划人具有扎实的专业基础、丰富的实践经验，懂得规范化经营、国际化运作。不久的将来我们可以看到，未来的营销策划行业将实现从单目标型向多目标型的转型，从艺术型向科学型转型，从单一型向综合型转型，从个人作战型、简单合作型向团体智囊机构转型，从单学科应用向多学科、多领域综合应用转型。中国营销策划行业将成为一个专业化分工的社会经济门类，成为国民经济中一个新的经济增长点，具有十分广阔的发展前景。

二、营销策划机构及人员构成

从营销策划活动实践的主体来看，我国营销策划机构分为以下四种类型。

(一)家庭型策划机构

家庭型策划机构以企业内部营销部门为策划主体单位，借助于企业原有的市场营销组织结构和人员开展信息采集、制定营销策划方案并组织实施。

国内外大中型企业一般都会内设家庭型策划机构。这种内设机构可以是在企业内部专门设置策划部或企划部，可以是在营销部门下设营销策划办公室，也可以是临时在企业内部成立专家小组负责某一项目的营销策划。不论哪种形式，都是以企业内部人员担任营销策划人员。

企业内设的家庭型策划机构和营销策划人员对企业的情况比较熟悉，提出的策划方案可行性较高，能防止企业商业机密的泄露，同时向内部人员支付的报酬相对较低。不足之处是企业内部人员受到企业经营思想和经营模式的影响，设计营销策划方案时会思路不开阔，创新力受限。

(二)智慧团型策划机构

智慧团型策划机构由企业抽调部分营销人员，并聘请外部专家或专业公司成立专门的营销策划班子开展市场营销调研，制定营销策划方案并组织实施。

智慧团型策划机构特点是专业性强，并且具有高效性和灵活性。企业凭借"外脑"来策划，专业水准大大提高；企业内部营销人员参与策划，对公司情况熟悉，能迅速提供有效信息；企业可根据需要随时成立策划班子，待任务完成后随机解散，形式灵活，适应性强。此种方式的缺点是企业往往需要给外部专家支付较高的报酬，因此策划成本较高。

(三)第三方营销咨询机构

营销咨询机构是独立的第三方营销策划机构，这类机构专门为各类企业提供市场调研、营销诊断、战略规划、营销策划、营销管理方案制定及执行，属于营销服务中介机构的一种。这种机构能较大程度发挥专业性优势，往往能发挥事半功倍的效用；但不足之处是它们对公司情况熟悉度不够，需要深入沟通方能保证工作质量，且支付费用很高。

【策划视角1-4】　　　　麦肯锡：公司一体的合作伙伴关系

麦肯锡公司是世界级领先的全球管理咨询公司。自成立以来，公司的使命就是帮助领先的企业机构实现显著、持久的经营业绩改善，打造能够吸引、培育和激励杰出人才的优秀组织机构。麦肯锡采取合伙人制度，在全球50多个国家设有分公司。在过去10多年中，麦肯锡在大中华区完成了1 000多个项目，涉及公司整体与业务单元战略、企业金融、营销策划、销售与渠道、组织架构、制造/采购/供应链、技术、产品研发等领域。麦肯锡的经验是：要找那些企业的领导们，使他们认识到公司必须不断变革以适应环境变化，并且愿意接受外部的建议，这些建议能帮助他们决定做何种变革和怎样变革。麦肯锡的咨询服务集中于客户可以量化的业绩改进，比如说改进销售收入、成本利润率、供货时间、质量等。

资料来源：https://wiki.mbalib.com/。

（四）独立策划人

独立策划人以自然人为单位，他们独立创意，不依靠团队，大多为个人创意。独立策划人可以是大中专院校教师或科研院所专业技术人员，具有丰富的专业知识，具有一定的实战经验；也可以是在营销领域从事多年营销工作和营销策划的人员，见识较广且具有丰富的实战经验。这些个体策划人凭借扎实的专业功底和丰富的实战经验能为企业带来及时迅速的营销策划方案，费用较第三方营销咨询机构低，不失为企业外请策划人员的一种好的途径。但是，如果需要策划咨询的项目相对复杂时，独立策划人便会面临人手不够而出现无法正常工作的状况，会影响到营销策划的进度和质量。

三、营销策划人员职业素质要求

知识全面、富有创意，能将理念和创意有效组织并付诸实施，高效达到营销目标的营销策划人员是企业不可多得的人才，是企业和营销策划机构正常有序开展策划工作的保障。一名优秀的策划人应该具备以下能力和素质。

（一）营销策划人员知识素质

营销策划不是简单地出"点子"，需要多学科知识的综合运用。因此，营销策划人员需要具备广博的知识体系。

1. 营销相关专业知识

专业知识主要是指营销学和策划学的基本理论和实务操作知识，包括市场营销专业知识、营销策划的程序、营销策划的方法与技巧、营销战略策划、营销调研、营销策划方案的撰写技巧及营销方案的实施与控制等。

2. 企业经营管理知识

营销策划作为企业经营管理的一部分，从系统角度来说，仅仅掌握市场营销和营销策划知识还远远不够。企业经营需要各个部门之间协同，还需要准确把握市场需求趋势，因此营销策划人员还需要掌握企业经营管理方面知识，如管理学、经济学、传播学、消费者行为学、人力资源管理、广告学、客户关系管理、财务管理、统计学、金融学等方面知识。

3. 法律政策知识

策划工作是在一定的法律、政策环境下展开的。为了保护自己正当行为或者避免工作中不必要的麻烦，策划人员应该具备所在国家和地方制定的各种法律、法规、政策知识，也需要学习所涉及国外市场的相关法律法规。

4. 社会文化和生活常识

营销策划活动是针对特定的社会文化环境展开的，因此，策划人员必须具备所在国家或地方社会现象、社会心理和社会风俗等方面常识，也需要学习相关国外企业所在地的风俗习惯和社会文化，有时常识会给策划带来更多的灵感和思路，帮助策划人员在当地发现更多机会。

5. 较完整的学科知识结构

营销策划是多学科知识的综合应用。优秀的营销策划人员具备多方面知识，除了策划本身知识以及企业经营管理知识外，还应具备哲学、社会学、心理学、人口学、美学、艺术等社会学科常识以及信息学、生物、化学、物理等学科知识，这些知识在策划时可能碰撞出创意的火花。

（二）营销策划人员能力素质

1. 敏锐的市场洞察力和市场把控能力

营销策划人员需要保持对时事、社会热点的灵敏度，思考这些事件给人们的生活、观念和消费行为带来的影响。营销策划人员需要用前瞻性的眼光保持对市场的洞察，敏锐察觉市场走势和行业变化趋势等，一旦发现市场机遇，策划人员需要迅速反应、调整策略，以尽快占领市场先机。

2. 分析、判断与决策能力

分析、判断与决策能力是营销策划人员不可或缺的素质要求。从本质上说，营销策划是一个决策过程，因而营销策划人员在营销策划每一阶段的分析判断及择优决策都是其能力的重要体现。策划人员需要具有敢于营销决策并承担相应责任的魄力和胆识。首先，营销策划需要在系统、全面分析环境的基础上考虑诸多影响因素，在整体和全局中把握营销的时机和策略。另外，对于信息的处理、判断也是至关重要的，从诸多影响因素中判断出优势因素和劣势因素，是决定市场策划是否开展或继续的前提。有了准确的分析和判断，营销人员更能做出正确的决策和针对性的策划方案。

3. 敏捷的创新思维和想象能力

只有建立在创新基础上的营销策划才能引起公众的广泛关注和支持，从而达到出人意料的效果。想象是创新的基础，策划人要敢于打破常规，培养创新性思维。想象力是通过人的知识积累和智力开发而产生的，缺乏知识、阅历的人是难以产生丰富的想象力，也难以创造出令人惊喜的策划创意的。因此，策划人员需要通过广泛知识的积累，为自己的想象能力打下基础。

4. 表达沟通和文案写作能力

策划方案要打动客户或者决策者，必须具备极强的信服力，因此，策划人的表达能力、论述技巧，策划方案的逻辑思路、写作手法等都具有很重要的作用。创意好和理念新的策划方案如果不能有效地传达给客户或者不能让客户信服，就可能面临"腰斩"，而具有说服力的写作方式和表达技巧却能够令策划方案出彩，让客户和决策者信服并接受。

5. 卓越的审美能力

人对美的辨别、追求和创造是永恒的追求。不同时代、不同群体消费者的审美观是不同的，因此策划人的审美要与时俱进，并能区分不同目标细分市场上消费者的审美观。营销策划为了打动消费者，需要迎合消费者品位，使消费者感到新奇、有美感，符合消费者的需求和审美。因此，对产品形象的设计、广告策略的制定、营销活动的安排等都需要建立在拥有较高的审美能力的基础之上。

6. 优秀的组织能力

策划需要协调很多部门和很多人共同参与、合作才能完成，策划人员在其中扮演着类似"导演"的角色，需要指挥、协调、调度、安排参与策划活动的人、财、物，可以说组织能力好坏决定着策划实施的成败。

7. 灵活应变能力

策划执行过程中经常会出现意想不到的情况，无论是好的情况还是坏的情况，都需要策划人员具备极强的应变能力，及时灵活处理突发情况。

8. 优秀的综合素质

策划人员需要具备优秀的综合素质。策划人员一方面应是复合型人才，具备市场营销、管理学、经济学、社会学等综合知识，兼具有广博的社会阅历和丰富的实践经验；另一方面需要具备强烈的责任感及良好的职业道德，需要在策划作品中除了考虑消费者利益、企业利益外，还需要同时考虑社会利益和生态利益，为社会、为企业、为广大公众传递正确的价值观和道德观。

【知识训练】

一、重点概念
策划　营销策划　家庭型策划机构　智慧团型策划机构

二、思考题
1. 简述营销策划的基本流程。
2. 营销策划的构成要素有哪些？
3. 营销策划人员需要具备哪些基本素质？
4. 请举例说明营销策划认识上的三个误区。

【能力素质训练】

一、案例分析

瑞幸咖啡"酱香拿铁"火速出圈

年轻人的第一口茅台，需要花多少钱？瑞幸咖啡的回答是——19元！

2023年9月4日，贵州茅台与瑞幸咖啡联名的"酱香拿铁"正式上市，引发多方关注。9月5日，瑞幸咖啡官微发文称，酱香拿铁单品首日销量突破542万杯，单品首日销售额突破1亿元，刷新单品纪录。

除了"酱香拿铁"外，茅台巧克力也在一周后上线。

早在2022年，瑞幸就和椰树联名，进一步提升生椰拿铁爆款热度。

联名正成为瑞幸的重要营销方式。仅2023年上半年，瑞幸就先后与韩美林、线条小狗、哆啦A梦、镖人、维多利亚的秘密等联名合作。

里斯战略定位咨询中国区副总裁罗贤亮在接受21世纪经济报道记者采访时分析到，联名可以打造新品类，例如瑞幸和椰树合作推出的椰云拿铁，就带火了椰子+咖啡这个类别，茅台和瑞幸，也把白酒+咖啡这个品类给打造出来了。这不仅带火了品牌，而且还打造出了新品类。

不过，能否将联名从"一锤子买卖"转向长期战略，是品牌后续发展的关键。"企业做联名时，要把它作为一种中长期战略，进行长期主义规划"，中国食品产业分析师朱丹蓬在接受21世纪经济报道记者采访时表示，"如果没有持续性的话，用联名去解决企业年轻化、获取更多流量和销量，会比较困难。"

资料来源：21 世纪经济报道（作者：易佳颖，许婷婷等），有删改。

请分析：

1. 你认为瑞幸公司的联名营销是成功的吗？为什么？

2. 请你和你的策划团队为瑞幸咖啡的下一次跨界联名提出营销策划创意。

二、实训项目

1. 查阅相关资料，了解营销策划人员的岗位要求及企业选择营销策划人员的方法和标准。

2. 请查找 3 个以上中国营销策划人中的代表性人物及他们的典型策划案例，并选择其一做出评价。

第二章　营销策划基础

【学习目标】

知识目标：

1. 了解营销策划的原则与类型。
2. 理解营销策划的方法与策略。
3. 掌握营销策划的创意。

能力素质目标：

1. 能初步应用主要营销策划方法与策略。
2. 能初步应用营销策划创意。
3. 树立明确的价值观，培养正确的营销策划思想。

【导入案例】

创意无限——支付宝"集五福"

2016 年，支付宝"集五福"的横空出世成为当年春节红极一时的话题。除了民众积极"扫福"和"换福"之外，尤其是"敬业福"的稀缺更连续多日登上了各大社交平台的热搜榜，成为街头巷尾热议的话题。从那一年顺利跻身舆论视野开始，"集五福"便在随后的若干年里持续拥有了较强的影响力。

从 2017 年开始，集五福便摆脱了单纯集卡式活动的形式，几乎每年都会推出不同的创新玩法。比方 2018 年首次出现了可以兑换任一福卡的"全能福"，扫身边好友"五福到"的手势，以及通过蚂蚁庄园和蚂蚁森林也能获得福卡；2019 年，支付宝又推出了 2 019 张花花卡，获得此卡片的用户能获得"全年帮你还花呗"的权益；而到了 2020 年，支付宝的花花卡升级为"全家福卡"，其中最具诱惑力的福利则是"帮还全家花呗"。

随着每年玩法的推陈出新，"集五福"逐渐拥有对用户的持续吸引力。每到岁末年初，人们便开始期待集五福活动的到来，它也成为互联网领域拥有强大影响力的 CNY 营销（中国春节营销）活动之一。相较于其他平台力图通过红包金额在短时间内获得强曝光的动机，在用户认知层面已经具有先发优势的"集五福"本身更侧重于强调互动和分享。人们能够完成的动作已经不仅仅是"抢"，还包括"玩""分享""互动"等等。

但在"集五福"推出并实现玩法多元化后，它不再只是独立个体或家庭"自扫门前雪"的行为，而是在交换福卡、写福转赠的过程中，变成了一种影响力更为广泛的社交活动和社会行为。从表面上看，是场景从线下到线上的变化；但从里子上说，则是展现形式和内涵的无限延伸。"福"这样的传统文化元素，通过"集五福"在线上虚拟空间中拥有了全新且可延续的生命力。

资料来源：网络营销的成功案例有哪些（https://www.niaogebiji.com/article-155527-1.html）.

第一节 营销策划的原则与类型

一、营销策划的原则

营销策划是现代企业经营不可或缺的部分，它也推动着我们这个精彩世界不断向前发展。在当今这样一个竞争日趋白热化，产品也越来越同质化的市场背景下，企业如何使公众发现自己的产品或服务？如何使公众产生认同感并转换为购买行为？营销策划带来了一种较好的解决方式。了解营销策划的原则，可以更好地帮助我们科学地理解与制定营销策划。

（一）真实性原则

真实性原则要求公平公正、诚实守信。这不仅仅是市场经济的法则，也是营销策划的基本原则之一。当一个新的产品想要吸引消费者眼球、占领市场，势必要选择正确的营销方法。首先，企业可以适当地对产品性能进行渲染，但是必须要有事实依据，保证营销策划内容的真实性，只有这样才能赢得消费者信赖，让他们成为品牌的忠实用户。其次，只有真实的营销策划内容才能打动消费者，激发他们的情感共鸣，真正提升新产品市场占有率。最后，营销策划不仅仅是为了短期内产品销量的快速提高，也需要考虑企业形象和核心竞争力的提升，违背了真实性原则的营销策划反而不利于企业的长期发展。

（二）系统性原则

系统性原则又称整体规划原则，它要求一个完整的营销策划，应该在理念层面、操作层面和现实层面三部分形成有机的整体。在实际中，营销策划的设计和操作都不是碎片化的，它具有很强的系统性。策划人要考虑各个层面的要素，统筹安排各策划环节，兼顾各方需求，制定系统化的、切实可行的营销策划方案，赢得客户满意。同时，营销策划要兼顾市场变化、客户需求和产品性能，不仅要创新策划理念，还要优化营销操作环节、现场实施等环节，保障营销策划方案的顺利实施。

（三）可行性原则

营销策划是一个综合性的活动，也是对各类资源的整合，涉及的范围非常的广泛。企业在制定营销策划方案时，既要考虑方案的整体可行性，还要全面分析每一个策划环节的可行性，设想实施流程中可能出现的问题，并尽早排除。可行性原则要求营销策划把握以下几个方面：

一是要考虑制定的营销策划方案可实现性，即必须是企业的人力、财力、物力能保障并承受的。

二是营销策划方案本身应是容易理解和可操作的，方案制定要经济合理、预算详细。

三是营销策划方案必须得到企业内部相关领导和各部门的支持，以确保顺利实施。

（四）时机性原则

所谓"机不可失，时不再来"，营销策划方案需要考虑时机性原则，把握当下、掌握机遇。目前市场竞争激烈，消费者的消费心理也瞬息万变，所以要在激起消费者的购买欲望的第一时间，把这种欲望转换成购买力，从而迅速占领市场，抢得先机。时机性原则要求我们必须重点做好以下工作：

第一，对市场要有嗅觉。在发现市场机会对企业产品或服务非常有利时，要立即组织相关人员，实施营销策划工作。

第二，做好营销策划的时间安排与每一项工作的详细计划。

第三，在实施营销方案的过程中，要根据市场变化进行灵活、及时的调整与控制。

（五）创新原则

从广义上来讲，创新是指产生新的思想和行为的活动。创新是人类特有的认识能力和实践能力，是人类主观能动性的高级体现形式，也是推动社会发展、民族进步和人类文明的原动力。德鲁克认为，任何改变现存物质财富、创造潜力的方式都可以称为创新；创新是新思想的运行，是付诸行动的一切新的想法。熊彼特在《经济发展理论》中指出，管理创新就是建立一种新的生产组合过程，即把一种从未有过的关于生产要素和生产条件的"新组合"引入生产体系。

创新是营销策划的灵魂，也是营销策划中最重要的内容之一。策划的整个过程就是创造性思维发挥的过程。只有具有创意和个性的营销策划，才能快速抓住消费者眼球，引得关注。首先，策划的内容要有所创新。比如，策划人要从生活中提炼素材，设计出更加精彩的广告词，让广告既幽默又有哲理性，既含人情味又让人印象深刻。其次，营销策划的表现手法要创新。比如，运用当下流行的抖音、快手、微博和微信朋友圈等进行宣传，在多元化宣传渠道中引起轰动，与消费者进行真正深层次的沟通。

（六）灵活性原则

在现实的生活中，市场是瞬息万变的，企业也身处多变且不可控的营销环境中，因此，企业的营销策划必须保持一定的灵活性，能够根据内外环境的变化及时进行调整，确保在激烈的市场竞争中立于不败之地。可见，营销策划不可能是一成不变的，它具有一定的灵活性和机动性。要保持营销策划的灵活性需要做好以下两个重要工作：

在策划之前，策划人要对营销环境的变化进行科学的调研，做出预测，预估潜在风险。若存在风险，策划人就要研究如何有效地应对这些风险，将风险控制在可以容忍的范围之内。

在营销策划方案执行的过程中，策划人要根据环境的变化，结合企业的营销目标，对营销策划方案进行不断调整和控制，既做到"适时"，也做到"高效"。

（七）以人为本的原则

以人为本的原则是指营销策划要以人力资源为本，既要探究消费者的需求，又要发挥出策划人的创造性来推动企业发展。人在整个营销策划中，起着最为关键的作用。在实践中，营销策划主体往往是一个团队，这就要求进行策划方案设计时，充分调动团队中成员的积极性和创造力。同时要注意广开言路，虚心听取有经验的专业人士和相关人员的意见以及建议。

在设计营销策划方案时，也要坚持以人为本的原则，树立"以消费者为中心"的市场营销理念，要将企业的营销行为与消费者的利益、社会利益相结合，在实践中杜绝出现孤立地站在企业立场上设计策划方案的情况。

【实例2-1】　　　　　　　鸿星尔克的"一夜爆红"

2021年7月21日，鸿星尔克官方微博发布声明向河南捐款5 000万元物资以援助抗灾，并于次日登上热搜，随后引起网友冲入直播间"野性消费"，鸿星尔克董事长呼吁大众理性消费。网友们则纷纷购买产品，在鸿星尔克官方微博下面留言，希望尽己之力帮助这个民族运动品牌渡过难关，引爆了新一轮的营销热潮。

如潮水般的力挺和关爱，背后是一个善引发善、爱传递爱的动人故事。网友发现，"出手大方"的鸿星尔克，是营收远远落在同行后面的企业。2020年鸿星尔克的营收为28亿元，净利润为-2.2亿元，2021年一季度为-0.6亿元。"感觉你都要倒闭了还捐了这么多。"自己家底不厚，却向灾区捐赠大笔物资，并且低调地在宣传上舍不得花钱，官方微博连会员都没有买。这种强烈的"反差"，感动了无数网友。一传十，十传百，网友自发支持的力量不断汇聚，效应层层叠加，最终造就了鸿星尔克的意外出圈和爆红。

支持鸿星尔克，实际是人们对善良价值的坚守，对"好人有好报"正义观的执着坚持。"为众人抱薪者，不可使其冻毙于风雪"，这是中国人朴素而可贵的价值观，也是几千年流传下来的崇德向善文化的重要内涵。对于一家保持社会责任感的良心企业，网友纷纷表示，"我们不允许你没有盈利"。风卷残云式的扫货，是对鸿星尔克真诚善良的回馈。一句流传很广的话这样说，"中国人的善良是刻在骨子里的"，感恩每一个无私付出的举动，让每一个善良的人都被善待。

透过鸿星尔克爆红，我们更能看到接力传递的力量、中国人团结一心的力量。经历过疫情、洪灾等考验的中国人，对同舟共济、守望相助有着更深的感悟和更强烈的共鸣。无论是鸿星尔克中"你支持灾区，我们支持你"，还是21岁女大学生创建"救命文档"，网友接力更新270余版，访问量破650多万次，还是人民子弟兵、消防人员等奋战在抗洪一线，广大群众自发参与进来，涌现无数凡人善举，都是以温暖传递温暖，一点一滴的微光汇聚成风雨同行的无穷力量。这是具有鲜明中国特色的有情有义、担当大义和齐心协力。

良善不被辜负，爱与爱的传递继续。鸿星尔克直播间里，两位主播不停地劝说大家要理性消费，其董事长也表示，"会继续做好产品和服务，用品质为国货品牌正名"。企业把大众"心疼"换来的流量与销量，转化为成长进步的动力，为社会贡献更多光与热，网友则在汇聚温暖的同时选择理性支持，鸿星尔克爆火引出的正能量还在源源不断地传递下去。

资料来源：根据界面财经号文章《一夜销售破亿，鸿星尔克如何实现"野性消费"逆袭?》改编。

二、营销策划的类型

企业所面临的市场环境是千变万化的，企业要通过灵活的营销策划来解决动态的市场障碍，由于营销策划覆盖的领域广泛、内容丰富，因此我们可以从不同的角度对其进行划分。

（一）按营销策划的时间分类

按照策划的时间长短，营销策划可以分为长期策划、中期策划和短期策划。长期策划也叫过程策划，指的是贯穿于企业营销全过程的策划，一般在一年以上；中期策划也叫阶段策划，指的是企业不同营销阶段的策划；短期策划，也叫随机策划，指的是企业营销某一时点或较短时期的策划。

（二）按营销策划的主体分类

按照营销策划的不同主体，可以把营销策划分为企业内部营销策划和企业外部营销策划。企业内营销策划指的是由企业相关部门如企划部或者市场部人员或者营销团队为策划主体做出的营销策划；企业外部营销策划指的是由独立的第三方营销策划公司、管理咨询公司等专业机构为主体做出的营销策划。

（三）按营销策划的目标分类

按照营销策划的不同目标，可以将营销策划分为营销战略策划和营销战术策划。营销战略策划强调企业的营销活动要与企业总体战略之间相联系，要与企业战略发展方向、战略目标、战略重点等设计相结合；营销战术策划强调企业营销活动的可操作性，是为了实现企业营销战略所进行的策划，例如产品策划、价格策划、分销策划和促销策划等。营销战略策划和战术策划之间有着密切关系，营销战略策划为营销战术策划指明方向，营销战术策划为营销战略策划的实现提供支撑和保障。

第二节　营销策划的方法和策略

营销策划既是一门科学，也是一门艺术。它的科学性体现在营销策划工作的展开需要遵循一定的原则和工作规律。它的艺术性体现在科学性的基础上，需要人们发挥想象力与创造力，结合经验技巧展开高水平策划工作。

一、营销策划的方法

为了实现营销策划的目标，我们需要采取一定的方式、手段和途径。营销策划的方法大致可分为三个层次：第一个层次是思维层，这是营销策划的根本方法，需要大量知识以及经验的储备与积累；第二个层次是方法层，就是把思维方法同美学、心理学、社会学、经济学、管理学、营销学等学科的原理相结合，应用于具体的企业营销策划实践所形成的营销策划特有的整体性思路规划的方法；第三个层次是具体的策划方法，是企业策划具体实践中常用的模型或工具性方法，常见的有矩阵法、价值链分析模型、SWOT 分析方法、麦肯锡 7S 模型等。下面为大家介绍部分方法。

（一）金三角法

金三角策划方法的提出者是深圳新天方企业策划有限公司总策划师的孙黎，它的要点是指在营销策划过程中，要充分考虑空间条件和时间条件，正确运用"势""机""术"的策划方法。策划"金三角"如图 2-1 所示。

图 2-1 策划"金三角"

1. "势"的概念及策划方法

孙子有云："故善战者，求之于势，不责于人，故能择人而任势。任势者，其战人也，如转木石。木石之性，安则静，危则动，方则止，圆则行。"战略家利德尔·哈特也曾评价道："真正的目的与其说是寻求战斗，不如说是谋求一种有利的战略形势。"军事上，善战者追求有利的"势"，我们的营销策划也要求"势"、得"势"。

营销策划"金三角"里面的"势"是指企业所处市场的条件、局势和趋势，即企业通过对这些客观的空间因素进行创造、利用和驾驭，以有效及更高效率地实现自身的营销目标，创造更大的营销业绩。在策划中，要学会用"势"营销，在充分了解和把握自有或可用优势资源的前提下，明确目标、把握时机，善于寻求环境中各种有利因素的支持，制定并实施策略，以达成既定的营销目的。同时要使"势"处于周而复始、循环增长的过程中。我们不仅要学会"用势营销"，如金融危机下的海外并购与上市，在政策支持导向下的新能源开发等等；还要学会"借势营销"，比如蒙牛借航天之"势"。

2. "机"的概念及策划方法

隋末至初唐时期杰出的军事家李靖曾云："兵者，机事也，以速为神。"拿破仑也在《战争指导》中说过："战略是利用时间和空间的艺术，我对于后者不如前者那样珍惜，空间是可以重新得到的，而时间则会永远失去。"可见时机的把握是多么的重要。

营销策划"金三角"里面的"机"是指策划的时机，包括季节、时间、环境与形势变化过程中的时间性要素。时机具有不可逆性、瞬时性、不确定性、可预测性等特点，因此对时机的把握要遵照"先知""先算""先备""适时而动"的原则，对社会重大事件的发生和发展时刻都要保持极高的敏感度，在时机点上开展策划活动，才能达到事半功倍的效果。

3. "术"的概念及策划方法

"术"在此处是策略、谋略等的意思，也就是为有效达成营销目标，基于空间条件与时间性机会而设计和采用的具有创意性的办法与手段。《孙子》里记载："见胜不过众人之所知，非善之善者也；战胜而天下同善，非善之善者也。故举秋毫而不为多，见日月不为明耳，闻雷霆之声不为聪耳。古人所谓善战者，胜于易胜者也。"足以见得策划者须独具慧眼，别出心裁，办法独特，方能出奇制胜；要善于迎合人们求新求奇的心理，不拘于任何框架与教条。

【实例2-2】 "泼天的富贵"轮到老牌国货了?

2023年,由于李某在直播间中的不恰当言论,这位"美妆一哥"将自己与某品牌置于舆论漩涡中。趁着这波热度,9月11日晚,蜂花先是在其抖音直播间上架了3款79元洗护套装,所包含的洗护产品净含量有5斤半之多。随后又发布了一个"79元能在花花这里买到什么""更适合花花的粉丝宝宝计量单位,79元等于五斤半"等短视频,介绍了上述3款79元套餐的产品。这一举动受到网友们的关注,"蜂花 商战"冲上微博热搜第一。

而后,又有消费者爆出蜂花到处捡其他品牌的箱子来发货,引得网友纷纷来调侃"世界破破烂烂,蜂花缝缝补补"。词条"蜂花捡箱子发货"登上热搜。针对捡箱子,蜂花又做出回应称是因为"去年箱子不够,现在已有自己的快递箱"。"蜂花回应捡箱子发货""蜂花客服发声称我们没那么惨"等词条出现在热搜榜上。

这样一来二去,蜂花抖音直播间粉丝数一涨再涨。截至2023年9月14日下午,蜂花官方抖音旗舰店粉丝数已经达376.2万,与9月12日的257.4万相比涨粉超118万,单场直播有高达2万人同时在线。随着大量消费者涌入直播间"野性"消费,蜂花的3款79元套餐全部卖断货。蜂花也官宣产能跟不上,"真的没货了",同时呼吁消费者多多关注其他的国货品牌。这也让一批国货品牌和蜂花联动起来。

蜂花、鸿星尔克、汇源果汁等品牌纷纷在自家直播间摆上了各种国货品牌的产品。蜂花的主播在直播间中甚至不卖产品,"专门和消费者唠嗑儿",呼吁消费者们关注其他的国货品牌,并表示"大家好才是真的好,这是我们的愿景"。另外,老牌郁美净也在这期间宣称入驻抖音、小红书,并开抖音直播;国货品牌莲花味精的直播间也出现了79元的套餐;洁柔还在小红书上发起号召,建议国货品牌组成"国货大礼包"。

在热闹的国货情怀蔓延之下,不少网友表示"看到了国货品牌的团结"。"国货 团结""蜂花会成为下一个鸿星尔克吗""郁美净终于通网"等等词条挂上热搜。有网友调侃道,"泼天的富贵"正从蜂花泼向了全部老国货品牌。

在这场没有硝烟的战争里面,国货品牌想要拥有自己的一席之地,一方面要专注于自我核心竞争力以及品牌价值的提高,另一方面也要学会把握时机,借势用势,采取正确的营销策略。

资料来源:根据搜狐网(http://news.sohu.com/a/720789833_121353633)文章《这波老国货花式营销,可能是一列开向"低价竞争"的倒车》改编。

(二)概念、主题、时空策划法

概念、主题、时空策划法多适用于新产品的上市推广和营销策划中,具体地说就是在新产品进入市场之初,企业为了准确把握目标市场和需求,要进行大量的调查研究,先确立新产品的概念,然后为新产品顺利进入目标市场打造一个准确的、有说服力的传播主题,最后根据既定的主题设计一整套基于有效的时间条件和空间条件的营销方案,从而保证新产品在市场中站稳脚跟,赢得消费者的青睐,为企业带来丰厚的市场收益。

从现实走向抽象,再从抽象回到现实,是策划方法的基本思路,具体如图2-2所示。

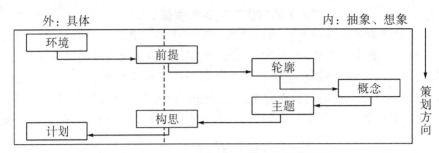

图 2-2　概念、主题、时空策划法思路

在这种策划方法下，概念的含义是能够满足消费者某种需要的产品特性，并将精心阐述的概念用有意义的消费术语表达出来，从而使消费者有理由进行购买。所以概念的策划一定要以深入了解消费者为前提。主题是指策划为了达到某种目的而需要说明的基本概念，主题是策划的灵魂，完整的策划主题包括策划目标、策划对象的信息个性、参与心理需求三个要素。时空的概念与前面提到的"金三角"计划方法中的"势"和"机"相吻合，即要求计划必须以当前的客观情况为前提，制订出符合实际的计划。

（三）经验学习法

经验学习法就是在设计营销策划之前大量参阅过去的成功案例，吸取其成功经验从而进行策划的一种方法。虽然企业所面临的内外环境随时在发生变化，但在营销策划中，我们还是会遇到和过去相似的情况，所以我们可以参考相似的营销策划的操作方法，作为解决新问题的思路来源。在经验学习法里，我们可以适当地结合自身情况去模仿成功的营销策划的思路，尤其对于起步者而言，具有借鉴意义。例如，很多房地产企业学习广州"碧桂园"先行的运作经验；浙江卫视推出的《奔跑吧兄弟》是引进了韩国 SBS 电视台综艺节目 Running Man 推出的大型户外竞技真人秀节目，开创了综艺类节目的收视新亮点；新浪微博在创建初期也是模仿美国社交网络服务平台 Twitter 的服务模式运营，而后大获成功；华莱士靠着模仿肯德基起家，到现在已经有上万家门店，取得了巨大成功。巧妙结合经验学习法可以让企业节约成本，提高效率。

（四）点子法

营销策划活动中的点子法，是指有丰富市场经验的营销策划人员经过深思熟虑，为营销方案的具体实施所想出的主意和方法。简而言之就是出个主意，想个办法，发明、设计、规划等。点子，是智慧的集中体现，是创新的欲望，是超人的胆识和勇气。一滴水可以映射太阳的无限光彩，一个点子可以带动整个营销策划大放异彩。其实，好的营销点子就蕴含在我们的日常生活中，而这些点子之所以一直没有被发现，未被转化成经济利润，就是因为我们常常与这些点子"擦肩而过"，或者没有发掘"金点子"的意识。

在营销策划中，"点石成金"是可能实现的，一个恰到好处的点子的产生则需要付出大量的精力与智力。营销策划的点子，是一种创造性思维，是苦思冥想后，集中其精华生成的，它是人们在已有经验的基础上，从某些事实中更深一步地找出新点子、寻求新答案的思维。它新颖、独创，需要突破习惯逻辑思维方式，在很大程度上以直观、猜测和想象力为基础进行。例如，黄记煌三汁焖锅的发家首先得益于黄耕先生的创新思想，在吸取古代焖锅制作技艺的基础上，结合传统滋补理论与现代养生学说，创制出了以宫廷菜肴精华为基础，适合现代人饮食特点的焖锅。

二、营销策划的策略

（一）刺激需求策略

用户到底喜欢什么？渴望什么？这是企业设计产品要考虑的问题。有用户才会有需求，有需求才会产生购买行为。依据消费者的需求研制生产出各类产品，再进行一系列的营销策划活动，是企业占据市场的基本思路之一。当市场无需求的时候我们就需要刺激市场，无需求是指目标市场消费者对某产品毫无兴趣或毫不关心的一种需求状况。在这种情况下，市场营销管理的任务是刺激市场需求，即通过各种营销措施，激发人们的兴趣和欲望，如开发废旧物资的新用途；改变目标市场的营销环境，创造需求；加大促销力度，扩大销售网点，引导、刺激需求，通过市场营销，使产品所能提供的服务与消费者的需要和兴趣相一致，变无需求为有需求。基于此方式下，探寻用户深层次的需求，是营销策划的重中之重。

【实例2-3】　　　　　　农夫山泉十年磨一剑的未来已来

诗人贾岛有诗云"十年磨一剑，锋芒未曾试，今日把示君，谁有不平事"。后世往往用十年磨一剑来表述对于一件事的重视以及厚积薄发。算起来，2022年东方树叶这款产品上市超过十年，是真"十年磨一剑"。作为快消人，农夫山泉有两个神级广告一直为人津津乐道。一个是当年的5秒跳过广告，在那个需要会员才能跳过片头广告的时代，农夫山泉贴心地为非VIP消费提供了类VIP功能，狠狠刷了波好感；另一个是充满文艺气息的东方树叶广告，利用中国传统的"皮影戏"，把"茶"这种东方最神奇的"树叶在世界各地生根发芽"的故事娓娓道来。

在那个广告只讲产品功能的时代，东方树叶却在消费者心里种下一颗"文化复兴"的种子。要知道彼时国风还未兴起，农夫山泉却有了这样的超前意识。而这两个案例，很好地说明了一种农夫山泉文化"以消费者心智为出发点做产品"，无论是5秒广告，还是东方树叶"皮影广告"，都是以消费者需求为导向。只是一个是消费者眼前的需求：我不一定要的是5秒跳过的广告，而是一种平等对待的需求；另一个是消费者未来的需求：健康的饮品。正是在这样的需求导向下，我们看到东方树叶如今取得飞速的发展。"东方树叶是一款未来的饮料"，农夫山泉员工说公司是这样看待东方树叶的。它的思想超前，理论超前，引导消费者需要漫长的时间。"10年，至少10年后东方树叶才会迎来销量的爆发"，这是2010年农夫山泉内部开会讨论东方树叶时下的预判。我们看到如今货架上的产品，你不说个0糖、0卡、0脂的三零，似乎就与时代脱离了。可是回望2011年，无糖茶就是个另类的存在。彼时东方树叶上市，完全没有任何企业模式供其参考，只能靠自己摸着石头过河。

好在它生在农夫山泉这个家庭，这是一个认准方向便不肯回头的企业。明知收获不是一朝一夕才能到来，但投入却从不曾忽视这款产品。在生产技艺上，农夫山泉率先在国内实现昂贵的log6无菌生产，把国内饮料从普遍采用的log5升级到新的水平，用于东方树叶的生产，以此摆脱防腐剂，还原茶叶原味，这让东方树叶不只是0糖、0卡、0脂的"三零"，还有 0 香精、0 防腐剂，是一款"五零"产品。其中的 0 防腐剂工艺还是在中偏碱性饮料上实现的，这种 11 年前农夫山泉掌握的技术，至今依旧是行业内非常高的门槛。

高标准、严投入，换来的自然是当下东方树叶出色的业绩。据尼尔森数据分析，在过去十二个月，东方树叶增长水平远超茶饮料市场整体增速，增速接近 70%，超过行业 85 倍；在东方树叶的推动下，无糖茶市场成为上半年唯一正增长的即饮茶细分市场，其中东方树叶贡献了近 7 成的增量。虽然东方树叶是一款上市超过十年的产品，但是它在消费者的心中，却从来都是一款年轻的产品，它也从来没停止自己年轻的脚步。

资料来源：根据网易（https://m.163.com/dy/article/HFMJFNA80522RDEN.html）文章《逆势增长 70%，东方树叶用实力证明：健康饮料的春天来了!》改编。

（二）故事营销策略

故事营销是让消费者产生情感共鸣的最佳捷径。"故事营销"适用于成熟产品的营销，挖掘创始人或品牌研发故事，采用讲故事的方式为产品注入情感，把品牌核心文化倾注在产品和广告中，再通过营销策划释放品牌情感价值，激发消费者情感共鸣，直击他们的心灵。故事营销的亮点在于情感因子和产品性能的完美融合，诠释品牌文化，把品牌故事娓娓道来，拉近与用户之间的距离，打造细水长流式的营销策划模式。

【实例 2-4】　　　　　　　　"褚橙"的故事营销策略

内涵和精神丰富的品牌，才能长久保持品牌的知名度和活力。因此，一个好的品牌应注入能激发顾客共鸣的故事或精神。"褚橙"正是成功运用故事引起顾客的共鸣。首先，是褚时健本身的故事。昔日"烟王"75 岁再创业，85 岁带领"褚橙"进军丽江异地扩张产能，再进京嫁接电子商务做大销售，成为褚老十年磨一剑的里程碑。褚时健自身的励志故事为"褚橙"注入最具说服力的内涵和精神：坚持不懈、不断进取。其次，是"褚橙"的故事。240 多人专职照顾果树，修剪多余枝叶，确保一棵果树只结 240 个橙子，让每个橙子得到足够养分及全方位日照。从种植、栽培、收成、检测、运输、仓储到配送，全程细节打造每一颗"褚橙"的高品质、有保障的标准，使消费者快速建立品牌信任。"褚橙"通过一入市场即讲述故事的营销策略，让人们一看到"褚橙"就想到背后的励志故事和精神传承，引发内心产生共鸣，从而购买；当人们一听到"褚橙"背后的故事，即不由自主想起"褚橙"的样子，以及"褚橙"特有的 24∶1 酸甜比的"中国甜"，购买欲望自然被激发。

"褚橙"的故事营销值得借鉴之处在于：第一，"褚橙"的故事营销成功结合了创始人褚时健传奇般的经历，极易吸引众人眼球；第二，"褚橙"的故事营销成功传递出优质产品的信号；第三，"褚橙"所讲述的故事具有内在的精神和内涵，能够引起消费者共鸣。因此，"褚橙"与其内涵故事互为依托，使其故事营销策略大放异彩。

资料来源：公务员之家（https://www.gwyoo.com/lunwen/shichanglunwen/yxcllw/201709/653130.html）文章《"褚橙"社会化营销策略分析》。

（三）情感营销策略

情感营销以"攻心"为基础，尊重用户情感，增强他们对品牌的信赖，让他们成为品牌的忠实用户。在情感消费时代，消费者购买商品所看重的已不仅仅是商品数量的多少、质量好坏以及价钱的高低，而是为了一种情感上的满足和一种心理上的认同。情感营销要从消费者的情感需要出发，唤起和激起消费者的情感需求，诱导消费者心灵上的共鸣，寓情感于营销之中，让有情的营销赢得无情的竞争。因此营销策划人要通过广告、策划方案和消费者"交心"，激发他们的消费欲望，逐渐让他们对产品产生偏爱与品牌忠诚度，从而发挥出最大的品牌价值。品牌价值是企业、产品和消费者之间的情感纽带，可以拉近品牌和消费者之间的距离，让消费者感受到品牌情感关怀、人文关怀，从而博取消费者的芳心，并提高企业的市场占有率，这才是成功的情感营销。

【实例2-5】　　　　　　　　　　江小白：滴，滴滴！

江小白，是重庆江小白酒业有限公司旗下江记酒庄酿造生产的一种自然发酵并蒸馏的高粱酒品牌。江小白致力于传统重庆高粱酒的老味新生，以"我是江小白，生活很简单"为品牌理念，坚守"简单包装、精制佳酿"的反奢侈主义产品理念，坚持"简单纯粹，特立独行"的品牌精神，以持续打造"我是江小白"品牌IP与用户进行互动沟通，持续推动中国传统美酒佳酿品牌的时尚化和市场国际化。

"简单纯粹"既是江小白的口感特征，也是江小白主张的生活态度。江小白提倡年轻人直面情绪，不回避，不惧怕，做自己。"我是江小白，生活很简单"的品牌主张沿用至今，已经渗透进当代青年生活的方方面面，并繁衍出"面对面约酒""好朋友的酒话会""我有一瓶酒，有话对你说""世界上的另一个我""YOLO音乐现场""万物生长青年艺术展""看见萌世界青年艺术展""江小白Just Battle国际街舞赛事"等文化活动。

江小白以青春的名义创新，以青春的名义创意，深刻洞察了中国酒业传统保守的不足，拘泥于千篇一律的历史文化诉求，对鲜活的当代人文视而不见，着力于传统酒业的品质创新和品牌创新，致力于引领和践行中国酒业的年轻化、时尚化、国际化。

"小白"的第一层含义是"小白痴"，寓意涉世不深、不懂得权威真谛的人。具体表现为不守礼节、不守秩序、不会自我规范，常常以自我为中心，对他人随意开炮、提意见。"小白"有时也指智商、情商低或理解能力差的人。现在，"小白"已经成为一个中性词，更多地指菜鸟、新手的意思，是当代新青年群体向往简单生活，做人做事追求纯粹，标榜"我就是我"，自信自谦的一种表现。这个世界原本简单，复杂的只是我们自己。"我是江小白，生活很简单！"是江小白追求的生活态度，也是肆意青春真我性情的一种表达。简单纯粹是一种生存方式，既切合了当今时代所倡导的绿色、低碳、环保等生活理念，又提出了一种以真心换真心，不矫揉造作的待人处事方法。"我是江小白，生活很简单"可以说是当代新青年的集体宣言，也成为一句传递品牌精神的经典文案。

"一切以消费者为中心，其他一切纷至沓来"的道理很多企业都懂，但真正能做到的还是凤毛麟角。当其他人还在思考"我们品牌该用什么方式跟消费者交心"时，江小白又推出了一个叫"表达瓶"的迭代产品。其口号"我有一瓶酒，有话对你说"满足的是正在被"说话之道"纠缠的人们，对"真情实意"的渴望。这是一次深层次的消费满足。

我们正在进入社交时代，人们依赖社交，每个人都是内容制造者，营销方式也必须与时俱进。江小白打破了白酒行业"酒香不怕巷子深"的传统、单一的运营思路，通过"表达瓶"将每个人的"真实情绪"传递出去，既满足了消费者的精准社交需求，又让企业与用户之间开始了真正意义上的互动。

资料来源：根据 360 个人图书馆（http://www.360doc.com/content/19/0306/13/59753399_819596354.shtml）文章《情感营销案例——江小白》改编。

（四）口碑营销策略

口碑营销也称口头宣传营销、蜂鸣式营销，是指营销人员在消费者满意的基础上，通过一定的营销策划，使产品或服务的内涵和信誉通过公众间非正式的人际传播网络进行扩散，从而导致受众获得信息、改变态度，甚至影响购买行为的一种营销过程。早在 1955 年，两位美国学者 Katona 和 Mueller 就研究发现：有超过 50% 美国消费者在大多数耐用消费品的购买活动中曾经征求过他们朋友和亲属的意见；有超过 30% 的美国消费者在其他某个家庭中曾经看到或交流过有关各种品牌的耐用消费品信息；而在新产品或服务的初次使用与购买中，口碑影响更为明显。在中国，依据零点调查公司对北京、上海、广州等十个城市 4 851 位 18~60 岁的普通居民所进行的口碑营销的专项调查显示：有 39.5% 的受访者会在日常生活中经常和别人交流关于"使用和购买商品的经验"；在商品决策和购买过程中担当重要角色的女性、35 岁以下的年轻消费者中经验交流的比例更高。足以见得，企业如果能借"口碑"之力，一定会增加营销活动的效果。

【策划视角 2-1】   口碑与口碑营销

"口碑"一词出自宋代《五灯会元》："劝君不用镌顽石，路上行人口似碑。"口碑在我国传统的语义中强调了两点：一是记功颂德，即社会公众形成的对某一产品或服务长期的、统一的、好的看法和评价；二是口头传播，即借助于人与人之间的口口相传。"酒香不怕巷子深"便是口碑营销的形象写照。世界著名营销战略专家科特勒曾说，"口碑是由生产者以外的个人通过明示或暗示的方法，不经过第三方处理、加工，传递关于某一特定或某一种类的产品、品牌、厂商、销售者，以及能够使人联想到上述对象的任何组织或个人信息，从而导致受众获得信息、改变态度，甚至影响购买行为的一种双向互动的传播行为。"

第三节　营销策划的创意

创意，是营销策划的灵魂，是营销策划成功的关键因素。没有创意的营销策划是没有活力与生命力的。一个好的营销创意能直接体现产品的魅力，帮助企业在激烈的市场竞争中脱颖而出，让产品第一时间吸引消费者。那么，我们如何理解创意？营销策划的创意有何特点？常见的营销策划创意思维究竟有哪些？以下我们将围绕这些内容进行探讨。

一、营销策划创意的概念及其特点

（一）营销策划创意的概念

1. 创意

"创"指创新、创作、创造，"意"指意识、观念、智慧、思维。"创意"就是创立新意，它是指对现实存在事物的理解以及认知，所衍生出的一种新的抽象思维和行为潜能。创意来源于人类的创造力，是人类不断在思想上取得突破的表现，创意带来了科技的进步，改变了世界的面貌并不断推动着世界的发展。创意来源于与我们人类息息相关的生活又指导着人类社会的发展。历史学家告诉我们，人类历史是从原始社会即石器时代开始的，要判断是猿人还是人，人类学家的唯一依据便是创造力。

2. 营销策划创意

营销策划创意是营销策划的灵魂，是营销策划成功的关键。营销策划创意能够为策划活动带来鲜活生命力，能够提供许多创新性的思路与构想，使策划方案能够拥有活力，变得新颖、独特、有吸引力，从而赢得市场目光。因此，营销策划人员必须拥有创造力。

（二）营销策划创意的特点

1. 来源多样性

营销策划创意的来源是多种多样的。首先，它可以来源于我们的日常生活中，因为我们每个人自己的生活本就是多姿多彩的，生活本身为我们的创意提供了大量有价值的想法与灵感，关键是自己有没有一双善于发现的眼睛来搜寻到这些"馈赠"。例如，人类根据萤火虫发明了人工冷光，根据电鱼发明了伏特电池，根据蝙蝠发明了超声波雷达。其次，营销策划的创意也可以来自天马行空的想象力，人类幻想自己能像鸟儿一样翱翔天际于是发明了飞机，人类想象着让世界的联系更加紧密于是创造了互联网。所以营销策划要想获得好的创意，也必须充分发挥我们的想象，不受固有思维模式的限定。营销策划的创意还可以来源于我们的兴趣，因为只有对某个问题产生兴趣，我们的思维才能够进行活跃的思考，我们的想象力和创造力才能更大程度地被激发出来。最后，营销策划的创意也可以来自我们思维的转变，打破自我固有思维，勇于尝试从不同的角度去思考问题，打破自己的认知边界也有助于我们产生有价值的创造性想法。

2. 阶段性

营销策划的创意看似虚无缥缈、灵机一动，实则任何从事创意活动的人都有着类似的思维及活动过程。营销策划也具有阶段性的特点，我们可以大致将其分为四个阶段：准备阶段、探索阶段、诞生阶段和验证阶段。

一个缺乏生活阅历和知识储备的策划者是很难产生层出不穷的营销创意的，这便是第一阶段——准备阶段。在准备阶段里我们需要养成一些帮助我们产生创意性思维的习惯，比如多问为什么，养成勤于思考的习惯，保持对世界的好奇心。同时也要学会记录，因为思想的火花往往就是在一瞬间，要牢牢抓住。第二阶段——探索阶段，在有了准备阶段的积累过后，就要对所搜集到的资源进行充分的思考与加工，形成和当前营销策划相匹配的创意构想。第三阶段——诞生阶段，经过了积累与探索实践之后，便诞生了营销策划的创意，当然这些创意有可能是正确可行的，有可能是错误或偏离实际的。那么，在第四阶段——验证阶段，需要对营销策划进行一个验证，通过逻辑判断验证其正确性与可行性。

3. 不断超越性

营销策划的创意需要不断地提出别具一格、具有吸引力的构思，摆脱刻板印象的束缚。这需要策划者发挥大胆的想象力，不断地进行自我超越。不断超越性要求策划者开拓思维，善于从全方位分析，不拘泥于固定的思维模式，能够根据自身情况以及外界形势灵活应对。不断超越性的特点要求策划者拥有冒险精神，具有敢于开拓的魅力。因为只有敢于冒险的人，才会出现"把梳子卖给和尚"这样的营销奇迹。

二、营销策划创意思维

(一) 灵感思维

营销策划的灵感思维是一种思维状态，指企业营销策划活动中瞬间产生的富有创造性的突发思维状态。生活中，我们对于"灵感"也不会感到陌生，"灵"是指那些神奇的、转瞬即逝的灵机一动，"感"就是留下来的想法。我们自己或多或少都有过灵感来临的体验。诗词歌赋创作的灵感能够产生流芳百世的篇章；反光标记的灵感其实就来自珀西·肖发现夜间汽车前灯会在猫眼中出现反射的光线；科技的灵感能够让我们在很多方面实现突破，其实原理是一样的，都是个人在思维或思考上有了突破。

对于营销策划活动来说，灵感思维就是在策划活动中，让思维处于"碰撞"的状态。因为有了这些活跃的思想花火，我们才更有可能产生好的策划创意，这就需要我们掌握灵感思维的特点，以便更好地进行策划的创意构思。灵感思维的特点主要有三个，即突发性、公平性与创新性。突发性是指灵感通常是可遇不可求的，人既不能按主观需要和希望产生灵感，也不能预测灵感的到来，目前，人们还没有找到能够控制灵感产生的办法。公平性是指任何能正常思维的人都可能产生各种各样的灵感，即无论是权贵还是贫民，不论是知识渊博的学者还是贫困地区的文盲都会产生灵感。创新性是创造性思维的结果，是灵感的本质，即灵感都是新颖的、独特的。

(二) 头脑风暴法

头脑风暴法是一种集思广益的创意方法。具体的做法是可以请一定数量的专家，组织小型会议，使参与者面对面地进行思想交流，无所顾忌地阐述自己的看法，引起思维共振，相互启迪，产生联想，进行创造性设想。此方法可以利用集体智慧弥补个人思维与能力上的不足。

为使与会者畅所欲言，互相启发和激励，达到较高效率，头脑风暴法在实施中一般有以下几个要点：

第一，参与讨论的人数要合理控制，一般建议在 6~10 人，既要保证每个人都有充分表达自己意见的机会，又要把控集体思考的时间与效率。

第二，不要批评与议论，也无须自谦。无论别人提出什么意见，都不要持批评的态度；同时，参会者应集中精力，在充分放松的精神状态下，在他人想象的感召下，拓展思路。

第三，头脑风暴法的关键在于鼓励巧妙地利用和改善他人的设想。每个与会者都要从他人的设想表达中积极思考，激励自己，从中得到启示，或者补充别人的想法，或者将多人的想法融合在一起，提出新的想法等。

第四，与会人员一律平等，对每个参与者的发言都要做好记录。不论与会人员是专家、普通员工，还是其他领域的学者，都要平等对待。

(三) 侧向思维法

侧向思维法又叫"旁通思维"，这是发散思维的一种形式。侧向思维的具体做法是：

在思考问题时，避开问题的锋芒，不从"正面"出发，而是通过出人意料的、与问题无直接联系的信息来思考和解决问题的思维方法。在营销策划中需要解决的某些问题，如果一直从正面不好找到突破口、思路受阻时，就可以考虑从侧面去思考，从而挖掘出最大的价值。侧向思维法是巧妙灵活、善于联想以及随机应变的，它体现的是一种在对问题进行了整体性的把握与策略性的思考之后，广泛联系其他领域的知识，从意想不到的角度进行观察分析，从而解决问题的非常规思路。运用好侧向思维法的关键，在于找到事物之间看似不相关的联系，寻找到解决问题的突破口。思路活泼多变、善于联想推导以及随机应变都有利于我们培养侧向思维。

曾经有一个心理学家做过一个很有趣的实验，他把狗和鸡关在两堵短墙之间，在狗和鸡的前面用铁丝网隔开放了一盆饲料，鸡一看到饲料直冲过去，结果左冲右突就是吃不到食物，这是直线思维的表现。狗先是蹲在那儿直盯盯地看着食物和铁丝网，又看看周围的墙，然后转身往后跑，绕过墙来到铁丝网的另一边，结果吃到了食物。我们人类在考虑某个问题时也有类似现象，有人总是死抱正面进攻的方法一味地蛮干，丝毫不能解决问题；有人则采取迂回战术，用意想不到的方法，轻而易举地就获得成功，这就是侧向思维法所隐藏的智慧。

（四）逆向思维法

若遇人落水，你是采用常规的思维模式"救人离水"，还是像司马光一样面对紧急险情，运用逆向思维，果断地用石头把缸砸破，"让水离人"呢？逆向思维法就是一种反常规的思维方法，它是从常规思考路径的反面去寻求解决问题的途径的思维方式。敢于"反其道而思之"，让思维在对立面的方向发展，反向探索，树立新思想。

一个自助餐厅因顾客浪费严重而效益不好，随即餐厅规定：凡是浪费食物者罚款十元，结果生意一落千丈，后采取逆向思维的营销策略，将自助餐费用提高十元，把规定改为：凡没有浪费食物者奖励十元！结果生意火爆且杜绝了浪费行为。我们所熟知的"欲正先反""以拙胜巧""以退为进""以险求安""反其道而行之"等都是逆向思维的具体表现。

对于营销策划而言，逆向思维法有助于我们产生新的活动创意。要想在恰当的时候调动逆向思维，首先我们要有培养逆向思维的习惯和意识，因为要想克服常规的思维模式对我们根深蒂固的影响是需要进行有意识的训练的，例如平时多从不同的角度来思考和分析问题。其次要善于有"最危险的地方就是最安全的地方"的意识，在正常思维不能解决当前问题的情形下，尝试从逆向思维法的多种方式中寻找解决方案的可能。

【知识训练】

一、重点概念
营销策划创意　逆向思维法

二、思考题
1. 营销策划需要坚持的基本原则有哪些？
2. 在营销策划中如何应用故事营销策略？
3. 如何在日常生活中获得营销策划创意？

【能力素质训练】

一、案例分析

抖音 & 刘德华

2021 年 1 月，作为乐坛"常青树"的刘德华宣布入驻抖音，这是其出道 40 年以来全球首个社交账号。截止到 2023 年 2 月 20 日 18 时许，刘德华抖音账号粉丝量已达 7 662 万，获赞 4 亿。2021 年 7 月 29 日，在刘德华出道 40 周年之际，以"这平常的一天"为主题，在抖音开启直播首播，观看人数过亿。视频中刘德华直言自己并不是庆祝个人红了 40 年，而是庆祝自己认认真真工作了 40 年。虽然这场直播关闭了打赏通道，但是吸引了大批粉丝关注，很多人为了刘德华注册抖音账号，这为抖音增加了大量新粉丝，抖音这波营销策划被赞创意十足。

此前有网络消息表示，刘德华入驻抖音最为直接的推动力是来自《人潮汹涌》的宣发方光线影业，在宣发策略中就包含了主演刘德华入驻抖音，注册个人账号，为影片做前期宣传。事实也的确如此，刘德华加入抖音之后，累计发布了至少 4 条有关《人潮汹涌》的短视频，包括官宣电影推广曲《新的一年》、清唱表演该曲、线上送电影票，以及刘德华经典影视形象合集等内容。

另外，抖音也十分配合地上线了"抖音邀你看电影，4 亿电影福利免费送"活动，并携手猫眼展开了《人潮汹涌》的直播活动，刘德华在直播间为观众谋福利，单场直播连破 3 200 万观看人数纪录，猫眼想看分钟增值 7 134 的纪录，1 小时 3 500 万点赞纪录，刷新电影直播宣发数据纪录。

请分析：

1. 抖音如何借助刘德华的明星效应吸引粉丝？
2. 如何评价这次营销策划？
3. 结合案例内容，谈谈正能量明星在营销策划中的重要性。

二、实训项目

1. 搜集经典营销策划案例，从营销策划原则的角度对其进行点评。
2. 列举一件近期热点营销事件，从营销策划创意的角度对其进行点评。

第三章　营销策划书写作

【学习目标】

知识目标：

1. 了解营销策划书的作用、撰写原则和步骤。
2. 理解营销策划书的基本结构和内容。
3. 掌握营销策划书的基本撰写和制作技巧。

能力素质目标：

1. 能为某个具体营销事件或活动拟定营销策划书提纲。
2. 能为某个具体营销事件或活动撰写初步的营销策划书。

【导入案例】

营销策划书到底要解决哪些核心问题
——一位资深策划人的经验之谈

1. 我们要做什么

在接到客户的需求时，一定注意不要被客户的要求"迷惑"，大部分客户对我们提出的问题都不外乎"我的销量怎样才能大幅度增长，我的销量为什么在下降"。其实，如果我们盲目地去做，一定会无所适从，这个时候就需要我们去帮客户分析，销量上不去是我们的产品竞争力不够、渠道设计不合理，还是我们的广告策略有误。等我们分析完了就会发现，原来销量上不去是因为我们的竞争对手突然提高了对渠道的投入力度，才使我们的产品被经销商冷淡，于是我们要做的就是从怎么提高销量变成怎么制定合理的渠道政策。策划书第一个要解决的就是我们要做什么，如果我们的策划书连这个问题都不能回答，那么这份策划书的可执行度就需要被怀疑了。

2. 我们在哪里

知道了我们要做什么后，就要明白我们在什么样的位置，处于什么样的环境，有什么样的威胁。古人云：知己知彼，百战不殆。因此，我们首先要分析大环境，包括国家的一些政策法规、整个市场的趋势、市场的现状、目标消费者的总数、目标消费者的消费特征、目标消费者对市场现状的心理状况；其次，要对竞争对手进行分析，包括竞争对手的产品策略、促销策略、媒体策略、销售状况等；最后，要对我们企业做一个整体的 SWOT 分析，弄清楚在目前环境下，我们和竞争对手相比，有什么样的优势和劣势，有什么样的机会和威胁。

3. 我们怎么做

根据我们对环境、市场、竞争者和对自己的分析，就可以制定出我们的 4P 策略。首先是产品。相对于竞争者来说，我们的产品有什么样的优势？是不是需要开发新产品？我们需要对产品进行定位，即是做低档市场，还是做中档市场，还是做高档市场？根据企业的资源我们不难下这样的结论：如果做中档市场，那么产品的核心卖点是什么？与竞争对手有什么样的差异？我们必须给自己的产品寻找一个有别于市场上其他产品的核心卖点。其次是价格。我们的价格是跟随竞争对手，还是要低于或高于竞争对手？我们的目的是快速占领市场，还是要实现利润最大化？再次是渠道。产品从我们的手里到消费者眼前需要怎样的渠道？是做直销还是寻找代理商？如果是寻找代理商需要它们具备什么样条件？对代理商应该实行什么样的政策才能最大限度地调动它们的积极性？最后是传播/推广。我们的传播/推广以什么为主？目标消费者是不是有明显的媒体特征？怎样将我们的产品信息通过最简单、最有效的办法传递给消费者？是做电视广告，还是报纸广告或者网络广告，还是媒体组合一起做？各类广告所占的比重又是多少？促销活动该怎么做？公关活动怎么做？这都是我们要考虑的问题。

4. 做什么样的标准

所有的问题我们都给出了答案后，就该把我们的目标量化和细化，如可以将产品分为四个阶段，即上市期、培育期、上量期和巩固期。那么每个阶段的工作重点是什么？做到什么样的程度算是合格？这就需要将目标分解和量化，如培育期的市场占有率应该是多少？销售额该是多少？上量期占有率该是多少？销售额该是多少？所有的东西尽量数据化，让每个人都非常清楚什么样的标准是合格的，同时也便于我们及时在实施中总结：为什么这个月销售额没有完成？为什么别的地区销售额都完成得比你好？不全面的问题可以给予及时准确的补充。

资料来源：王斐，罗军. 营销策划 [M]. 北京：北京理工大学出版社，2018：40-41.

第一节　营销策划书概述

营销策划书又叫营销策划文案，是营销策划方案的书面表达形式和物质载体。营销策划书通过图文将策划人的创意、思路、创新策略、工作步骤等内容具体化、文字化和有形化。营销策划书既是市场营销策划的具体成果体现，也是实现企业营销策划目标的行动方案和指南。本章对营销策划书的作用、写作步骤、结构、撰写技巧等内容进行探讨，以帮助策划人撰写营销策划书。

一、营销策划书的作用

营销策划书的撰写既是营销策划的最后一环，也是实施后续营销活动的行动指南。营销策划书是创意与实践的连接点，起着承上启下的作用。营销策划书可以表达策划者意图和观点，是营销策划过程的重要环节，它的主要的作用可以归结为以下几个方面。

（一）完整、准确反映营销策划思想和内容

营销策划书可以反映营销策划的内容，体现策划人的思想。它帮助策划人全面、系统

地思考企业面临的营销环境和问题，并提供解决问题的方法和思路。

（二）充分、有效地说服决策者

通过清楚的文字表述、生动的图表和充满合理性、科学性、逻辑性的策略方案，营销策划书可以帮助企业决策者对方案的可行性进行评估，让决策者信服并认同营销策划的内容，采纳营销策划的策略，实施提出的行动方案并对方案所需的资源进行调配。

（三）作为执行和控制的依据

营销策划书可以增强营销职能部门在实施策划方案过程中行动的准确性和可控性。营销策划书不仅提出了营销目标和策略，还包括了实现这些目标和策略的具体活动安排和行动方案，是企业执行营销策划方案的依据。同时，营销策划书是企业监督和控制营销活动的依据，营销人员可根据营销策划书提出的目标对营销活动的实施效果进行测量和评估，进而对营销活动进行优化调整。

二、营销策划书的撰写原则

为保证营销策划书的科学性与准确性，在撰写策划书时应遵循以下原则。

（一）科学性原则

策划的目的是解决企业营销中的问题，所以，我们必须按照逻辑性和科学性思维来编制策划书。首先要明确策划背景，科学分析市场现状，然后诊断问题并提出目标，最后针对这些问题和目标提出科学可行的策略和详细的行动方案。营销策划书涉及的数据必须实事求是，分析过程也必须科学严谨。

（二）针对性原则

营销策划书要突出重点，抓住要解决的核心问题，深入分析，提出针对性强的可行对策。营销策划书应避免胡子眉毛一把抓、不痛不痒、空泛无物。

（三）可操作原则

策划书的策略和营销活动方案必须清晰准确、科学合理，并且能落地、可实现。如果缺乏可操作性的方案，创意再好也不能解决企业的问题，还可能导致企业人力、财力和物力的浪费。

（四）新颖性原则

新颖的创意是策划书的灵魂，"点子"新、标题新、内容新、表现方式新，让人感到眼前一亮、耳目一新。以广告策划为例，只有那些富有创意的广告才能吸引观众的目光。

（五）系统性原则

企业问题牵一发而动全身，营销策划人员在进行营销策划和营销策划书撰写时必须有系统化的思维，综合考虑企业的资源现状、优势和劣势、机会和威胁、投入与产出、长期与短期，兄弟部门之间的协同与配合，把所策划的对象视为一个系统和整体，将各个要素整合统筹起来，形成系统、完整、协同的策划方案。进行营销策划和营销策划书撰写时应避免头痛医头脚痛医脚，避免各部门各自为政、互相掣肘，避免各章节内容自说自话、互不支撑。比如，为了突出策划和革新的必要性和重要性，在前面的章节把企业面临的挑战和存在的问题说得很严峻，但在后面章节，提出的对策部分并没有做大幅调整，这两个章节的内容就缺乏一致性和系统性。

（六）规范性原则

营销策划书的文案、图表、格式、排版等应规范、严谨，所提观点应合乎社会道德规范。

三、营销策划书的撰写步骤

（一）资料准备

将营销调研阶段获得的各种一手和二手资料（行业发展趋势、市场竞争格局、企业财务数据、产品市场表现、顾客评价等）与营销分析阶段形成的数据进行整理和分类，对于缺失的资料进行补充收集。

（二）构建框架

在撰写营销策划书之前，可以用思维导图、树形图等方式将策划的整体构想（核心问题、内外部因素、解决问题的思路等）清晰地展现出来，进而构建营销策划书的框架。

（三）草案撰写

基于前期调研和分析形成的各种资料，根据总体策划构思和营销策划书的提纲，对企业环境分析、机会和问题分析、目标、策略、行动方案、预算等部分进行编写，初步形成比较完整的营销策划书。

（四）检查更新

对营销策划书的内容、表达、格式（目录、图表、标题、标点、字体、字号、颜色等）、版式等进行检查和修改，使其表达准确、连贯、清楚和规范。根据环境和市场形势的变化，对营销策划书的内容进行更新，保证其时效性。

第二节　营销策划书的结构和内容

一、营销策划书的基本结构

营销策划书并无绝对统一的结构，不同的项目或主题的策划书，风格和内容也不尽相同。但是，根据营销策划的流程，策划书的很多要素是共通的。营销策划书的结构一般包括以下要素（见表3-1）。

表 3-1　营销策划书的基本结构

要素	内容	备注
封面	包括策划案名称、策划者姓名、委托方、呈报日期、策划适用时间段、密级、编号及总页数等	
策划概要	概括策划书主要内容	
目录	展示策划书提纲	
前言	说明策划缘由、意义、方法等	非必需。可据实情决定是否包括"前言"

表3-1（续）

要素		内容	备注
正文	策划背景	介绍企业或项目的基本情况、界定营销策划拟解决的问题、明确营销策划的目的	本部分也可以称为"策划目的"或"问题界定"
	环境分析	分析企业面临的宏观环境（PEST）、市场状况、微观环境等	
	SWOT 分析	分析优势（S）、弱点（W）、机会（O）、威胁（T）等因素	
	营销目标	基于上述分析，制定销售数量、销售额、利润率、顾客满意度等目标	
	营销战略	确定市场细分、目标市场、市场定位和竞争战略	对某些较为具体的营销策划（比如某款产品的广告策划），若目标人群和定位等策略既定，则可跳过本章节。另，本部分也可和下一部分合并，称为"营销策略"或"营销战略"
	营销组合策略	制定产品、定价、传播、渠道（4Ps）等营销组合策略	
	营销行动方案	细化执行上述策略所需的人员、地点、物资、时间等各项安排和计划	
	费用预算与预期收益	包括广告、促销、公关、劳务等费用预算，需要投入的人力、设备等其他资源，预计收益和利润等	也可以称为"财务分析"
	营销控制	包括执行控制、风险预估与应急方案	
结束语		简要总结，强调重点	非必需。可据实情决定是否包括"结束语"
附录		展示调查问卷、访谈提纲、市场调研报告、相关数据、背景材料等	

二、营销策划书的主要内容

（一）封面

1. 营销策划书名称

营销策划书名称即营销策划书的标题。标题应简明扼要并准确表达主要的策划对象和内容，如"××新品上市策划案""××产品全国市场推广策划案"。如果有委托方，标题里可以包括委托方名称，如"××公司××年度××策划书"。必要时可以加一个副标题或小标题，对正标题表达的策划主题进行具体表述或补充说明。

2. 策划委托方

如果是受委托进行的营销策划，需要在封面上把委托方名称列出。策划委托方是指支付费用，委托策划机构或某个策划人为其开展营销策划的企业或个人。可以在策划书名称里或封面其他醒目位置列出委托方。委托方的名称必须具体、完整、准确，不能出错。

3. 日期

日期是指策划案完成的日期或提交策划案的日期，日期应该按完整规范的格式，如"2022年11月19日"等。

4. 适用时间段

用时间段是指要标注营销策划方案执行的起始时间段，如"2023-10-01—2025-09-30"。

5. 策划者

在封面下方标明策划机构全称或个人名称，必要时可写上联系方式或列示策划小组成员名称和工作分工。

6. 编号及密级

策划公司承接的策划任务类型和数量较多时，应按一定的编号规则进行编号管理。在营销策划方案实施完毕之前，有关人员也应根据情况标明策划方案需要保密的级别，如秘密、机密及绝密，以防止信息外泄。

7. 图片

可在营销策划书封面插入与策划主题呼应的图片、照片等。图片应美观大方，避免花里胡哨、喧宾夺主。

营销策划书封面示例见图3-1。

编号：第168　　　密级：机密

××新品上市策划案

策划委托人：××××公司

策划机构：××××传媒

策划负责人：×××

联系电话：×××××

日期：2023年9月19日
执行时间：2023-10-01—2024-09-30

图3-1　营销策划书封面示例

（二）策划概要

策划概要是对营销策划书核心内容的概括性陈述，其目的是使阅读者快速了解整个策划的要点，比如主要目的、开展的主要调查分析、主要的分析结论（存在的问题、机会等）、策划思路、主要创意、对策等。概要的撰写要求简明扼要，篇幅不能过长，最好控制在一页纸以内。一般先写正文，后写概要。

（三）目录

营销策划书内容较多时，需要加上目录。目录不仅便于读者了解营销策划书的结构，而且也方便读者快速查找相关内容。目录的编写应层次分明，至少包括营销策划书的一、二级标题。通过办公软件生成目录后，策划人可以进一步对目录格式进行优化调整，使其更加美观。

（四）前言

前言旨在让读者了解策划的缘由、目的、意义、方法、过程等策划背景情况，让读者对营销策划案的内容有进一步了解的兴趣和愿望。前言一般不要超过一页，内容一般涉及以下几个方面：

第一，策划任务的由来。例如，××营销策划公司受××公司委托，承担其××营销策划任务。

第二，策划的目的、意义、原因。此部分主要阐述策划人对客户企业策划该项目的重要性、紧迫性和必要性等的看法与态度，以进一步增强客户企业决策人对策划该方案的信心。

第三，策划的工作过程。此部分主要阐述策划工作过程、工作方法、参与人员以及策划方案实施的预期效果。

【实例3-1】 **营销策划书前言（示例）**

本公司于2023年10月接受××公司委托，对××产品2024年度营销方案进行策划。

××产品系列是××公司历经3年研发的最新成果，承载着公司提振销量、带动公司整体向上突破的重任，××产品于2024年上市在即，上市成功，对公司意义重大，不容有失。

从接手本策划案至今，我们组建了专案团队，经过前期2个月的市场调查、竞品走访、经销商和顾客调查、内部交流等，对公司的环境、竞争状况、优劣势、机会威胁等进行了分析，在综合公司内外多方意见的基础上，制定了本策划案。

在此，感谢贵公司各级人员在策划期间给予的大力支持，欢迎大家对本方案提出宝贵意见。

（五）正文

1. 策划背景

介绍企业（或项目）的基本情况、主要股东及持股比例、主要产品、品牌形象、主要客户、价格、销售方式、销售点分布、促销、服务、市场占有率、财务状况、研发能力、企业管理团队等。策划的过程就是为企业寻求解决某一营销问题方案的过程。正文的第一部分应该对企业当前需要解决的营销问题进行界定，确定策划的目的。

【策划视角 3-1】　　　　常见的策划目的

策划目的一般有以下几种：

(1) 企业刚创立或新产品刚问世，需要从无到有制定系统的营销方案。

(2) 在企业总体营销方案的指引下，不同的年份、不同市场区域、不同的产品类别，需要针对某个时期、当地市场、某个产品系列的特征制定阶段性、区域性、类别性的营销方案。比如，××公司 2023 年度营销方案、××公司西南市场 2023 年营销策划方案、××公司 ABC 产品系列 2023 年营销策划方案等。

(3) 企业发展壮大、企业改变经营方向、企业遭遇重大挫败或市场形势发生变化，营销方案需要调整、更新或重做。

2. 环境分析

策划者应对宏观环境、同类产品市场状况及竞争状况有清醒的认识，从而为制定营销策略、开展营销活动提供依据。知己知彼，方能百战不殆，这一部分的主要内容包括：

(1) 宏观环境分析。

对宏观营销环境进行分析，主要是对影响产品营销的不可控宏观因素进行分析，如政治、经济、社会文化和技术发展趋势等环境因素的影响。

(2) 市场状况分析。

市场状况分析主要是分析市场规模、行业市场集中度、行业经济周期与行业发展趋势情况等。

(3) 微观环境分析。

①竞争状况分析，包括主要竞争者的市场表现、竞争策略、优势与劣势分析等。策划者也可以使用波特五力模型分析竞争现状。

②购买者分析，策划者可依据 5W1H（who，what，when，why，where，how）原则明确消费者和消费者行为，比如企业的目标顾客群体、规模、购买量、购买时间、购买频率、购买目的、购买地点、购买方式、影响购买决策的因素等。

③供应商分析，包括供应商的集中度（是否从少量供应商集中采购）、与供应商的关系、供应商提供货品的质量等。

④企业自身因素分析，主要是对公司的营销资源进行分析，比如营销队伍规模和素质、经销商网络、经销商实力、与经销商关系、网络营销能力等。

【实例 3-2】　　　　××××营销环境分析

1. 宏观环境分析

文化社会环境：倡导"效率与实力"的现代社会，处处充满了竞争。激烈的竞争环境，尤其是商界纷争迭起，过度的操劳和焦虑以及无情的岁月，使许许多多的人英年早逝。据日本《读卖月报》调查分析表明，当今社会从事高强度脑力劳动者，尤其是商界之中坚人士，74.8%的 40—50 岁的人，常常感到日常工作力不从心，鬓发渐染，出现了早衰的明显特征。

经济环境：随着人们收入和生活水平的较大幅度提高，许许多多的中老年人对自身美的追求，特别是他们对外观形象的改善越来越重视。为此，人们想方设法使自己显得年轻，但往往收效甚微。在这种背景下，依中医古法精制而成，以调节人体内环境为主，达到预防早衰，改变须发早白现象的低度保健饮料酒——××××应运而生。

2. 市场分析

×市的市场调查分析表明，35—50岁的男女，58.63%有少量或部分白发出现，14.3%的头发已大部分变白，因此可大致预测至少有占人口18.43%的消费者市场。可以推断，如果能让消费者充分了解××××产品，它在市场上将大有作为。

3. 产品分析

（1）产品特点。××××系采用何首乌、女贞子、枸杞、当归、黄芪、熟地、杜仲等多种地道名贵中药材与米酒，依中医方法精制而成的低度保健饮料酒，它通过调节人体内环境稳态，达到防止早衰、须发早白的功效。该产品酒精度为26度，可随量饮用，但需持续每日饮用50 ml。

（2）生命周期。该产品尚处于产品生命周期的初级阶段，即投入期阶段，顾客还不大了解产品性能，购买者不多。据厂家提供的数字和策划者的调查，开业四个月共销售产品1 000多箱（6 000多瓶），盈利30多万元，市场知名度为2.42%。处于这个阶段，产品是否受到用户欢迎，能否满足社会需求，是属于光彩夺目的明星类产品还是属于将被淘汰的瘦狗类产品，尚不可知。因此，建议厂家尽量加大宣传及推广力度，否则产品在此时夭折的可能性很大。

4. 竞争分析

（1）同类替代产品情况。①对于中老年人的早衰、须发早白症状的治疗，国外尚无显著方法，一般只是采取染发来改善外观形象。②国内仅有中外合资企业——×××日用化工制品有限公司生产的××产品，可通过使用达到养润毛发、预防早白的目的。

（2）行业现有企业竞争状况分析。①国外市场，尚无以调节人体内环境来达到乌发效果的产品。②国内市场，中外合资企业×××日用化工制品有限公司生产的××产品，在北方有较大影响，正向南方市场开拓。2013年春节前后，曾在×市第一百货商店开展××产品现场推销活动，目前该市已有多家商业单位经销该产品。

5. 顾客分析

该产品主要在×市销售，少数产品已进入Y市市场。在×市的零售点有东海大厦自选商场、市外轮友谊供应公司、东湖贸易有限公司、市华丰贸易公司。对东海大厦自选商场销售情况的调查表明：

（1）该产品平均月销售量为95瓶。

（2）购买者情况：其中，男性占78.2%，女性占21.8%；年龄30岁以下者占14.5%，30岁至40岁者占38.5%，40岁至50岁者占31.4%，50岁以上者占15.6%。购买者文化层次：大学毕业者占31.5%，中专毕业者占22.6%，高中文化者占38.5%，初中以下文化者占7.4%。购买者收入情况：月收入6 000元以上者占15%，月收入5 000元至6 000元者占18%，月收入3 000元至5 000元者占51%，月收入2 000元以下者占15%，其他消费者占1%。

（3）购买用途：馈赠亲友者占45%，自用者占35.5%，另有17.5%购买者是青年人，他们是为赠送自己的父母、亲友、上司而购。

资料来源：邓镝. 营销策划案例分析（第二版）［M］. 北京：机械工业出版社，2014：238-242，有改编。

3. SWOT 分析

解决营销问题的基础是内部资源能力分析，即发现和挖掘企业自身的优势 S（strengths）和劣势 W（weaknesses），分析企业所面临的市场机会 O（opportunities）和市场威胁 T（threats），从而充分利用自身优势，发掘市场潜力，把握市场机会，达成企业内部条件、外部环境与营销目标之间的平衡。

（1）优势和劣势分析。

一般说来，企业可以从企业或品牌知名度、产品质量、产品包装、产品价格、销售渠道、推广方式、服务质量、售后保证、顾客忠诚度、管理团队经验、企业规模等方面分析优劣势。

（2）市场机会分析。

企业市场机会可能来自政府政策支持（税收减免或补贴）、新技术新产品新模式（智能手机的普及给移动支付、外卖、基于位置的搜索服务、手游、直播带货等带来利好）、新的市场空间（RCEP，即区域全面经济伙伴关系协定，让中国产品可以零关税进入日本市场）、市场需求旺盛（2020 年新冠病毒感染初期全球对口罩、呼吸机等防疫物资需求大）、主要竞争对手退出等。

（3）市场威胁分析。

企业市场威胁可能来自不利的政府政策（政府限购限贷等政策对房地产行业影响巨大）、消费者消费习惯改变导致需求下降、新竞争对手进入市场、国与国之间的关系恶化（领土争端、贸易摩擦等）导致外国消费者对本国和本国产品的敌意上升、产品质量问题等公关危机、主要竞争对手合并或联合等。

【实例 3-3】　　　　　　　"王老吉"凉茶 SWOT 分析

优势：在众多老字号凉茶中，以王老吉最为著名。王老吉凉茶发明于清道光年间，至今已有近 200 年，被公认为凉茶始祖，有"药茶王"之称。到了近代，王老吉凉茶更随着华人的足迹遍及世界各地。

劣势：红色王老吉受品牌名所累，并不能很顺利地让广东人接受它作为一种可以经常饮用的饮料。而在另一个主要销售区域浙南，消费者将"红色王老吉"与康师傅茶、旺仔牛奶等饮料相提并论，作为当地最畅销的产品，企业担心，红色王老吉可能会成为来去匆匆的时尚。

机会：在研究消费者对竞争对手的看法中，发现红色王老吉的直接竞争对手，如菊花茶、清凉茶等由于缺乏品牌推广，仅仅是低价渗透市场，并未占据"预防上火"的饮料的定位。而可乐、茶饮料、果汁饮料、水等明显不具备"预防上火"的功能，仅仅是间接的竞争者。

威胁：在两广以外，人们并没有凉茶的概念，而且，内地的消费者"降火"的需求已经被填补，大多是通过服用牛黄解毒片之类的药物来解决。做凉茶困难重重，做饮料同样危机四伏。如果放眼到整个饮料行业，以可口可乐、百事可乐为代表的碳酸饮料，以康师傅、统一为代表的茶饮料、果汁饮料更是处在难以撼动的市场领先地位。

4. 营销目标

营销目标是指通过实施本策划拟达到的具体营销指标，比如销售额、销售增长率、市场占有率、品牌知名度、顾客满意度、毛利率、销售网点数量等，营销目标的制定应遵循 SMART 原则。

【策划视角 3-2】　　　　　　　　　　SMART 原则

SMART 原则即目标必须是具体的（specific）、可以衡量的（measurable）、可以达到的（attainable）、与其他目标存在相关性（relevant）及有明确的截止期限（time-based）的。

依据 SMART 原则，某企业制定 2023 年营销目标如下：

第一，销售目标：将 ×× 产品在巴西的销售额由 2022 年的 2 000 万美元提高到 2023 年的 3 000 万美元。

第二，收益目标：2023—2025 年，X 公司在 Y 市场保持年均 20% 的投资回报率。

第三，市场份额目标：2023 年，在中国市场获得男士防水登山鞋 10% 的市场份额。

第四，增长目标：2023 年，将 ××× 牌洗衣粉在四川的年销售增长率由 20% 提高到 30%。

第五，品牌目标：2023 年，让 ×× 啤酒成为中国成年男性的首选啤酒品牌。

5. 营销战略

营销战略是策划的总体布局，包括市场细分、目标市场、市场定位和竞争战略等。

市场细分（segmentation）的目的在于帮助企业评价细分市场潜力，发现市场机会，以便确定目标市场。

目标市场（targeting）是指根据对每个细分市场的规模、潜力、竞争状况、企业资源和能力、企业发展目标等因素的分析，找准目标市场。目标市场的选择应说明理由，并对目标市场的特征（性别、年龄、收入、地理位置、消费者行为等）进行描述。

市场定位（positioning）指企业在目标顾客心目中树立独特、清晰和正面的产品形象的过程。市场定位须说明市场定位的依据（基于企业的什么独特优势），以及定位如何精练的传播（"怕上火喝王老吉""充电五分钟，通话两小时"等）内容。

竞争战略（competitive strategy），即成本领先、差异化或集中化战略。

【实例 3-4】　　　　　　　　　　"王老吉"目标市场策略

（一）市场细分

碳酸饮料：以可口可乐、百事可乐为代表；

茶饮料、果汁饮料：以康师傅、统一、汇源为代表；

功能性饮料：以菊花茶、清凉茶等为代表。

（二）目标市场选择

企业的产品归属于饮料行业，其直接的竞争行业是"功能性饮料"。

（三）市场定位战略

1. 市场创意与定位

品牌重新定位在"预防上火的饮料"，其竞争对手是其他饮料，产品应在"饮料"行业中竞争，其自身独特的价值在于——喝红色王老吉能预防上火，让消费者无忧地尽情享受生活（煎炸、香辣美食、烧烤、通宵达旦看足球等）。

2. 市场定位战略

（1）走出广东、浙南。由于"上火"是一个全国普遍了解的中医概念，而不再像"凉茶"那样局限于两广地区，这就为红色王老吉走向全国彻底扫除了障碍。

（2）形成独特区隔。"预防上火的饮料"的品牌定位既准确又新颖，使产品曾相互矛盾的双重身份得到完全有机的结合，将产品和竞争者有效地区分开来。××快餐店已将王老吉作为中国的特色产品，确定为其餐厅现场销售的饮品。

（3）将产品的劣势转化为优势。①淡淡的中药味，成功转变为"预防上火"的有力支撑；②3.5元的零售价格，因为"预防上火的功能"，不再"高不可攀"；③"王老吉"的品牌名、悠久的历史，成为预防上火"正宗"的最好证明。

资料来源：赵静. 营销策划理论与实务 [M]. 北京：机械工业出版社，2013：190-196.

6. 营销组合策略

营销组合策略是策划的具体策略对策。如果是有形产品，一般使用4Ps［产品策略（product）、价格策略（price）、渠道/分销策略（place）、传播/推广策略（promotion）］，如果是无形的服务，可以使用7Ps［4Ps+人员策略（people）、有形展示（physical evidence）、服务过程（process）］。另外，也可以基于4Cs［顾客（customer）、成本（cost）、便利（convenience）、沟通（communication）］等营销理论。

此处以4Ps为例进行说明，4Ps主要包括以下4个方面：

（1）产品（product）策略。

①产品组合策略，即为满足顾客需要，应该提供什么样的产品或服务，提供哪些产品线，以及每款产品的质量、特色和功能。

②产品包装策略，即包装尺寸、材质、形状、颜色、标签位置、标签内容、使用便利性、材料的环保性、包装成本、对顾客的视觉吸引力、包装的创新、是否采用家族化包装风格等。

③产品品牌策略，即品牌的命名，产品共用同一品牌或采用独立品牌等。

④识别产品处于生命周期的具体阶段和新产品开发。

⑤产品服务，即服务方式、服务质量等。

（2）价格（price）策略。

价格策略包括定价方法、定价策略等。比如，是以成本为基础还是参考同类产品价格定价，是否给予数量折扣，价格是否包含运费，批发和零售的价差，新产品定高价还是低价等。若企业的竞争战略是成本领先，则应更重视价格策略。

（3）分销渠道（place）策略。

分销渠道策略包括渠道设计、渠道管理、物流、渠道调整等。比如，是采用直接或间接渠道、长渠道或短渠道（中间商的层级多少）、宽渠道或窄渠道（同一层级中间商的数量多少），如何挑选、管理和激励渠道成员，如何解决渠道冲突，现有渠道有何不足，对现有销售渠道如何修补或拓展等。

（4）传播（promotion）策略。

传播策略包括广告策略、公共关系策略、人员推广策略、直接和网络传播策略、销售促进策略，以及各个方面的侧重和整合等。

营销组合的每个要素（每个P）必须相互支持和配合，营销组合策略（4Ps）必须服从于企业整体营销战略。比如，一个瞄准高收入人群、定位高端、采用差异化而非成本领先竞争战略的产品，其产品策略（设计独特精良、原料高档考究，产品质量上乘、功能齐全好用、服务贴心周到）、价格策略（价格高、折扣少）、渠道策略（销售场所精致、气派、有格调，销售网点较少）、传播策略（可能有专业销售员面对面讲解，在高档小区投放电梯广告，机场广告等）必须一致，并且相互支撑，才能构建起清晰且一致的品牌形象。

【实例3-5】   **××产品的营销组合策略**

1. 产品策略

（1）产品定位。①产品类型定位——低度保健饮料酒；②产品特点定位——调节人体内环境稳态；③产品档次定位——中档；④消费对象定位——35—50岁，从事商业活动的城镇人（商业部门的人员由于长期从事激烈竞争，焦虑和操劳常使他们过早地出现早衰）；⑤消费者心理定位——恢复精力，追求美的形象。

（2）销售对象。依据产品的消费对象定位，目标客户应包括35—50岁，从事商业活动的城镇人，以及关心他们的子女、家属及亲友。

（3）包装策略。产品的包装应与产品档次配套，设计美观大方，同时考虑出口的需要，采用汉英两种文体，主体颜色采用黑色。另外，考虑到外国人对中国医学的崇拜，在包装上还应着力体现中国特色。

2. 定价策略

由于产品档次定位为中档，又考虑到产品的消费对象从事商业活动，生活水平较高，往往出手大方，中等价格他们容易接受（该产品市面零售价为260.00元/瓶，批发价为200.00元/瓶），采取投入市场之初先定一个略高价，待销路畅通后再略微降价，并保持稳定。

3. 广告策略（以电视广告为例）

（1）广告目标：突出该产品的性能和形象，使之根植于消费者心中，从而达到扩大影响、实现促销的目的。

（2）播出时间：新闻联播的前后十分钟内及经济新闻、经济专栏的前后播放。

（3）创意简述：从产品的定位出发，在电视镜头中突出商业活动竞争激烈的气氛，并利用中老年人普遍害怕早衰、须发早白，有着"夕阳无限好，只是近黄昏"的惆怅心理。

（4）设计电视广告脚本。

4. 公关策略

（1）举办新产品上市新闻发布会。××产品是一种具有独创性的新产品，它的问世是对人类养生科学的贡献，具有重要的新闻价值，因此，有必要通过新闻媒体向外界广泛地传播信息。举办该产品上市的新闻发布会既可通过大众传播媒体向社会告知这个新产品，又能较真实、广泛地传播该产品的性能、作用。

（2）销售现场免费检验头发并开展宣传活动。在销售现场为观众免费检验头发，介绍产品，并分发产品说明书。

5. 营业推广策略

（1）举办新产品品尝会暨联欢晚会。广泛邀请一些政府部门和主管部门领导、商业销售的负责人、品酒专家、社会名流、消费者代表、新闻媒体的记者参加新产品品尝会。通过新产品的品尝，广泛地征求社会各界的意见和建议，既避免产品与市场发生较大程度的偏差，同时又广泛宣传产品，塑造良好的企业形象。

（2）与电视台共同举办××杯中老年健康知识电视大奖赛。

通过电视大奖赛，一方面推广宣传中老年人的健康知识，提高中老年人的健康意识（特别是预防早衰问题）；另一方面成功地塑造了关心中老年人健康的、充满人情味的企业形象。

6. 渠道策略

从销售地域来看，该产品应该形成以×市经济特区为基础，向沿海城市及东南亚辐射的销售网络：首先应扎根×市市场，再占领Y市市场并辐射全国，进而瞄准韩国、日本以及东南亚其他国家与地区的市场。由于产品属于中高档商品，主要销售网点应选择在这些地区的大型商场及百货公司。

资料来源：邓镝. 营销策划案例分析（第二版）［M］. 北京：机械工业出版社，2014：238-242，有修改。

7. 营销行动方案

策划者的大胆构思、营销点子和精彩创意需要用细致的执行方案来落实和执行。行动方案要周密和细致，具有可操作性和灵活性。同时还要考虑费效比，力求用最低的成本达成特定的营销目标或完成的特定营销任务。对于季节性产品，要根据淡、旺季营销侧重点，制定淡、旺季专门的行动方案。为每项活动编制出详细的表格，以便于执行和检查。

【策划视角 3-3】　　　　　　　　　　　　**6W2H 分析法**

行动方案可运用 6W2H 分析法，进行周密安排，具体包括：做什么（what）、何时做（when）、何地做（where）、何人做（who）、对谁做（whom）、为什么做（why）、怎么做（how）、做多少（how much）等。

8. 费用预算与预期收益

费用预算通常以表格形式予以体现，是对策划书各项活动费用的预算，包括营销过程中的总费用、阶段费用、项目费用等，如广告费用、促销费用、公关费用、劳务费用等。

预期收益指对实施策划方案带来的不同时期销售数量、销售收入、利润等数据的预测。

费用预算应该尽可能准确、详细地反映实施该策划书的投入。预期收益应尽量科学合理，并给出预测依据（比如参考市场同类产品市场表现），可以根据乐观和保守做两套不同的收益预测，以便委托方评估财务可行性。

【实例3-6】 营销策划书预算表

营销策划书预算表的具体内容见表3-3。

表3-3 营销策划方案预算表示例

××银行××卡校园推广策划方案整体预算表		
名称	项目	费用/元
1. 报纸广告媒体费用	广告媒介购买费	576 000
	平面广告制作费	30 000
小计		606 000
《××报》	合作方提供的折扣	400 000
2. 印刷制品成本	宣传单	24 000
	海报一	19 500
	海报二	18 000
	海报及宣传单设计费	5 000
小计		66 500
3. 活动礼品费用	办卡赠品	400 000
	现场抽奖活动奖品费用	32 000
	现场小活动的奖品	8 000
小计		440 000
4. 参赛选手奖品费用	赛区优胜奖奖品	24 000
	决赛奖金	55 000
小计		79 000
5. 工作人员费用	兼职海报张贴人员	6 000
	现场申请点兼职人员	12 000
	兼职宣传单发放人员	4 800
	主持人支出费用	4 000
	嘉宾兼评委支出	80 000
小计		106 800
6. 场地搭建和租用费用	临时场地的租金	8 000
	搭建临时场地材料的租金	50 000
	场地背景等等使用费	100 000
	××卡申请点场地建设费	8 000
小计		166 000
7. 其他费用	新闻媒体公关费	20 000
	其他准备费用	25 000
小计		45 000
8. 合作伙伴出资		−500 000
总计		803 300

9. 营销控制

营销控制明确了对方案实施过程的管理与控制，是对策划方案的补充。具体而言，营销控制主要是指对策划书实施的动员与准备、策划书实施的时机选择、制定效果评价方案、业绩奖惩制度、效果监控机制、信息反馈制度等，以保证方案的顺利实施。比如，每月或每季详细检查目标的达到程度，分析找出未达到目标的项目及原因。同时，也要制定多套应急方案，以应对一些突发事件或营销危机。

（六）结束语

结束语主要与前言呼应，重复一下主要观点和思路，使营销策划书圆满结束，避免给人戛然而止的感觉。

（七）附录

附录是策划书的附件，是策划书中一些结论的推导依据或过程性材料，便于策划书的阅读者和实施者了解问题和分析的来龙去脉，有助于增强方案的可信度和可行性。附录主要包括策划案中提到的一些原始数据或资料，或者由于篇幅太长不适合放在正文中的分析过程等。附录一般包括调查问卷、访谈提纲、市场调研报告、原始图片等内容。如果附录不止一个，应当标注顺序，便于查找。

如前文所述，营销策划书并无绝对统一的结构，策划人员需根据具体的策划主题、策划范围、策划目的等因素灵活调整策划书的内容和结构，避免机械套用、千篇一律。

第三节　营销策划书撰写技巧和制作

一、常见的营销策划书撰写技巧

营销策划书既是营销活动的可行性报告，也是营销活动的工作计划。营销策划书的可信度、说服力和可操作性至关重要，在撰写营销策划书时应注意以下技巧。

（一）文字表述清晰、重点突出

营销策划书是一种说服性材料，应当考虑阅读者的知识结构、思维习惯和理解能力。策划书所涉及的概念应深入浅出，各部分之间的启承转接要井然有序。营销策划书的写作应突出重点、详略得当，避免头重脚轻（背景、环境分析等章节篇幅过长等）。可以使用不同层级标题，使文案内容层次清晰。部分内容可以逐条列举来表现，避免使用大段文字描述。策划书应避免口语化表达，局部可以用比较轻松的方式来表述。

（二）给出理论依据

为策划者的观点寻找理论依据可以提高策划内容的可信性，但是理论要切实相关、准确妥适，避免不着边际的理论堆砌。

（三）用数字说话

作为一份指导企业实践的文件，策划书的每个论点都要有依据。一般来说，数字和定量分析可以提供决策依据。在营销策划书中，各种绝对数和相对数的对照和比较是常见的。需要注意的是，引用的数字应有权威的出处，并避免引用老旧的数据。

（四）运用图表

图表对于数据对比分析、归纳概括等非常有效，它们不仅有助于阅读者理解策划的内容，还能提高页面的美观性，调节阅读者的情绪，提升营销策划书的穿透力和感染力。图表对数据的呈现、版面设计和创意的表达都有着重要的影响。

（五）优化版面设计

良好的版面设计（字体、字号、行距、颜色、图表等）可以使策划书层次分明，重点突出，清晰易懂。设计时要注意创意、版面的新颖性，提高策划书的吸引力。

（六）适当举例

策划人通过列举国内外一些类似企业案例，尤其是成功案例，可以证明自己观点的有效性，增强策划书说服力。

（七）注意细节

细节决定成败，应仔细检查公司的名称和专业术语，避免错误和遗漏。打印纸张、颜色、打印质量、装订质量等细节都会对策划书产生影响，任何细节都不能掉以轻心。

二、营销策划书的版面设计

（一）版面大小

营销策划书的印刷纸张一般应采用 A3、A4、A5 等标准纸张。同时营销策划书的页面边缘空白需多留一些，便于进行装帧美化和读者在阅读时做批注。

（二）图文排版

图表和文字的排版布局应该精心设计。图表应该尽量放在与其内容相关的文字附近，并且应该加上图表的编号和标题。

（三）页码、页眉设计

页码与页眉的艺术化设计可以对版面起到美化作用，使营销策划书的外观独特。在页眉处，一般应写上策划人（单位）、策划书标题等内容。

（四）标题设计

标题使营销策划书的层次分明，可以分为主标题、副标题、标题解说等。各级标题之间的字体、字号、颜色等方面应区别设计，以使版面活泼且层次分明；也可以在同级标题前加上统一的识别符号或图案，增强相应策划内容的视觉识别。

（五）版面装饰

在营销策划书的封面、内页、封底等位置，可以插入一些与策划主题相关的辅助性或装饰性的图片，以营造独特的视觉风格，让营销策划书更加生动。但应注意图片不能过于花哨，以免弄巧成拙。营销策划书同时可以用一些强调的特殊符号，将重点内容突出标示。

三、营销策划书的校正和装订

（一）营销策划书的校正

营销策划书的校正，就是对营销策划书的结构、内容、逻辑、文字、图表等进行检查与修改。策划书执笔人本人校正后，可再交给其他人进行校正。首先，要特别注意核对关键的数据、日期、名称等有无差错；然后校核有无错字、格式错误等问题。对于一些悬而未决的问题，可以请教专家，以保证策划书准确无误。

（二）营销策划书的装订

营销策划书校正定稿后，还要装订。在装订时，要注意一些细节，比如：营销策划书主要章节之间是否要插入分隔页，双面还是单面打印，哪些页面需要彩色打印，以及营销策划书的打印或复印册数等。

【知识训练】

一、重点概念

营销策划书的结构　营销策划书撰写技巧

二、思考题

1. 营销策划书主要有哪些作用？

2. 列出营销策划书的主要撰写原则。

3. 写出营销策划书的撰写步骤。

4. 列出营销策划书结构的要素。

5. 常见的营销策划书撰写技巧有哪些？

【能力素质训练】

一、营销策划书示例

××陶瓷刀营销策划书

一、项目背景

××陶瓷刀是由重庆××陶瓷有限公司开发的产品，委托××机构为其进行 2023 年营销推广策划工作。在合作初期，××机构进行了大量的市场调研与产品考察，双方于 2022 年 7 月初达成初步合作协议。

陶瓷刀行业品牌众多，产品同质化严重，大部分品牌的目标人群重合，导致行业竞争压力大，其他刀类等替代品也带来激烈的行业竞争，这对于试图进入市场的新品牌并不友好。本次策划主要是找准产品的市场定位，发展独特的品牌诉求，以在竞争激烈的市场上占据一席之地。

二、营销环境分析

（一）宏观环境分析

1. 经济环境

近几年，中国经济水平不断提高，人们的生活也越来越好。经济发展水平的不同，带来社会观念、规范等的不同，消费者对于产品的知名度、商标等方面的需求、爱好程度也就不一样。××陶瓷刀需要借助经济发展的东风，通过塑造独特的形象，迎合新经济时代消费者的产品偏好。

2. 社会文化环境

随着我国经济的发展和人民生活质量的提高，人们的消费观念发生了深刻变化，对刀具的需求由更强调"耐用"转为注重"时新",刀具世代相传或一套刀具用一辈子的观念,逐渐被追求时尚和新异的消费心理代替。

3. 科技环境

近年来,我国的刀具行业获得了很大发展,新材料、新工艺、新技术及新的款式注入刀具行业中。陶瓷刀作为现代高科技的产物,它的高雅和名贵可见一斑。

(二)行业与竞争环境分析

1. 行业特点分析

随着新材料技术的不断发展,时尚健康生活理念的不断兴起,具有环保、耐酸、耐碱、永不生锈性能的实用型刀具——陶瓷刀,逐渐被越来越多的人认可。陶瓷刀使用精密陶瓷高压研制而成,作为现代高科技的产物,具有传统金属刀无法比拟的特点。

随着中国陶瓷生产工艺和技术的迅猛发展,陶瓷刀市场的产品个性化突出,并开始走向高端市场。根据未来陶瓷刀具的行业发展趋势,摆脱价格战的恶性竞争、占领技术高地、不断改进生产工艺、提高产品的性能是本企业改变现状的关键。

2. 行业竞争分析

目前,市场上的陶瓷刀品牌主要有山东 A 品牌陶瓷刀和重庆 B 品牌陶瓷刀,它们以"贵族刀""环保刀"为主打形象,宣传其耐磨、环保、无毒、无氧化等特性,在市场上占据主导地位。然而,其品牌形象过于传统,缺乏独特个性,正是××陶瓷刀打入市场的契机。

(三)微观环境分析

1. 消费者分析

通过为期两个月的市场调查,我们分析得出:在全国使用陶瓷刀的人群中,30—39 岁的人为主要消费人群;40—49 岁人群为第二消费主力军。其中,女性约占 35%。同时,消费者购买陶瓷刀最主要的两大用途为家用和作为礼品。(图表分析略)

2. 产品分析

××陶瓷刀面向中高端市场,专注做陶瓷刀具,以精良严苛的制作工艺和无与伦比的刀片锋利度,力图成为中高端人士的品质之选。其核心卖点主要有:保证食材的自然原味、极致的北欧设计风格、环保健康的材质、家·和谐·圆融的情怀。同时,××陶瓷刀也面临品牌知名度小、推广渠道单一(目前只进行线上推广)等问题。

(四)SWOT 分析(见表 3-4)

表 3-4 SWOT 分析

S—优势	W—劣势
1. 工厂一直以代工起家,具有完善的生产线(产能有保障)	1. 品牌定位不清晰,知名度不高
2. 产品线完善,系列产品线清晰(产品品质)	2. 推广渠道单一,力度不足
3. 有一定的消费人群基础(市场基础)	3. 品牌视觉识别系统不规范
O—机会	T—威胁
1. 目前市面上还没有陶瓷刀标杆品牌	1. 细分市场的产品严重同质化
2. 消费者对环保健康品质的消费需求日益增强	2. 消费者对网络销售的信任度较低
3. 消费者个性化消费心理的需求	3. 市场信任度不高,同行替代的可能性较大

三、营销目标

(1) 塑造××陶瓷刀的独特产品形象。

(2) 提高××陶瓷刀的市场知名度，打造成陶瓷刀首选品牌。

(3) 扩大××陶瓷刀的网络销售份额，使其销售量提升 20%。

四、营销战略

(一) 市场细分

按照年龄、收入、生活方式、价值观念、购买时机、利益追求、使用频率等标准将整个陶瓷刀市场划分为以下三个细分市场。

1. 时尚新宠。25—39 岁，收入相对较高，接受过良好的教育，交友广泛，要求精致生活，喜欢美食、烹饪，对吃有讲究，比较热爱时尚，追求领先的男性群体。

2. 白领阶层。25—39 岁，公司白领，喜欢美食、旅游，收入相对较高，接受过良好的教育，追求生活品质和档次，喜欢标榜个人高雅品位的女性。

3. 富贵管理阶层。40—49 岁，有较高的社会地位和体面的工作，企事业单位的中层及以上领导者或管理者，收入较高，具有家庭责任感，追求生活高档化的男性群体。

(二) 目标市场选择

结合××陶瓷刀自身特性以及细分市场的可进入程度，我们主要选择"时尚新宠"和"白领阶层"作为主要目标市场。

这部分消费者集中在 25—39 岁，有一定的经济基础和社会地位，收入较高，主要分布在中国的一、二线城市。他们追求生活品质和档次，爱家爱生活，享受生活，富有家庭责任感。他们喜欢有品牌和设计感的产品，用产品标榜自己的高雅品位。同时，他们注重理性诉求，比较看重产品质量、实用性，看重产品的品牌、使用效果。

(三) 市场定位

1. 市场定位语：高端·精致·时尚·绚彩。

2. 感性诉求：爱与温暖，家庭的责任，人生的沧桑和练达，极具设计感的外观。

3. 理性诉求：德国品质和工艺，美瓷品牌拥有者，健康安全，材质环保，轻巧锋利，营养保持，自然口感保证。

五、营销策略

(一) 产品策略

1. 品牌理念

××陶瓷刀用无比热爱的信念，积极传递家的责任、爱的温暖、精致的生活态度和严谨奋进的事业心。品牌尊崇消费者的个性，体现和谐圆融的中国传统文化；以家为圆心，融合爱、事业、生活，彰显独特品位，演绎精彩人生。

2. 产品组合策略

按照产品功能，××陶瓷刀主打以下系列（见表3-5）：

表3-5　××陶瓷刀主要产品系列

类别	产品
菜刀	斑马系列 TB601，陶瓷三件套 TT301，贝壳陶瓷三件套（3色）TB301，陶瓷二件套（5色）TT201，菜刀（黑白）DC101，糖果系列 DT101

表3-5(续)

类别	产品
水果刀	黑金系列 TH301，斑马系列 TB601，陶瓷三件套 TT301，贝壳陶瓷三件套（3色）TB301，陶瓷二件套（5色）TT201，小鸟系列 DX101，糖果系列 DT101，3寸折叠刀 DZ101
削皮刀	母婴辅食系列 TM301，糖果系列 DT101，贝壳陶瓷三件套（3色）TB301
餐具	西餐三件套 TC301
配件	菜板 DC101

3. 产品包装策略

（1）内层包装。采用印有品牌名称的蓝色透明磨砂纸，将刀刃包裹住，体现产品品质。

（2）外层包装。主题色为蓝白色，印有品牌名称与 logo 的方形盒子包装。

（3）包装袋。主要为纸质礼品包装袋，主题色为蓝白色，印有品牌名称与 logo。

包装示意图见附件（略）。

（二）价格策略

主要采用需求导向定价法，通过对消费者的预期价格进行调查，以市场能接受的主要价格作为定价参考。同时参考竞争导向定价法，结合市场上主要竞争对手的定价，对价格进行修正。各系列产品的最终定价见下表（略）。

（三）渠道策略

根据目标市场客户的消费行为习惯，我们以线上销售为主（京东、淘宝、全网营销），同时在一、二线主要城市开设少量专营店，以起到线下品牌推广的作用，加深消费者的品牌认知。我们构建的渠道网络见下图（略）。

（四）传播/推广策略

1. 广告策略

（1）广告推广语：××陶瓷刀——每个人都是刀尖上的舞者。

刀尖是产生让人无法承受的疼痛的地方，然而每一次成长，都要经历一次脱胎换骨，才能化茧成蝶。我们需要有如大刀阔斧般的黑金系列，也要有黑白爱憎分明的斑马系列。

（2）主要推广媒介：一线卫视、主要社会化媒体平台（微博、微信精准广告）、电梯轿厢广告。

2. 促销活动设计

（1）互联网促销方式。结合各电商平台的促销节点，开展赠品促销、抽奖促销、积分兑奖促销等各类促销活动。

（2）线下推广活动。以"环保、健康、时尚"为主题，开展全国性的路演活动，具体活动方案见附件（略）。

六、营销执行方案与财务预算

（一）人员分工表（略）

（二）物资安排表（略）

（三）费用预算表（略）

七、营销风险预估与控制措施（略）

附录：

附件1：市场调查问卷

附件2：消费者调查报告

附件3：广告推广画面及包装设计稿

附件4：促销活动方案

资料来源：余敏，陈可，沈泽梅. 营销策划［M］. 北京：北京理工大学出版社，2020：225-228.

二、实训项目

××产品的校园推广策划书

（一）实训目标

通过实训任务让学生初步掌握如何编制营销策划书。

（二）实训任务和要求

请各位同学根据前三章所学内容，自选商品在本校校园进行推广，以小组为单位进行调研、讨论和分析，在两周内完成营销策划书，并推选小组代表在班级课堂进行8分钟左右的策划要点陈述。策划书字数不限，但须结构完整、内容充实、方案合理。

每组成员4~5人，含小组长一名，负责实训任务的沟通协调。陈述需要做PPT，PPT只放策划书要点和相关图表即可。

第四章 产品策划

【学习目标】

知识目标：

1. 了解产品整体策划、产品策划的指导思想以及产品策划的程序。

2. 理解包装策划的概念、内容与注意事项。

3. 掌握新产品策划的步骤以及产品组合策划的方法与策略。

能力素质目标：

1. 会正确使用产品策划相关的工具和方法。

2. 能对产品策划进行适当的评价。

3. 能够树立正确的产品生产、产品营销观念，培养企业社会责任意识。

【导入案例】

农夫山泉"虎年瓶"

2015年，农夫山泉宣布推出玻璃瓶高端水，正式进入高端水市场。2016年农夫山泉将玻璃瓶升级为"生肖瓶"，此后的每一年都会推出新的生肖限定典藏款。2022年为"虎年"，自然少不了围绕"虎"的营销，在虎年到来之际，农夫山泉长白雪推出了壬寅虎年限定款，为广大消费者带来"虎年吉祥，好水旺财"的美好祝福。

中国是一个非常注重传统文化的国家，而春节不仅是人们奔赴团圆、总结一年收获的时节，也凝聚着人们对新一年的希冀和祝愿，是一年中人们情感最为充沛和饱满的节日，自然成为品牌与用户共情的绝佳时机。农夫山泉抓住了这一时间点，在长白山·天然雪山矿泉水的常规包装上进一步升级，将生肖等传统文化的脉络印刻在了产品上，围绕消费者需求进行了产品创新，进一步深化了长白山·天然雪山矿泉水的文化价值。

资料来源：https://www.8848seo.cn/article-12581-1.html.

第一节　产品策划概述

　　产品策划，是指企业为使本企业产品或产品组合适应消费者需求与动态的市场而开发活动的谋划。产品策划不等于产品设计，也不仅仅是新产品开发，而是从营销的角度（消费者需求）来勾勒企业的产品与产品构成方案，使得产品更容易被消费者接受。要使消费者满意，重要的是向消费者提供他们需要的产品，且始终将这一准则作为基础，伴随整个产品策划的过程。产品策划是企业市场营销要素的出发点，因为市场营销活动是围绕满足市场需求展开的，而市场需求的满足只能通过提供产品或服务来实现。所以企业的首要任务是生产出能够有效满足市场需求的产品，因此，产品策划成为营销策划的关键环节。

一、产品整体策划

（一）产品的整体概念与产品策划

　　产品的整体概念是在市场竞争日益激烈和顾客权利逐渐增强的背景下产生的，它具体包含了五个层次（见图4-1），分别是核心产品、形式产品、期望产品、延伸产品和潜在产品。

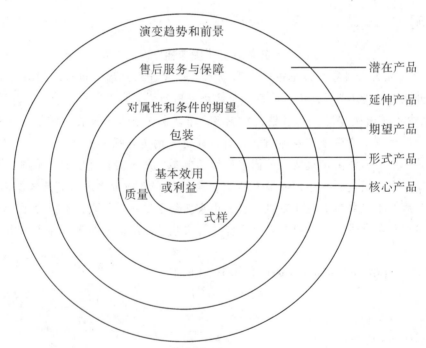

图 4-1　产品整体概念的五个层次

　　产品的整体概念深刻地挖掘了产品的内涵，促使产品策划在某一层面或某一角度进行深入选择，使该产品形成有别于同类竞争产品的独特个性。如果某一产品在其核心产品、形式产品、期望产品、延伸产品和潜在产品五个层面上都比同类产品领先，那么这一产品的市场地位是不言而喻的，而且可以从多个侧面树立企业形象，确定企业的市场地位。因此，产品整体概念要求企业在产品质量好、外观美的同时，必须注重产品附加价值的开发，全面满足消费者的需求应当成为产品策划的出发点。在具体的产品策划中，必须以产品的核心为出发点和归宿，设计出真正能够满足消费者需要的产品。对形式产品的认知和拓展，有助于产品策划的全面开展与实施。在产品策划的过程中，还需要了解顾客期望得到的产品，这有助于提升产品策划的实际效果。此外，企业期望在激烈的市场竞争中获胜，在进行产品策划时必须极为注重对售前、售中、售后服务的策划，并且在对于潜在产品的研究策划中进一步把握未来产品的发展方向。

【实例 4-1】　　　"小天鹅"的整体产品观——提升顾客的让渡价值

1. 产品开发贴近消费者——"小宰相"肚里能撑船（核心、形式产品）

对于两口之家、单身贵族及学生，普通洗衣机未免有些大材小用——占地、费水、费电。因此，小天鹅推出了"小宰相"洗衣机，体积比普通洗衣机缩小了 17%，容量却一样大。这种洗衣机个小肚量大，可谓"宰相肚里能撑船"。"小宰相"的光彩和智慧处处可见，它独具匠心的大透明视窗，使洗衣状态一目了然；独创的立体喷射水流，大大提高了洗净度；便捷随心的 4 种洗涤程序设计，既节水又节电；默默无声的静音排水设计，豪华大方的不锈钢内桶，让衣物不易磨损，细菌不易滋生；细致周到的吸振可调滚轮，随时移动；高科技全塑外壳，还有多种颜色可供选择。

"小天鹅"品牌是以一只洁白可爱、展翅奋飞的天鹅为商标，体现了"小天鹅"不懈努力，追求更高、更好、更完美的企业精神，同时给消费者以贴近生活、值得信赖的感觉。

2. "1、2、3、4、5"服务承诺（延伸产品）

小天鹅公司拥有 2 000 多个服务部，实行"1、2、3、4、5"服务承诺："1"即一双鞋，上门服务自带一双鞋；"2"即两句话，进门一句话，服务后一句话；"3"即三块布，一块垫机布，一块擦机布，一块擦手布；"4"即四不准，不准顶撞用户，不准吆喝用户，不准拿用户礼品，不乱设收费；"5"即五年保修。

小天鹅公司实施 24 小时全天候维修咨询服务，实现了由售后服务延伸到售中售前服务，由简单服务发展到全方位服务，由物质服务发展到情感服务，使服务水平不断提高。

资料来源：李阳，林玉贞，吴吉明. 市场营销策划理论与实务［M］. 北京：北京理工大学出版社，2018.

（二）产品整体策划的内容

产品整体策划是指企业在准确定位产品的基础上，运用产品整体概念，对产品五重内涵（核心产品、形式产品、期望产品、延伸产品和潜在产品）的各项指标进行设计，以使产品更能符合其整体概念。为此，产品整体策划应该包括产品整体所涵盖的一切内容，如产品的利益、质量、品牌、包装、服务等。具体来说，产品整体策划主要包括以下方面。

1. 产品利益策划

消费者购买的实际上是产品的效用和利益，消费者的根本需求是对效用和利益的需求，这是产品策划的基本出发点，就此而言，消费者的需求是产品利益策划的唯一"源泉"。一个产品的利益点可能有多个，但企业要选择哪一点作为诉求和宣传点则要特别斟酢，其根本原则是一定要让企业的产品利益点得到广大消费者的认可。

2. 产品质量策划

产品质量是指产品满足显性需要和隐性需要的特征和各项特性的总和。从产品策划的角度看，产品质量是产品市场定位的主要工具之一。以顾客为导向的质量标准已经成为有力的企业战略，通过连贯一致地满足顾客对产品质量的需要和偏好来创造顾客满意和价值。对产品质量的策划，需要考虑两个关键要素，即级别和一致性。

首先，在产品策划时必须选择一个质量级别，也就是性能质量，即产品发挥作用的能力，包括产品的耐用性、可靠性、精密性、维修维护的简便程度，以及其他有价值的属性。一般来说，企业选择的质量级别往往和目标市场的需要以及竞争产品的质量级别一致。其次，除了质量级别以外，高质量还指高水平的质量一致性，即产品质量符合质量标准、没有产品缺陷以及目标性能质量标准的前后一致性。

3. 产品特色策划

产品特色包括产品的特征及风格，它是增加顾客价值的有效手段，也是与竞争产品进行市场区隔的重要手段。在产品策划的过程中，企业可以通过对特定顾客的研究，评估每一项产品特征对顾客的价值以及相应的成本，导致产品价值成本比提升的特征就可以加入产品设计中，风格则是给消费者带来直接感受的特征。产品的外观、质地、包装等都是风格的体现。

4. 品牌名称策划

品牌名称可以帮助消费者识别他们信赖的产品，能够成为提升消费者消费心理价值的有效工具。因此，品牌名称所代表的质量水平与服务承诺、易读易认易记性、注册商标保护等也成为重要的策划内容。

5. 产品包装策划

市场竞争越来越激烈，商店货架上的商品琳琅满目，产品包装越来越多地承担着从吸引人们的注意到描述产品、再到促进现场销售的职能。好的包装是影响消费者快速识别并购买企业的产品与服务的极为重要的因素。包装包括产品的内包装、外包装、运输包装等，是产品策划的重要内容。

【策划视角 4-1】　　　　　　　产品包装设计的思路

1. 以产品的原材料作为主题

在日常生活中，我们最常看到的产品包装设计是以产品的原材料作为主题的，这种设计的优点是可以将产品的成分直接展现给消费者，从而达到宣传的目的。这种设计思路常见于食品类产品包装。

2. 凸显产品的功能及其作用

对于某些功能性产品而言，直接将产品的功能和作用作为设计理念，能让消费者直观地了解产品的功能和作用。而且独具匠心的设计元素，更易于做出极具表现力的产品包装设计。

3. 以品牌的标识或是企业标识作为设计元素

这样的设计适用于比较有影响力的品牌或是 logo 和企业标识比较具有表现力的品牌，

例如古驰、苹果、阿迪达斯等。

4. 以品牌的吉祥物作为设计元素

如今越来越多的品牌都有自己的吉祥物，这些吉祥物有着鲜明形象，令人印象深刻，广受人们的喜爱。因此，以吉祥物作为产品包装设计的关键元素也是个不错的选择，它尤其适用于儿童品牌的产品包装设计。

5. 对产品的加工过程进行设计

这种设计思路通常在茶叶的包装设计中可以看到，它能够更好地体现产品生产的专业化以及产品自身所承载的文化底蕴。除此之外，茶作为我国的特色传统饮品，为了体现茶文化的历史悠久和博大精深，茶叶的包装设计往往会采用手绘或是线描等具有国画特点的表现手法。

6. 以品牌或产品典故作为设计理念

大多数品牌都会有自身的品牌故事，大多数产品也有关于它们的由来或是传说。比如，月饼包装就爱用嫦娥奔月的典故作为设计理念。

7. 依据产品的特性提炼出设计元素

比如，药品包装设计会总是采用化学、生物这类的抽象设计元素；而电子产品的产品包装设计大多需要比较简洁明了且具有科技感的元素，所以这类产品的包装设计总是采用色块、光这类简洁且易于组合的设计元素。

资料来源：https://zhuanlan.zhihu.com/p/349464435.

6. 产品服务策划

产品服务就是对有形产品销售后提供的附加服务。产品服务策划就是通过附加服务为有形的产品提升价值，或者通过附加内容为核心服务提供价值。

企业在进行产品服务策划时，应力求在三个方面下功夫：一是确定目标市场对服务的具体预期，以实现或超出该预期为基础；二是设计一个良好的甚至追求卓越的服务战略；三是与消费者打交道时，要始终如一地提供承诺的服务水平。如果上述三个方面都比竞争对手做得好，那么企业在所服务的领域就占据了竞争优势，应该继续发扬。

二、产品策划的指导思想

产品策划的指导思想是满足目标消费者的需求、满足企业营销战略的要求和适合企业的资源。也就是说，产品策划活动应围绕着企业营销战略规定的任务，各个具体的产品策划方案应该与企业战略方案保持一致，成为营销战略的支撑，而策划和制造产品的目的又是满足消费者需求。

从消费者角度考虑，产品策划要基于企业资源和企业战略，围绕消费者需求来做，这三者的交集就是产品策划的目标区域。

从企业角度考虑，一个好的产品策划方案既应该满足消费者需求，又应满足竞争需求，还应满足企业发展的需要，符合企业发展战略，适合企业现有资源。

三、产品策划的程序

一般来说，产品策划没有固定不变的程序。根据策划思路，策划实践中产品策划的程序和方式多种多样，但是其基本过程是一致的，单一产品策划的程序主要包含以下几个方面：

（一）明确产品策划目标

进行产品策划时，首先要按企业战略、企业营销目标等规定的方向提出产品策划目标。

（二）开展营销环境分析

产品策划必须根据产品策划目标进行环境分析，再在充分的环境分析的基础上发现需求和营销机会。环境分析和需求分析是产品策划的基础和前提，只有对宏观营销环境和微观营销环境进行了充分分析，才能找到产品策划的关键点。

（三）进行市场研究

此部分实际上就是一般意义上的市场研究，其主要研究对象是市场中本类产品的消费者。市场主体研究是产品策划的关键，只有把握住消费者特征和需求特点，即掌握消费者特征和消费者需求特点的同质性与差异性，才可能进行成功的市场细分。

（四）进行市场细分

根据上述分析结果研究市场特性，围绕产品策划目标寻找市场的同质性标准，并依此进行市场细分。进行市场细分的目的在于找到与众不同的细分市场，创造市场竞争力。具体内容包括选择细分变量和细分市场，准确描述细分市场的一般状况、规模、构成特性等。

（五）确定目标市场

确定目标市场就是界定产品的最终目标消费者群体，主要包括以下三个方面。

第一，根据企业资源状况、市场细分情况和选择目标市场的规则确定目标市场。

第二，对目标市场的特征进行详细描述。这是最终的研究对象，所以必须比进行市场细分研究时更仔细。

第三，要求准确而具体地对构成目标市场的目标消费者的状况、环境、消费行为、消费需求进行认真分析。

（六）市场定位

消费者最希望产品具备的属性，就是消费者的理想点。必须将理想点和产品的独特性贯穿到产品策划工作中。市场定位就是要准确把握目标消费者的真实需求并对这些需求进行分析，找到消费者需求与企业目标和企业资源的交集，包括列举和发现消费者需求、进行需求分类和系统化等过程。

（七）形成产品策划方案

产品策划方案主要回答两个问题。

第一个问题是产品是什么样子的？回答这个问题时，要运用产品的整体概念，生动、具体地从核心产品、形式产品、期望产品、延伸产品和潜在产品五个方面对产品特征进行完整描述。企业必须付出努力，使产品具有差异化，即自己的每种产品看上去都具有某些独一无二的特征，而且这些特征是目标市场所需要的，也就是将差异化转化成差别优势。

第二个问题是目标消费者感觉产品是什么样子的？形成产品策划方案在于用什么样的营销手段让目标消费者正确认识产品形象，也就是运用4Ps来制定产品的基本营销方案，形成产品在目标消费者心目中的形象。

四、产品策划的评价

评价产品策划方案是否可行主要从以下几个方面来判断：

（一）产品是否符合主流方向

产品的主流方向是一个相对的概念，关系到企业可持续发展的问题，这不是一个单纯的技术问题，而是一个技术与消费者心理、社会整体发展趋势相互作用、相互配合和相互协调的问题。从消费者的角度来讲，使消费者更满意就是产品的主流方向，但在具体的营销实践中，一般需要对多个创造方案进行比较分析之后才能确定。如果产品不能代表主流方向，当然在一定期间内也可以进入，但必须充分研究和注意市场的变化，并准备适时退出，否则很容易掉进自掘的陷阱之中。

（二）产品定位是否恰当

产品定位就是瞄准市场，包括充分研究和分析目标消费者的心理、价格接受能力等。

对产品进行精确定位，在加强企业市场竞争地位、为企业带来良好经济效益的同时也更好地满足了消费者的需求，才能最大限度地被目标消费者接受。

（三）产品是否具有差异性和不可替代性

差异性与同质性是相对而言的，是产品策划的重要方面。如果产品能够向用户提供有价值的独特性，那么它就和竞争对手形成了差异化，一旦产品的差异化能为企业的产品带来更高的售价，那我们就可以说该企业拥有了一个差异化的竞争优势。差异化主要表现在两个方面：一是价格的可比较性弱，产品具有较高的附加值（这也是跳出价格竞争的根本出路）；二是消费者更有理由认同，即更容易接受。

不可替代性也有两个方面的含义：一是产品在不同行业中都是不可替代的；二是产品本身的需求弹性小，必需性强，这就要求产品具有独特性。

（四）产品被仿制和市场跟进的难易程度

由于现阶段多数企业都采用了仿制和跟进策略，其中有一些企业对这种策略的运用已经非常在行，以至于时常发生仿制者生产的产品打败开创者生产的产品的情况。所以某些产品一旦容易被跟进，其他企业就会在短时间内一哄而上。因此，好的产品策划要注意设置进入壁垒，使其他的企业想要仿制和跟进具有一定的难度。

第二节　产品组合策划

产品组合策划是产品策划中的重要部分，是产品策划需要重点研究的内容。

一、产品组合策划的相关概念

产品组合（product mix）指的是一个企业所生产和销售的全部产品大类以及产品项目的组合。产品组合的基本要素有产品组合的宽度、长度、深度和关联度。产品组合的宽度指的是一个企业中产品线的数量；产品组合的长度是指一个企业的产品组合所包含的产品项目的总数；产品项目的深度是指产品线中每一个具体的产品项目有多少不同的品种（如花色、规格、大小、口味等）；产品组合的关联度是指一个企业的各个产品大类在最终使用、生产条件、分销渠道等方面的密切相关程度。

产品组合策划则是指根据企业自身情况以及消费者需求，对现有产品线或产品项目进行分析、评估、筛选，通过调整产品组合的宽度、长度、深度和关联度，使得企业的产品组合既能适应市场需要，又能使企业盈利最大化，确定出企业最优化的产品组合的过程。

在产品组合策划过程中分析产品组合，既包括分析企业每一项产品所处的市场地位及其在企业经营中的重要程度，也包括对各个不同产品项目的相互关系和组合方式的分析，其最主要的目的在于弄清在不断变化的市场营销环境中，企业现有的产品组合与企业的总体战略、营销策略的要求是否一致，并根据内外部环境的要求对现有的企业产品组合进行调整。

二、产品组合策划的方法与策略

（一）产品组合策划的方法

为寻求最佳的产品组合，在产品组合策划的过程中，企业应该采用科学有效的方法对其现有产品结构进行分析与评价。目前，常用于产品组合分析与评价的方法主要有波士顿矩阵（BCG matrix）分析方法。

波士顿矩阵又称市场增长率—相对市场份额矩阵，该分析方法把企业全部产品按其市场增长率和市场占有率的大小，在坐标图上标出相应位置，如图4-2所示。其中横坐标表示相对市场份额，即各种产品的市场占有率与该市场最大竞争者的市场占有率之比，比值为1表示此种产品是该市场的领先者；纵坐标表示市场增长率，即各种产品的年销售增长率，一般大于10%的年增长率被认为是高的，以10%为界分成高低两档。圆圈表示企业现有的各项产品，圆圈的大小表示销售额的大小，圆圈的位置表示市场增长率和相对市场份额所处的位置。

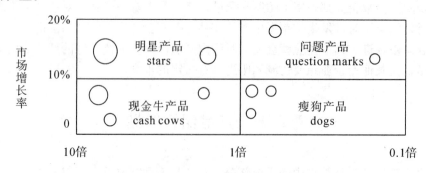

图4-2 波士顿矩阵

通过波士顿矩阵分析，可将企业的产品结构划分为明星产品、现金牛产品、问题产品、瘦狗产品四种类型。企业需要分析产品组合与产品构成，对不同的产品类型，需要采用不同的策划方法。

1. 明星产品

明星产品（stars）是指处于高增长率、高市场占有率象限内的产品群。这类产品很有可能发展成为企业的现金牛产品。

在进行产品组合策划的过程中，需要注重加大投资以支持明星类产品迅速发展。具体来讲，可以积极扩大经济规模和市场机会，以长远利益为目标，提高其市场占有率，加强竞争地位。明星产品的管理与组织最好采用事业部形式，由对生产技术和销售两方面都很内行的经营者负责。

2. 现金牛产品

现金牛产品（cash cow）又称厚利产品，是指处于低增长率、高市场占有率象限内的产品群，这类产品已进入成熟期。现金牛产品的财务特点是销售量大、产品利润率高、负债比率低，可以为企业提供资金，而且由于增长率低，也无须增大投资。因此，其成为企业回收资金，支持其他产品，尤其明星产品投资的后盾。

对这一象限内的大多数产品，市场占有率的下跌已成不可阻挡之势，因此在对现金牛产品进行策划时，可考虑采用收获战略，所投入资源以达到短期收益最大化为限。对于现金牛产品，适合于事业部制形式的管理，其经营者最好是市场营销型人物。

3. 问题产品

问题产品（question marks）是处于高增长率、低市场占有率象限内的产品群。前者说明市场机会大、前景好，而后者则说明在市场营销上存在问题。其财务特点是利润率较低，所需资金不足，负债比率高。例如，在产品生命周期中处于引进期、因种种原因未能开拓市场局面的新产品即问题产品。

对问题产品，在进行产品组合策划时应采取选择性投资战略。即首先确定对该象限中那些经过改进可能会成为明星的产品进行重点投资，提高市场占有率，使之转变成"明星产品"；对其他将来有希望成为明星的产品则在一段时期内采取扶持的对策。对问题类产品的管理组织，最好是采取智囊团或项目组织等形式，选拔有规划能力、敢于冒险、有才干的人负责。

4. 瘦狗产品

瘦狗产品（dogs）也称衰退产品，是处在低增长率、低市场占有率象限内的产品群。其财务特点是利润率低、处于保本或亏损状态，负债比率高，无法为企业带来收益。

在进行产品组合策划时，对瘦狗产品应采用撤退战略。首先，应减少生产批量、逐渐撤退，对那些销售增长率和市场占有率均极低的产品应立即淘汰；其次是将剩余资源向其他产品转移；最后是整顿产品系列，最好将瘦狗产品与其他事业部合并，统一管理。

（二）产品组合策划的策略

在对企业产品进行分析与评价后，企业就需要考虑如何调整和优化现有的产品组合，依据不同的情况，产品组合策划可以采取扩大产品组合、缩减产品组合、产品延伸、产品大类现代化等策略。

1. 扩大产品组合策划

扩大产品组合包括拓展产品组合的宽度和加强产品组合的深度。拓展产品组合的宽度指的是在原有的产品组合中增加一条或多条产品线，拓宽产品经营的领域；加强产品组合的深度指的是在原有的产品线内增加新的花色、品种、规格等。当企业预测现有产品线的销售额和利润率在未来一段时间内有可能下降时，就可以考虑增加新的产品大类。当企业打算增加产品特色，进军更多的细分市场，满足不同需求的消费者时，可以选择加深产品组合的深度，增加新的产品项目。

【实例4-2】　　　　卡尔顿：全新产品线，营养新升级

卡尔顿是一家烘焙企业，成立于2014年8月，多年来，卡尔顿致力于烘焙产品的开发，坚持做创新型烘焙。2022年7月18日，卡尔顿召开品牌发布会，再次对品牌进行升级，与分众传媒、好滴生物、益海嘉里、学院奖等多家单位签约合作，并发布多款新品。与以往有所不同的是，这一次，卡尔顿把目光聚焦到"营养"上，提出"卡尔顿，营养'美'一顿"的品牌主张。卡尔顿表示，将会针对不同人群研发产品，让营养这件事更有针对性，同时官宣休闲营养线、儿童营养线、低卡营养线、关爱营养线多个新品类，向市场全面出击。

此次新品覆盖的面更广，从早餐、点心，到晚餐、夜宵，卡尔顿回归营养再出发，致力于把有营养价值的新鲜烘焙产品带进消费者的日常生活。

资料来源：http://food.china.com.cn/2022−07/22/content_78336069.htm.

2. 缩减产品组合策划

当市场不景气或原料、能源供应紧张时，缩减产品组合反而可能使得总利润上升。缩减产品组合是指企业从产品组合中剔除那些获利很小甚至亏损的产品大类或产品项目，集中力量发展获利多的产品大类和产品项目。当然，企业失去了部分市场，也会在一定程度上增加企业的风险。

3. 产品延伸策划

每一个企业的产品都有其特定的市场定位。产品延伸指的就是全部或者部分地改变公司原有产品的市场定位。具体策略有以下三种：

（1）向下延伸。

向下延伸指的是企业原来生产高档产品，后来策划增加低档产品。利用高档名牌产品声誉，吸引购买力较低的消费者购买此生产线的低价产品。企业采取这种向下延伸策划的主要原因有四个：①高档产品的销售增长缓慢，影响企业效益；②企业的高档产品受到激烈的竞争，生产低档产品进行反击；③企业生产高档产品本就是为了树立质量形象，然后再向下延伸；④低档产品为市场空缺，增加低档产品是为了填补市场空缺，不让竞争者有机可乘。

（2）向上延伸。

向上延伸指企业原来生产低档产品，后来策划增加高档产品。企业采取这种向上延伸策划的主要原因有三个：①市场对高档产品的需求增加，销售增长较快、利润率高，企业被高增长率和高利润所吸引；②企业估计高档产品市场上的竞争者较弱，容易被击败；③企业希望自己生产经营的产品的种类更全。当然，向上延伸也可能会带来相应的风险：首先，高档产品的竞争对手可能会进入低档产品市场，增加企业的竞争压力；其次，消费者可能对企业生产高档产品的能力缺乏信任；最后，原来的生产、销售等环节没有生产高档产品的经验，不能很好地为顾客服务。

（3）双向延伸。

双向延伸指定位于中档产品市场的企业拥有市场优势后，策划向产品大类的上下两个方向拓展。一方面，增加高档产品项目，提高企业声誉创建高档品牌；另一方面，增加低档产品，提高市场份额，扩大市场阵地。

4. 产品大类现代化策划

产品大类现代化策划强调把先进的科学技术应用于企业的生产经营过程。如果一个企业产品组合的宽度、长度都很适当，但是产品大类的生产形式却可能已经过时，这就必须对产品大类进行现代化改造。当企业决定实施产品大类现代化策略，首先面临的问题就是：该逐步实现技术改造还是以最快的速度用全新的设备更换原有产品大类？逐步改造可以节省资金，但竞争对手很容易察觉；快速实现产品大类的现代化改造，可以出其不意，击败竞争对手，但缺点就是短期内耗费资金较多。

三、产品组合策划的注意事项

产品组合策划中，需要重点考虑以下事项。

第一，企业要考虑产品大类中各个产品项目的销售和盈利情况，并采取相应措施。应当看到，在每一个产品大类中不同的产品项目所提供的销售额和利润额有所不同。

第二，分析同一市场上本企业各个产品大类的产品项目与竞争者同类产品的对比情况，并采取相应对策。如果竞争对手和你的产品大类雷同，则要分析你是否比他强，如果他强你也强，你就要做得更强；如果他强你弱，你的思路就要和他有差异，实行差异化策略。

第三，综合考虑产品大类的盈利能力和竞争地位，提出优化组合方案，并对各种方案进行论证，反复对比，再决定是削减还是新增产品大类。

第三节 新产品策划

随着客户需求的快速变化以及科学技术的快速发展，产品的生命周期变得越来越短。当一个产品进入衰退期之后就要及时推出新产品填补市场空缺，防止消费者兴趣转移。所以企业想要守住并扩大自己的市场份额，就需要推出新产品以满足消费者的需求。新产品策划是使企业开发的新产品与消费者的需求进行动态适应的市场开发过程。企业由于其生产经营条件的不同，新产品策划也各具特色。

一、新产品的概念及分类

（一）新产品的概念

新产品可以从不同的角度来定义。从企业的角度来看，第一次生产销售的产品都可以叫新产品；从市场的角度来看，新产品是第一次在市场上出现的产品；从技术的角度来看，当一种产品的结构、功能、原理以及形式发生了变化，就成为新产品。营销学更倾向

于从产品整体概念的角度来对新产品进行界定，具体而言，新产品是指对产品整体概念中的任何一部分进行变革或创新，以此给消费者带来新的利益或满足的产品。

（二）新产品的分类

1. 全新产品

全新产品指的是采用新原理、新结构、新技术等制成的，前所未有的，能开创全新市场的产品。全新产品的出现与科学技术的重大突破分不开；同时，全新产品在开发过程中需要花费巨大的人力和物力，从投入市场到被消费者接受也需要较长的时间。例如，第一次出现的电话、飞机、电子计算机等。

2. 换代产品

换代产品是指在原有产品的基础上，采用或者部分采用新技术、新材料、新工艺研制出来的，在原有技术基础上有较大突破的新产品。改进后的新产品性能有显著提高，功能更加齐全，品质更加优良，能更多地满足消费者不断变化的需要。例如，将黑白电视机改进为彩色电视机，普通自行车改进为电动自行车等。

【实例4-3】   **Soree：可定制的壁画音箱**

有没有一款产品可以完美融入你的生活空间，将声音与视觉巧妙结合在一起，并为你的房间带来不一样的美感？

Soree是一款可定制的壁画音箱，音箱可以为枯燥的墙面带来时尚个性的点缀，其专有的振动模块可以让你最喜欢的音乐在宽阔的空间均匀回声，产生丰富而平衡的输出，并延伸到房间的每个角落。除了声学质量以外，这款音箱最大的优点是可以轻松地通过更改壁画内容，来展示你喜欢的艺术图像、家人的照片、你的创意设计或者是其他让你感到难忘的东西。产品采用ABS框架和由钢制成的图像，面板可以适应任何空间和图像，不必担心空间匹配和色调不均匀的问题。

资料来源：https://www.bilibili.com/video/BV1tA4y1f7VJ.

3. 改良新产品

改良新产品指的是在保留原有产品技术和原理的基础上，采用相应的改进技术，使得产品的外观、属性等有一定进步，以求得规格型号的多样和款式花色的翻新。这种产品与原产品的差异不大，开发成本较低、速度较快，企业之间的竞争也比较激烈。例如，在普通牙膏中加上某种药物，对服装尺寸比例的调整，以及能够用于潜水的手表等。

4. 仿制新产品

仿制新产品指的是市场上已经有同类产品，对已有产品仿制后加上企业自己的商标和厂牌后第一次生产的产品。这种产品对市场来说并不新鲜，只是对企业来说是从未生产过的产品，所以也叫作企业的新产品。仿制产品能够缩短产品开发的时间，但是需要付出一定代价购买专利。

5. 重新定位产品

重新定位产品是从市场的角度来考虑的，指的是企业的老产品进入新的市场，成为该市场的新产品。通过重新定位为老产品重新寻找消费群，使得该产品重新畅销起来。

二、新产品策划的步骤

就一般企业而言，新产品策划的过程，大致可以分为新产品开发策划、新产品推广策划和新产品营销策划三个方面。

（一）新产品开发策划

新产品开发策划是指根据企业目标和市场需求，制定新产品开发和具体实施计划。

对新产品的开发策划既复杂又具有风险性，为了提高新产品开发的成功率，企业必须根据一定的程序开展工作。一般而言，新产品开发策划大致会经过如下过程（见图4-3）。

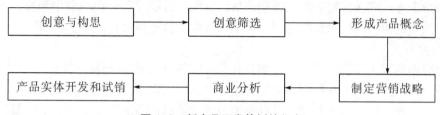

图4-3　新产品开发策划的程序

1. 创意与构思

在企业战略基础上，根据市场发展趋势，提出新产品的开发设想，这是新产品策划的开始。产品创意是为了满足消费者某种需要或欲望而提出的设想。搜集的新产品的点子越多，则从中选择出合适、有发展希望的构思的可能性就越大。为了避免人力、物力、财力的浪费，在寻求创意阶段需要明确行业范围、目标市场、产品定位、资源分配以及投资收益率等。

开发新产品的构思方法也有很多种，主要包括以下五种。

（1）产品属性排列法。产品属性排列法是将现有产品的属性一一排列出来，探讨每种属性的改良方法，再在此基础上形成新的产品创意。

（2）强行关联法。强行关联法是先把多种不同的产品列出来，然后把某种产品与另外一种产品强行结合起来，形成新的产品构思。

（3）多角度分析法。多角度分析法是将产品的重要因素抽象出来，然后具体分析每一种特性，再形成新的创意。

（4）聚会创新法。聚会创新法的最典型代表就是"头脑风暴法"。它是指将专业人员或者是发明家集合在一起，提出问题并给予时间准备，让大家再在会上畅所欲言，相互启发，提出设想和建议，经过总结分析，便可以形成新产品构思。

（5）征集意见法。征集意见法是指产品设计人员通过问卷调查、召开座谈会等方式了解消费者需要，征求多方人员的意见，并使之常态化，形成制度。

2. 创意筛选

这一阶段是企业在广泛征集新产品开发设想的基础上，运用一系列科学的评价方法和评价标准对各种构思进行分析，选择出具有开发条件的，最有希望成功的一种"创意过滤"过程。在筛选过程中要考虑到环境条件、企业的战略任务、企业的开发与实施能力、开发时间以及开发成本、报酬率等因素，最终判断每一个创意的优劣。

3. 形成产品概念

经过甄别保留下来的产品创意还要经过提炼形成产品概念，这是开发新产品过程中最关键的一步。形成产品概念的目的在于能够把产品构思转变为具有使用安全、能增加消费者利益、创造经济效益、被顾客乐于接受的物质特征的实际产品。

4. 制定营销战略

产品概念形成之后，企业必须拟定一个把这种产品引入市场的初步市场营销战略计划，并在未来的发展阶段中不断完善。初步的营销战略计划主要包括以下三个部分：首先，描述目标市场的规模和结构、消费者的购买行为、产品的市场定位以及短期的销售量、市场份额等；其次，概述产品预期价格、分配渠道以及第一年的营销预算；最后，阐述较长时间内的销售额、投资收益率以及不同时期的营销组合等。

5. 商业分析

商业分析阶段主要是从经济效益角度出发，对这一新产品开发方案做出营利性评估。详细审核预期销量、成本和利润是否符合企业目标。具体而言，可将其分为两步：

第一步，预测新产品销售额。可以参照市场上类似产品的销售历史，了解最高和最低销量及其他方面的销售情况，并考虑各种竞争因素，分析新产品的市场地位和市场占有率，以此来推测可能的销售额。

第二步，估计新产品成本和利润。这主要是通过市场营销部门和财务部门综合预测各个时期的营销费用和开支，如新产品研发费用、销售推广费用、市场调研费用等。根据成本预测和销售额预测，企业可以预测出各年度的销售额和利润率。

6. 产品实体开发和试销

产品实体开发主要是策划产品说明书的编写和产品技术经济指标的研究分析，即进行技术上的可能性、经济上的合理性与市场占有性的综合论证，然后对此进行全面评价。通过试销，让产品与消费者见面，了解消费者对新产品的意见，及时改进。

(二) 新产品推广策划

新产品的推广是指企业采取一定的措施，使得新产品被越来越多的消费者接受的过程。新产品推广策划主要包括新产品的投放时机、地点、用户的选择。

1. 投放时机的选择

企业需要分析什么时间将新产品投放到市场上是最合适的。选择时要考虑到以下三种情况：首先，如果该产品的需求有严格的季节性，可以选择在需求旺季投放；其次，考虑新产品的上市是否会影响到原有产品的销售，如果会，就需要等原有产品库存量下降后再将新产品投入市场；最后，要考虑竞争对手的新产品上市时间。

新产品投放市场的时机可以三种选择。一是早期进入市场，即新产品在研制出来后，立即上市；二是同期进入市场，即紧跟市场变化时机，与竞争者同时开发同一新产品并投放市场；三是晚期进入市场，即为了避免新品上市失败给企业带来损失，企业在新产品成型后，对市场进行更详尽的调查，待市场对新产品概念有一定认知度和接受度后，再稳步进入市场。

2. 投放地点的选择

企业需要决定在什么地点投放新产品，投放地点的选择要考虑到企业实力和市场条件。一般而言，企业先在主要地区的市场推出新产品，开展促销和广告活动，以占有市场；然后再扩大到其他地区。一般资金雄厚的大企业会选择在全国各地甚至全世界同时上市，而中小企业很少有大范围的销售网络，往往都是选择一个城市或一个地区来推出新产品，再逐渐扩张。

3. 投放用户的选择

投放用户的选择主要涉及的是向谁推出新产品，产品的最终使用者是顾客，因年龄、性格、性别的不同，不同顾客的购买需求也不相同。企业可以依据试销或产品开发以来所收集的资料，选择对产品需求最强烈的客户，并根据他们的特点有针对性地制定方针政策。这类顾客对于新产品来说往往是最优秀的顾客群，他们一般具有以下特征：他们是最早的新产品采用者，是大量购买新产品的使用者；他们是观念倡导者或舆论领袖，能为该产品做正面宣传。

【策划视角 4-2】　　　　　　　　新产品的扩散规律

在实际生活中，不同消费者对新产品的反映有很大的差异。新产品在同一目标市场的扩散规律是：开始仅被极少数消费者接受。然后再逐步被多数消费者接受。根据消费者接受的时间顺序，可将消费者分为以下几类：

（1）创新采用者。他们是敢于率先尝试新产品的少数人，他们对新鲜事物有浓厚的兴趣，产品一上市就积极购买和使用，这部分消费者一般富有冒险精神，并且收入和社会地位以及受教育水平较高。他们占全部采用者的 2.5%。

（2）早期采用者。他们是第二类采用新产品的群体，他们往往是某些领域中的舆论领袖，会在新产品的导入期和成长期内采用。这批人约占全部采用者的 13.5%。

（3）中期消费者。新产品经过早期采用者的使用，被他们认可后，他们的宣传会影响到一大批能够顺应社会潮流但又比较慎重的"追求时尚者"，即中期消费者。这部分人约占全部采用者的 34%。

（4）晚期消费者。新产品被中期消费者使用后，新产品的目标市场接受率已达到50% 左右。这时候新产品开始影响晚期使用者，他们的基本特点是多疑，从不主动采用或使用新产品，一定要等到多数人都使用并且反映良好时才行动。这部分人约占全部采用者的 34%。

（5）落伍消费者。这类采用者思想保守，往往拘泥于传统的消费者购买模式。一般会在产品进入成熟期后期甚至是衰退期时才会采用。这部分人约占全部采用者的 16%。

资料来源：左仁淑，朱丽萍，杨泽明. 营销策划原理与方法［M］. 北京：中国人民大学出版社，2020.

（三）新产品营销策划

新产品的开发过程自始至终要有营销活动的参与，企业要在新产品上市前制定尽可能完备的营销组合方案，新产品营销预算要合理分配到各营销组合因素中，在公司的总体营销规划基础上，根据主次轻重有计划地安排各种营销活动。

1. 新产品卖点策划

产品卖点指的是能够吸引消费者眼球的独特利益点，也是广告的诉求点以及独特的卖点主张。任何产品的终极目的都是让消费者购买和使用，而消费者购买和使用某一新产品的前提是知道以及认可该产品，这就需要投入市场的新产品具有明确和便于理解记忆的特征。在进行新产品卖点策划的过程中，要向消费者传递一种主张、一种承诺、一种忠告，要告诉消费者购买了产品会得到什么利益，这种主张应该以消费者为核心，独具特色，并且竞争对手没法提供。

2. 新产品价格策略

由于消费者对新产品缺乏了解，那么企业对新产品的价格制定就需要慎重考虑，新产品价格定得高会使消费者难以接受，新产品价格定低了又会限制企业的发展。因此，在制定新产品的价格时，企业要根据目标市场特点、渠道对象、消费者心理以及竞争对手定价等对产品进行定价，定价的恰当与否直接对后期推广的好坏起着至关重要的作用。

3. 新产品渠道设计

新产品性质不同，选择的分销渠道模式也不同。在新产品推广期，对渠道的布局设计是一项极为关键的工作，一开始就大规模进行渠道布局，会带来投入过多、管理工作过大的问题，一旦失误会造成重大损失。因此，一般采用循序渐进的方式逐步展开，在渠道模式成熟后再进行大规模的渠道投放。同时，还要制定优厚以及灵活的激励政策鼓励中间商经销或代理客户企业的新产品。

4. 新产品促销策划

当消费者已经习惯了某种产品时，要改变消费者的消费习惯是很困难的。企业可以运用各种有效的促销方法和手段，激发消费者对新产品的购买欲望。此外，促销活动也肩负着品牌建设的任务，促销活动一般都要有一个主题，促销的主题是促销推广活动的灵魂，这个主题的目的就在于提高品牌美誉度。在挖掘促销主题的过程中，要结合目标消费者的特征，在一个好的促销主题的支持下，在促销活动中可以整合各种营销要素，在终端与消费者中形成互动，最大限度地拉近消费者与新产品、企业之间的距离。

【策划视角 4-3】　　新产品上市推广，引爆社交媒体的 10 种策略

发布新产品并不容易，完美的产品上市发布几乎是不可能的。但是，轰轰烈烈的推广活动可以对产品或者服务的销售生命周期产生很大的影响。

（1）设计预热活动。一个很棒的产品上市营销应该从预热活动开始。预热旨在告知一些产品图片和相关信息，激起用户的兴趣和热情。这样，在产品正式发布那天，用户会对你的产品非常期待，并准备好分享或者购买。

（2）指定一个话题标签。话题标签可以自动帮你分类与产品有关的信息，确保你或者你的用户发布的任何内容都能在一个话题广场中轻松访问和收集。

（3）通过比赛吸引用户。我们都喜欢赢得比赛。在社交媒体平台，举办围绕产品发布的比赛是炒作新产品的一个好办法。为了鼓励用户分享有关比赛或者参与比赛的信息，可设立需要转发内容或者@好友等活动中奖规则。

（4）建立种子用户名单。多数人都喜欢成为某一小众特殊群体的一部分。如果你决定冷启动一个新产品，建立内测名单，那么从本质上讲，你将会创建一个特殊的小组，而小组中的人很早就会表现出对该新产品的兴趣。你只需要向他们提供独家更新，并分享特殊的"内幕"内容，这一批品牌忠实粉丝就能够带来意想不到的效果。

（5）使用活动倒计时。倒计时既能为产品上市预热，又能为每天发布一条推文提供一个理由。

（6）保持不同社交媒体平台推文的一致性。不同社交媒体平台发布内容的设计和文案都应保持一致。

（7）持续发布内容——并且是在正确的时间。社交媒体永不眠。不论是发布之前还是之后，保持你的社交媒体品牌信息流持续领先。如果你想要在用户的心中占据一个位置，并且通过运营社交媒体的努力不让他们忘记你的品牌，唯一的方法就是持续地让他们参与进来。

（8）设计趣味测验。社交媒体平台的趣味测试是引爆转发的一大利器，例如，测一测我是某部电影中的哪个人物。利用人们的求知和好奇心理，并围绕产品，设计一个有趣的测试。我们都喜欢分享有趣的东西，让测试结果成为传播你的产品及其发布的信息的好办法。

（9）不要忽视行动召唤用语 CTA（call to action）。应尽可能地在你的推文中使用行动召唤用语。仅仅分享产品信息、夸赞你的产品有多棒是不够的。你想让用户传播这个词吗？想让他们参加比赛吗？那就鼓励他们这样去做！

（10）加入对话。随着你的推文获得关注，你会开始看到更多评论和对话。回应那些与你互动的人，这是增加铁杆粉丝和建立品牌忠诚度的绝佳方式。解答粉丝的疑问，响应粉丝要求分享更多信息，或者在受到表扬时表示感谢。

资料来源：https://www.canva.cn/learn/launch-on-social-media.

第四节　产品包装策划

产品以及产品的包装在顾客心中是一个整体。在现代产品同质化严重、市场竞争激烈的市场环境中，企业必须为自己的产品找到一个独特的卖点，许多企业通过对产品的包装进行再设计，迅速带动了产品的销售。由此看来，一个好的包装设计，不仅能让厂商获得丰厚的利润和效益，而且也能使消费者在购买以及使用商品时获得审美享受。

一、包装策划的概念

包装是产品不可分割的一部分，产品只有在包装好后，其生产过程才算结束。产品包装是指用以包封产品并加以装潢和标识，以方便运输、陈列和销售等的适当材料或容器。包装主要包含三个部分：产品的直接包装叫作内包装，如牙膏皮；保护内包装的包装物叫作外包装，如包装一定数量牙膏的纸盒；为了便于储运的包装叫作运输包装，例如快递公司的运输盒子。包装策划指运用包装对促进销售产生积极的作用。产品包装被称为"无声促销员"，具有美化产品、增加利润、指导消费的作用。

二、包装策划的内容

(一) 包装要素策划

1. 包装形状策划

产品包装的形状主要取决于产品的物理性能，如固体、液体等，其包装形状各不相同。在对包装的形状进行设计时，策划人不仅需要考虑产品的特点，也要考虑到消费者在选购、携带、储存、使用中的需求。

2. 包装图案策划

产品包装的图案通常是由产品的图片、产品配料、企业 logo 以及代言人组成。在对包装图案进行设计时，要注意合理搭配，既要做到突出、创新，吸引消费者注意力，也不能失实，引起消费者的不满。

3. 包装文字策划

文字也是包装的组成部分之一，包装上用到文字的主要是产品名称、广告的宣传语、产品的介绍语、使用说明书等内容。包装上的文字不仅能够起到装饰作用，还能达到产品宣传、介绍、说明的目的。在对包装上的文字进行设计时应该力求简洁、鲜明，便于消费者记忆。如果包装上的文字选用艺术形式来表现，就更要做到美观醒目，这样才能达到宣传的效果。

4. 包装色彩策划

在产品的包装设计中，色彩的运用也十分重要。色彩是通过人的联想而诉诸人心的，具有象征寓意。例如，蓝色会让人联想到大海和蓝天；白色能够让人联想到白鸽、白衣天使、白雪等象征清净、纯洁以及和平的事物；黄色能引起人们的警觉。色彩运用得当，能起到宣传产品、美化产品的作用。在对产品包装的色彩进行设计时，不仅要做到创新和独特，也要考虑到企业视觉识别系统的颜色，要能够传递企业统一的视觉形象。

(二) 包装策略策划

1. 类似包装策略

类似包装策略是指企业生产的各种产品，在包装上都采用相似的图案、颜色或其他共有的特征，使得整个包装的外形相似，可以让消费者联想起产品是同一家企业所生产的。类似包装的优点是能够节约设计和印刷的成本，塑造企业的整体形象；此外，通过类似包装还可以借助企业已有声誉，带动新产品的销量，减少消费者的不信任感。弊端是如果一个产品或几个产品出了问题，会对其他的产品带来不利影响。同时，质量等级悬殊的商品不适用类似包装策略，因为会对高档优质产品产生不利影响，危及企业声誉。

2. 差异包装策略

差异包装策略指企业的各种产品都有自己独特的包装，在设计上采用不同的风格、色调和材料。这种策略能够避免由于某一产品推销失败而影响其他产品的声誉，但是相应地会增加包装设计的费用以及新产品的促销费用。

3. 配套包装策略

配套包装策略也叫作"多种包装策略"。这是把使用时相关联的多种产品放在同一包装容器内同时出售。比如工具配套箱、家庭药箱以及化妆盒等。这种策略便于消费者购买和使用，能够带动企业多种产品的销售，尤其有利于新产品的推销。

4. 复用包装策略

复用包装策略又叫作多用途包装或再利用包装，是指原包装中的产品用完之后，产品包装还可以用作其他用途。比如茶叶盒、糖果盒可以用来装各种小物件，玻璃制的饮料瓶可作水杯用。这种策略可以借助消费者一物多用的心理，诱发消费者的购买行为，使得消费者得到额外的使用价值。同时，带有企业标志的包装在再使用的过程中也能发挥广告宣传的作用。

5. 等级包装策略

等级包装策略是指企业对不同档次和不同质量的产品分别采用不同的包装，并且在包装材质、装潢风格上力求与产品档次相适宜，以满足不同需求层次的消费者，进而扩大销售。例如，送礼产品和自用产品采用不同档次的包装，等级包装策略的优点是能够突出商品的特点，满足不同购买水平的消费者的需求。

6. 附赠品包装策略

附赠品包装策略是指企业在某种产品的包装容器内附加一些赠品或奖券，以吸引消费者购买的兴趣，诱发重复购买。例如，儿童产品中附赠玩具和卡通图片，化妆品包装中赠送的小样。但要注意的是，赠品要制作精良，不可粗制滥造，不然非但起不到促进销售的目的，还会反过来影响企业的形象。

7. 改变包装策略

改变包装策略是指企业对产品原有的包装进行改进或改换，达到扩大产品销售的目的。当某种产品销路不畅或者长期使用一种包装时，企业可以改变包装设计和包装的材料，使用新的包装。当企业重新推出富有新意的包装时，可能会创造出优良的销售业绩。例如，把瓶装的饮料改为易拉罐包装，把普通纸的包装改为锡纸包装等。

三、包装策划注意事项

（一）包装的合法性

在进行产品包装策划时要真实合法，避免引起误解。不实的包装会导致不公平竞争；令人混淆不清的包装形状、计量单位会使得消费者难以在价格上进行比较。企业设计出的好的包装应该尽早申请专利，避免被侵权。我国保护消费者权益的法律规定一些产品的包装上必须注明商品的名称、成分、用法、用量以及生产企业的名称、地址等；对食品、化妆品等与人的身体健康有密切关系的产品，必须要注明生产日期和保质期。

（二）包装的安全性

包装设计要注意安全性，要遵循保护商品、防止泄漏和外溢的客观规律，来设计容器的各个部位的位置和比例等。例如，要厚实坚固以保证容器的稳定性；液体的位置应保持在容器的上部，以防渗漏现象；封装的方式要科学可靠，确保商品的质量无损。

（三）包装的经济性

包装设计应该与产品的价值相匹配，防止包装过度。过度包装会浪费社会资源，增加销售成本，也会增加包装的废弃物。随着消费者环保意识的增强，在包装材料的运用上以及包装设计上要注意保护环境，努力减轻消费者的负担。企业要有发展的眼光和长远的考虑，应该树立绿色包装观念，增强生态环境保护意识，做到"适度"包装。这样既能够实现包装的各项功能，也能够起到节约资源、便于回收的作用。

（四）包装的适应性

对销往不同地区的商品，要注意使包装设计与当地的文化相适应。尤其对于国际市场，在包装策划的过程中要特别注意，切忌出现有损消费者宗教情感、容易引起消费者反感的颜色、图案和文字。除此之外，消费者对于产品包装的不同偏好，会直接影响其购买行为，久而久之还会形成习惯性的购买心理。因此在对包装的色彩、图案、文字以及形状设计的过程中，应力求与消费者的个性心理相吻合，以取得包装与产品在用户情感上的协调。例如，儿童用品的包装要形象生动、突出趣味性；青年用品包装要美观大方，新颖别致，突出流行性和时尚性；老年用品的包装要朴实庄重、安全方便，突出实用性和传统性。

【实例4-4】　　　　江小白发布新品包装，设计很"年轻"

在大众的传统印象中，酒类包装往往带有老干部般的稳重风格，似乎一直与年轻消费者保持"距离"。而要说最懂年轻人心意的，除了微醺浪漫的 RIO 鸡尾酒，致力于打造以传统赋新的高粱酒的江小白，也凭借简单、纯粹的理念，受到年轻一代的喜爱和追捧。以往我们熟悉的江小白，都是以故事瓶的形式呈现有趣的文案，进而激发与消费者的情感共鸣，不过在果酒逐渐兴起的市场背景下，江小白也顺势定位新方向，在 2020 年 9 月以"高粱酒+果味"的巧妙结合推出果立方系列，再次给大众带来惊喜。

这款水果味的高粱酒系列，包装依旧呈现年轻、时尚的设计风格，并根据水果外观属性，分别选用对应的暖色调渲染，直观激发消费者对产品的味觉联想。不同的是，这次的果味酒包装"不讲故事"了，而是选择时尚的插画设计，直观展现年轻人的宅生活和"Z时代"文化。另一个版本的果味酒系列，则在酒标上突出各类水果的实物图，便于消费者进行口味区分。还有玩谐音梗的"网红款"果味酒，在色彩斑斓而抽象的插画上，附有耿直趣味的文案祝福语，符合当下年轻一代的审美喜好和需求。

资料来源：https://zhuanlan.zhihu.com/p/352381100.

【知识训练】

一、重点概念

产品整体策划　产品组合策划　新产品策划　包装策划

二、思考题

1. 如何对产品策划进行评价？

2. 产品组合策划的策略有哪些？

3. 新产品策划一般会经过哪些程序？

4. 产品包装策划有哪些注意事项？

【能力素质训练】

一、案例分析

"气泡水"出圈——由元气森林带头打响的"健康战"

近年来，随着消费者健康诉求的提升，大众对糖分摄入愈发谨慎，这在饮料行业体现得十分明显，饮料消费正由传统饮料转向"0糖"饮料。传统含糖碳酸饮料、茶饮料、果汁饮料每100毫升就含约10克的糖，而一瓶饮料的净重往往在250毫升及以上，也就是说，喝一瓶饮料就相当于喝下25克甚至更多的糖。而根据国家卫生健康委发布的指导文件，人均每日糖摄入量最好少于25克，最多不要超过50克。

察觉到无糖饮料市场的商业潜力，唐彬森在2016年创立了元气森林品牌，进入无糖饮料市场。元气森林将自身定位于健康，作为"无糖专门家"向消费者传递健康的理念，在产品战略层就打好了持续发展的基础。

2018年，元气森林推出气泡水产品，开启风味气泡水"0糖0卡"健康化风潮，苏打气泡水则成为品牌核心爆款单品。

在入市前，元气森林就做了充分的市场调查，洞悉到年轻一代消费者开始关注健康与身材，而消费需求的升级与现有的市场产品供给存在一定的不匹配性，传统的饮料正在被年轻一代的消费主力军抛弃，而茶饮市场正缺少一个如同可口可乐这样国民性品牌的崛起。

结合当下年轻消费群体的需求特征和行业痛点，元气森林决心做年轻人喜爱的健康好喝的饮料品牌。进军茶饮市场初期，元气森林推出"燃茶"，以"无糖、解腻"的健康茶概念敲开茶饮市场大门。碳酸饮料一直受大众所爱，但是"好喝"之上少了"健康"，元气森林再次抓住年轻消费者"既要口感的劲爽，又要健康的安心"这一特点，创新原有气泡水，推出"0糖0卡0脂"的健康果味气泡水。奶茶作为目前绝对火热的茶饮产品，元气森林自然不会错过商机，于是"无蔗糖、低脂肪"的乳茶进入奶茶饮料行业……

其中，元气森林气泡水最大的创新之处就是其配料的创新，最关键的因素是选用"赤藓糖醇"作为甜味剂，这是一种填充型甜味剂，微甜，有清凉感，零热量。不被酶所降解，只能透过肾（易被小肠吸收）从血液中排至尿中排出，不参与糖代谢和血糖变化，迎合了当下消费者对健康饮品的追求。相比其他饮料巨头在无糖产品中使用的甜味剂"阿斯巴甜"，"赤藓糖醇"甜味相对更低、更符合消费者口味，但是价格要贵上百倍，因此元气森林是少有的"水比包装贵"的饮料。

此外，在元气森林之前，大部分饮料走的是"绿茶""冰红茶"的包装路线，以花花绿绿为主，或者是"可口可乐""王老吉"那样的红色调；元气森林同样经过市场调研，其包装则以更符合核心受众年轻人的白色调以及极简风格为主。

在原有产品种类的基础上，元气森林还在不断创新，不断丰富产品组合，但始终不离"健康"的核心标签，紧抓年轻消费者的消费心理，创造着不菲的销售业绩。

资料来源：https://www.163.com/dy/article/GJIC6POB05118K5E.html.

请分析：

1. 从产品整体策划的角度出发，分析元气森林的产品在哪些方面进行了创新？

2. 在对产品组合进行策划时，元气森林采取了哪些策略？

3. 结合案例内容，你认为一个企业在产品生产、产品营销过程中应该承担哪些方面的社会责任？

二、实训项目

自 2019 年，新型冠状病毒感染（简称"新冠病毒感染"）发生以来，各大制造厂商积极参与到对抗新冠病毒感染的行动中，防疫产品黑科技不断。在 CES2021 展会上，电子游戏周边设备公司雷蛇（Razer）推出了一款安全、环保、方便社交的口罩：Project Hazel，并自称为"世界上最聪明的口罩"。

据 Razer 官方介绍，这款智能口罩采用了 N95 医用级呼吸器防护，使用可拆卸和可充电的主动呼吸装置，可调节气流的 Smart Pod 以实现最佳透气性，高细菌过滤效率（BFE）Smart Pods 可过滤至少 95% 的空气传播颗粒并具有高流体阻力。

在外观设计方面，这款智能口罩整体采用由防水耐刮擦的可再生塑料制成，可极大地减少一次性口罩造成的浪费；透明的设计可以让周围的人看到佩戴者的表情。这款智能口罩的内部采用硅胶内衬，在满足佩戴者舒适度的同时，还具有主动式空气冷却和调节功能，口罩会释放呼出的二氧化碳，防止其在面罩内积聚，让冷空气进入。

口罩配有紫外线无线充电盒，可用来杀菌。除此之外，该口罩使用可更换、可充电的圆盘式通风器，提供无线充电功能，充电箱内装有紫外线消毒灯，消毒、充电两不误。

据悉，这款智能口罩内置还设有麦克风和音频放大器，通过 Razer VoiceAmp 技术，可增强佩戴者的声音实现清晰的沟通交流，同时保持安全社交距离。

它最有特色的部分，就是被称为"灯厂"的雷蛇，在口罩上做出了 RGB 跑马灯设计。这款智能口罩设计有两个单独的照明区域，一个在内部，另一个在外部，在黑暗环境里使用 Project Hazel，口罩会自动开启低亮度的照明模式，使用者就会化身为行走的小夜灯。而作为一款贴身私人产品，用户在购买时可以按照自己的喜好来自定义环形灯的亮度和颜色，约有 1 680 万种色彩的动态灯光效果可供选择。

资料来源：https://zhuanlan.zhihu.com/p/345453819.

实训练习：

1. 请你为 Razer 公司的智能口罩策划一次上市推广活动。

2. 在对该产品的包装进行策划时，你会采用哪些策略？请说明原因。

第五章　品牌策划

【学习目标】

知识目标：

1. 了解品牌策划的流程和内容，了解品牌延伸策划。

2. 掌握品牌定位的步骤和方法。

3. 理解品牌设计和品牌传播的要求。

能力素质目标：

1. 会正确使用品牌定位的方法。

2. 能根据品牌定位进行品牌设计。

3. 能结合企业及产品的现状为企业进行品牌策划，注重品牌策划与企业形象塑造的一致性。

【导入案例】

五粮液，向世界讲好"大国浓香"故事

2023年5月10日至14日，以"中国品牌，世界共享；品牌新力量，品质新生活"为主题的2023年中国品牌日活动在上海世博展览馆举行，来自全国1 000多家企业向世界传递中国品牌新势能。

其间，作为四川展馆唯一的参展酒企，五粮液以中国浓香型白酒典型代表之姿亮相中国品牌博览会，以品质品牌演绎"大国浓香 和美五粮 中国酒王"的奋进之姿，为中国品牌赢得国际话语权增添和美力量。在亮相中国品牌博览会的同时，《五粮液："大国浓香"打造高质量发展的白酒品牌》入选2023"中国品牌全球行"案例；此外，五粮液受邀成为"2023世界品牌莫干山大会"最高等级"特约合作伙伴"，深度融入大会各项议程活动，以推进品牌建设及高质量可持续发展的行动实践，与世界共话品牌力量。

五粮液生态园区即五粮液酒厂，是我国非常著名的一大白酒品牌。酒厂园区享有"花园公司"的美名，集合了该品牌所有的文化及我国酒文化，其东大门标志（见图5-1）重达300吨，精心规划的厂区、独具匠心的雕塑、现代气魄的建筑、四季常青的花木构筑起极富特色的五粮液企业文化。国务院时任总理李鹏曾题"神州琼浆五粮液"之词，可见其品质之精。

值得一提的是，近年来五粮液的品牌美誉度及国际影响力不断攀升，品牌价值在全球多个权威主流榜单中也持续跃升。在业内人士看来，白酒进入品质消费时代，也加快了他们对品牌如何跻身世界一流、如何以品牌引领高质量发展的思考。

资料来源：根据五粮液官网资料《向世界讲好"大国浓香"故事》整理。

图 5-1　五粮液集团公司东大门

第一节　认识品牌策划

一、品牌策划概述

（一）了解品牌

品牌是指用以识别产品或服务的名称与记号，通常表现为文字、标记、符号、图案和颜色等要素的组合。菲利普·科特勒认为，品牌是销售者向购买者长期提供的一组特定的特色、利益和服务，使拥有者的产品或劳务与其他竞争者区分开来，是能够给拥有者带来溢价、产生增值的无形资产。他还提出品牌至少包含属性、利益、价值、文化、个性以及用户这六个方面的内容。这一定义较全面、完整地阐述了品牌概念的内涵。

如果一家公司仅把品牌看作一个名字，它就忽视了品牌内容的关键点。营销者必须对品牌有清楚的认知。首先，消费者感兴趣的是品牌利益而不是属性；其次，竞争者会很容易地复制品牌属性；最后，当前的品牌属性在将来是否还有价值。属性、利益、用户是形成一个品牌的基础，文化、个性是在此基础上的浓缩和提炼，最终形成品牌价值。强势品牌都是依靠其核心价值来获得消费者的认同的。

（二）品牌策划简介

一个品牌的形成并非偶然，几乎在每一个成功的品牌背后，都有着一系列精心的营销策划。在现代市场经济的条件下，对品牌营销活动实行科学策划，是企业的必然选择。

品牌策划就是使企业品牌或产品品牌在消费者脑海中形成一种个性化的区隔，并使消费者与企业品牌或产品品牌形成统一的价值观，从而建立自己的品牌价值。品牌策划是以品牌形象塑造和传播为重点，在掌握大量的信息资料的前提下，遵循系统性、可行性、针对性、创造性的原则，为品牌的整体营销活动提供一个科学规范的活动方案的决策过程。品牌策划是为了塑造和传播品牌形象，造就品牌价值，最终形成品牌资产。品牌策划的核心在于如何让品牌深入消费者心里，让消费者认识品牌、了解品牌、信任品牌，并达到忠诚品牌与依赖品牌。

（三）品牌策划的目的

品牌策划是实现品牌价值的有效手段之一，其核心在于塑造与传播，即塑造独特的品牌声望，继而应用媒体将品牌形象进行传播。品牌策划对于企业有以下好处。

1. 促进产品或服务质量的提升

每一个久负盛名的品牌都是以优质的产品质量为依托的。企业要塑造良好的品牌形象，就必须对其产品质量进行承诺。品牌策划的目的之一便是满足消费者对于知名品牌的产品质量的期待。因此，企业进行品牌化的前提，便是有高质量的产品或服务。

2. 利于企业在竞争中获胜

品牌代表了企业对消费者的承诺。企业品牌策划的过程，便是推动企业品牌建设和传播的过程。消费者可以通过企业品牌，了解企业产品的特性、利益，从而将该企业品牌与它的竞争对手的品牌区分开来。这样，企业便可培养品牌的忠实客户，在竞争中占据一席之地。

3. 利于完善企业的品牌体系

企业进行品牌策划的过程，便是企业的品牌形象从无到有、从模糊到清晰的过程。在市场竞争的海洋中，企业可以通过品牌化完善品牌体系，找到持久的生存和发展空间。

4. 利于进行广告宣传

通过建立品牌名称、设计品牌标识，将企业和产品的信息通过一种简单、易记的方式进行广告传播，继而让消费者产生深刻印象。

二、品牌策划的流程与内容

品牌对于企业而言非常重要，但创建、发展一个品牌并对其进行有效的管理绝非易事。品牌化向企业及企业外部的营销策划人员提出了一系列挑战。实际上，品牌策划的内容十分广泛，并且这些内容之间是相互联系的，可以按照策划顺序进行排列，形成一定的流程。

品牌策划的流程见图 5-2。

图 5-2 品牌策划的流程

其中，品牌定位策划解决的是企业的产品或服务用不用品牌，采用个别品牌还是统一品牌等；品牌设计策划解决的是品牌命名、标志、包装、广告语、IP 形象设计等；品牌传播策划解决的是如何进行品牌的市场推广；品牌延伸策划解决是否对现有品牌进行延伸。

第二节 品牌定位策划

品牌定位是指企业在市场定位和产品定位的基础上，对特定的品牌在文化取向及个性差异上所做的商业性决策。企业需要通过设计品牌的特有形象，以确立自身品牌在市场中的位置。换言之，品牌定位就是为某个特定品牌确定一个适当的市场位置，使产品在消费者的心中占据一个特殊的位置，当他们突然产生某种需求时，随即想到该品牌。例如，消费者买空调的时候会想到"格力"，买可乐的时候会想到"可口可乐"等。

市场上的产品种类丰富，消费者在难以辨认的时候往往会借助对品牌的印象进行抉择，即所谓的"追求名牌"效应。因此，打造专属的品牌形象，使消费者购买某种产品的时候首先联想到该品牌，便是成功的品牌定位。

一、品牌定位前的决策

在进行品牌定位之前，企业还应完成品牌有无决策以及品牌统分决策。明确企业是否要使用品牌，以及采用一个还是多个品牌的问题。

企业只有决定使用品牌，才会进一步进行品牌定位策划。同时，品牌定位不等同于产品定位。如果一个品牌只对应一种产品，那么品牌定位和产品定位便没有多大差异，如对"土力架"进行产品定位和品牌定位的策划内容便是一样的。如果一个品牌旗下包括多种产品，那么品牌定位就不等同于产品定位，而是着眼于为所有产品的共同品牌打造一种深入人心的品牌形象。例如，对"美的"进行品牌定位，便不等同于对"美的"进行产品定位，因为"美的"旗下有多种产品，对"美的"的品牌定位应着眼于打造"美的"的某种特定品牌形象，而对"美的"的产品定位则要具体到是对美的空调进行定位，还是对美的电饭煲或其他产品进行定位。因此，在进行品牌定位前，企业还需要进行品牌决策。

（一）品牌有无决策

在品牌策划中，第一个要决策的问题就是是否使用品牌。在企业品牌决策中，绝大部分企业会选择打造自己的特有品牌，但也有一些企业使用无品牌决策。

1. 无品牌决策

无品牌即企业向市场提供的产品是没有品牌和商标的。企业打造自己的品牌需要耗费大量的人力、物力、财力，从而增加企业的成本。企业采用无品牌策略，可以在广告、包装等方面降低费用，由此在产品价格上占据优势。因此，有些企业会采用无品牌决策。一般来说，以下类型的企业倾向于不采用品牌。

（1）技术标准低、品种繁杂的产品。由于这类产品技术门槛低、生产简单，企业难以突出产品特色，且容易被竞争对手模仿，因此，无品牌化是企业更倾向的选择。一般如小农具、针线等日用小产品多采用无品牌策略。

（2）同质性高、消费者不注重品牌的产品。由于市场上的同质产品繁多，产品不会因为生产者的不同而有较大差异，消费者在挑选这类产品的过程中不会过多关注品牌。在这种情况下，可以采用无品牌策略，如食盐、白糖等产品。

2. 有品牌决策

在激烈的市场竞争中，品牌是企业获取竞争优势的重要手段之一，因此，绝大部分现代企业会采用有品牌决策。相对于无品牌，有品牌可以为企业带来长远而持久的利益。

（1）有助于产品的销售扩张和市场占有率的提高。

（2）有助于形成客户忠诚度，稳定产品的价格，减小价格弹性，增强对动态市场的适应性，降低未来的经营风险。

（3）有助于企业抵御竞争者的攻击，保持竞争优势。

（4）可以借助法律保护自己的利益。

（5）有助于形成有价值的无形资产。

（二）品牌统分决策

品牌统分是指某个企业或企业的某种产品在某种市场定位策略下，采用一个或多个品牌，从而最大限度地形成品牌的差别化和个性化，企业进而以品牌为单位组织开展营销活动。在品牌统分中，企业有不同的决策。

1. 使用统一品牌

统一品牌是指企业所有的产品都使用同一个品牌名称。如日本东芝家用电器公司，其全部产品均采用"Toshiba"。统一品牌的好处有两个：一是利用已有品牌的影响力，使企业宣传新产品的费用降低；二是利用已有的品牌信誉，很容易推出其他新产品，获得消费者信赖。但是统一品牌策略容易产生"株连效应"，若某个产品的声誉不好则会影响整个企业的品牌形象。

2. 使用分类品牌

分类品牌是指企业不同大类产品分别使用不同的品牌。例如，海尔集团的家电产品（冰箱、洗衣机、电视、空调）进入市场都采用"海尔"这一品牌，而其产品线延伸至保健品行业时，用的却是"采力"品牌，目的是保持海尔集团在消费者心目中一贯的主体形象。分类品牌的好处有两个：一是可以将个别产品的成败与其他产品和整个企业的声誉区分开；二是可以区分不同种类、不同产品的档次。但是由于需要创建不同的品牌，企业需要花费更大的财力和时间来进行打造、传播。

3. 使用个别品牌

个别品牌是指企业对其不同的产品采用不同的品牌。这有利于企业扩充不同档次的产品，适应不同层次的消费需求。尤其对于那些生产或销售许多不同类型产品的企业而言，如果统一使用一个品牌名称，这些不同类型的产品就容易相互混淆。此外，采用不同的品牌，还可以刺激企业内部的竞争。例如，"宝洁"公司旗下的护肤品品牌有SK-II、OLAY等；洗发水品牌有潘婷、飘柔、海飞丝等。

个别品牌策略可以增强企业的竞争力，提高市场占有率；可以增强抗风险能力，当某个品牌得不到消费者的青睐时，尚有其他品牌来做支撑。如果一个生产高档产品的企业在推出低档产品时，如果低档产品另外有自己的品牌，则企业不会因低档产品的推出而影响到高档产品品牌的声誉。例如，美的集团旗下主打中低端市场的家电品牌华凌，价格便宜，既不损失低端市场占有率，也不会因为推出低档产品影响美的品牌家电的声誉。

4. 使用主副品牌名称

主副品牌名称模式是指在一段经营期内的企业采用统一的标识性品牌名称，兼与独立的标识性品牌的组合方法来统一形象定位与功能定位的品牌策略。即在产品的个别品牌前冠以企业的主品牌，这样可以使新产品正统化，分享企业已有的声誉；在企业统一品牌后面跟上产品的副品牌，又能使新产品个性化，如"丰田凯美瑞""丰田卡罗拉""丰田花冠"等。

采用主副品牌名称基于以下两点：

其一，因为形象定位是抽象的标识性品牌，难以表达具体的标识性功能信息，因此很多企业选择以标识性品牌为主、标识性的功能品牌为辅的策略来解决这一矛盾；

其二，单一品牌策略经常会因一项产品的失败而使整个品牌受损，为了防止此类风险，有些企业按照产品的不同特点采用补充说明的形式另行表述。

二、品牌定位策划的实施

当企业决定创建一个新品牌后，就需要开展品牌定位策划工作了。品牌定位要针对明确的目标消费者群体及其需求，从竞争的角度阐述本品牌及产品的利益点和支持点，并力求在传播方面能与消费者品牌个性相呼应。

企业一旦选定了目标市场，就要设计并打造相应的产品、品牌及企业形象，以争取目标客户的认同。由于市场定位的最终目标是实现产品销售，而品牌是企业传播产品相关信息的基础，也是消费者选购产品的主要依据，因而品牌成为连接产品与消费者的桥梁，品牌定位也就成为企业市场定位的核心和集中表现。

（一）品牌定位策划的步骤

品牌定位可以根据以下步骤来进行策划。

1. 品牌定位影响因素分析

企业在进行品牌定位时需要重点考虑以下五个因素。

（1）社会环境因素。社会环境是指品牌所面临的外部环境，包括政治环境、法律环境、社会文化环境等。

（2）消费者因素。品牌定位需要从消费者心理出发，只有目标市场才是其特定的传播对象，了解其消费特性以及心理上的需求，突破消费者的心理障碍。

（3）市场因素。企业在品牌定位的过程中需要对市场进行调查，对行情进行分析，保持对市场变化的敏锐触觉。

（4）竞争对手因素。品牌定位的实质就是与竞争品牌相区别，给消费者留下独特的印象。企业只有通过对竞争对手的分析，才能采取正确的品牌差异化战略，从而脱颖而出。

（5）自身产品因素。企业在进行品牌定位策划时，必须考虑产品的质量、性能、用途等方面的特点。

2. 确定品牌定位

品牌定位的确定依据是对上述品牌定位影响因素分析的结果。了解社会环境、市场环境和消费者需求，根据自身产品的特性和竞争对手的定位确立准确的品牌定位是这一阶段的主要工作。

确定品牌定位是通过提炼品牌的核心价值，找出品牌的内涵，从而确定品牌的独特形象。如格力的形象就是民族品牌，海底捞就是优质服务的代表。这个形象可以通过一句简单的广告语，如格力的"让世界爱上中国造"、农夫山泉的"农夫山泉有点甜"，或者一系列的营销活动展示出来。

3. 品牌定位的传播与应用

企业需要靠传播才能将品牌定位所确定的品牌整体形象驻留在消费者心中，形成有别于竞争对手的形象。常用的传播方式包括广告、公共关系、人员推广和促销等，另外，企业也可以通过价格这一因素展示自身的定位，如哈根达斯冰激凌利用价格将自己高贵的形象展示给消费者。

【实例5-1】　　　　　　　农夫山泉饮用水的品牌定位

农夫山泉始终坚持"天然、健康"的品牌理念，从不使用城市自来水生产瓶装饮用水，也从不在饮用水中添加任何人工矿物质。为了保障持续大量的优质天然水供应，农夫山泉独具战略眼光，前瞻性地在中国布局了十二大稀缺的优质天然水源，奠定了为消费者提供长期天然健康服务的基础和能力，形成长期稳定的竞争优势。

随着我国饮用水消费理念的全面升级，越来越多的人关注饮用水健康问题。自饮用水新国标发布以来，天然矿泉水也成了众多企业跨界扩张的重点领域，品类细分化、高端化。农夫山泉在矿泉水领域再发力，推出含锂型天然矿泉水，把目标快速地瞄准了中老年这一充满潜力的市场，同时填补含锂水品类和中老年细分市场空白。这是农夫山泉继红瓶水、高端水、婴儿水、学生水之后，在瓶装水品类细分市场上的又一布局。

农夫山泉根据消费者洞察，结合中国文化，推出了一系列经典的广告语和营销案例。同时，积极投身和倡导社会公益事业，将公益活动作为我们应尽的社会责任。农夫山泉坚信，一个产品推向市场，不仅仅是产品，更要具有品牌的灵魂和精神，以初心，执着坚持，专注未来，铸就中国饮料超级品牌。

资料来源：农夫山泉官网（http://www.nongfuspring.com/media-detail.html？nid=42）文章《重磅！农夫山泉含锂水上市》。

（二）品牌定位的工具

常用的品牌定位工具是"三轴定位法"。其中"三轴"是指消费需求、自身特质和竞争环境。"三轴定位法"适用于寻找独特的品牌利益主张与产品功能利益点。

1. 消费需求

消费需求，即痛点与需求，包括消费人群画像、消费者需求，企业要唤醒或迎合消费者的利益需求。

2. 自身特质

自身特质，即企业的核心价值，包括企业自身资源、特殊优势，企业应深度挖掘自身所具有的独特优势。商品独特卖点应当以最终的消费者利益来表明，而不是以商品的性质来表达。

3. 竞争环境

竞争环境包括消费趋势、竞品的相对弱点或弱势。企业应找到竞争对手所不具备的特质，即在消费者心目中区分企业产品与同类商品的差异点是什么。

通盘梳理上述消费需求、自身特质、竞争环境这"三轴"后，尽可能找到三轴的交叉点，即消费者痛点，以此来明确品牌的定位，如图5-3所示。

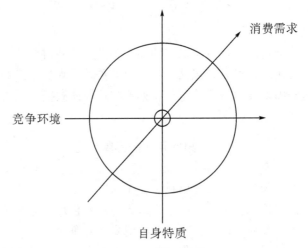

图 5-3　三轴定位法

（三）常见的品牌定位策略

品牌定位是一项创造性的活动，这就注定了其没有固定的模式。也正因为没有固定的模式，品牌之间的差异才能体现得淋漓尽致，从而增加品牌自身的价值。但是，现实中也有一些常见的品牌定位策略，这些策略往往因为在实践中曾取得巨大的成功而被总结出来，供企业营销策划人员借鉴。这些策略可以单独使用，也可以组合使用，以达到更好的效果。

1. 功能定位

功能定位是指将产品的某些功能特点与消费者的利益联系起来，向消费者承诺产品能带给其某种利益。功能定位可以突出品牌的个性，增强品牌的人文关怀，从而获得消费者的认可。采用功能定位法时，可以有选择地对利益点进行组合，但是不宜太多，因为消费者对信息的记忆是有限的，也不喜欢过于复杂的品牌信息，因此，一般来说，利益点以单个最为常见。采用功能定位策略的例子很多，例如"去屑实力派，当然海飞丝""保护嗓子，请选用金嗓子喉宝"等。

2. 质量/价格组合定位

质量/价格组合定位即结合质量和价格来进行定位。质量和价格通常是消费者最关注的要素，而且往往是相互结合起来综合考虑的，但不同的消费者侧重点不同，如果选购品的目标市场是中等收入的理智型购买者，则可定位为"物有所值"的产品，作为与"高质高价"及"物美价廉"相对立的定位。戴尔电脑采用直销模式，降低了成本，并将降低的成本让利给顾客，因而戴尔电脑总是强调"物超所值，实惠之选"。雕牌产品用"只选对的，不买贵的"暗示其价格实惠。这些都是既考虑了质量又考虑了价格的定位策略。

3. 情感定位

情感定位是利用品牌带给消费者的情感体验进行定位的，它立足于唤起消费者的联想和共鸣，进而促使其购买产品。情感定位要着重考虑品牌与消费者之间的情感沟通，让品牌和消费者之间产生联系。同时，情感是维系品牌忠诚的纽带，有效的品牌建设需要与人们的情感建立恰当而稳固的联系。采用情感定位策略的例子有凯迪拉克的"所有的伟大都源于一个勇敢的开始"、樊登读书的"读书点亮生活"、VIVO 的"照亮你的美"等。

4. USP 定位

USP（unique selling proposition）即独特的销售主张。所谓 USP 定位，是在对产品和目标消费者进行研究的基础上，在产品特点中寻找最符合消费者需要的、竞争对手欠缺的、最为独特的部分，并以该部分作为品牌的定位。在同类产品品牌众多、竞争激烈的情况下，运用 USP 定位可以突出品牌的特点和优势，让消费者按照自身偏好将不同品牌在头脑中排序，置于不同的位置，在有相关需求时可便捷地选择品牌。USP 提炼的路径主要从以下六个方面着手：

（1）从具体产品特色的角度出发，如 OPPO 手机的"充电五分钟，通话两小时"。

（2）从利益、解决问题或需求的角度出发，如沃尔沃汽车品牌定位为安全，所有的宣传、产品技术研发都围绕安全。

（3）从特定使用场合的角度出发，如红牛的"困了累了，喝红牛"。

（4）从使用者类型的角度出发，如"海澜之家，男人的衣柜"。

（5）从对抗另一产品的角度出发，如可口可乐代表传统、正宗，百事可乐为取得竞争优势，提出自己的品牌定位"年轻一代的选择"。

（6）从产品类别的游离角度出发，如"七喜，非可乐"。

5. 空档定位

空档定位指的是找出一些消费者重视而竞争者又未开发的空档作为品牌的定位。空档定位策略的关键在于善于发现这些具有商业价值的市场空档并及时加以实施。做出这种决策，企业必须对下列问题有足够的把握：首先，在技术上是否可行；其次，按既定价格水平，在经济上是否可行；最后，喜欢这种产品的购买者是否数量足够。

如果上述问题的答案是肯定的，则可在这个市场空档进行填空补缺。一般说来，市场空档主要有时间空档、年龄空档、性别空档、使用量上的空档、价格空档等。空档定位有利于品牌避开激烈的竞争，往往能达到另辟蹊径、出奇制胜的效果。

6. 比附定位

比附定位是指通过与竞争品牌的比较，借助竞争者之势，衬托自身品牌形象的一种定位策略。比附定位的目的是通过品牌竞争提升品牌自身的知名度和价值。一般说来，只有与知名度、美誉度高的品牌做比较，才能抬高自身品牌的身价。因此，比附定位选择的比照对象主要是有较好市场业绩和良好声誉的品牌。这样一来，在消费者欣赏并记住这些强势品牌时，也让作为陪衬的自身品牌分到消费者注意力的一杯羹。比如，郎酒就是以"中国两大酱香白酒之一"作为广告语，比附茅台来给自己定位。

7. 文化定位

文化定位是指将某种文化注入品牌之中，形成文化上的品牌差异。在品牌定位的基础上，利用各种内外部传播途径形成受众对品牌在精神上的高度认同，从而形成一种文化氛围，通过这种文化氛围形成很强的客户忠诚度。文化定位将普通商品升华为情感象征物，使产品深植于消费者的脑海中，以达到稳定和扩大市场的目的。例如，中国"景泰蓝"和法国"人头马"，承载了民族文化特色；无锡的"红豆"服装品牌借助人们早已熟悉的曹植名篇挖掘出中华历史文化的沉淀。

8. 怀旧品牌定位

怀旧品牌定位一词源于品牌商品中的怀旧、怀旧品牌、品牌遗产等标签，属于一种品牌定位策略，旨在通过建立与过去的某种联系来唤起个人的积极反应。怀旧具有很强的时代烙印，被认为是一种有价值的品牌属性和营销工具。它的出现源于人们因现代巨变的生活方式而加剧了其对以往的历史、生活、人文等方面的渴求。品牌营销组合的塑造可以建立在品牌怀旧属性的基础上，如推出与过去相关的特别版本的商品等。怀旧定位的品牌可以增强品牌的价值，激发消费者自身与品牌建立起某种联系，从而增强其对品牌的信任感。

第三节　品牌设计策划

品牌设计是在企业自身正确定位的基础上的视觉沟通，将品牌通过有形的、准确的视觉和听觉语言表现出来，同时注重消费者的感官体验，使消费者正确地、快速地对企业形象进行有效、深刻的记忆。品牌设计就是对一个企业或产品进行品牌命名、logo 设计，进行品牌 IP 形象、品牌包装、品牌广告语、品牌广告曲、品牌故事设计，进行品牌文化理念的提炼，等等。

一、品牌命名

美国营销大师里斯说过："从长远观点来看，对于一个品牌来说，最重要的就是名字。"品牌是企业及其所提供的产品或服务的总和标识。在品牌的诸多要素中，品牌名称是品牌的核心要素，是形成品牌概念的基础，体现了品牌的个性和特色。品牌名称一旦确定，如果变动，是需要付出很大代价的。

（一）品牌命名的原则

好的品牌名称应当便于记忆、内涵丰富、富有美感。因此，品牌命名有以下原则。

1. 有利于市场营销

品牌名称应首先考虑其是否有利于该产品的市场营销，可以重点考察品牌名称在便于识别产品类别、突出消费者的利益、传播产品的性能特征、表明产品目标消费者的特征等方面对品牌的销售和传播产生的积极作用。

2. 符合语言文字规律

品牌名称的语言文字对品牌名称的最终效果有重大影响，语言文字规律包括以下三方面的内容，即品牌名称的语音、语形和语义。

（1）品牌名称的语音。品牌名称的语音是否朗朗上口、易于记忆，都会影响品牌传播的最终效果的好坏。在考虑品牌名称的语言文字时，要注意掌握品牌名称的音调搭配，避免使用方言、生僻字等。

（2）品牌名称的语形。品牌名称的语形是指品牌名称的字形和字体的效果。在进行品牌命名时，选择笔画适中、结构稳定、繁简适宜的字形进行设计，使其既符合企业形象策划的规范，又能形成独特的风格。

（3）品牌名称的语义。品牌是企业形象的直接体现，品牌名称的语义解读应该是正面的、积极向上的，且与企业理念、文化等符合。

3. 符合相关法律

品牌命名不应该触犯法律，不应违反社会道德和风俗习惯。从法律角度出发，企业应首先通过相关部门查询意向品牌名称是否与其他已被注册的品牌名称相同或相近，避免产生品牌名称侵权行为；其次，企业应确认品牌名称被允许注册，以确保能得到法律保护。

品牌名称符合《中华人民共和国商标法》的条文规定，且注册成功后，品牌名称即可得到法律保护，降低被其他品牌模仿或抄袭的风险。

【实例5-2】 　　　　　　　　　　**商标布局的重要性**

喜茶原名是"皇茶"，由聂云宸亲自取名，起源于广东江门一条叫江边里的小巷。随着品牌知名度不断提升，聂云宸一边申请商标注册，一边在广州和深圳疯狂开店扩张。然而"皇茶"商标的注册并不顺利，经过不断地驳回复审，前后耗时3年始终没有注册下来。

彼时，"皇茶"不仅无法成功注册商标，而且由于没有商标护航，各种山寨店一茬茬地冒出来，维权也无门。经过多方考虑，聂云宸最终花费70万元人民币购买了"喜茶"商标。

据了解，喜茶曾起诉"又一喜茶""喜茶兄弟""熹茶"等店铺商标侵权，获得几万元到几十万元不等的赔偿金。

商标不仅作为企业重要的无形资产，搭载其产品声誉和企业商誉，而且是企业顺利生产经营、避免产生系列法律纠纷的重要权利载体。延缓注册商标，可能会让别有所图的人有机会去抢注商标。所以，创业初期，尽早规划商标是多么的重要。

资料来源：搜狐网（https://www.sohu.com/a/606696958_121123690？scm = 1019. 20001. 0. 0. 0&spm = smpc. csrpage. news-list. 1. 1669084381788ElGeypL)文章《商标布局的重要性》。

（二）品牌命名的方法

1. 使用企业名称作为品牌名称

采用单品牌战略或主副品牌战略的企业可以直接使用企业名称作为品牌名称，以统一企业的品牌形象，便于进行品牌的策划与传播。使用企业名称作为品牌名称后，企业在未来的品牌战略发展中，可以使用同一品牌名称或以主品牌名称背书的方式来发展副品牌。小米、华为、格力等就是直接用企业名称作为品牌名称的典型代表。

2. 使用人名作为品牌名称

使用具有一定影响力的或具有特殊含义的人名作为品牌名称，可以借用其影响力或含义来增强消费者对品牌名称的印象，体现企业的属性文化或精神理念。企业创始人的名字、历史人物的名字、童话/神话人物的名字等不涉及法律纠纷的名字均可。李宁、迪士尼、香奈儿等就是使用人名作为品牌名称的典型代表。

3. 使用地域作为品牌名称

若企业具有较为特殊的地理位置或地理优势，还可直接使用企业所在地的地名作为品牌名称。这不仅可以借助地域的风土文化对品牌做包装，还能将品牌与当地的特色联系起来，提高品牌名称的识别度。青岛啤酒、盐源苹果、库尔勒香梨、西湖龙井等就是使用地域作为品牌名称的典型代表。

4. 使用产品特征作为品牌名称

当产品具有较突出的功能、特征或功效时，可直接使用产品特征、功效作为品牌名称，以让消费者快速了解品牌产品的卖点，吸引有这些需求的消费者的注意。如美图秀秀、炫迈、飘柔、脉动、中国联通、好记星等，就是使用产品特征、功效作为品牌名称的典型代表。

5. 使用褒义词或表达祝愿的词作为品牌名称

品牌名称应呈现健康、积极向上意义，因此多使用褒义词或者表达祝愿的词会更容易赢得消费者的好感。宝马、淘宝、优衣库、意尔康、长虹、平安保险、完美日记等就是使用褒义词或者祝愿词作为品牌名称的典型代表。

6. 使用动物、植物或自然景观作为品牌名称

借助动物、植物的形象，可以使人产生联想与亲切的感受，提升认知速度。如"七匹狼"服装，给人以狂放、勇猛的感受，使人联想起《与狼共舞》的经典情节；"圣象"地板，则使人产生连大象都难以踏坏的印象。

7. 使用与产品相关的历史渊源要素作为品牌名称

借助历史赋予品牌的深厚内涵，使消费者对该产品产生认同感，迅速获得消费者的青睐。比如，公元 1573 年，国窖始祖舒承宗建立窖池群，持续酿造至今，从未间断。1573窖池群是我国建造早、现存持续使用时间长、保存完整的原生古窖池群落，成为世界酿酒史上的"活文物"。1996 年，相关部门颁布其为"全国重点文物保护单位"，故称"国窖"，在中国酒业中仅此一家，这就是"国窖 1573"名称的由来。

8. 使用与目标消费者相关的词语作为品牌名称

将品牌与目标客户联系起来，进而使目标客户产生认同感。"太太口服液"使消费者一看到该产品，就知道这是专为已婚妇女设计的营养补品；"太子奶"使人马上联想起这是给孩子们饮用的乳制品；"好孩子""娃哈哈""喜之郎"等从名称即可知道这是针对儿童的产品。

二、品牌 logo 设计

品牌 logo 是指品牌中可以被认出、易于记忆，但不能用言语称谓的部分，包括符号、图案或明显的色彩、字体，属于品牌视觉识别（visual identity，VI）系统设计的内容之一。品牌 logo 是一种"视觉语言"，可以通过一定的图案、颜色向消费者传递某种信息，以达到识别品牌、促进销售的目的。人类所感知的外部信息，有大约 83% 是通过视觉传达到人们心智的。品牌 logo 自身能够创造品牌认知、品牌联想和消费者的品牌偏好，进而影响品牌体现的品质与顾客的品牌忠诚度。

（一）品牌 logo 设计的主要形式

1. 图形 logo 与品牌名称

图形 logo 和品牌名称的组合较为常见，大部分流通类产品的品牌 logo 都是依照这个模式设计的，也适合所有行业，如图 5-4、图 5-5、图 5-6 所示。

图 5-4　百度 logo　　　　图 5-5　百事可乐 logo　　　图 5-6　华为 logo

2. 纯字体 logo

纯字体 logo 过去常见于电子科技类品牌，主要是为了表现品牌的科技感，现在更多的行业品牌采用了此类设计形式，简约而直接地表达品牌成了主流。但字体属于抽象图形，其缺点是不便于记忆，因此，很多非电子电器类品牌会在字体上做一些变化，以形成差异点，或者通过对其他图形的创作和使用，来辅助纯字体 logo，促进品牌 logo 辨识度的提升，如图 5-7、图 5-8、图 5-9 所示。

图 5-7　联想 logo　　　　图 5-8　美的 logo　　　　图 5-9　美团 logo

3. 纯图形 logo

单独使用纯图形 logo 的品牌，一般都会经历很长时间的品牌积累，以形成非常好的市场认知。否则，在当下社会环境中，是极其危险的品牌构建和传播方式，人们对图形的理解，更多是"它可能代表谁"，而对文字的理解是定性的，即"它是谁"。图 5-10、图 5-11、图 5-12 所示为纯图形 logo。

图 5-10　凯迪拉克 logo　　　图 5-11　苹果 logo　　图 5-12　腾讯 QQ logo

（二）品牌 logo 设计的技巧

品牌 logo 主要由图形、文字和色彩三个元素构成，各组成要素在设计过程中需要兼具商业性和艺术性。

1. 品牌 logo 图形元素设计技巧

（1）与品牌定位匹配。品牌 logo 的设计风格要按品牌的定位进行匹配设计。在开展品牌 logo 设计的时候，一定要先完成品牌定位的策划工作，将品牌由内而外地表达和呈现，做到品牌定位与品牌形象的一致。

【实例5-3】 **"同仁堂"logo中的图形元素**

同仁堂的公司logo设计的图案（见图5-13）来源于同仁堂工作人员之手，这是用简练笔法绘制出含意深刻的图形，"同仁堂"三个字，是由与清宫有密切关系的书法家启功先生所书，它的周围用两条飞龙戏珠来保护，栩栩如生的龙是中华民族至高无上的象征，中间的珠子寓意同仁堂救死扶伤的高超医术。整个商标图案寓意着源远流长的中国医药文化和同仁堂的悠久历史，也体现了同仁堂与宫廷的渊源。

资料来源：https://www.ibiaozhi.com/arclogo/17063.html.

图5-13　"同仁堂"logo

（2）根据品类原型设计。品类原型是指某种产品或服务的物理属性，或者是长期以来业界默认的使用某种图形来表达某一产品品类。如过去座机电话的符号，已经成为现代电话通信logo的原型，手机接听符号也是座机电话的听筒符号。这种符号已成为"众所周知，无须教育"的符号，因此在品牌推广时会节约大量传播精力与费用。

但这种品牌logo在申请商标注册时，会遇到雷同的问题。因此，即便找到最讨巧的创作路径和设计元素，也需要进行深度创新，以方便商标注册。

（3）具备良好的记忆度。良好的记忆度是所有商家所期望的，是品牌构建与传播的重要指标。形成记忆的方式有很多，如"意料之外""画面感""视觉冲击力"等。

①苹果公司的logo是一个完整的苹果图形上有一个缺口，这就形成了意料之外的记忆点。

②具象化图形比抽象图形更容易在大脑中产生"画面感"。如喜家德水饺的logo图形为"奔跑的水饺"（见图5-14）。

③一些图形带有很强的视觉冲击力，如通过强烈的色彩对比、图形对比等，都可以提升受众的记忆度（见图5-15）。

图5-14　喜家德水饺logo

图5-15　谷歌logo

（4）具有一定美感，提升品牌气质。品牌logo设计是品牌整体形象设计最为核心的环节，而且品牌logo一旦确定，会使用很长时间。例如，可口可乐的logo百多年来基本上没有更换，只在字体上持续优化。所以，企业会将大量的资源都投入品牌建设上，而品牌 logo 是品牌资产的载体，要让品牌 logo 具备一定美感，这样才能增加品牌的美誉度，提升品牌的气质。

2. 品牌 logo 文字元素设计技巧

美术字体非常丰富，企业在品牌 logo 和传播广告中使用的字体，需要根据品牌定位来设计或者甄选使用。

（1）了解字体的种类和版权。PC 端字库内的字体类别多样，一般都有专属版权，在使用时需要注意该字体是否拥有使用权。

（2）字体设计容易被识别。无论纯粹字体 logo 设计，还是与图形 logo 匹配品牌名称中的字体设计，一定要遵循"一眼识别"的原则。在运用各种创作手法或者特殊字体时，需要设计师调研和测试，避免造成字体不能被一眼识别。

3. 品牌 logo 色彩元素设计技巧

（1）从品牌定位入手。首先还是需要从品牌定位入手，从目标客群着手，从品牌人格化设定进行品牌 logo 色彩的设计。

（2）符合色彩心理学。色彩是有情绪与气质的，企业赋予品牌 logo 不同的颜色，便会给人不同的气质和格调。一般来讲，色彩定律就是越灰暗越高端，越鲜亮越活力。

（3）注意品类原色与差异化思维。品类原色是指该产品本身固有的色彩认知。采用品类原色做的好处是可以帮助消费者快速认识该品牌，减少传播成本。

三、品牌广告语设计

（一）广告语的本质

品牌名称、品牌 logo、品牌广告语三者并称为品牌的核心传播符号。品牌广告语是品牌记忆的内容之一，承担着品牌建设与推广的重要作用。广告语的字面意思是指用于广告传播的语言，包含标题和正文广告内容。广告语本质是消费利益，是消费行为指令。例如，王老吉——"怕上火，喝王老吉"；抖音——"记录美好生活"；腾讯——"用心创造快乐"；耐克——"JUST DO IT（想做就做）"。

（二）品牌广告语创作的技巧

1. 直接陈述切身利益

广告的本质就是传播价值，企业在撰写广告语时，如果能从消费者的利益出发，采用"与我有关"的描述，就会更加具有销售力。例如，瓜子二手车直卖网——"没有中间商赚差价"。

2. 直接采用定位陈述

直接将品牌定位作为广告语，以减少信息差，增加品牌认知的精准度，明确告知消费者产品品类。例如，唯品会——"一家专门做特卖的网站"。

3. 强调情感，强调感受，强调社会属性

由于生产技术不断提升，加重了产品同质化。所以，消费者在选购产品时，通常不会把产品质量等特性放在首位，而是越来越重视产品所传递的品牌价值观。这种品牌广告语的创作方法一般用于生活类定位高端的品牌，以及大部分服装、鞋帽、香水等高情感黏性

的产品。例如，阿迪达斯——"IMPOSSIBLE IS NOTHING（没有不可能）"；招商银行——"因您而变"。

4. 使用容易记忆的表达

语言是生活的必要工具，方便口头传播的信息，才能更广泛地流传。另外，儿歌或者顺口溜的传播较为广泛，其中的道理就是顺口、方便传颂。大部分行业都可以采用这条创作要领。例如，拼多多——"拼得多，省得多"；亮甲——"得了灰指甲，一个传染俩。问我怎么办？马上用亮甲"。

5. 广告语最好包含品牌名

纵观当下复杂的商业环境，行业竞争日益激烈，消费者每天都会在无形中获取相当数量的广告信息，却不会立即购买产品，然而当消费者真正有购买需求时，脑海中若能关联出品牌广告语，说明品牌广告语才真正发挥了品牌建设与推广的重要作用。例如，大宝——"要想皮肤好，早晚用大宝"。

四、品牌 IP 形象设计

（一）什么是品牌 IP

IP 是知识产权（intellectual property，IP）。品牌 IP 是一个广义概念，是指具有一定延展性的品牌形象，并具备一定影响力或知名度的知识产权。品牌 IP 是品牌所独有的知识产权，比如发明、外观设计、文学和艺术作品，以及在商业中使用的标志、名称、图像。

在新媒体时代，IP 形象设计在品牌设计中扮演的角色越来越重要，IP 形象能够以多元化的渠道快速地进行传播。其广泛的延展性能够更好、更灵活地传播品牌的价值观念，以独特的个性来塑造品牌影响力，从而形成品牌的超级符号。

（二）品牌 IP 构建的方法

品牌通过系统化 IP 构建、话题打造、延伸产品、互动链接等运营，激发品牌的社会化传播，从而最终实现品牌价值传递和变现。

1. 打造品牌管理者

直接把企业管理者的个人精神注入品牌和企业中，从而产生巨大号召力，如乔布斯之于苹果，马斯克之于特斯拉，雷军之于小米，董明珠之于格力。这种品牌 IP 的设定需要通过话题内容激发社会化主动传播，其优点是品牌资产不会流失，品牌 IP 一旦建立基本就会一直属于该品牌；缺点是企业管理者必须具备话题性，这取决于企业的社会地位，以及企业管理者本身的远见卓识和表达意愿。另外，除了话题的打造外，传播通路与传播声量一定要到位，才能真正形成品牌 IP。

【实例5-4】　　　　　　　　企业家个人 IP 形象

作为创始人的俞敏洪，无疑是新东方热度最高的 IP。无论是早年的创业经历，还是教培变革后的从容退场，俞敏洪一直处在话题的中心。在新东方完成转型并推出东方甄选后，凭借极高的个人号召力，俞敏洪在极短时间跻身头部带货主播，进入个人 IP 打造新阶段。

作为 Valve 和 steam 的创始人，Gabe Newell（通常被国内用户称为"G 胖"）在很大程度造就了我们所见的游戏世界。"G 胖"绝非常规意义的企业管理人，无论是"不会数 3"的游戏开发决策，还是化身掌机快递员的平易近人，"G 胖"用科技美学打造 Valve 独特企业文化的同时，也将个人 IP 与品牌牢牢绑定，铸就基于 Valve 的亚文化圈层。

资料来源：https://new.qq.com/rain/a/20221111A044PO00.

2. 知名 IP 授权合作

知名 IP 包括各种脍炙人口的虚拟人物或者动物。知名 IP 授权合作方式一般需要注意以下两点：

一是 IP 要足够知名或者当下较知名，企业可以借助热点直接进行产品开发与销售。

二是这类 IP 都是有明确授权周期（一般为 1~2 年）的，因此此类做法更多是应用于新品类、新产品的开发，力求快速占领市场。所以，知名 IP 授权合作一般应用于快消品，尤其是食品、化妆品、服装等领域。

3. 自行创作品牌 IP 形象

企业可以通过自行创作品牌 IP 形象来完成品牌虚拟代言的设定，增加品牌传播的生动性和记忆度。这种方式的优点是相对自由，企业可根据品牌的定位来创作；而缺点是企业需要较大资源来推动。

企业常用的自主创作品牌 IP 形象的方式有以下三种：

第一种是人格化 IP。通过为品牌赋予人格化形象，能够将品牌从概念中解放出来，使之成为可知可感的存在。人格化 IP 的过程，赋予 IP 的人设越丰富，呈现出的内容也就越能具备更为立体丰富的内涵。例如，快餐连锁店"肯德基"的招牌 IP 是"哈兰·山德士"（Colonel Harland Sanders）上校，我们吃的肯德基炸鸡就是他发明的。日常生活中，提到肯德基我们就会联想到慈祥和蔼的老爷爷形象，这个 IP 形象更倾向于一个真实的人物画像，整体形象线条比较细腻，配色吸睛，亦增强了品牌辨识度。

第二种是动物化 IP。相比其他类型品牌 IP，憨态可掬的动物形象，更容易拉近品牌与消费者距离。动物所象征的精神特质，也能够在 IP 打造过程中与品牌文化实现共融，助力企业文化和精神架构。例如，京东的 IP 形象是一只名为"欢乐"的金属狗。在生活中，狗以对主人忠诚著称，它们不仅拥有正直的品格，还以速度知名。选取这一动物形象不仅能展现京东企业文化，也能有效展现京东在物流业务的强大优势。

【实例 5-5】　　　　　　天猫商城——"黑猫"

黑猫是阿里巴巴天猫商城的官方吉祥物。"双十一"是天猫开创的一年一度网络购物狂欢节，在"双十一"期间，天猫和消费者之间的关系，逐渐从单纯的消费关系变为基于 IP 与品牌连接的粉丝关系，天猫的 IP 形象不仅作为"双十一"购物狂欢节的标识，而且在"双十一"的宣传上应用到了各种设计展示内容的载体上，可以说在"双十一"购物狂欢节，天猫是无处不在的。黑猫作为天猫品牌官方 IP 形象，在"双十一"购物狂欢节的营销与推广中取得了不可替代的成就，自 2015 年起，天猫"双十一"购物狂欢节的主视觉 logo 便是黑猫的猫头加上两个 11 的固定搭配。

当然，这只是其中一个小小的部分，黑猫在"双十一"中所担任的角色远远不止如此。在"双十一"活动预热期，天猫便会与各大品牌进行联名活动，各品牌商会运用各式各样的表现手法将自己的产品放入天猫的头部，猫头与各品牌元素的每一次设计都会碰撞出不同的美感，这样的联名设计不仅使黑猫形象深入人心，也让各大合作品牌商获得关注。由天猫黑猫的案例我们可以看出，IP 形象的一个特点：内容持续生产力。设计师通过赋予 IP 形象自身角色和人格认定，吸引更多用户的喜欢和追捧，像是天猫"双十一"狂欢节，黑猫作为一个优质的内容源，联合天猫商城里的商户，利用"双十一"的噱头，提供持续的优质内容，不断引发用户的关注并与之产生各种各样的互动。

资料来源：刘明远. 探析 IP 形象在现代品牌形象设计中的运用 ［J］. 中国民族博览，2022（10）：184–186.

第三种是科技化 IP。顺应大环境，越来越多的科技 IP 形象在短视频时代"活"了起来，进一步拉近了企业与用户之间的距离。科技 IP 领域潜藏着巨大的发展空间，这些 IP 形象受到了很多年轻人的喜爱，具有广阔的市场前景。例如，360 的 IP 形象"小安"采用了萌版卡通形象，同时融合了科技感与安全感元素，并具备守护与战斗两种形态。通过人格的形象化，传递出公司在"大安全"理念下，双层防护系统更安全，让安全看得见。此外还强调了 360 的产品能够全天候陪伴客户，提高用户的安全感知。

五、品牌感官设计

当今社会是一个信息爆炸，充满诱惑、刺激，消费者的注意力极易分散的社会，企业想抓住消费者的心是极其不易的。因此，企业在塑造品牌的过程中，应当尽可能地调动人类五种感官中的多种感官，来提升品牌的整体影响力。

（一）视觉：塑造品牌第一印象

视觉是人的五感之中最强大的感官。人们日常获取的信息中，有83%是通过视觉接收的。视觉元素是品牌带给消费者的第一印象如可口可乐的弧形瓶子、苹果的白色耳机、麦当劳的 M 标识等。我们通过运用文字、图案、色彩元素来设计品牌名称、logo、包装、广告语、品牌故事、IP 形象等，进行品牌的视觉识别系统设计，这也是本章重点介绍的内容。

（二）听觉：调动消费者情绪和情感

声音是品牌建设中的第二法宝。企业以音频为基础来增强品牌的身份认同。当品牌的声音触达消费者心智后，可以与消费者之后接收到的视觉信息相联系，成功整合并扩大品牌影响力。试想一下，如果把电影的配乐去掉，你还会觉得某些场景会感人肺腑吗？研究表明，声音可以记录更多的信息，以形成综合记忆。

品牌听觉设计从形式上讲，包括电台广告、广告歌曲和固定音效等，同时还应该通过系统化的听觉识别符号建立品牌形象，达成产品宣传和消费者之间的有效沟通，从而与消费者产生共鸣。很多知名品牌都会专注于打造最能定义公司形象的声音。如微软公司的 Windows 开关机声音；华为全球版广告宣传曲《dream it possible》。

（三）嗅觉：增强品牌吸引力

人们可以轻松闭上双眼或转移视线，也可以选择避开各种触觉和味觉体验，但唯有嗅觉，人们不能主动关闭，这是气味营销的一个巨大优势。多项研究表明，气味在消费者对品牌的接受度方面起了重要的作用，气味越来越成为品牌的高效"附加元素"。

（四）味觉：增强品牌力度

除了食品和饮料行业，运用味觉做品牌宣传的行业还很少见，但是，这样做的确能增强品牌的宣传力度。用产品的味道，吊起消费者的胃口，每次消费者一想吃，就想起产品，从而不得不购买产品。我们可以通过文案本身让消费者感受到产品的味道，达到身临其境的效果。如：绿箭口香糖——"嘴里含着一片薄荷森林，呼出的每口气都是自信的"。

（五）触觉：决定顾客心理认知

触觉是皮肤觉中的一种，是轻微的机械刺激使皮肤浅层感受器兴奋而引起的感觉。触觉是一种细腻且丰富的感官感觉，它遍布人体全身，能时刻给人带来感受。一个品牌的质地如何，在很大程度上影响了消费者对其品质的评价。例如，消费者不喜欢塑料的数码相机，也不喜欢粗糙的制作工艺。消费者通常会依据"手感"而不是"外观"来评价产品的质量。这种"手感"就是触觉之一。如富有重量和质感的茶杯可以让消费者的手握力度加强，感受到杯子的分量和品质。

【策划视角 5-1】　　　　　为什么瓶装营销总受青睐?

可口可乐惯用的"瓶身营销"一直被营销界津津乐道，包括曾经风靡的昵称瓶、歌词瓶、自拍瓶、录音瓶、密语瓶再到反转瓶，等等。可口可乐还推出美好寓意限量瓶系列有周年纪念瓶、表情瓶、生日瓶和无国界瓶，它们全都采用了玻璃瓶装。此外，可口可乐根据不同主题设计瓶身，圣诞节推出的"拉花瓶"，将瓶身的贴标轻轻一拉，瞬间变成一朵花。为了号召人们关注世界范围内的民族歧视问题，可口可乐还发起了"这个斋月，去掉标签"活动，罐装可口可乐的新包装上只留下了一条弧度优美的涡形白色丝带。

可口可乐与百度 AR 联手打造城市"摩登新罐"，推出"探寻城市秘密"营销活动。用户只要使用百度 App 的 AR 功能扫描可口可乐城市罐，即可体验到隐藏在这个瓶身上的小彩蛋。

此外，可口可乐在不同的国家和城市也做了很多大胆的尝试。比如在罗马尼亚的一个音乐节上推出了这款"音乐节手链瓶"；与新加坡的 Ogilvy & Mather 合作推出的概念可乐罐，将一罐容量为 330 ml 的可乐一分为二，成为两罐各有 115 ml 的迷你可乐；在墨西哥和阿根廷推出印有盲文的全新罐装设计。可口可乐正是在坚持品牌特色曲线瓶的基础上，不断在瓶身设计和瓶贴纸上玩出新花样，使得具有百年历史的它反而呈现出一种年轻化的态度。

瓶装营销总受青睐背后的逻辑是什么呢？

❖顺应个性化的需求，消费者可以自由地选择符合自己个性的标签。

❖高颜值的包装促进顾客产生购买行为。

❖低成本投入，却能够获得超额的收益。

❖好的包装是广告牌，为产品自带光环。

商品包装作为商品设计的延续，已成为商品营销的一个基础元素。富有创意的经典包装，已成为企业提升品牌价值最简单、最有效的方法。这些多变的包装增加了产品的附加值，品牌不再仅仅是去卖一个产品，而是一种心情、一种记忆和一种符号。

资料来源：数英网（https://www.digitaling.com/articles/218924.html）文章《DIGITALING：瓶身营销大盘点，原来你是这样的可口可乐!》。

六、品牌故事设计

品牌故事，从商业化的角度来看，通过对品牌创始人经营理念、企业重大发展节点等情节描述品牌的价值观，并将其串联成完整的故事链，可将其看作一种商业传播工具。要选择符合企业价值观、具有亲和力的故事，以增加消费者对品牌的认同。

（一）品牌故事的主要形式

品牌故事有多种写法，总体可以归纳为两种主要形式，一种是创始人初心故事，另一种是事件型传播故事。

1. 创始人初心故事

创始人初心故事主要是介绍创始人创立品牌的初衷，以情感为纽带贯穿企业经营模式和管理理念的阐述，讲述品牌愿景，勾画出梦想蓝图，一般作为静态的品牌核心故事进行传播。

2. 事件型传播故事

事件型传播故事主要是企业利用品牌在发展过程中发生的典型故事进行创作，用以展现品牌价值观，尤其适合表达产品开发理念、品质控制理念、服务理念等，一般作为动态的品牌故事进行多维度传播，尤其适合各种传媒进行互动。

（二）品牌故事的写作技巧

1. 紧扣品牌定位

首先一定要紧扣品牌定位，明确这个故事要表达什么、要让消费者知道什么。之后，再选择如何将"创始人初心、经营模式、管理理念、品牌愿景、产品开发理念、品质控制理念、服务理念……"等需要体现品牌价值观的内容巧妙地融合其中。

2. 可读性强

品牌故事首先是一个故事，并非一篇四平八稳的新闻稿，所以要求有一定的可读性，这就要满足故事的编写要点。所以策划品牌故事的时候，一定要做到有人物、有情节、有冲突、有情感，要注重对人物精神世界的刻画。

3. 结构清晰，叙事到位

品牌故事要满足文章的基本结构，做到结构清晰、叙事到位，可参考"5W1H"写法。品牌故事的书写一般不限文体，但要求文字简洁明了、通俗易懂。

第四节 品牌传播策划

品牌传播是指企业以品牌的核心价值为原则，在品牌识别的整体框架下，通过广告传播、公共关系、营业推广等手段将企业设计的品牌形象传递给目标消费者，以获得消费者的认知和认同，并在其心目中确定一个企业刻意营造的形象的过程。

一、品牌传播的策略

20 世纪 90 年代，市场营销界最为重要的发展就是整合营销传播理论（integrated mar-

keting communication，IMC）得到了企业界和营销理论界的广泛认同。品牌传播便离不开整合营销传播。整合营销传播是一个扩展、现代的营销概念，以统一优化的信息向消费者和大众传递企业的品牌理念。

整合营销传播，是以消费者为导向，采用统一的传播信息（诉求），协同品牌广告、促销活动、公关活动、品牌形象、产品包装、新闻媒体等所有传播渠道与载体向消费者进行传达。换言之，即"用一种声音，传播一个形象，形成一个认知"。

整合营销传播本身并不是目的，而是一种手段。它是依据品牌与产品的定位与诉求，采用各种不同的传播载体与方式，优化传播资源配置，并通过不断重复传播"一种声音，一个形象"，发挥不同传播工具的优势，以达到"形成一个认知"的聚焦效应，从而有效降低消费者认知成本，提高传播的效率，实现营销传播效果的最大化，同时不断塑造、巩固与提升品牌资产。

例如，王老吉长期坚持在多个场合、多种载体中体现其核心诉求——"怕上火，喝王老吉"，因此就形成"如果消费者担心自己上火，那就喝点王老吉"的潜在认知。所以，当消费者遇到吃火锅的情况时，会非常自然地联想到"来一罐王老吉"，那么王老吉的"预防上火饮料"的品牌资产就会逐渐形成。

如果企业希望消费者记住企业的品牌或产品，除了"用一种声音，传播一个形象"外，更重要的就是"不断重复"它。所以企业需要努力通过企业内部团队与外部资源合作，相互协同，把品牌传播信息"千人一面"地贯彻到所有品牌营销层面。

（一）企业内部品牌传播

企业内部品牌传播是指在企业内部及其合作伙伴之间通过一定的传播策略来进行品牌的传播，其目的是塑造企业内部对品牌核心价值的认同。同时，明确企业在今后开展品牌传播时应遵循的规范。内部品牌传播的媒介主要有宣传媒体、会议、活动、演讲、内部沟通等，它传播的内容主要是品牌理念、品牌价值观、品牌与其他品牌的区别等。

（二）企业外部品牌传播

企业外部品牌传播主要针对消费者进行品牌传播，它从消费者的角度出发，强调与消费者的接触点、互动，以及传播时间的连续性等。外部品牌传播的方式有很多，如终端形象、活动、促销、广告、公关、口碑等。

新媒体环境下，企业要打破传统的传播思维，充分了解传统媒体与新媒体之间的差别与各自的优势，再根据自身情况选择合适的媒介开展品牌推广，以将品牌形象传达给消费者。在这个过程中，企业还要注意对传播效果的跟踪和评估，根据传播的具体情况进行传播渠道和传播方式的调整，积极应对可能出现的各种结果。

【实例5-6】　　　　　新媒体交互广告的创意互动

2022年北京冬奥会，可口可乐在微信开展的"可口可乐冬奥园游会"活动广受好评，同时吸引了一大波消费者在线参与。用户可以集徽章、赢好礼，抽取海量可口可乐冬奥周边，众多品牌带消费者亲身体验了可口可乐相关的奥运传统，讲透了品牌与奥运的渊源故事；通过竞技互动，可口可乐又带消费者切身感受着冬奥拼搏精神，以及品牌带来的快乐体验。

在品牌原有的营销理念和基础之上，可口可乐再一次实现了突破。2022 年的北京冬奥会，可口可乐积极发展了线上的活动和游戏，积极鼓励消费者参与其中，用讲故事的方式，让奥运传统和品牌理念进行深度渗透。与此同时，可口可乐所设计的线上活动将重心放在了绿色环保上，除了讲好品牌故事，可口可乐还体现了其品牌在可持续发展上的坚持和不懈努力，这不仅是社会责任感的体现，也是对品牌的一种升华。

资料来源：搜狐网（http://news.sohu.com/a/529758405_115533）文章《冬奥营销案例／可口可乐主打绿色环保理念，为冬奥营销注入灵魂》。

二、品牌传播的步骤

企业在创建其自身品牌时，必须做好品牌传播策划，好的品牌传播策划是提高品牌知名度、美誉度不可或缺的营销手段。品牌传播的步骤见图 5-16。

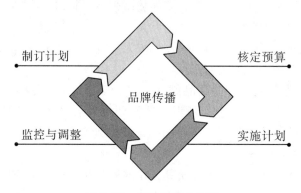

图 5-16　品牌传播的步骤

（一）制订传播计划

传播计划要根据企业经营战略以及年度营销目标和策略来制订。年度营销目标是具体细化的指标，如销售商、销售渠道、销售数量、营业收入等，营销部门需要进行分解落实各项指标，然后制订完成各项指标的营销策略。在此基础上，根据时间、空间、媒体、团队等几大核心因素，以年度为单元，确定"一个声音、一个画面"的传播计划。

（二）核定传播预算

企业应先根据传播计划核定传播预算，再根据企业总体经营发展战略，进行预算修正。企业主要根据年度营销任务核定传播预算，一般会预估年度营业收入，然后按一定比例核算营销费用（每个行业和企业比例不同），营销费用包括业务人员费用、广告传播费、促销费、商超等分销网点费等。

（三）实施传播计划

企业应根据年度营销策略，依照传播计划，选择传播渠道与具体媒体开始进行广告投放。大中型企业一般会把整合营销传播分为两大部分，即"企业直接投放"的传播和"地方公关促销类"的传播。"企业直接投放"的传播活动一般由企业品牌管理部门直接与各个媒体对接，主要以凸显品牌与营销战略为目标；而"地方公关促销类"传播则是以各地分公司、办事处人员为主要执行方，由他们根据区域市场年度分解目标，进行区域传播计划的制订与执行，一般需要报备企业总部获得审批后，方可执行。

在实际进行广告投放操作时，需要注意各类媒体对营销的功能存在差异性，尽可能把广告投放到优质媒体，尽量长期投放可以形成品牌积累的形象广告，尽量保持形象长期统一，以达到较好的记忆效果。

（四）监控与总结

执行投放计划后还需要进行持续监控与总结。企业可要求媒介执行方和第三方进行监控，并及时与当地经销商、营销人员进行沟通，了解广告投放的效果，形成数字报告，为下一阶段的广告投放做准备。

第五节　品牌延伸策划

品牌延伸（brand extension）是指在已有相当知名度和市场影响力的品牌基础上，将原品牌运用到新产品或服务上，以减少新产品进入市场风险的一种营销策略。由于品牌延伸具有增加新产品的可接受性、减少消费行为的风险性、提高促销性开支使用效率、满足消费者多样性需要以及减少新产品导入市场的成本等多项功能，故受到了越来越多企业的青睐。

一、品牌延伸策划的类型

（一）品牌专业化延伸

专业化延伸指品牌延伸的新领域与其原有领域处于同一行业并有一定的关联性，专业技术、目标市场、销售渠道等方面具有共同性。企业可以充分利用原有品牌的声誉吸引消费者选择新产品，从而节约新产品进入市场的成本。例如"娃哈哈"从儿童营养口服液起家，逐步延伸到果奶、八宝粥、纯净水等。

（二）品牌一体化延伸

一体化延伸是指品牌向原有领域的上游或者下游延伸，使品牌的成长空间更为广阔。品牌沿产业链向上延伸可进入高端产品市场；而品牌沿产业链向下延伸则可填补低端市场的空白，以扩大市场占有率。一般来说，品牌一体化延伸的方法主要有以下三种：

一是向上延伸，即在产品线中增加高档次产品，使商品进入高档市场。

二是向下延伸，即在产品线中增加较低档次的产品，利用高档名牌产品的声誉，吸引购买力水平较低的顾客慕名购买这一品牌中的低档廉价产品。如果原品牌是知名度很高的名牌，这种延伸极易损害名牌的声誉，风险很大。

三是双向延伸，即原定位于中档产品市场的企业掌握了市场优势以后，决定向产品线的上下两个方向延伸，一方面增加高档产品，另一方面增加低档产品，扩大市场阵容。

二、品牌延伸策划的具体做法

（一）根据企业战略规划选择母品牌

企业在开展品牌延伸策划时，应先根据企业的战略规划选择适合企业发展的母品牌。

一般来说，认知度高、口碑与信誉度好的品牌才适合作为品牌延伸的母品牌。同时，该母品牌的形象还要与新产品相符，以更好地通过母品牌为新产品背书，支撑新产品的发展与宣传推广。

（二）选择品牌延伸的类型

确定了母品牌后，就需要确定品牌延伸的类型，即是选择专业化延伸，还是一体化延伸。

（三）测量消费者对母品牌的认知情况

为了确保母品牌选择的正确性，企业应该对母品牌的消费者认知情况进行调查，即从消费者的角度，而不是从企业的角度来判断母品牌是否适合开展品牌延伸。

（四）识别可能的品牌延伸候选对象

品牌延伸的对象需要经过严格的考查和识别。一般来说，品牌延伸的候选对象根据其功能表现的不同，可分为以下四种：

一是高功能—高表现的品牌。这类品牌的技术性、价值性、替代性和互补性都较强，是最适合作为品牌延伸候选对象的品牌。

二是高功能—低表现的品牌。这类品牌的价值性比不上技术性、互补性和替代性，因此，选择这种品牌作为候选对象时，不建议从价值性上进行延伸。

三是低功能—高表现的品牌。这类品牌的技术性、互补性和替代性较低，建议首先考虑价值性的延伸。

四是低功能—低表现的品牌。这类品牌可以从互补性与替代性上进行延伸。

（五）选择和评估延伸产品

在确定了品牌延伸的对象后，即可选择延伸产品，并对延伸产品可能产生的效果进行评估。在这个过程中，企业应该重点考查的内容有消费者对延伸产品的接受程度、延伸产品对母品牌产生的影响等。

（六）设计实施延伸的品牌营销计划

对已选择的延伸品牌进行营销策划，对品牌名称、标志等进行设计，对品牌产品进行营销推广，建立该品牌的形象，形成良好的品牌口碑，以提升该品牌产品的销售额。

（七）评价品牌延伸的成败

最后，还要对品牌延伸的最终效果进行评价，查看其是否延伸成功、是否提升了企业的销售额，以及对母品牌产生了怎样的影响。根据评估的结果来判断品牌延伸是否成功，若成功则继续保持；若不成功，则需要调整延伸策略，及时修正并重新定位。

（八）品牌延伸策划中的注意事项

在进行品牌延伸策划时，还须注意以下事项：

第一，品牌延伸的新产品应符合品牌的核心价值；

第二，延伸的新产品与原有产品之间要有较高的关联度；

第三，延伸的新产品与核心产品的售前、售后服务应当一致；

第四，品牌延伸不能超出限度，稀释原品牌的价值。

【知识训练】

一、重点概念

品牌策划　品牌定位　品牌设计

二、思考题

1. 为什么要进行品牌策划？

2. 品牌策划的主要内容包括哪些方面？

3. 怎样进行品牌定位？

4. 品牌设计应从哪些方面着手？

【能力素质训练】

一、案例分析

喜茶的品牌定位与设计理念

喜茶成立于2012年，起源于江门一条名叫江边里的小巷，它是芝士现泡茶的原创者，从创立之初就专注于呈现来自世界各地的优质茶香，并且致力于让茶饮这一古老的传统文化焕发出新的生命力。

喜茶作为一种新式茶饮，它加入了酷、灵感、禅意的概念来打造品牌，受众人群基本为"90后"新生代消费人群，他们是与互联网一起成长起来的一代，更加关注潮流与品质感带来的精神愉悦，而新鲜的事物与个性的体验往往很容易被这一代消费人群快速接受，所以喜茶在注重产品口感的同时还非常关注品牌形象的视觉设计。

喜茶的前身其实叫皇茶，但由于"皇"字太容易被定义，所以后来改成"喜茶"。人们第一次听到这个名字多少可能会觉得有些土气，但这个名字却很值得回味。在中国这片土地上一个"喜"字可以包含很多内容。此外，喜茶一直倡导"中国制造"这个口号，喜茶专注于打造中国人的新式茶饮品牌，从骨子里充满了对中华文化的自信以及民族自豪感。

喜茶的logo以饮茶为基调，从侧面的视角呈现出一个人手握着一杯茶，放到嘴边欲饮，并陶醉地闭上眼睛，似在冥想。搭配logo的英文字体是"Neutraface"，这套字体虽然是无衬线体，但它的字形并不是中规中矩的，在字母"H""E""A"的横笔画上比标准无衬线体的距离要往下移，像一个下降的水位线，似乎奶茶即将喝完，刚好契合了左边喝茶这个logo图形的表现形式，喜茶的logo便由此诞生。

此外，喜茶还会在纸杯、杯套、手提袋等包装上下功夫，由于茶饮分为冷热两类饮品，所以杯子的设计上也分为两种，一种是适合冷饮的透明纸杯，另一种是白色不透明纸杯，杯体中间都是印着同样的品牌logo，简洁大方。在平面海报的设计上，喜茶也呈现了源源不断的灵感，将中国元素应用在形象的设计中，有欧风极简、日式简约、港式复古等多种令消费者眼前一亮的设计风格。

由于喜茶的初衷是希望用一杯好茶来激发一份灵感，所以每家店面都被赋予了全新的概念，没有完全相同的两家店，每家门店都是一个灵感诠释的过程，所有的门店都是将禅意、极简、美学等元素进行融合投射在门店的空间设计中，令空间极具体验感，它不仅承载了喜茶的品牌文化，也为了让喝茶这件事变得更酷、更有仪式感，这种创意的设计也是引发消费者们蜂拥而至，并在店里尝鲜、拍照发社交平台的原因之一。

请分析：

1. 喜茶是如何进行品牌定位的？

2. 喜茶是如何进行品牌设计来塑造品牌形象的？

3. 结合案例内容，谈谈企业如何践行中华民族的文化自信。

二、实训项目

选择一个你喜欢的品牌，结合本章内容分析并评价其品牌策划工作。

第六章 价格策划

【学习目标】

知识目标：

1. 了解和认识价格策划的概念。

2. 理解价格策划的影响因素和价格策划流程。

3. 掌握价格策划方法与技巧，掌握价格调整的策略应用。

能力素质目标：

1. 会正确运用价格策划方法与技巧开展价格策划。

2. 会正确分析价格变动的原因并使用正确的方法调整价格。

3. 树立正确的价值观和法制观，在符合国家政策法规的前提下正确应对竞争，制定合理的定价及调价策略。

【导入案例】

无印良品的降价"艺术"

2016 年 1 月，无印良品的官方公众号发了一条推文：为了让更多的客户可以更加方便，用更优惠、更贴心的价格选购无印良品的商品，通过无印良品的提案获得更多美好生活的提示，无印良品一直在努力为商品"新定价"。

没错，这次的理由是为消费者的美好生活而新定价。随后的 2017 年和 2018 年，无印良品也基本上沿袭"为美好生活而新定价"的思路，对商品价格做了一些调整。2017 年，无印良品降价的理由是，让顾客在需要的时候用合适的价格买到合适的商品。2018 年，无印良品的理由是，生活还在继续，改良便也在继续。也就是说，尽管每年给"新定价"找的理由都各不相同，但实际上都是噱头。在无印良品看来，降价的原因不重要，重要的是"姿势"一定要优雅。

2019 年，无印良品在"新定价"上又发明了一个新词，叫作"价格的重新审视"。简单来说，就是从 2019 年 1 月 18 日开始，无印良品对明星商品的价格进行了新的审视，希望更好的商品能够以更合理的价格传递到消费者手里。

无印良品对于"新定价"的官方解释如下：①降低了进口关税。由于无印良品直接选择在中国内地生产货物，这样就不需要关税了；同时中国与部分东南亚国家签订了特惠关税合约，使得从这些地方进口的货物关税也更低了。②高效的库存管理。无印良品通过更高效的库存管理办法，减少了配货的烦琐流程，从而降低了流通环节的成本。③扩大了生产规模。订单数量的增长，使得工厂可以使用更低的价格生产，生产成本大大降低。

实际上，在 2015 年之前，无印良品在中国市场可以说是一路高奏凯歌。但是进入 2016 年后，以名创优品和网易严选为代表的新时尚品牌先后诞生，前者主打线下，后者则以线上为突破口，无印良品在中国遭遇了强劲的竞争对手。财报显示，2018 年第三季度，无印良品在中国的继存店（开店满一年以上的门店），总体销售额下降 4.1%，连续两个季度销售额同比下降。也许这才是无印良品一直在努力为商品"新定价"的真正动因。

无印良品在过去四年多的时间里已经进行了十余次降价，但无印良品从未承认自己的"降价"行为。无印良品的这个"新定价"更高级、更艺术，也算是给品牌降价树立了一个典范。

资料来源：叶子栋. 无印良品，"降价"也可以这么清新脱俗？[J]. 销售与市场（管理版），2019（4）：86-87，有删改。

第一节　认识价格策划

价格策划是指企业如何使产品的价格或价格体系能适应企业的战略或营销目标，而进行的定价目标确定与定价方法、定价策略选择的过程。产品价格能直接影响企业、消费者、竞争者和社会等各方面的利益，通常，企业为了实现一定的营销目标，需要协调处理企业内部各种价格关系的活动，即进行合理的价格策划。价格策划不仅包括价格的制定，还包括价格修正和调整，此外，还包括在一定的环境条件下，为了实现企业较长时期的营销目标，协调配合营销组合的其他构思、选择，在实施过程中不断修正价格策略。

一、价格策划的重要性

价格作为一种复杂的经济现象，它的变化不仅涉及企业经济活动的各个方面，而且也影响一种产品、一个企业生存和发展的全过程。价格策划关系到企业营销的成败，是实现企业营销目标的基础，在企业活动中发挥着重要作用。

（一）价格能诱导和调节市场需求

价格是企业营销组合中的一个重要因素，合理的价格往往直接影响着产品在市场中的地位和形象，影响着顾客对产品的接受程度和产品的销路。合理的价格会对顾客心理产生良好的刺激作用，本身就具有促销的功能。例如，在企业的营销产品组合中，尤其是那些具有消费连带与消费替代关系的产品，价格与性价比合理性显然影响这些产品的市场需求。这样，企业就可以按照详细产品的生产经营能力，确定盈利水平略有差异的不同价格，保证各类产品市场需求与生产经营能力的协调。

（二）价格策划是市场竞争的重要手段

在企业经营和营销活动中，价格策划是不可忽略的参与竞争的有效手段。在同一产品有众多供给者的条件下，价格相对低的产品，市场竞争能力就会提高；同时，价格也是竞争对手极为关注，并会快速做出反应的最敏感的因素。如果错误预测消费者和竞争者对产品定价和调价的反应，会给企业带来多方面的损失。

（三）科学的价格策划是企业取得成功的重要条件

大量企业的营销实践表明，价格策划的过程和结果不仅影响着企业的财务，也影响着企业的经营活动和市场效果。企业市场占有率的高低、市场接受新产品的快慢、企业及其产品在市场上的形象等都与价格是否合理有着密切的关系。因此，科学的价格策划是企业取得成功的重要条件。

二、价格策划的程序

在价格策划的过程中，首先要确定定价。定价程序主要包括五个环节（见图6-1）。

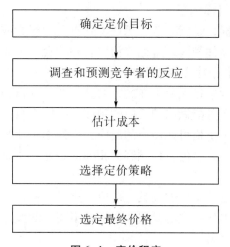

图6-1　定价程序

定价确定后，还要根据市场环境变化和企业情况进行价格变动和调整。

（一）确定定价目标

企业的定价目标是以满足市场需要和实现企业盈利为基础的，它既是实现企业经营总目标的保证和手段，又是企业制订定价策略和定价方法的依据。对企业来说，定价目标有如下几种：

1. 以维持企业生存为定价目标

如果企业产量过剩，或面临激烈竞争，或试图改变消费者要求，则需要把维持生存作为主要目标。为了确保工厂继续开工或存货出手，企业必须制定较低的价格，并希望市场是价格敏感型的。

2. 以当期利润最大化为定价目标

有些企业希望制定一个能使当期利润最大化的价格。它们估计需求和成本，并据此选择一种价格，使之能产生最大的当期利润、现金流量或投资报酬率。假定企业对其产品的需求函数和成本函数有充分的了解，则借助需求函数和成本函数便可制定确保当期利润最大化的价格。

3. 以市场占有率最大化为定价目标

有些企业想通过定价来取得控制市场的地位，使市场占有率最大化。因为，企业确信赢得最高的市场占有率之后将享有最低的成本和最高的长期利润，所以，它们会通过制定尽可能低的价格来追求市场占有率的领先地位。当然，企业也可能追求某一特定的市场占有率。

4. 以产品质量最优化为定价目标

这要求企业用高价格来弥补高质量和研究开发的高成本。需要注意的是，企业在保证产品优质优价的同时，还应辅以相应的优质服务。

5. 以与中间商保持良好的关系为定价目标

企业应充分考虑中间商的利益，以合理的定价来调动中间商的积极性，促使他们努力推销本企业产品，特别是在产品刚投入市场的这段时期更应如此。

6. 以社会责任为定价目标

以社会责任为定价目标，是指企业由于认识到自己的行为或产品对消费者和社会承担着某种义务，而放弃追求高额利润，遵循以消费者和社会的最大利益为企业的定价目标。

（二）调查和预测竞争者对价格的反应

在商品经济条件下，竞争是无处不在的，尤其是产品的营销价格，是市场上最为敏感的竞争因素之一。对竞争者可能做出的反应的预测，一般来自以下几个方面：一是同类产品生产者对本企业产品所定价格可能做出的反应；二是本企业替代产品生产者的反应；三是与本企业产品没有直接关系，但目标顾客群相同的企业对本企业价格决策的可能反应。

（三）估计成本

成本在价格策划中决定着价格的底数。对成本进行分析，涉及成本的分类和范围等内容，不同的成本类型在成本估计中需要关注的因素不同。除此之外，成本估计还可以影响未来的降低成本的幅度和潜力。

（四）选择定价策略

定价策略就是为实现定价目标而制订的定价行动方针。定价策略的选择要从市场和企业的实际出发，在全面了解各种影响因素的条件下，在确定定价方法的基础上，在价格目标的指导下进行。定价策略的主要类型有折扣定价、心理定价、差别定价、地区性定价、组合定价、新产品定价。

1. 折扣定价策略

折扣定价是指对基本价格做出一定的让步，直接或间接降低价格，以争取顾客、扩大销量。其中，直接折扣的形式有数量折扣、现金折扣、功能折扣、季节折扣，间接折扣的形式有回扣和津贴。

2. 心理定价策略

心理定价指企业在制定产品价格时，运用心理学的原理，根据不同类型消费者的消费心理来制定价格，它是定价的科学和艺术的结合。

3. 差别定价策略

差别定价是指企业用两种或多种价格销售一个产品或一项服务，尽管价格差异并不是以成本差异为基础得出的。差别定价又称"弹性定价"，是一种"以顾客支付差别化"为基础而制定不同价格的定价法，其目的在于建立基本需求、缓和需求的波动并刺激消费。

4. 地区性定价策略

地区性定价是企业要决定对于卖给不同地区顾客的某种产品，是分别制定不同的价格，还是制定相同的价格。需要注意的是，分地区定价往往要做详细的区域分析。

5. 组合定价策略

组合定价是处理企业各产品价格关系的策略。当一种产品属于企业产品组合的一部分时，其定价目标是整个产品组合的利润最大化，而非单个产品项目的利润最大化。常用方法包括产品线定价法、选购配件定价法、附属品定价法、二部定价法、副产品定价法和产品捆绑定价法等。

6. 新产品定价策略

新产品定价是企业定价的一个重要方面。新产品定价合理与否，不仅关系到新产品能否顺利地进入市场、占领市场，并取得较好的经济效益，而且关系到产品本身的命运和企业的前途。新产品定价可采用撇脂定价、渗透定价和满意定价。

【实例6-1】　　　　　　　　　　**上海迪士尼的价格策略**

上海迪士尼乐园位于上海市浦东新区川沙新镇，于 2016 年 6 月 16 日正式开园。乐园拥有七大主题园区，包括米奇大街、奇想花园、探险岛、宝藏湾、明日世界、梦幻世界、玩具总动员；两座主题酒店，分别为上海迪士尼乐园酒店、玩具总动员酒店；一座地铁站，迪士尼站；并拥有许多全球首发游乐项目。

上海迪士尼乐园开园初期实行单一票价，即 499 元/人。2016 年 9 月 1 日开始，上海迪士尼乐园实行平日票和高峰日票两种选择。平日票适用于周一至周五及非节假日，高峰日票适用于暑期（7 月至 8 月）、节假日和周末。平日门票价格为 370 元/人，高峰日门票价格为 499 元/人。儿童、老年人和残障游客购买门票可享受七五折优惠，婴幼儿可免费入园；购买两日联票可享有总价九五折的优惠。

2016 年 8 月，为了吸引即将结束暑假的孩子们，上海迪士尼度假区推出了限时优惠：

2016 年 8 月 22 日至 9 月 9 日，背包、文具、午餐盒、水壶/水杯四大类迪士尼主题商品八折优惠；在乐园任意商店购物，单笔消费达 200 元，凭收银条可用 50 元换购指定迪士尼背包一个（收银条不可累计，仅限于当天使用）；在乐园任意快餐厅购买两份套餐（含一份主食和一杯单人饮料），就能得到一份免费儿童套餐。

资料来源：《上海迪士尼乐园进入淡季，9 月票价大幅下调》，网易新闻，2016 年 8 月 26 日。

（五）选定最终价格

结合企业情况，企业最后拟定的价格必须考虑以下四个方面的内容：

第一，最终定价必须同企业定价策略相符合。

第二，最终定价必须考虑是否符合政府有关部门的政策和法令的规定。

第三，最终定价要考虑影响消费者购买行为的心理因素和对产品的价值理解，以促进销售。

第四，选定最终定价时，还须考虑企业内部有关人员对定价的意见，考虑经销商、供应商等对所定价格的意见，考虑竞争对手对所定价格的反应。

第二节 价格策划的影响因素

企业为实现其经营目标，需要制定适当的价格，使自己的产品被消费者接受。企业在定价时，常常受到多方面因素的影响。比如，生产成本费用、供求状况、消费者的心理、收入水平、对产品认知的局限以及企业市场竞争情况等。

一、政策法规

价格制定在社会主义市场经济条件关系到国家、企业和个人三者之间的物质利益，国家在自觉运用价值规律的基础上，需要通过制定物价工作方针和各项政策、法规，对价格进行管理、调控和干预，或利用生产、税收、金融、海关等手段间接地调控价格。政府会对市场价格进行干预和监督，例如，我国规范企业定价的法律法规有《中华人民共和国价格法》《中华人民共和国反不正当竞争法》等。因而，国家有关方针政策对市场价格的形成有重要的影响。

二、产品成本

马克思主义理论分析商品的价值是构成价格的基础。商品的价值由"C+V+M"构成。其中，C+V 指在生产过程中物化劳动转移的价值和劳动者为自己创造的价值。M 指劳动者为社会创造的价值。在实际工作中，产品的价格是按成本、利润和税金三部分来制定的。成本又可分解为固定成本和变动成本。固定成本，是指在短期内不随企业产量和销量的变化而变化的生产费用，如厂房设备的折旧费、租金、利息、行政人员薪金等。变动成本，是随生产水平的变化而直接变化的成本，如原材料费、生产工人工资等。产品的价格有时是由总成本决定的，有时又仅由变动成本决定。成本有时又分为社会平均成本和企业个别成本。就社会同类产品市场价格而言，主要的是受社会平均成本影响。在竞争很充分的情况下，企业个别成本高于或低于社会平均成本的，对产品价格的影响不大。

统计资料显示，目前工业产品的成本在产品出厂价格中平均约占70%。一般来说，成本是构成价格的主要因素。如果就制定价格时要考虑的重要性而言，成本无疑也是最重要的因素之一。因为价格如果过分高于成本会有失社会公平；但若价格过分低于成本，则不可能长久维持。

企业定价时，不应孤立地看待成本，而应同产量、销量、资金周转等因素综合起来考虑。成本因素还要与影响价格的其他因素结合起来考虑。

三、市场需求

市场需求也是影响企业制定价格的要素之一，不同的需求水平会导致企业制定不同的价格。通常情况下，价格与需求之间呈正相关关系，即需求越大、价格越高，需求减少、价格下降。当企业在进行价格策划时，首先要了解市场需求的变动，如市场需求与价格变动、需求价格弹性等。

决定价格下限的是成本，而决定价格上限的是产品的市场需求，需求是企业定价最主要的影响因素之一。而需求又受价格和收入变动的影响，经济学称因价格与收入等因素引起的需求的相应变动率，叫作需求的弹性（elastic）。需求的弹性分为需求的收入弹性、需求的价格弹性、需求的交叉弹性。

（一）需求的收入弹性

需求的收入弹性，是指由于收入变动而引起需求的相应变动率，反映需求变动对收入变动的敏感程度。有些产品的需求收入弹性大，意味着消费者货币收入的增加导致该产品的需求量有更大幅度的增加，如娱乐、旅游、奢侈品等享受性商品的情况就是如此；有些产品的需求收入弹性较小，如大米、食盐等生活必需品及生产资料的情况就是如此；还有些产品的需求收入弹性是负值，即消费者收入的增加将导致该产品的需求下降，甚至不再购买，而转向高档产品，如某些低档食品、低档服装就是如此。

（二）需求的价格弹性

价格与需求是相互影响的，需求的价格弹性反映需求量对价格的敏感程度。正常情况下，市场需求会按照和价格相反的方向变动。价格提高，市场需求就会减少；价格降低，市场需求就会增加。但某些商品也会出现例外情况，如一些显示身份地位的商品的需求曲线是向上倾斜的，价格提高，其销量反而会提高，但当价格提高超过某一程度时，其需求和销售则会减少。需求价格弹性大的商品，价格的升降对市场需求的影响大；需求价格弹性小的商品，或是具有威望的名牌产品，购买者则并不会太注重价格。而多次购买的消费品，则要价格合理，宜采用降低价格和薄利多销策略。

一般来说，需求价格弹性在下列情形中会呈不同变化情况：

第一，属于生活必需的商品，其需求对价格不敏感，需求价格弹性较小，如大米、粮油等食品；而非生活必需品的需求价格弹性则较大，如珠宝首饰、旅游度假等。

第二，消费者购买力水平较高，个人可任意支配的收入较多，生活必需品的支出在其总支出所占比例小，其需求价格弹性较大；然而，购买力水平低的消费者，其需求价格弹性较小。

第三，替代商品供给充分，其价格变动幅度较小时，需求价格弹性就较大；否则，替代商品供给不充分，或者其价格变动幅度更大时，则其需求价格弹性较小。

（三）需求的交叉弹性

需求的交叉弹性，是指因一种商品价格变动引起其他相关商品需求量发生相应变动的变动率。产品线中某一个产品项目很可能是其他产品的替代品或互补品，且其价格需求量的变化都是相互作用的。某些商品的价格变动往往会引起另外一些商品的需求变动，其变动规律是：变动价格的商品需求与替代品的需求呈反向，变动价格的商品需求与互补品的需求呈正向。如近两年我国成品油价格的不断上涨，在一定程度上抑制了消费者对汽油汽车的消费需求，却使消费者对新能源汽车的需求不断上升。

四、市场竞争

企业在定价前还需要对竞争者在产品市场的竞争情况进行分析，对竞争产品的市场销售情况、价格情况、渠道、生产研发、竞争者成本等都要进行调查和掌握，以便根据自身产品的优势选择合理的市场价格策略。

产品的最高价格取决于该产品的市场需求，最低价格则取决于产品的成本费用。在最高价格和最低价格的幅度内，企业能把产品价格定多高，则取决于竞争者同种产品的价格水平。企业必须采取适当方式，了解竞争者所提供的产品质量和价格。企业获得这方面的信息后，就可以与竞争产品比质比价，更准确地制定本企业的产品价格。如果二者质量大体一致，其价格也应大体一致，否则本企业产品可能会影响销售；如果本企业产品质量较高，则产品价格也可以定得较高；如果本企业产品质量较低，那么，产品价格就应定得低一些。还应看到，竞争者也可能随机应变，针对本企业的产品价格而调整其价格；也可能不调整价格，而调整市场营销组合的其他变量，与其他企业争夺顾客。当然，对竞争者价格的变动，企业也要及时掌握有关信息，并做出明智的决策。

五、消费者心理因素

消费者在消费过程中会产生复杂的心理活动，而企业在制定价格时，不仅要迎合不同消费者的心理，还要促使或者改变消费者行为的变化，使其向有利于自己营销的方向转变。

（一）预期心理

消费者预期心理是反映消费者对未来一段时间内市场商品供求及价格变化趋势的一种预测。当预测商品有涨价趋势时，消费者就会争相购买；否则，消费者会持币待购。所谓的"买涨不买跌"也是消费者预期心理的主要表现。

（二）认知价值

认知价值指消费者在心理上对商品价值的一种估计和认同，它以消费者的商品知识、后天学习和积累的购物经验及对市场行情的了解为基础，同时也取决于消费者个人的兴趣和爱好。消费者在购买商品时常常把商品的价格与内心形成的认知价值相比较，将一种商品的价值同另一种商品的认知价值相比较以后，当确认价格合理、物有所值时才会做出购买决策，产生购买行为。

【实例6-2】　　　　　　苹果手机在中国真的一降价就好使？

2018年第四季度，苹果在中国市场的营收下滑了26.7%。为了挽救销量，苹果利用中国新年这一契机大幅调低iPhone售价。

2019年1月11日零点开始，京东、苏宁下调了部分iPhone机型价格，相比苹果官网报价，降幅千元有余。京东平台的iPhone 8/8Plus价格更于11日下调至3 999元和4 799元，降价幅度分别达到600元和800元。这一报价，与苹果官网相比，分别差了1 100元和1 200元。与此同时，苏宁同样不甘示弱，在官方微博上宣布"大幅下调iPhone价格"，其中iPhone XR 128 GB版本到手价仅5 799元，比其他电商平台低700元，相较于苹果官网6 999元的价格，便宜了1 200元。

这一轮降价似乎真的起到了效果。数据显示，在1月11日至1月30日，苹果产品销售额增长了83%，天猫零售商的iPhone销量在此期间飙升了76%。而凭借来自中国市场的利好提振，苹果公司股价在当时有所回升，再次超越了微软夺回全球市值第一公司的宝座。

资料来源：老姚. 苹果手机在中国真的一降价就好使？[N]. 人民邮电，2019-02-21，有删改。

除了受上述几项因素影响之外，价格策划还受货币价值和货币流通量、国家市场竞争和国际价格变动等因素的影响。

第三节 价格策划的方法与技巧

定价和调价是营销策划中的一个重要内容，好的定价策略对营销策划的实施具有重要作用，既易操作又能立竿见影地增加销量、提升销售额，而调价则需要根据具体情况采取恰当的价格调整。在基于价格策划获得反馈之后，进行价格调整也有很多重要技巧。涨价时，在消费者不经意时降低成本、保住利润和质量，如减量不涨价；降价时，把控消费者价位承受能力和消费心理，避免影响口碑和品牌，同时向消费者清晰传递降价的缘由。

企业通过价格策划的持续实施、反馈和调整，同时坚持检验和追踪各种定价措施的有效性，将会摸索出适合企业现状和行业特性的定价策略组合，助力销售增长。

一、新产品价格策划

（一）撇脂定价法

新产品上市之初，将价格定得较高，可在短期内获取厚利，尽快收回投资，就像从牛奶中撇取所含的奶油一样，取其精华，这种定价的方法被称为"撇脂定价法"。

撇脂定价法适用于以下情况：

①产品是新产品，无类似替代品；②新技术尚未开发，竞争对手难以进入市场；③购买者属于非价格敏感型，需求相对无弹性；④高价能给人以高质量的印象，可刺激顾客购买而不至于引起顾客反感；⑤企业生产能力一时难以扩大，如定价过低，市场需求量过大，企业难以保证供应；⑥制定高价将减少市场需求和企业产量，从而提高单位产品成本，但不会抵消高价所带来的高额利润。

采用撇脂定价法的优势有以下三点：

①新产品上市，顾客对其无理性认识，利用较高价格可以提高身价，适应顾客求新心理，有助于开拓市场；②主动性大，产品进入成熟期后，价格可分阶段逐步下降，有利于吸引新的购买者；③价格高，可以限制需求量过于迅速增加，使其与生产能力相适应。

但撇脂定价法也有其不足之处：定价较高不利于扩大市场，并很快招来竞争者，竞争加剧后会迫使价格下降，好景不长。

【实例6-3】　　　　　　　　　　新药研发的成本与定价

"他才二十岁，他就是想活命，他有什么错？"这是一句电影台词，来自2018年暑期档大热的电影《我不是药神》。一群病友之所以依赖"药神"从印度带回来的治疗白血病的仿制药品，正是因为正版新药的市场价格太高，动辄几百元甚至上千元一粒。在医药创新领域有一个著名的"双十"定律：一款创新药的研发成功需要耗时十年时间，花费十亿美元。而制药企业将新药投入市场初期的价格制定得如此之高，也是因为其高昂的研发成本。

专利药价格不菲的主要原因就是新药研发是一个耗时漫长、成本投入巨大的过程。2016年德勤会计师事务所发布一份研究报告，对12家大型药企持续6年的追踪结果可看出，研发巨头的投资回报率从2010年的10.1%下降至2016年的3.7%。与此同时，研发一种新药的平均成本已经从低于12亿美元增长至15.4亿美元，并且需要耗时14年才能推出，新药研发也具有极高的风险性，成功率平均只有18%，大部分药物都在研发过程中失败，无法通过全部流程，如果再算上这部分损失，每款新药的研发成本则高达26亿美元。而新药如果完成临床前的研究后，将要进入最为重要的临床研究，这是新药能否顺利上市的关键步骤，也是投入比例较大、失败率较高的环节。

启示：只有资金实力雄厚的大企业才有能力开展新药研发。如果一种新药最终能够获批上市，药企便能凭借高昂的价格赚取利润，从而获益。

资料来源：根据网络资料改编。

（二）渗透定价法

在新产品投放市场时，价格制定尽可能低一些，其目的是获得相对较高的销售量和较大的市场占有率，这就是渗透定价法。

渗透定价法适用于以下情况：

①新产品的需求价格弹性较大；②新产品存在规模经济效益；③类似产品市场规模较大，存在普遍竞争。

采用渗透定价法的优势有以下两点：

①产品能迅速被市场接受，打开销路，增加产量，使成本随生产发展而降低；②低价薄利，使竞争者望而却步、减缓竞争，获得一定市场优势。

但若定价太低，不利于企业尽快收回投资成本，甚至产生亏损，有时也会引起消费者对产品质量产生怀疑。

对于企业来说，采取撇脂定价还是渗透定价，需要综合考虑市场需求、竞争、供给、市场潜力、价格弹性、产品特性、企业发展战略等因素。

二、消费者理解价格策划

产品价格策划需要关注到消费者心理期望和对产品价值的理解，利用消费者对产品价值的期望和理解进行产品定价和价格调整，也是价格策划中常用的一种方法。

（一）尾数定价策略

尾数定价策略，是指企业利用顾客数字认知的某种心理，以零头数结尾的一种定价策略。尾数定价通常是以一些吉利的数字结尾。这种定价策略使价格水平处于较低的档次，给人以便宜、定价精确的感觉，从而满足消费者的求廉和求实的心理，激起消费者的购买欲望。

许多商品的价格，宁可定为9.9元或19.9元，而不定为10元或20元，就是适应消费者购买心理的一种取舍，尾数定价使消费者产生一种"价廉"的错觉，比定为整数更能促进销售。例如，瑞幸咖啡的定价常采用尾数定价法。

（二）整数定价策略

整数定价与尾数定价相反，即按整数而非尾数定价。整数定价是指企业把原本经计算应该精确定价的商品价格，确定为高于这个精确计算的价格。产品价格的整数定价，一般以"0"作为尾数。这种舍零凑整的策略实质上是利用了消费者"一分钱一分货"的心理，针对了消费者求名、求利、按质论价的心理，将商品价格有意定为整数。由于同类型产品花色品种各异，在许多交易中，消费者往往只能将价格作为判别产品质量、性能的指示器，而整数定价会抬高商品的价值。同时，在众多尾数定价的商品中，整数能给人一种方便、简洁的印象。该策略适用于高档、名牌产品或者是消费者不太了解的产品。

（三）声望定价策略

声望定价策略是一种根据产品在消费者心目中的声望和产品的社会地位来确定价格的定价策略。它是指对那些有较高声誉的名牌高档产品或在名店销售的商品制定较高的价格，一般故意把价格定成整数或高价，以满足消费者的心理。高价显示了商品的优质，也显示了购买者的身份和地位，给予消费者精神上的极大满足。声望定价策略适用于质量不易鉴别的商品、非生活必需品、具有民族特色的手工产品等，如珠宝、高档汽车、蜀锦蜀绣。

声望定价有两个目的：一是提高产品的形象，以价格说明其名贵名优；二是满足购买者的地位欲望，适应购买者的消费心理。

（四）习惯定价策略

习惯定价策略，是指根据目标顾客群体长期对该类产品价格的认同和接受水平进行定价。对于市场上同类产品比较多的商品而言，往往在市场上形成了一种习惯价格，个别生产者难于改变其定价，只能在其习惯性价位上略微浮动。降价易引起消费者对品质的怀疑，涨价则可能受到消费者的抵制。发生通货膨胀或产品成本变化也不宜提价。习惯定价策略的适用产品有消费者所熟悉的产品、消费者广泛接受的产品、市场销量大的产品和竞争比较激烈的产品。

三、折扣（折让）价格策划

大多数企业通常都会酌情调整其基本价格，以鼓励顾客及早付清货款、大量购买或增加淡季购买。这种价格调整叫作价格折扣（折让）定价。

（一）现金折扣

现金折扣是对及时付清货款的购买者的一种价格折扣，企业给那些当场或提前付清货款的客户的一种减价。例如，付款期是30天，如果能提前付款，则给予2%的现金折扣。许多行业习惯采用此法以加速资金周转，减少收账费用和坏账。

（二）数量折扣

数量折扣是企业给那些大量购买某种产品的顾客的一种折扣，以鼓励顾客购买更多的货物。大量购买能使企业降低生产、销售等环节的成本费用。例如，若顾客购买某种商品100件以下，则每件售价为20元；若购买100件以上，则每件售价为18元。

（三）功能折扣

功能折扣是制造商给予中间商的一种额外折扣，使中间商可以获得低于目录价格的价格，促使他们执行某种营销功能（推销、储存、服务等），也叫贸易折扣。折扣的大小因企业在商品流通中的功用不同而不同。一般来说，对批发商来厂进货给予的折扣要大一些，零售商来厂进货的折扣要低于批发企业。

（四）季节折扣

季节折扣是企业鼓励顾客淡季购买的一种减让，使企业生产和销售的产品在一年四季都能保持相对稳定。例如，草坪和园艺设备制造商在秋季和冬季给予零售商季节折扣，鼓励零售商在春季和夏季这样的旺季到来之前购买；旅馆、客栈和航空公司在淡季实施季节折扣。季节折扣可以使销售者一年里的业务都比较平稳。

（五）推广津贴

为扩大产品销路，生产企业可向中间商提供促销津贴。如零售商为企业产品刊登广告或设立橱窗，生产企业除负担部分广告费外，还在产品价格上给予一定优惠。

四、差异化价格策划

企业往往根据不同顾客、不同时间和场所来调整产品价格，实行差异化定价，即对同一产品或劳务定出两种或多种价格，但这种差异化不反映成本的变化。主要有以下几种形式：对不同顾客群定不同的价格；不同的花色品种、式样定不同的价格；不同的部位定不同的价格；不同时间定不同的价格。

【实例6-4】　　　　　外卖贵于堂食，别把定价策略看成价格歧视

同样的套餐，外卖价格比堂食价格贵11元，消费者还要额外支付9元的外送费。近来有消费者反映，其在外卖平台上点了一份麦当劳套餐，竟然发现外送与堂食的价格相差11元。媒体探访发现，外卖贵于堂食并非限于麦当劳套餐，而是一种普遍现象。对此，麦当劳方面回应称，麦乐送的经营模式和麦当劳门店不一样，其菜单也是专属的，促销活动和麦当劳门店也不同，所以价格会有所不同。

尽管麦当劳方面做出了解释，但众多网友不依不饶，以至于这个话题上了微博热搜。很多网友感到不可理解——外卖贵些很正常，因为有送餐成本，可是我已经额外支付了9元外送费，凭什么还要多收钱？有人认为这是价格歧视，呼吁有关部门出手管一管。

说实话，有关部门还真管不着。因为定价属于经营者的自主权，遵循"一个愿打，一个愿挨"的原则，只要不是欺骗性定价，有关部门就不便出手干预，甚至无权干预。

实际上，与外卖贵于堂食相对应，也有很多商家的外卖比堂食便宜，即堂食贵于外卖。如此，那些堂食的消费者，是不是也该抗议商家搞价格歧视，要求有关部门管一管？麦当劳外卖贵于堂食，反过来说就是堂食比外卖便宜，麦当劳方面完全可以回应说，它们只是给予堂食优惠而已——搞优惠活动总可以吧！

差异化定价只是一种定价策略，别把它看成价格歧视。如果非要看成歧视也可以，只不过这里的"歧视"不是贬义词，而是一个中性词。

资料来源：http://zj.people.com.cn/n2/2019/0809/0186327-33231091.html，有删改。

实行差异化定价的前提条件如下：①市场必须是可细分的且各个细分市场的需求强度是不同的；②商品不可能转手倒卖；③高价市场上不可能有竞争者削价竞销；④不违法；⑤不引起顾客反感。

【策划视角 6-1】 　　　　　　　差异化定价无处不在

商品定价是一个复杂的过程，需综合考虑各种因素。价格偏离成本是再正常不过的现象，一般情况下，供求关系才是价格的决定性因素。一样东西卖得好，商家会把价格提高一点；卖得不好，商家就把价格降低一点，这就是供求关系在发挥作用。另外，商家为了开拓市场，有时候甚至会赔本赚吆喝，当市场开拓完成，就要想办法"收割"消费者，这其实是一种很正当的定价策略。经历了这么多年市场经济的洗礼，消费者早该对此习以为常，并明白其中的道理。

市场上的差异化定价无处不在。比如，有些商家的饮料第二杯半价，有些商家的啤酒买十送一。很多商家极力讨好新客户，各种新人福利让人羡慕，对忠诚的老客户反倒极其吝啬，"大数据杀熟"备受舆论指责。

说到底，市场经济条件下，只要有充分的行业竞争，有诚实的明码标价，差异化定价根本不是问题，不过是"随行就市"的结果。商家有自主定价权，消费者有消费选择权，这两种权利的碰撞和博弈，最终会使商品的价格趋于合理。

资料来源：http://zj.people.com.cn/n2/2019/0809/0186327-33231091.html，有删改。

第四节　价格调整策划

当市场环境、供求关系、消费者需求、竞争者价格等发生了变化后，企业需要主动或者被动进行价格调整。

一、提价策划

主动调整产品价格的策划，不外乎从两方面着手，即降价或提价。企业需要判断价格变动的原因，采取合理的策略调整产品价格。

（一）分析提价原因

提价一般会遭到消费者和经销商反对，但在以下情况下又不得不提高价格。

一是通货膨胀。物价普遍上涨，企业生产成本必然增加，为保证利润，不得不提价。例如，采取推迟报价的定价策略，企业暂时不规定最后价格，等到产品制作完成或交货时再公布最终价格，如工业建筑等行业。

二是产品供不应求，无法满足所有客户的需要。在这种情况下，企业需要提价。此时提价的好处有两个：一方面，可以使买方之间展开激烈竞争，争夺货源，为企业创造有利条件；另一方面，也可以抑制需求过快增长，保持供求平衡。

三是创造优质优价的品牌效应。比如谭木匠的高价策略，其中叶紫檀梳价格在 490~1 300 元，小叶紫檀梳价格则高达 2 680~4 000 元。虽然提高了价格，但凭借差异化优势，消费者市场仍然销量稳定。

一次成功的提价可以使企业的利润大大增加。为了保证提价策略的顺利实现，可以考虑在以下情况提价：①产品在市场上处于优势地位时；②产品进入成长期时；③季节性商品达到销售旺季时；④竞争对手产品提价时。

（二）选择提价策略

在方式选择上，企业应尽可能多采用间接提价，把提价的不利因素降到最低程度，使提价不影响销量和利润，而且能被潜在消费者普遍接受。同时，企业提价时应采取各种渠道向顾客说明提价的原因，配之以产品策略和促销策略，并帮助顾客寻找节约途径，以减少顾客不满，维护企业形象，提高消费者信心，刺激消费者的需求和购买行为。

通常来说，提价策略有如下几种：①调整产品结构，实现品牌升级，全线提价；②提价的同时，辅以促销；③改变包装，变相提价；④被动提价，即既没有新产品研发准备，也没有设计提价方案，只是因为原材料涨价或其他费用增高，为了保证利润而不得不涨价。

至于价格调整的幅度，最重要的考虑因素是消费者的反应。因为调整产品价格是为了促进销售，实质上是要促使消费者购买产品。忽视了消费者反应，销售就会受挫，只有根据消费者的反应调价，才能收到好的效果。

二、降价策划

（一）分析降价原因

调低价格对企业来说具有相当的风险。出于"一分钱一分货"的心理，消费者认为降价产品的质量低于竞争产品质量，所以调低价格策略应该与开发更有效、成本较低的产品相结合，并掌握好降价的时机与幅度。

而企业主动降价的原因，归纳起来有以下几种：

一是企业的生产能力过剩。市场供大于求，需要扩大销售，但又无法通过改进产品和增加销售强度来达到目的，只好考虑降价。此时，企业库存积压严重，需要扩大业务，但是企业又不能通过产品改良和加强促销等手段来扩大销售，就必须考虑通过降价来提高销售量。

二是下降中的市场份额。在强大的竞争压力下，企业的市场占有率下降，迫使企业降低价格来维持和扩大市场份额。

三是企业为了控制市场，通过降低成本来降价。企业通过销售量的扩大来进一步降低成本费用，从而降低价格，以增强产品的竞争能力，扩大市场份额。

四是市场需求不振。在宏观经济不景气的形势下，价格下降是许多企业借以渡过经济难关的重要手段。

五是根据产品寿命周期阶段的变化进行调整。相对于导入期时较高的价格，在进入成长期后期和成熟期后，市场竞争不断加剧，此时便可通过下调价格来吸引更多的消费者。

（二）确定降价策略

因企业产品所处的地位、环境以及引起降价原因的不同，企业选择降价的方式也会各不相同，具体来说有以下两种：

一是直接降价，即直接降低产品价格。例如，汽车销售中常采取直接降价。

二是间接降价，即企业保持价格目录表上的价格不变，但会通过送货上门，免费安装、调试、维修、赠送礼品或者增加各种折扣、回扣，以及为消费者保险等手段，在保持名义价格不变的前提下，降低产品的实际价格。

【实例6-5】 **Gucci定价策略陷"短期逐利"困局**

2016年10月16日，奢侈品牌Gucci在华进行全面调价，调价幅度为10%。据悉，10月初，Gucci已经在欧洲市场对全线产品进行调价，涨幅在10~30欧元，远低于国内的涨幅水平。值得一提的是，这是Gucci于2016年第二次提价，与目前奢侈品大牌降价策略大相径庭。Gucci方面称，提价是每年调整惯例，即品牌每年价格都会有不同程度的涨幅，主要是受到原材料、汇率等方面的影响。除此之外，消费心理战术也是一部分原因，品牌希望通过提价营造品牌升值印象。然而，财富品质研究院院长周婷对于Gucci的涨价理由表示不认同，并认为年内两次涨价更是因为销售情况乐观。

在定价策略方面，Gucci总是多变的。Gucci是2015年里各奢侈品打折促销最为凶猛的品牌，在北京、上海等地进行5折促销。通过夏季、冬季反复打折促销去库存，提高了销售量，却让消费者开始对品牌产生怀疑。随着Gucci业绩一路凯歌，打折救市的策略摇身变成了提价树立品牌。然而，在业内人士看来，Gucci这种卖得好就涨价、卖不好就降价的定价策略，短期内或许可以收获营业额，但是对于品牌的长期价值而言并无太多益处，最终会对品牌价值产生负面影响。

通过翻阅Gucci财报可以发现，品牌的定价策略与财报销售数据直接挂钩，从业绩曲线图和定价策略不难看出，品牌基本遵循卖不好就打折，卖得好就涨价的原则。

据悉，2016年一季度，Gucci业绩涨幅为3.1%，远高于行业平均的1%。与此同时，Gucci最新财报中显示，其上半年利润增长7%，且二季度正价商品收入增长70%。

涨价是因为业绩突飞猛进，那么打折促销是不是业绩下跌造成的呢？据了解，2014年开始，Gucci业绩一路狂跌。2014年，Gucci品牌来自持续经营业务的营业利润大跌6.7%，从2013年同期的11.318亿欧元跌至10.56亿欧元。不仅如此，Gucci业绩下滑延续到2015年一季度，Gucci净利润暴跌5.7%，除美国和西欧市场外，中国和日本在内的亚太市场表现均不尽如人意。由于Gucci业绩一路下挫，其母公司开云集团一季度业绩也出现了2.6%的负增长，为近年来最差表现。

对此，周婷则指出，Gucci涨价和打折的原因更多是受到业绩影响，2015年Gucci业绩一路狂跌，导致去年品牌5折甩库存。而2016年业绩有所好转，品牌则开始进行调价。无论是打折促销还是提价维护品牌，Gucci都只看到了短期眼前利润，而忽略了奢侈品安身立命的品牌价值。

周婷补充道："如今越来越多年轻一代的消费者，已经越来越轻品牌、重产品设计和品质，Gucci盲目的打折和提价将会让消费者产生逆反心理。品牌不能只是简单地涨价或降价，需不断创新产品，树立良好品牌形象，改善经营和拓展策略。"

资料来源：根据《Gucci定价策略陷"短期逐利"困局》（作者刘一博，北京商报网，2016年10月）改编。

三、应对竞争者价格变动

企业发起变价时，不仅要考虑消费者的反应，还要考虑竞争者的反应。而竞争者则会根据企业规模、市场份额价格信息等进行全面分析，并做出反应。在这种情况下，企业贸然跟进或无动于衷都是不对的。

（一）竞争者调查与分析

面对竞争者的价格变动，企业的正确做法是尽快对以下问题进行调查研究：①竞争者调价的目的是什么？②竞争者调价是长期的还是短期的？③竞争者调价将对本企业的市场占有率、销售量、利润、声誉等方面有何影响？④同行业的其他企业对竞争者调价行动有何反应？⑤企业有几种反应方案？竞争者对企业每一个可能的反应又会有何反应？除此之外，企业还应当考虑产品在生命周期中所处的阶段、产品在企业产品组合中的重要性、竞争者的意图和能力、市场的价格和质量敏感度、成本随着产量变化，以及企业的其他投资机会。在此基础上，企业正确面对竞争者价格变动做出调价行为。

（二）针对性调整与变动

首先，在产品高度同质的市场，如果竞争者价格变动，企业也必须随之调整价格。一般来说，企业会做出以下调整。

一是减价，减价可与竞争者的价格相匹敌，否则消费者就会购买竞争者的产品而不购买该企业的产品。企业在减价的同时应努力维持它的质量。

二是维持原价，但需提高顾客感知到的质量。它可以改善与顾客的交流活动，强调优于低价竞争者的产品质量，这要比减价和低利润经营好一些。

三是改善质量，提高价格。对企业品牌进行高价格定位，用较高的质量用来证明较高的价格是值得的。

四是设立低价格的"战斗品牌"。运用这一调整方法时，最好的做法是在产品线中增加较低价格的产品，或者单独创建一种较低价格的品牌。当正在丢失的细分市场对价格敏感并且不会对较高质量的说法感兴趣时，这样做就十分必要了。

其次，在异质产品市场上，由于每个企业的产品在质量、品牌、服务、包装、消费者偏好等方面有着明显的不同，企业对竞争者价格变动的反应有更多选择的余地。一般来说，企业可能做出如下选择。

一是价格不变，顺其自然。靠顾客对产品的偏爱和忠诚度来抵御竞争者的价格进攻，待市场环境发生变化或出现某种有利时机，企业再做行动。

二是价格不变，加强非价格竞争。比如，企业加强广告攻势，增加销售网点，强化售后服务，提高产品质量，或者在包装、功能、用途等方面对产品进行改进。

三是部分或完全跟随竞争者的价格变动，采取较稳妥的策略，维持原来的市场格局，巩固现有的市场地位，在价格上与竞争对手一较高低。

四是以优于竞争者的价格跟进，并结合非价格手段进行反击。比竞争者更大的幅度降价，比竞争者更小的幅度提价，同时强化非价格竞争，形成产品差异，利用较强的经济实力或优越的市场地位，给竞争者以打击。

【知识训练】

一、重点概念

价格策划　撇脂定价法　渗透定价法　差异化定价

二、思考题

1. 什么是价格策划？请以图示说明价格策划的流程。
2. 价格策划的影响因素有哪些？
3. 简述价格策划的方法和技巧。
4. 导致企业提价的原因有哪些，企业如何合理提价？
5. 导致企业降价的原因有哪些，企业如何合理降价？

【能力素质训练】

一、案例分析

愈演愈烈的快递企业价格战

伴随电子商务和跨境电商发展带来的快递业务剧增，快递企业一路攻城拔寨、狼烟四起，竞争极为惨烈，价格战更成为快递企业间短兵相接的利器。据有关机构调研发现：目前企业有针对淘宝卖家 3.5 元包邮全国的，也有针对文件市场 1 元一票的，各种价格手段层出不穷，但其核心只有一个——"你低我更低，看谁拼过谁"。

从 2017 年年初的趋势来看，价格战趋势将愈演愈烈，对行业的冲击也将越来越明显，从不断出现的基础网点亏损运营、罢工潮、关闭潮、服务质量下降等可见一斑。价格战伤敌一千自损八百，如何应对价格战带来的冲击，已成为各快递企业绕不开的研究课题。

市场 VS 利润

要市场还是要利润，这是每一位快递老板首先要思考的问题。在快递行业，市场和利润是相对的。要市场，就需要让出利润，以"狭路相逢勇者胜"的气魄，大打价格战，直至对手无力还手。要利润，就需要让出市场，以部分客户的流失为代价，换取一定额度的利润。无论要市场还是要利润，目的都是生存。前者追求的是薄利多销，靠规模取胜；后者追求的是厚利少销，靠利润取胜。这是两种完全不同的生存模式。

现在 VS 将来

从当下来看，这两种模式没有优劣之分，都是为了在这轮价格战中"剩"下来。但是从长远来看，选择不同模式的企业，将来的命运将有天壤之别。要市场，短期来看，可能无钱可赚甚至赔本，长远来看，可能称霸于未来。抓市场就是抓影响力，只要抓住了市场，未来不愁没有钱赚，从这个意义上讲，市场远比利润重要。要利润，短期来看，可能比竞争对手赚得多，至少不亏本，可是从长远来看，随着市场的不断丢失，未来的影响力将会被逐步削弱，终将丢失行业话语权。因此，选市场还是选利润，就是要现在还是要未来。

服务 VS 价格

天下没有免费的午餐。高质量的服务必然意味着高成本，高价格。在当下竞争越来越激烈的情况下，企业之间的价格差异正逐渐减小，客户对价格的敏感度也有降低的趋势。在企业价格相差不多的情况下，客户对服务的诉求就上升到一个新的高度。

资料来源：《价格战愈演愈烈，快递企业度过生死考验的四大博弈》，亿欧网，2017-02-10，http://www.iyiou.com。

请分析：

1. 商品的价格、价值、品质和效用的关系是什么？

2. 你认为快递企业应如何更好地提升自己的竞争力？

二、实训项目

选取一家企业，根据实际情况，梳理企业的产品定价方法与策略，并分析其是否有必要进行价格调整。如果有必要，应该选择什么时机、什么方式进行调整。

实训练习：

以小组为单位，完成一个企业的资料搜集工作，并且进行产品定价与价格调整分析，最终形成实训报告。

第七章　分销渠道策划

【学习目标】

知识目标：

1. 了解分销渠道策划的概念、基本原则和内容。

2. 理解渠道成员的激励办法、冲突管理对策。

3. 掌握企业分销渠道策划的基本流程及影响分销渠道结构策划的因素。

能力素质目标：

1. 能够正确分析影响企业分销渠道结构策划的因素。

2. 能够结合企业的实际情况策划和确定最佳分销渠道。

3. 树立诚信理念、规则意识和契约精神，能够掌握渠道激励和冲突管理技巧。

【导入案例】

盒马鲜生：新零售模式下的"万能超市"

生鲜是消费生活不可或缺的品类之一，生鲜物流的"最后一公里"和库存问题是传统电商平台在经营中的难题。传统实体零售商往往拥有经营生鲜的本地优势，但是线上经营是短板。盒马依托阿里的雄厚基础，以生鲜品类为入口，连接线上线下，以数字供应链贯通供应端和消费端。

2015 年 3 月，盒马鲜生成立。2016 年 1 月，盒马鲜生首个门店开业、App 上线。3 个月的时间，盒马鲜生 App 用户达到 10 万人。后于 2017 年增加到 18 家，再于 2018 年增至 88 家。接下来，盒马鲜生一路高歌猛进，不断扩张。根据 GeoQ Ana 品牌分析工具的数据，截至 2023 年第一季度，盒马鲜生的主力门店（不包括 X 会员店和奥莱店）共计 296 家，遍布 18 个省份和 27 座城市。

资料来源：1. 楼彩霞，王陆歌. 盒马鲜生：新零售模式下的"万能超市"[J]. 杭州，2019（39）：29-32.

2. 根据 http://www.itbear.com.cn/html/2023-06/462349.html 资料整理修改。

第一节　认识分销渠道策划

在市场竞争日益激烈的今天，企业之间的竞争已不再局限于产品的竞争，渠道竞争成为当代企业营销竞争的重要内容，渠道利润也被视为是企业的第三利润源泉。显然，分销渠道已成为企业在市场竞争中取得成功的关键因素。因此，设计和建立一条效率高、成本低、效益高的分销渠道以满足消费者需求、实现企业最终的经营目标，对企业而言至关重要。

一、分销渠道的概念与特点

(一) 分销渠道的概念

企业的产品或服务要经过一定的方式、方法和路径才能到达消费者手中。在产品或服务从企业向消费者转移的过程中，所经过的、由各中间环节联结而成的路径就是分销渠道。这些中间环节由一系列的市场分销机构组成，包括经销商、代理商和经纪商。这些中间商为使企业的产品或服务顺利到达消费者而履行各自的不同职能，精诚合作，有效地满足消费者的不同需求，最终实现产品价值和企业的效益。

(二) 分销渠道的特点

分销渠道是企业与消费者之间重要的桥梁和纽带，主要有以下四个方面的特点：

第一，分销渠道反映了企业产品或服务实现价值的过程中所经过的整个通道。其起点是制造商，终点是消费者。

第二，分销渠道是由一群相互依存的中间商构成的。产品或服务在分销渠道中通过一次或多次购销活动转移所有权或使用权，最终流向消费者。

第三，分销渠道的实体是购销环节。购销次数的多少，说明了分销渠道的层次和参与者的多少，表明了分销渠道的长短。

第四，分销渠道是一个多功能系统。它不仅要发挥调研、购销、融资、储运等多种职能，而且还要通过分销渠道成员的共同努力，开拓市场，刺激需求，同时还要面对系统之外的竞争以及自我调节与创新。

二、分销渠道策划

对于企业而言，分销渠道的建立不是一朝一夕的事情，需要企业依靠内外部的力量，投入大量的资源才能完成。它代表企业与中间商之间的一种长期稳定的承诺，也代表了企业营销组合策略的选择。因此，企业在建立分销渠道之前，需要进行周密、详尽的策划。

(一) 分销渠道策划的概念

分销渠道策划就是对分销渠道结构、途径流程进行策划的过程，是企业市场营销策划活动中较为重要的活动之一。分销渠道策划的主要任务就是如何合理设计分销渠道结构、确定和管理分销渠道，即企业应该如何合理设计、确定和管理产品从企业转移到消费者所经过的路径。好的分销渠道策划不仅可以有效减少企业的销售成本、增加企业的销售利润，还有助于寻找最佳的营销组合，帮助企业及时获得市场信息、有效规避风险、实现融资的功效。

(二) 分销渠道策划的基本原则

企业在分销渠道策划中，应该遵循以下基本原则：

1. 顾客导向原则

企业在策划分销渠道时，首先要考虑的便是顾客的需求，并树立顾客导向的经营思想。通过对顾客需求进行认真的调研分析，企业的分销渠道不仅要能够提供符合顾客需求的产品，还应该满足顾客在时间、地点及服务上的需求。只有真正为顾客提供方便、满足顾客需求，企业才能更顺利地售出产品、获得利润。

2. 利益最大化原则

企业的渠道管理者应注意到，不同的市场分销渠道结构对同类产品的分销效率的影响是不同的。如果企业选择了合适的分销渠道，就能够提高产品流通速度，降低流通费用，使分销网络的各个阶段、各个环节、各个流程的费用都趋于合理化，从而降低产品的分销成本，使企业能够在获得竞争优势的同时获得最大的利益。

3. 发挥企业优势原则

最佳的分销渠道，应该是能够发挥本企业优势的渠道模式，以维持自身在市场中的优势地位。现代市场经济的竞争，早已不是整个综合性网络的整体竞争，企业可以依据自身的优势，选择合适的渠道模式，以达到最佳的经济效应并取得良好的客户反应。同时，企业也要注意通过发挥自身优势来保证与渠道成员的合作顺利进行，更好地贯彻落实企业自身的战略方针和政策。

4. 协调与合作原则

渠道成员间密切的协调与合作通常是保证渠道畅通的关键。然而，每个渠道成员都是独立的经济组织，都想获取尽可能多的经济利润，在市场条件好、竞争不激烈时，各方利益都能够得到满足。可一旦市场出现起伏，竞争较为激烈时，或者其中某一渠道成员为了实现更大的利润威胁到其他渠道成员利益时，各方就会发生利益摩擦，此时渠道成员之间发生矛盾和冲突就在所难免。因此，企业在设计分销渠道时，就要考虑到这些因素，一方面要鼓励渠道成员之间的有益竞争；另一方面也要促进各成员之间的沟通，创造良好的合作氛围，确保各条渠道的有效运行。

5. 适度覆盖原则

企业在设计分销渠道时，仅仅考虑提高速度、降低费用是不够的。很多企业在分销渠道的设计和建设上都过分追求覆盖面，认为区域越大越好。其实在遍地撒网的同时，企业也应该慎重考虑自身的销售管理能力、市场维护能力、应对销售渠道突发事件的能力是否能够跟上销售渠道的增长速度，尽量避免分销渠道扩张过度、分布范围过宽过广，造成沟通和服务的困难，甚至出现无法控制和管理目标市场的情况。同样，一味地强调降低分销成本，也可能会导致销售量下降、市场覆盖率不足。对于合适的分销渠道而言，成本费用的降低应该是规模效应和速度效应的共同结果。

6. 创新改进原则

随着所处的内外部环境不断地发生改变，企业对分销渠道的要求也有所变化。因此，对企业分销渠道的设计策划也应该注重与时俱进。企业应根据自身所处的发展阶段、产品的生命周期、市场竞争环境、消费者需求等因素的改变，不断改进分销渠道，让分销渠道与企业、产品、市场共同发展。

第二节　分销渠道策划的内容

在实践中，企业分销渠道策划的内容主要包括分销渠道结构策划和分销渠道管理策划，即企业应该如何合理策划分销渠道的结构、如何选择和管理产品从企业转移到消费者所经过的路径。

一、分销渠道结构策划

分销渠道的结构是指产品在分销渠道中由营销机构所组成的体系。分销渠道的结构策划主要包括长度策划、宽度策划和系统策划。

（一）分销渠道的长度策划

1. 分销渠道的长度结构

分销渠道的长度结构又称为渠道的"纵向结构"，是指商品从企业到消费者的流通过程要经过多少环节。分销渠道可以分为直接渠道和间接渠道。直接渠道也称"零层渠道"，是指企业将其产品直接销售给消费者或用户的模式。间接渠道根据流通环节的多少，又可以分为长渠道和短渠道。可供企业参考的分销渠道模式如图 7-1 所示：

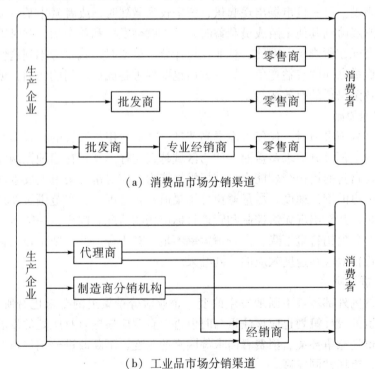

（a）消费品市场分销渠道

（b）工业品市场分销渠道

图 7-1　分销渠道长度结构

分销渠道长度越短，信息传递快，企业对渠道成员的控制程度就越高。但此时渠道覆盖的市场面较窄，企业就要承担大部分或者全部分销渠道功能，所以企业要具备足够的资源。

分销渠道长度越长、市场覆盖面越广，就越可一定程度上减轻企业的分销费用压力。但此时渠道成员间的信息传递会相对缓慢，且产品流通时间长，从而使企业对渠道成员的控制程度低，增加了渠道服务水平的差异性和不确定性。

2. 影响因素

分销渠道长度结构策划会受到企业内外部诸多因素的影响，如市场因素、产品因素、企业因素和中间商因素等。企业在确定渠道长度时，应综合分析企业自身特点、产品特点、渠道成员特点及宏观经济形势等。

（1）市场因素。

分销渠道长度结构策划会受到顾客人数、顾客地理分布、购买频率、平均购买数量、购买习惯等市场因素的影响。

【策划视角 7-1】　　　不同市场因素应采用不同长度的分销渠道

顾客人数：对于一些购买人数较多的产品，如食品、日用品、化妆品等，适合采用较长的分销渠道。相反，对于那些购买人数较少、专业性较强的产品，则比较适合选择较短的分销渠道。

顾客聚集度：对于目标顾客居住较为集中、形成高市场聚集度的产品可以采用较短的分销渠道，甚至由企业进行直接销售。而如果目标顾客较为分散，则比较适合采用长渠道。

顾客平均购买数量：如果顾客经常小批量购买（五金器具、药品等），则企业适合采用较长的分销渠道。但如果消费者购买批量大，则多采用直接销售或者较短的分销渠道。

顾客地理分布：如工业品销售中，本地用户联系方便，因而适合直接销售。但外地用户较为分散，所以更适合采用间接销售。

宏观经济形势：当市场经济萧条时，企业更倾向于采用较短的渠道，这样就可以将产品尽快地推向市场。而且利用短渠道就意味着可以减少产品流通环节，有利于降低产品流通成本，提高产品竞争力。

（2）产品因素。

产品价格、体积、款式、重量、技术含量、售后服务、易毁及易腐性等因素都会直接影响分销渠道长度的选择。

【策划视角 7-2】　　　不同产品因素应采用不同长度的分销渠道

产品价格：一般情况下，单位价值高的产品适合选择较短的分销渠道，单位价值低的日用消费品适用较长的分销渠道。

产品体积和重量：重量较重或体积较大的产品，应尽可能选择最短的分销渠道。对于那些按运输部门规定的超限产品（超高、超宽、超长、超重），应考虑由企业直接销售。相反，那些体积小且重量较轻的产品，则应综合考虑其他如市场、企业、环境等因素，以确定采用短渠道还是长渠道。

产品技术特性：需要提供技术服务的产品，如电梯等大多数的工业品或消费品中的大型电器用品，需要提供经常性的售后服务，则应采用较短的分销渠道，尽量减少中间环节，保证向客户提供及时、准确的技术服务。

产品标准性：具有标准品质、规格、式样的产品，分销渠道可长可短。但如果顾客比较分散，如量具、刃具、通用机械等，则宜采用较长的分销渠道。对于非标准化的专用品或定制品，供需双方需要就价格、品质、规格等要素进行面议或协商，则应采用极短的分销渠道。

新型产品：对于新型产品，企业往往希望能尽快打开市场，同时收集顾客的反馈信息，所以一般会考虑采用直接分销渠道。当然，如果能获得中间商的良好合作，也可以通过间接渠道进行销售。

产品易腐易毁性：易腐烂、易变质、易损坏、有效期短的产品，如鲜奶、玻璃制品、海鲜等，应尽快送到顾客手中，因此更适合采用较短的分销渠道。

产品时尚性：对于那些较为时尚、款式变化较快的时装、玩具等商品，企业应尽量采用短渠道分销，以便实现快速销售。

产品季节性：常年生产、季节消费的商品，适宜采用稍长一些的分销渠道结构。

（3）企业自身因素。

企业自身因素对分销渠道长度的选择具有十分重要的影响，主要体现在资金实力、销售能力等方面。

【策划视角 7-3】　　　不同企业因素应采用不同长度的分销渠道

资金实力：如果企业具有较强的财务能力，有足够的资金支付市场推广、广告宣传、推销人员和产品运输等方面的费用，则可以考虑采用较短的分销渠道，甚至是直接分销。而对于那些财务能力非常弱的企业而言，由于自建分销渠道的成本较高，则宜考虑选用较长的分销渠道，通过借助一些资金实力雄厚的中间商来实现产品分销。

销售能力：如果企业分销管理者对产品的分销运作较为熟悉，且具有较强的分销能力、足够的产品分销经验，则可以选择较短的分销渠道。否则，宜借助于经验丰富的中间商来进行产品分销，选择较长的分销渠道。

对中间商的控制能力：如果企业对中间商具有较强的控制能力，则可以选择较长的分销渠道。否则，宜选用较短的分销渠道，否则很有可能会丧失对中间商的控制，甚至受制于中间商。

产品组合策略：企业产品组合的宽度越宽，说明与消费者之间直接交易的能力就越强，渠道设计就相对较短。而产品组合的深度越深，渠道设计就相对较长。

（4）中间商因素。

中间商对企业分销渠道的设计也有举足轻重的影响。一般而言，影响分销渠道长度设计的因素包括中间商提供服务的质量、成本费用以及可获得性等。

【策划视角 7-4】　　　不同中间商因素应采用不同长度的分销渠道

中间商的服务质量：企业在选择中间商时，一般要对其服务水平及能力进行评价，如果中间商具有良好的声誉、相对固定的客户、较强的分销能力、能够及时结账，则企业可以考虑采用较长的分销渠道。否则应选择较短的分销渠道。

中间商的成本：如果中间商要求的佣金或折扣较高，会极大地增加企业的分销成本，此时企业宜采用较短的分销渠道，甚至由企业进行直接销售。

中间商的可获得性：企业在选择中间商时会受到诸多因素的限制，如果市场上不存在理想的中间商，就需要实行直接销售。如果愿意合作的中间商数量多、合作意愿强，此时企业可以选择的面较广，则可综合其他因素决定渠道的长短。

（二）分销渠道的宽度策划

1. 分销渠道的宽度结构

分销渠道的宽度结构又称为渠道的"横向结构"，是指商品流通的每一个环节有多少经销商。同一环节经销商的数量越多，分销渠道就越宽，反之就越窄。根据同一环节经销商数量的多少，分销渠道的宽度结构可以分为密集分销、独家分销和选择性分销三种类型。

密集分销是指企业在同一环节尽可能多地选择中间商来销售自己的产品。其优势在于产品市场覆盖率高，广告效果明显。但因中间商数量众多，市场竞争激烈，加之企业对中间商的控制程度低，中间商可能会为了自身利益而破坏企业制定的规则。

独家分销是指在既定市场区域内，每一环节只选一个中间商来销售自己的产品。其优点在于企业与中间商关系较为密切，但因缺乏竞争，顾客的满意度可能会受到影响。同时，如果中间商经营不善，企业将会因此而蒙受损失。

选择性分销是指企业按照一定的条件，在同一环节选择少数几个中间商来销售自己的产品。其优势在于每一环节的中间商数量有限，每个中间商都可以获得一定的销售量，企业也只需要和少量的中间商打交道，有利于渠道成员的管理，从而提高渠道运转效率。一般而言，选择性分销的优缺点介于独家分销和密集分销之间。

2. 影响因素

同样，企业在策划分销渠道的宽度结构时，也会受到内外部诸多因素的影响，如市场因素、产品因素、企业自身因素和中间商因素等。

（1）市场因素。

市场规模大小、顾客聚集度以及国家政策法规等因素将会影响企业选择不同宽度的分销渠道。

【策划视角7-5】　　　　不同市场因素应采用不同宽度的分销渠道

市场规模大小：食品、日用小商品、化妆品、卫生用品等使用面广、顾客需求量大的产品，适合选用较宽的分销渠道。而对于那些专业性较强的产品，市场规模较小，企业可以选择较窄的分销渠道。

顾客聚集度：顾客聚集度越弱，渠道越宽；顾客聚集度越强，渠道越窄。如果某一产品的目标顾客集中居住或生活在某一区域，企业则可以直接把产品销售给他们，此时渠道具有短而窄的特征。如果顾客聚集度弱，则表明顾客居住较为分散，这时企业应采用较宽的渠道模式。

国家政策法规：企业选择分销渠道时，也会受到政府有关商品流通的政策和法律法规的影响。例如，一些国家对药品和烟酒实施专卖制度，就必然限制了企业选择分销渠道的自由度。

（2）产品因素。

策划实践中，产品的价格、体积、重量、技术性、耐用性等因素，都会直接影响分销渠道宽度的选择。

【策划视角 7-6】　　　　不同产品因素应采用不同宽度的分销渠道

产品价格：对于本身价值较高的产品，较窄的分销渠道可以控制渠道成本，不至于让产品单价太高，影响销量。而对于那些本身价值就较低的产品，如牙膏、牙刷等日用小商品，则宜考虑采用较宽的分销渠道。

产品体积和重量：产品体积越大、重量越重，则应采用窄渠道。如钢铁、建筑材料，分销成本较高，运输和储存都较为不便，则应尽可能选择窄的分销渠道。而对于如服装、小食品、化妆品、护肤品等体积小、重量轻的产品，分销成本相对较低，运输和储存都相对容易，则可以考虑选择较宽的分销渠道。

产品标准性：量具、刀具、通用机械等已经实现了规格化和标准化的产品的通用性较强，可考虑采用较宽的渠道进行分销。而对于定制品等非规格化且不太常用的产品，则应采用较窄的分销渠道。

产品的生命周期：生命周期较短的产品，宜采用窄渠道。而生命周期长的产品，可考虑采用宽渠道。

产品的技术性：对于技术性较强的产品，宜采用较窄的分销渠道。而技术含量较低的产品则可以考虑采用较宽的渠道。

产品的耐用性：通常情况下，耐用性强的产品具有价值高和生命周期长的特征，适合采用较窄的分销渠道，典型的如商品房、汽车等产品。而耐用性弱的产品，如牙膏、洗衣液、化妆品等，具有价值低、体积小、重量轻、生命周期短等特征，对于这类产品则较宜采用较宽的分销渠道。

（3）企业自身因素。

企业所采用的产品组合策略、营销策略以及对中间商的控制程度都会对企业分销渠道的宽度选择产生重要影响。

【策划视角 7-7】　　　　不同企业因素应采用不同宽度的分销渠道

产品组合的策略：产品组合的宽度越广，说明企业与消费者之间直接交易的能力就越强，渠道设计就相对较宽。而产品组合的深度越深，渠道设计就相对较窄。

企业营销策略：例如，如果一家汽车制造企业很重视维修服务的及时性，就需要建立诸多的服务维修网点、广泛分布的备件储存点。如果一家服装生产企业试图完全控制其产品的市场定位、终端的零售价格和品牌形象，就需要建立专卖店或专卖柜台。

企业对中间商的控制程度：如果企业因为需要随时随地关注市场、环境、顾客需求和产品销量的变化情况，需要对中间商进行高强度的控制，一般可以采用较窄的分销渠道。

而如果企业不需要或者没有能力对中间商进行高强度控制时，则可以选择采用相对较宽的分销渠道。

（4）中间商因素。

一般而言，影响分销渠道宽度设计的中间商因素包括中间商的成本费用、合作意愿以及可供选择的中间商数量等。

【策划视角7-8】　　　不同中间商因素应采用不同宽度的分销渠道

中间商成本：如果中间商可以为消费者提供高质量的服务且收取的费用较低，则企业可以选择较宽的分销渠道。否则，应选择较窄的分销渠道。

中间商合作意愿：合作意愿是企业选择中间商时不得不考虑的一个因素，如果可供选择的中间商数量多，且多数中间商合作意愿强，则可以考虑选用较宽的分销渠道。否则，就应该考虑采用较窄的分销渠道。

可供选择的中间商数量：如果愿意合作的中间商数量较多，此时企业可选择宽渠道。否则，应考虑采用较窄的分销渠道。

（三）分销渠道的系统策划

1. 分销渠道系统模式

在传统的分销渠道模式中，企业与中间商彼此之间是相互独立的，缺乏共同目标，通常会为了各自的利益而在市场上讨价还价，影响了共同利益。为了适应一体化经营和联合经营的需要，企业与中间商之间出现了建立利益共同体、最终实现双方共赢的趋势，分销渠道有了新的发展，垂直渠道系统、水平渠道系统、多渠道营销系统等新模式应运而生。

（1）垂直渠道系统。

垂直渠道系统是由制造商、批发商和零售商组成的一个统一体。这种系统可以有效地控制渠道行为，消除各渠道成员为追求各自利益而引起的冲突。系统中各渠道成员通过专业化管理、集中计划从而实现共同的利益目标。垂直渠道系统主要有公司式垂直系统、管理式垂直系统和契约式垂直系统三种形式。

（2）水平渠道系统。

水平渠道系统是由两家或两家以上的公司横向联合在一起共同开发的渠道系统。系统中各渠道成员通过优势互补，弥补各自不足，最终实现最佳的协同效益。这种合作可以是长久的，也可以是临时性的，必要时还可以创立一家新的企业。

（3）多渠道分销系统。

多渠道分销系统是指企业为了能够在竞争激烈的市场当中增强自身优势，对同一市场或不同的市场，采用多种渠道的分销体系。多渠道分销系统可以使企业有效规避渠道发展周期的风险，增加产品的市场覆盖面，满足不同消费者的差异化需求。但也会因为各渠道成员之间互相争夺客户而引起冲突，反而会造成企业销售量下降、渠道管理混乱等局面。因此，企业在采取多渠道分销系统战略的时候必须规范不同渠道间成员的行为，才能实现企业的长远发展目标。

【实例7-1】　　　　　线上与线下相结合，钟薛高全渠道掘金千亿市场

新国货雪糕品牌钟薛高在2018年诞生之初，开创性地采用了线上销售模式，连续多次在天猫"6·18"取得不俗的成绩。从2019年开始，钟薛高大力开设线下门店，截至2021年末已在上海、杭州、成都、深圳等多个城市开设20余家线下门店，同时在全国100多个城市开辟了全家、便利蜂、711等占据极佳地理位置的便利店、商超等第三方线下渠道。

通过以线上组合装销售、线下单片装销售的全渠道模式，钟薛高的销量取得了强劲增长。2019年，钟薛高全渠道销售GMV就已过亿；2020年，全年雪糕出库数达4800万片。销售过亿的目标，钟薛高仅仅用了不到半年。仅成立3年，"钟薛高"雪糕全渠道销售同比增长300%，并迅速占领国内高端冷饮市场。

资料来源：经济参政报（http://www.jjckb.cn/2021-08/23/c_1310143633.htm）文章《钟薛高布局全渠道销售，打造雪糕行业零售标杆》，有改动。

2. 影响渠道系统模式选择的因素

企业在选择渠道系统模式时，应综合分析企业自身实力、发展战略、目标市场以及中间商成本等因素，选择合适的渠道系统模式。

【策划视角7-9】　　　　　不同企业应采用不同的分销渠道系统

企业实力：管理式垂直渠道系统一般是由某一家规模大、实力强的企业出面组织的，生产名牌产品的企业通常具备这样的能力。

企业市场开发战略：当一家企业现有市场或细分市场已经饱和，就可以考虑选择采用水平渠道系统，通过与其他一个或一个以上没有关联的企业联合起来，共同开发新的市场机会。

企业目标市场：当一个企业选择两个或两个以上的顾客细分市场作为目标市场时，相应地就应该采用多渠道分销系统。

中间商成本：当企业现有销售商的销售成本较高或者可靠性较差而难以满足企业的销售需求时，企业可以选用公司式垂直渠道系统。

企业对中间商的管理模式：如果某一企业想要控制其产品在某一地区的销售，则可以采用契约式垂直渠道系统，授予零售商对其产品的经销特许权。

二、分销渠道管理策划

企业对分销渠道的管理策划主要包括渠道成员激励策划、渠道成员冲突管理、渠道成员评价策划和渠道改进策划等内容。

（一）渠道成员激励策划

通常情况下，渠道成员认为自己是顾客的采购代理商，而非生产企业的雇员。他们更关心的是销售顾客需要的产品，而非按照生产企业的指令完成商品的销售任务。因此，为了保证渠道的高效运转，充分调动渠道成员的积极性，生产企业应针对渠道成员的需求，持续提供激励。根据激励方式不同，对渠道成员的激励可分为直接激励和间接激励两种。

1. 直接激励

（1）合理利润分配。

企业应以市场为导向，制定一个合理的、有吸引力和竞争力的价格体系。此时，企业既要考虑自己的基本生存空间、消费者能够承担的价格指数，还要考虑中间环节的利润分配是否合理。这个利润分配应该是企业根据目前市场的实际情况，扣除渠道成员的运营成本之后，还可以留给他们合理的利润空间。

（2）进货激励。

企业为鼓励渠道成员多购进本企业的产品，或者发展新的渠道成员，在某一时期内给予渠道成员一定的进货激励。常用的进货激励方式有批发回扣、价格折扣等。

（3）推广激励。

企业为促使渠道成员多购进本企业产品，帮助企业宣传推销产品，而给予渠道成员一定的推广激励。常用的推广激励措施包括新产品津贴、清货津贴、广告津贴、单独货架津贴、大批展示津贴、减价津贴等。

（4）销售激励。

为激发渠道成员销售本企业产品的积极性，更好地实现产品销售，企业应给予渠道成员一定的销售激励。常用的销售激励形式包括销售返利、销售竞赛等。

【策划视角 7-10】　　　　　直接激励方式适用情景

季节折扣：对于应季产品，企业应加快折扣的递增速度，促使中间商进货，抢占市场先机。而在产品转入淡季之际，企业可以通过提供季节折扣鼓励中间商多进货，减少企业的仓储和保管压力。

新产品津贴：对于新产品，企业一般需要给予中间商一定的新产品津贴，用于补偿其安排陈列货架所增加的成本，如额外广告费、宣传报道费、折价优惠等。

清货津贴：对于滞销产品、保质期临近到期的产品，企业应提高对中间商的清货津贴，用于补偿中间商的降价差额，促使中间商快速销售产品，以减少存货对企业资金的占用。

现金折扣：中间商回款时间越及时，企业应给予的折扣力度越大。

销售竞赛奖励：根据各个中间商销售本企业产品的实际业绩，分别给予优胜者不同的奖励，如现金奖、实物奖、免费旅游奖、度假奖等。

2. 间接激励

（1）促销支持。

企业应主动规划，有序牵头组织促销活动。渠道成员组织产品促销时，企业要给予大力支持，如承担促销活动的全部或者部分费用、安排人员协助渠道成员举办展览、操作表演、布置活动现场、培训推销人员等，确保促销活动取得实效，达到双方共赢的目的。

（2）终端管理。

企业应通过各种形式加强对终端零售商的沟通和管理。比如通过安排人员定期回访、邀请终端零售商进行座谈；在举办促销活动时，安排人员协助终端零售商设计新颖的商品堆头、割箱陈列等；平时也可以帮助终端零售商整理货架、设计商品陈列造型。

（3）客户管理。

企业应注重收集和整理客户消费信息，建立客户档案。根据重点顾客购买商品的记录，分析顾客消费习惯和消费心理，指导渠道成员有针对性地组织各种促销宣传，通过为顾客提供优质的、差异化的服务，提高顾客忠诚度。

（4）库存管理。

库存管理做得好不好，直接决定了渠道成员在市场上的竞争能力的强弱和利润水平的高低。企业可以通过协助渠道成员做好库存管理，畅通为渠道成员供货的渠道，确保渠道成员持有适度的库存量。

（5）产品及技术支持。

企业可以根据市场动态和中间商的要求，合理调整生产计划，改进生产技术，提高产品质量，为中间商提供符合市场需求的畅销品。同时，也可以定期组织中间商开展技术培训、产品培训、销售策略培训，提升中间商的销售水平。作为制造商，企业也应努力完善售后服务网络，改善顾客消费体验，为中间商营造良好的销售环境。

【实例7-2】　　　　　佳能公司对渠道成员的全面激励制度

在渠道管理中，佳能公司采取的措施多种多样，主要分为五个方面：

一是产品多样化的支持。公司的产品线会尽可能地覆盖市场，为渠道成员提供充分的利润空间。佳能公司的产品市场定位从低端到高端全面覆盖，即从普通家庭用户到专业用户。从最受大众欢迎的BJC-265SP型复印机到专业型的BJC-600型复印机，不同层次的产品满足了不同层次用户的需求。

二是促销活动的支持。根据各地的实际情况开展切实有效的活动，直接提高销售形象和销售业绩。展览展示方面：由佳能公司直接支持经销商参加当地的大型计算机展，很大程度地提高了经销商的组织能力和活动策划能力，同时也能够取得较好的收益。除了参加专业的展示之外，佳能公司还支持经销商开展店面外的展示活动，直接面对普通用户进行销售。在提升经销商的销售形象方面，佳能公司统一对经销商的店面进行装修，发放促销宣传品等。

三是经销商培训支持。佳能公司每年都开展对全国经销商的培训。授课地点在全国的各个城市，由佳能公司优秀的市场人员授课，内容包括公司经营理念的培训、产品培训、技术培训和销售策略培训。所有经销商的销售人员、技术人员和经营管理人员都有机会参加，考核后，向成绩合格的参训人员发放认证资格证书。这种培训受到佳能经销商的普遍欢迎。

四是售后服务支持。佳能公司在全国各地设立近百家授权维修机构。所有维修站和维修中心的建立和发展都经过公司严格的考核、认证，并由佳能统一管理。通过提供完善的售后服务维修网络，在用户心中强化了对佳能产品的信心，同时提高了用户对经销商的依赖，建立起稳固的渠道。

五是奖励机制。除了短期的销售奖励之外，佳能公司还为渠道成员设定了全年奖励制度，业绩越好，获得的奖励越多，从而保证公司产品销售。

资料来源：搜狐网（http://news.sohu.com/59/17/news205011759.shtml）文章《浅谈佳能的营销策略》，有改动。

（二）渠道成员冲突管理

渠道成员冲突是指分销渠道中的某一成员为满足自身利益，损害、威胁或牺牲其他渠道成员合理利益的行为，以及为此引发的渠道成员之间的争执、敌对和报复等系列后果。

1. 渠道成员冲突的表现形式

通常情况下，渠道成员冲突的表现形式可以分为水平渠道成员冲突、垂直渠道成员冲突和多渠道成员冲突三种类型。

水平渠道成员冲突，是指同一分销渠道内、同一层级渠道成员之间发生的冲突。原因大多是企业没有对目标市场的渠道成员按区域做出合理的数量规划，导致渠道成员为了获取更多的利益而相互抢占市场份额，展开越区销售或以低价扰乱原已确定的价格体系。

垂直渠道成员冲突，是指在同一渠道中处于不同层级的成员之间的冲突。究其原因，一方面，越来越多的分销商为了获取更大的利益，采取直销与分销相结合的方式销售商品，这就不可避免要同下游经销商争夺消费者，大大挫伤了下游渠道的积极性。另一方面，当下游经销商的实力增强以后，不满足于目前所处的地位，希望在渠道系统中拥有更大的权利，从而向上游渠道发起了挑战。而企业为了推广自己的产品，越过一级经销商直接向二级经销商供货，使上下游渠道间产生矛盾。

多渠道成员冲突，是随着顾客细分市场和可利用的渠道不断增加，越来越多的企业建立了两条或两条以上的渠道，导致终端过于密集和交叉，因而引起各渠道成员之间的冲突。

2. 渠道成员冲突的对策

渠道成员之间出现激烈的、极端的、恶性的冲突，将会严重影响渠道效率和效益，企业要采取适当的策略给予解决。通常情况下，企业用于解决渠道成员冲突的对策包括建立产销战略联盟、加强渠道成员沟通、进行协商谈判、使用法律手段和清理渠道成员等。

【策划视角 7-11】　　　　　渠道成员冲突对策的适用情景

建立产销战略联盟：产销战略联盟是指企业与渠道成员之间通过签订协议的方式，按照商定的分销策略和规则，共同开发市场，共同承担市场责任和风险，共同管理和规范销售行为，共同分享销售利润的战略伙伴关系。建立产销战略联盟一般适用于渠道成员之间目标不一致、部分渠道成员人为破坏分销规则的情形。

加强渠道成员沟通：企业应建立与渠道成员的沟通交流机制，通过搭建一个渠道成员之间直接交流的平台，使得分销渠道更加顺畅，促进成员之间的合作意愿。该对策一般适用于预防各渠道成员之间因信息不对称，产生误解而引发冲突的情形。

协商谈判：协商谈判的目的在于解决成员间的冲突。协商谈判是渠道成员讨价还价的一种方法。通常情况下，在谈判过程中，每个成员都会放弃一些东西，从而避免冲突继续或升级。该对策适用于成员沟通能力较强，且具有较强的继续合作意愿的情形。

使用法律手段：该对策适用于渠道成员之间通过协商谈判仍未能解决的冲突，这意味着渠道中的领导力没有发挥应有的作用。常用的法律手段如诉讼、法律仲裁等，一旦采用了法律手段，被诉方可能会对诉讼方产生不满，这样的结果可能会导致双方的冲突升级而非减少。从长远看来，双方可能会不断发生法律纠纷而使渠道关系不断恶化。

清理渠道成员：该对策适用于渠道成员之间的冲突达到不可调和的程度或者已经严重影响产品销售的情形。此时，企业应该对相关的渠道成员进行重新审查，对于不遵守规

则、屡犯不改的渠道成员，企业应将其清理出渠道队伍。不过清理渠道成员就意味着要中断与某个或某些渠道成员的合作关系，因此，企业在做出清理决定之时一定要慎重。

（三）渠道成员评价策划

企业需要定期对渠道成员的绩效进行评价，及时掌握渠道成员的情况，以便更有针对性地采取激励措施和推动工作。对于未能完成销售指标的渠道成员，要协助其查找主要原因，寻找弥补措施，必要时应指导渠道成员搞好经营管理，提高营销能力。渠道成员评价的标准会因渠道的性质、特点和经营要求不同而有所差异，但一般来说评价标准主要包括以下几类。

一是工作业绩，包括销售指标完成情况、销售增长率、平均存货水平及按时交货情况、商品损耗、开拓市场的能力、促销活动情况等。

二是合作意愿，包括对企业提出的分销要求的理解程度、对企业整体营销规划的理解及执行情况、参与企业培训计划的积极程度、与其他成员的配合程度等。

三是服务态度，包括营销的热情及态度、对用户的服务水平、顾客满意度的高低等。

（四）渠道改进策划

企业在建立了一个良好的分销渠道系统后，应根据纷繁复杂、瞬息万变的市场环境对渠道成员进行改进，真正提高分销渠道的作用，以促进销售效率和利润的提高。

分销渠道的改进可以从三个层面进行策划：从具体的经营层次来看，可以增减某些渠道成员；从市场规划层次来看，可以增减某些特定的分销渠道；从企业系统设计层面来看，可以对企业分销渠道进行系统整合。

1. 增减渠道成员

增减渠道成员是指企业在某一分销渠道中增减个别成员的决策。企业在做出此决策前，要充分考虑由于增加或减少某个渠道成员对企业整体销售的直接影响，也要考虑由此可能引起的分销渠道中其他成员的反应。比如当企业增加某一地区的中间代理商时，可能会引起原有代理商的反对和阻挠。而当企业撤销某一效率低下、经营不善、不遵守规则的渠道成员的经营代理权时，短期来看，企业的渠道成员减少了，可能会影响销售业绩，但此举同时也向其他成员发出了警告，督促其提升业绩或改善服务。

2. 增减分销渠道

随着市场环境的变化，有时候企业只增减渠道成员是不够的，还必须对分销渠道进行增减变动才能解决问题。比如，企业可以削减某些不能继续发挥作用的分销渠道，也可以增加新的渠道来满足日益扩大的市场需求。当然，企业通过增减分销渠道来调整分销网络是相对的，企业往往在增加新的分销渠道的同时，也会减少老的分销渠道。

3. 渠道整合

渠道整合即重新设计分销渠道。企业自身因素、市场环境、商品特性等要素发生变化时，原有分销渠道模式不再适应或无法满足企业的发展，此时就有必要对原有分销渠道做出根本的、实质性的调整。渠道整合波及面广、影响大、执行困难，企业不仅要突破已有渠道本身的惯性，而且由于涉及各方利益调整，会受到某些渠道成员的强烈抵制。因此，企业必须谨慎从事、筹划周全。

第三节　分销渠道策划基本流程

成功的、科学的分销渠道能够更快、更有效地推动产品广泛地进入目标市场，为企业和中间商带来极大的现实及长远收益，同时也能够以最快的速度给消费者提供满意的商品和最优的服务。企业在策划分销渠道时要遵循科学的策划基本流程。

一、分析消费者的需求

消费者需求表现在不同的方面，如产品、品牌、服务、价格、信息沟通等。企业在设计渠道时，尤其要关注消费者对渠道的需求，该需求主要体现在购买方式上。例如，购买批量、购买地点、选择范围、服务支持等。企业在设计销售渠道时，不仅要考虑满足消费者需求所发生的成本，还要考虑消费者的价格偏好。理想的分销渠道应该是既能满足消费者或用户的需求，又能以最低的成本发挥渠道功能。

【策划视角 7-12】　　　　分析消费者需求时应考虑的常见问题

1. 消费者希望每次购买较少的产品随用随买，还是愿意批量购买？
2. 消费者希望从附近的地点购买还是愿意去更远且集中的地点购买？
3. 消费者是愿意亲临专柜还是通过网络购买产品？
4. 消费者更重视商品品种的多样化还是更期望产品品种单一而专业？
5. 消费者是否想要更多的附加服务？

二、设立渠道的目标

渠道目标是企业为了实现其营销目标与营销战略，希望通过渠道管理活动在一定时间内达到的结果。企业应以顾客需求为导向来确定渠道目标，以相关目标市场期望的服务水平来表述渠道目标，说明何时、何地以及如何为目标顾客提供产品和实现服务。例如，市场渗透目标、空间便利目标等。无论是创建渠道，还是完善和调整原有渠道，企业都应该把渠道设计目标明确地列示出来。

三、明确可供选择的渠道方案

企业在确定可供选择的渠道方案时，应注意确定中间商的类型与数目。中间商的类型很多，比如批发商、零售商，他们分别处于不同的销售环节，发挥不同的作用。

批发商按其职能特点又可以进一步分为制造批发商、商品代理商、商业批发商。现实中，商品代理商又可以进一步分为制造商代理、卖方代理、经纪人、代销商。而商业批发商除了全职批发商外，还有很多只提供"有限职能"或"有限服务"的批发商。企业应根据需要进行选择。

【策划视角 7-13】 不同批发商类型的适用情景

（1）制造商代理：通常适用于一些没有推销员的小企业或潜在顾客不多的大型企业。这些企业可以通过制造代理商开辟新市场，以节约费用、提高分销效率。

（2）卖方代理：卖方代理商受托负责代销制造商的全部产品，并有权决定商品价格及销售方式。卖方代理商通常要对制造企业承担较多的义务和责任。

（3）经纪人：经纪人的主要任务就是介绍和促成交易。交易达成后，经纪人向雇主收取一定的佣金。在此过程中，经纪人并不参与融资，也不承担风险。

（4）代销商：代销商以自己的名义与顾客进行贸易谈判，替委托方销售产品。通常在农产品、木材销售市场中最为普遍。

（5）送货批发商：一般情况下，送货批发商只负责将产品（玩具、家具、报纸、杂志等）从制造商运送到零售商处。

（6）现购自运批发商：此类批发商主要经销有限的、周转较快的产品，提供小型零售商服务，一般不提供送货服务，顾客必须登门购货。

（7）货运批发商：货运批发商通常经营的是易腐易耗商品（蔬菜、牛奶、面包等），他们负责将这些产品运送至超市、餐馆等零售商处。

（8）承运批发商：此类批发商不支持存货，仅负责将产品直接运送至零售商或用户处。他们通常经营的是木材、建材、煤炭、重型设备等体积较大且较重的产品。

（9）邮购批发商：此类批发商主要经营汽车用品、化妆品、专用食品和其他小产品。其一般经营方式是将产品目录寄送给零售商、企业及机关团体等顾客，在接到邮寄或电话订单后，再通过邮局、货车或其他运输方式按订单要求交送订货。

零售商按照有无商店可以分为有店铺零售和无店铺零售。按照商业模式不同，有店铺零售又可以进一步分为专营店、百货商店、超级市场、便利店等，而无店铺零售又可以进一步分为网上商店、自动售货亭、电话购物等。他们处在相同的渠道环节上，通过采取不同的方式发挥相同的作用。

【策划视角 7-14】 不同零售商的适用情景

（1）专营店：产品线很窄，但其中包含的产品项目很多，例如服装店、体育用品店、家具店、花店、书店等。

（2）百货商店：相比专营店，百货商店的产品线较宽，一般销售几条产品线的产品，尤其是服装、鞋类、箱包和家庭日常用品、家用电器等。

（3）超级市场：超级市场的规模相对较大，是一种具有低成本、高销量、薄利多销、自我服务等特点的经营机构，主要适用于食品、家庭日用品等产品的销售。

（4）便利店：便利店的规模相对较小，一般位于居民区附近，营业时间较长（有的甚至是 24 小时营业），经营周转率较高，主要适用于家庭日用品和生活必需品的销售。

（5）食杂店：主要适用于香烟、饮料、酒、休闲食品等产品销售。

（6）自动售货亭：自动售货亭具有可以 24 小时提供售货、自助服务、无须搬运商品等便利条件，主要适用于香烟、碳酸饮料和小包装零食等。

四、评估渠道方案

评估渠道方案的主要目的在于从可供选择的众多渠道方案中，挑选出最能满足企业长期营销目标的方案。因此，企业需要运用一定的标准对众多渠道方案分别进行全面评估。常用的标准有经济性标准、控制性标准和适应性标准。

（一）经济性标准

企业经营的最终目的是获取最佳的经济效益，因此，经济性是企业评估分销渠道时最重要的标准。企业在进行经济性评估的过程中，要考量各渠道方案将产生的销售状况和成本水平。在成本相同的情况下，选用可以使销售额达到最高的分销渠道；在同一销量范围内，则应选用成本最低的分销渠道。

（二）控制性标准

企业对分销渠道的选择还应该考虑企业是否能够对其进行有效的控制。渠道成员是独立的利益个体，企业需要通过加强对渠道成员的控制，防止个别渠道成员为了自身利益破坏渠道管理规则，从而影响分销渠道的稳定性。同时，企业也需要综合考虑对渠道成员的控制成本，以求达到最佳的控制效益。

（三）适应性标准

适应性标准评估主要是考察企业对分销渠道应该承担的义务与经营灵活性之间的关系，包括企业与渠道成员约定的期限和承担义务的程度等。企业与渠道成员约定的合作期限越长，企业能够根据市场环境调整分销渠道的可能性就越小，分销渠道的灵活性和适应性就越差。因此，企业在做出建立长期分销渠道的决策前，应该综合考虑其经济性、可控性和适应性。

五、确定最佳渠道方案并实施

企业在对可供选择的众多分销渠道方案进行全面评估之后，应结合企业实际确定最能满足企业长期营销目标的最佳渠道方案，并组织实施。

（一）确定最佳渠道方案

一般而言，确定分销渠道方案会影响企业渠道效率和渠道目标的实现，所以需要慎重考虑。企业在确定最佳渠道方案时应从以下几个方面加以衡量：

1. 市场覆盖范围

企业在选择中间商的时候首先要考虑中间商的地理位置是否与企业预期的销售市场一致，中间商的销售对象是否为企业的潜在客户群体。

2. 中间商声誉

企业需要考虑的中间商声誉包括两个方面，即中间商的资金信用度和中间商的业界美誉度。中间商的资金信用度体现在企业有没有资本运作的不良记录、与其他企业合作时资金往来的信用情况等。在中间商的业界美誉度方面，企业更倾向于选择与实力雄厚、业界美誉度较高的中间商合作。这不仅是因为这样的中间商值得信赖，不会为了眼前利益轻易破坏渠道规则，而且企业也可以借助中间商的良好形象获取消费者的信任，促进产品销售。

3. 历史经验

企业在选择中间商时，也可以参考中间商的历史经营表现和发展历程。比如，开业时间的长短直接关系到中间商是否积累了足够的专业知识和销售经验，是否培养了自己忠实的消费者。而企业如果选择与以往经营状况不佳的中间商合作，将其纳入分销渠道的话，企业承担的风险相对较大。相应的，企业如果选择与经营业绩一贯良好的中间商合作的话，顺利达成销售目标的可能性就更大，出现失误的风险就相对较小。

4. 合作意愿

通常情况下，中间商与企业合作的意愿较为强烈时，会积极主动地推销企业的产品，这样对合作双方都比较有利。但如果中间商不认同企业的发展目标、产品品牌、文化和理念，则与企业合作的意愿就比较淡薄。此时即便这个中间商很有实力，声誉很好，对企业而言都很难将其发展为自己的渠道成员。

5. 促销能力

中间商销售产品的方式及市场推广能力直接影响产品销售规模，因此企业在选择中间商时应考虑到中间商的市场推广政策、商品配送水平和技术实力，以及中间商推销商品的手段和策略、推销队伍的规模和素质等。

（二）渠道方案的组织实施

企业在确定了最佳渠道方案之后，必须与渠道成员在价格政策、销售条件、区域权利以及每一方需提供的具体服务项目上达成一致意见，明确渠道成员的特定责任。特别是对于选择性分销与独家分销而言，双方的服务及责任更需要仔细阐明。在未来的渠道运作中，各渠道成员要严格按照达成的协议，在承担相应责任的前提下，拥有相应的权利，并能够获得应有的利益。

【知识训练】

一、重点概念

分销渠道策划　分销渠道的结构　垂直渠道系统　渠道冲突

二、思考题

1. 企业在策划分销渠道时，应该遵循哪些基本原则？
2. 影响分销渠道结构策划的主要因素有哪些？
3. 企业在确定最佳渠道方案时应从哪几个方面加以衡量？
4. 简述渠道冲突的成因和对策。

【能力素质训练】

一、案例分析

新国货茶饮率先打通即时零售销路，元气森林外卖销量增长 88%

美团数据显示，2022 年 1 月至 10 月，元气森林瓶装水在外卖平台的销量同比增长达 88%，北京、上海、重庆、成都、武汉等城市销量排名靠前。

线下传统渠道是中国饮品市场销量的基本盘，根据 Euromonitor 统计，商超、连锁便利店、杂货店等线下渠道占中国软饮分销渠道的 80% 以上，而元气森林作为新崛起的茶饮品牌，在传统渠道的布局上属于后来者，并不占优势。

尽管在传统分销渠道不占优势，但元气森林在年轻人群体中的消费认可度很高，而该群体青睐的外卖渠道，成为元气森林扩大销量的新通道。据尼尔森数据，元气森林 2022 年前 9 个月线下销售额同比增长 16%。而在外卖方面，美团数据显示，2022 年 1 月至 10 月，元气森林在外卖平台的销量同比增长达 88%。

对于不少一、二线城市的年轻消费者来说，外卖已成为生活"刚需"。近年来，年轻群体的外卖消费需求也逐渐从餐食拓展到日用品、美妆数码等领域，为相关领域的品牌商带来增量订单。

"单瓶散着卖得比较多，顾客一单外卖会挑很多零食，然后搭一瓶元气森林的水。"北京朝阳区一社区超市店主表示，从他小店的销售情况看，比起整箱的计划性囤货，外卖订单的消费者更多是一瓶一瓶地买，"反正外卖送得快，点一次很快就喝完了，下次想喝了再点"。

据美团数据，平台元气森林销量最高的店铺中，除了大型商超和连锁便利店，还有海量社区小超市和杂货小店。据悉，2022 年元气森林经销商数量较去年翻倍，进入了 800 个城市，品牌"0 糖、0 脂、0 卡"的广告词出现在了不少县城的超市广播里。依托实体小店这类零售分销渠道的"毛细血管"，以及即时零售平台遍布全国的 30 分钟即时履约网络，本土快消品牌得以架构起与消费者之间新的桥梁。

业内人士分析指出，实体小店上线外卖提供 24 小时服务，相当于在线下经营时长之外，又延长了实体零售门店的客流高峰，让消费者可享受随时下单、即时送达的购物体验，对于品牌来说，外卖订单实现了传统分销渠道之外的增量。

此外，外卖平台的销量，一定程度上也是用户对品牌真实消费偏好的"放大器"。"线下零售的销量受商品在货架中的摆放位置影响较大，例如在便利店货架中，往往靠近出入口的货架商品最好卖，而线上外卖则脱离了这种货架逻辑，消费者的选择更能反映出用户真实的消费偏好和消费忠实度。"上述人士分析道，"元气森林在外卖渠道的高速增长，也印证了其在年轻消费群体中的认可度。"

资料来源：财经网（http://tech.caijing.com.cn/20221115/4900491.shtml）文章《新国货茶饮率先打通即时零售销路，元气森林外卖销量增长 88%》，有改动。

请分析：

试用分销渠道策划相关知识分析元气森林外卖销量实现高增长的原因。

二、实训项目

线上线下并驾齐驱，桂发祥渠道变革助力营收、净利双双大增

桂发祥是商务部首批认定的"中华老字号"企业，主要从事传统特色及其他休闲食品的研发、生产和销售，产品包括以十八街麻花为代表的传统特色休闲食品，以及糕点、天津风味方便食品等其他休闲食品，主打产品"桂发祥十八街"系列麻花的制作技艺被评为国家非物质文化遗产，是我国传统特色饮食文化的代表之一。

2023 年 8 月，桂发祥半年报显示，上半年公司实现营收 2.6 亿元，同比增加 138.93%，实现归母净利润 4013.03 万元，同比增加 190.5%；销售毛利率和净利率分别

达到45.49%和15.41%，系近4年同期最高水平，显示出公司较强的经营韧性。

公告显示，上半年业绩的显著增长，离不开公司持续深化的渠道变革。

近年来，公司持续完善以直营门店为核心的全渠道发展体系。借力旅游市场复苏的机遇，紧贴目标顾客需求，加大对旅游商圈门店的扶持和改造，提升运营管理标准，持续改善服务质量，形成以直营店作为增长动力源、品牌形象及用户体验的主阵地，积极拓展北京、上海等外埠渠道，同时快速布局拓展新兴渠道，以电商渠道打开全国市场。经过多年发展，公司已经形成以直营店为主，经销商、商超及电子商务等相结合，全方位覆盖市场的营销网络体系。

直营门店注重提升管理和服务质量。报告期内，公司在天津设有60家直营店以及1家食品主题综合商场，直营店实现营业收入1.92亿元，同比增长128.92%；店面营业利润4884.59万元，同比大增415.57%；店面坪效提升至1.24万元/平方米，同比增长134.01%。此外，公司积极开拓经销商渠道，构筑品牌竞争壁垒。上半年经销模式实现营业收入5664.08万元，同比增长199.59%。

线上渠道快速形成规模效益。公司瞄准中式糕点线上渠道发展空间，发力电商，进军直播，快速提升电商渠道销量和销售占比，从而形成规模效益。报告期内，公司在天猫、京东（POP店铺）、天猫超市、有赞商城、快手、国网电商等第三方平台开设自营店铺，实现营业收入909.69万元，同比增长63.29%，GMV（网站成交金额）为1263.99万元，接近2022年全年，多渠道建设收效明显。

此外，桂发祥在募集资金变更公告中称，随着消费升级和消费场景不断创新的需要，拟扩充原营销网络建设项目、增加京津冀及上海地区新建店铺数量，对更多老旧店铺进行改造升级、部分增加"新烘焙体验"功能，进一步拓宽渠道、加大资源及管理技术支持，最终巩固和完善线上线下相结合的全方位营销体系。

资料来源：搜狐网（https://business.sohu.com/a/713695088_120988533）文章《桂发祥：上半年扭亏为盈，多元化布局提升核心竞争力》，有改动。

实训练习：

1. 请分析桂发祥是如何实现全渠道发展体系建设的。

2. 创新意识无处不在。请发挥你的创新创意，结合桂发祥渠道建设现状及市场状况，帮助桂发祥持续改进分销渠道。

第八章 广告策划

【学习目标】

知识目标：

1. 了解广告策划的原则与内容。
2. 熟悉广告媒体的类别。
3. 掌握广告定位的方法。
4. 掌握广告投放的策略。

能力素质目标：

1. 能够正确地选择广告媒体。
2. 能够独立完成广告设计策划，注重广告设计的实事求是。
3. 能够运用广告效果评估方法进行广告评估。

【导入案例】

盒马：简法生活

从"内卷"到"45度角的人生"，词语的一次次变化体现了当代年轻人对生活态度的改变，也是当下时代的真实写照，"叠加"已成为生活的常态。基于这样的洞察，盒马推"818大嘴节"之际，发出了简法生活的呼吁。

"时代越是复杂，生活越要简单。"这也是盒马想通过这支短片想要向现代人传递的生活观——以简驭繁。短片中的每一个场景都是对日常生活的细致描摹。"漏水的厨房""焦急等待吃饭的男子"通过对现代人生动而鲜活的肖像刻画，不仅将商品与现代人的生活相呼应，还将品牌植根于大众生活中。

此外，短片发现问题的同时，也通过"简"法公式给予解读与诠释——"可乐的气泡声""提神醒脑的咖啡"像是一种提示，提醒人们可以慢下来用心感受生活。与此同时，短片中不断加强【199-60=盒马818福利】进行核心利益点的暗示。不仅让盒马的商品与消费者之间构建起一种落到实处的价值衔接点，更塑造出一种兼具精神能量与实用性价值的共识。

盒马还联合知乎发起【88个简法公式，工作生活都在知乎】鼓励人们用"简"法去发现生活的本真。在数十家门店开展打卡活动的同时，还在知乎发起"下班后的100种生活"等话题，触发人们分享自己对生活的感悟和理解。相较于品牌单向的持续发声，话题所激发的内容共创能力更能让品牌内容输出更有感染力。不仅让消费者参与了真实、有效的活动，还与消费者之间达成了情感的连接。

资料来源：https://zhuanlan.zhihu.com/p/657587221.

第一节　认识广告策划

一、广告策划及其要素

（一）广告策划的含义

广告策划是指在广告调查的基础上，为实现市场目标，而制定系统的广告策略、创意表现与实施方案的过程。这一定义包含三个相互连接、相互支撑的环节：①市场调查基础上围绕市场目标的系统策略；②按照这一策略原则展开的创意与表现形态；③向市场推广适切而可行的实施方案。

广告策划有宏观、微观之分。宏观广告策划又叫整体广告策划，它是对在同一广告目标统摄下的一系列广告活动的系统性预测和决策，即对包括市场调查、广告目标确定、广告定位、战略战术制定、经费预算、效果评估在内的所有运作环节进行总体策划。微观广告策划又叫单项广告策划，即单独地对一个或几个广告运作全过程进行的策划。无论是整体的还是单项的广告策划，其目的就是以创意的方式提供产品的"附加价值"，增加企业在竞争中的机会，使产品提升为"品牌"，引发品牌转移和品牌忠诚。

【策划视角8-1】　　　　　　　　广告策划的本质

广告策划，也叫战略决策，实际上就是对广告活动过程进行的总体策划，包括广告目标的制定、战略战术研究、经济预算等。广告策划是广告运作的主体部分，是在企业整体营销计划指导下做出的。

在对广告策划的理解和具体的广告活动中，许多人把广告计划和广告策划看作一回事。这种看法虽然有一定的道理，但其中也有许多误解。从严格意义上讲，广告计划和广告策划这两个概念是不能画等号的。

广告计划是实现广告目标的行动方案，它是一个行动文件，其侧重于规划与步骤；而广告策划的本质虽然也是为了实现广告目标，但它更强调的是借助于科学的手段和方法，对多个行动方案（广告计划）做出选择和决定。广告策划的全称可以看作"广告策划活动"，它是一个动态的过程，它要完成一系列的决定，包括确立广告目标、广告对象、广告战略、广告主题、广告策略、广告创意、广告媒体选择、广告评估等；而广告计划相对来说呈现出一种静止状态，是广告策划前期成果的总和与提炼。广告策划作为一种动态的过程，它还体现出其活动内容的多元化，它既要设定广告目标、寻求广告对象，又要制定广告计划、实施广告策略，检验广告活动效果。制订广告计划只是广告策划的主要任务之一。广告策划工作运转之后，才能生产广告，广告计划是广告策划后的产物，是广告策划所决定的战略、策略、方法、部署的书面体现。总之，广告策划是一系列集思广益的复杂的脑力劳动，是通过一系列广告战略、策略而展开的研讨活动和决策活动；而广告计划是这一系列活动的归纳和体现，是广告策划所产生的一系列广告战略、广告策略的具体化。所以广告策划与广告计划既相互联系、密不可分，同时二者又有区别。

作为一种动态的过程，广告策划也是一种程序。美国哈佛企业管理丛书编撰委员会认为，"策划是一种程序，在本质上是一种运用脑力的理性行为。基本上所有的策划都是关于事物的，也就是说，策划是针对未来要发生的事情做当前的决策"。广告策划的出发点是现在，落脚点是未来，它是不静止的，而是一种运动过程。任何事物都处于运动、变化的环境之中。广告策划活动也是如此，市场活动的各个方面总是处于千变万化之中，而广告策划的重心也随着市场诸要素的变化而变化，以不变应万变。

在正常的广告活动中，广告策划已经不是一个人所能完成的工作。它是一种需要集合各有关方面的人才，共同提供智慧，经过研讨后才能完成的工作。因此，广告策划工作常被称为小组性工作。

资料来源：根据 https://wiki.mbalib.com/wiki/%E5%B9%BF%E5%91%8A%E7%AD%96%E5%88%92 案例整理。

（二）广告策划的特性

广告策划具有自己鲜明的特征。

1. 目标性

进行广告策划时，应明确广告活动应达到的目的。它是创造名牌企业、追求社会效益、保证广告策划顺利进行的关键，也是确定广告效果的基本依据。

2. 系统性

系统性即对整个广告活动的运筹规划。从横向看，它表现在对策划对象的各个方面各个环节进行权衡。通过权衡，可以客观地估计自己所处的环境。从纵向看，广告策划的系统性体现在广告活动的各个环节都要保持统一性。比如，广告目标的统一性，广告策略的统一性，广告媒体、表现形式的统一性等，这种系统性的广告策划可以减少广告活动的随意性和无序性，逐步累积广告效果，从而最大限度地实现广告目标。

3. 变异性

变异性是指广告战术策划是可能随时会变动的，虽然广告战略策划必须具有相对的稳定性，才能保证在策划期限内广告的活动方向的正确性和目标的明确性，但是广告战术必须具有非常强烈的适应性，具有一定的弹性和灵活性。因此，一个成功的广告策划是依据市场变化而变化的策划，而不可能是个永恒不变的策划。

4. 创造性

创造性是贯穿广告策划全程，确立和表现广告主题的一种创造性思维活动。面对大众媒介大量的广告信息，消费者已产生对广告反应的迟钝和倦怠，对广告真正有兴趣的消费者并不多。富有创造性的广告策划，能充分利用产品的利益和消费者的期待，并以有效且容易记忆的方法把它们表现出来。杰出的广告人杰克波文（Jack Bowen）认为：伟大的广告，既非原则做出来的，也非指引所创造出来的，而是由富有创意的人们所创设出来的。

5. 可行性

可行性是指广告策划的方案在现实中是否切实可行。为了实现广告目标，广告策划需要在营销战略的指导下制定出具体可操作的实施方案，从而使广告策划的意图能够有效落实，不具备可行性的策划方案，不管是怎样充满新意，都毫无实用价值可言。广告策划必须遵循经济效益和社会效益的统一。

（三）广告策划的要素

一个完整的广告策划，包括以下五大核心要素。

1. 策划者

策划者即广告的作者，他是广告策划活动的中枢和神经，在广告策划中起着"智囊"的作用。广告策划者必须思维活跃、知识渊博、想象力丰富，并且具备多学科以及营销的知识，具有创新精神和素养。

2. 策划依据

策划依据是指策划者必须拥有的信息和知识。它一般包括两个部分：其一是策划者的知识结构和信息存储量，这是进行科学策划的基本依据；其二是有关策划对象的专业信息，如企业现状、产品特征、市场现状、广告投入等这些信息是进行策划活动的重要依据。

3. 策划对象

策划对象是指广告主所要宣传的商品或服务。策划对象决定着广告策划的类型，以广告主为对象的广告策划属于企业形象广告策划，以某一商品或服务为对象的广告策划为商品销售广告策划。

4. 策划方案

策划方案是策划者为实现策划目标，针对策划对象而设计创意的一套策略、方法和步骤。策划方案必须具有指导性、创造性、操作性和针对性。

5. 策划效果评估

策划效果评估是对实施策划方案可能产生的效果进行预先的判断和评估，据此可以评判广告策划活动的成败。

广告策划的五大要素相互影响、相互制约，构成一个完整、系统的有机体系。

二、广告策划的原则

（一）实事求是原则

实事求是是对广告最根本的要求，《中华人民共和国广告法》对广告的内容明确规定不得含有虚假或引人误解的内容，不得欺骗、误导消费者。广告主应当对广告内容的真实性负责。虚假的广告或许能够为企业带来短期利润，但不会长久，而且会使企业失去公众的信任。只有实事求是的广告才能保证企业获得消费者的青睐，才有利于维护企业的品牌形象。

（二）创新性原则

广告，即广而告之，目的在于引起人们的注意，广告充斥在我们生活的各个方面，所以想要引起人们的注意，广告创意是核心。广告策划的创新性主要体现在以下几个方面。

1. 创意要新颖

广告作品重复自己或模仿前人都无法获得广告受众的关注，更无法实现广告预期目标，广告主需要充分分析广告受众的特点，结合时代特征，设计前人没有创作过的广告作品，让广告受众耳目一新，才能在众多的广告中被广告受众记住。

2. 语言表达要新颖

广告词是广告作品的点睛之笔，是广告创意的核心体现。好的广告语既能体现产品特征，又能使广告受众印象深刻，从而吸引受众、引发兴趣，所以广告语言表达要新颖，要能给受众带来全新的视听感受。

3. 表现手法要新颖

明珠再好也要宝匣相配，好的广告创意需要新颖、有效的广告表现手法，二者的充分结合才能确保广告作品在广告的海洋中顺利上岸，俘获广告受众的芳心。

（三）统一性原则

在广告策划时，需要从整体协调的角度确保广告活动的各环节服从企业的营销目标和广告目标，广告需服务于统一的产品形象和企业形象。广告策划的统一性主要表现在以下方面。

1. 投放渠道要统一

广告投放的媒体渠道既不要重叠浪费，也不应有空缺，否则无法全面覆盖广告受众，影响广告目标的实现。不同的广告媒体之间可以组合协调，确保受众的全覆盖以及一定程度的重复，且广告内容要在各媒体上保持一致。

2. 广告形式与产品形象要统一

广告形式要符合产品的市场定位，如果产品定位是高档产品，那么在广告内容与表现形式上就要凸显高端，不要出现大众、物美价廉等表述。

（四）效益性原则

广告策划是以追求效益为目的的经济活动，企业投放的任何一个广告都要在追求广告目标的同时，考虑到尽可能地降低广告费用。广告是面向大众的信息传播工具，其本身也承载着一定的社会文化宣传责任，对于社会大众的价值观、审美观和消费观都会产生一定的导向作用。所以，广告策划者要努力以较低的费用投入，取得良好的经济效益和社会效益。在进行广告策划时，需要从消费者和企业两方面的利益出发，严格制定广告预算，选择最优方案。

【实例8-1】　　　　　　　美年达"选择开心"创意广告

一、背景调查

调查研究显示，中国的年轻人因为处在经验、人脉、能力的发展初期，时常抱怨力不从心、事不如意，因而对开心的生活状态充满渴望，急需释放压力、活出自我。而如何把握这一契机，进一步挖掘品牌价值进行品牌塑造成为企业的机遇和挑战。

在这个大背景下，美年达顺势提出了开心年代"选择开心"的主题活动口号，希望借助这一话题进行一轮品牌推广活动，倡导人们能以开心乐观的态度面对生活，并希望借此塑造人们心中美年达作为开心引领者的品牌形象。通过线上各大 SNS 平台与活动参与者的互动沟通，号召消费者选择开心，选择美年达，实现开心、美年达两者的深度关联，进而提升品牌影响力和好感度，掀起美年达开心品牌理念的传播热潮。

二、营销目标

第一，通过广泛的社会化媒体合作，多种社会化媒体传播渠道覆盖，传递美年达"选择开心"主题活动核心价值，最大化品牌精神的知名度，引发情感共鸣，引爆活动参与互动及传播热潮。

第二，通过主题活动下生动、有趣的多模块活动单元及丰厚的激励举措，培养品牌与开心元素的深度关联，进一步强化活动对目标群体的吸引力与号召力，最大化活动参与度和品牌美誉度。

三、策略与创意

1. 主题创意

抓住现代年轻人对开心生活状态的渴望，打造符合当下社会情感需求的开心年代主题系列活动，创造开心年代流行，塑造美年达"选择开心"的品牌精神，倡导全民选择开心、选择美年达，并引发关联及情感共鸣，借由强大主题号召力提升品牌美誉度和影响力。

2. 活动单元

借鉴当下年轻人最火热的在线交流模式，minisite 开设心情签到、开心勋章点亮、开心日志撰写、开心地带大 PK、开心足迹记录和分享、传唱开心歌等活动单元模块，实现与目标用户的日常 digital 行为的无缝对接，用充满个性和趣味性的活动单元激发参与积极性。

3. 平台策略

利用全媒体整合策略，打造开心年代活动基地 minisite，打通腾讯微博、Q-zone 两个强大聚集目标用户的平台，广泛吸引在线用户的关注；活动单元同时全覆盖新浪微博、豆瓣、人人等各大 SNS 社交平台，实现主题活动最新动态的实时分享及传播；辅以美年达同主题 TVC 在腾讯视频的投放，全方位实现活动最大化曝光，引发公众自发参与及扩散传播。

四、营销效果及市场反馈

1. minisite 及腾讯平台主要表现

活动上线期间共有 1 711 485 个独立 QQ 用户参与线上 minisite 互动；平均每天为全国开心指数提高近 4 600 000 个分值；平均每天近 100 000 个 QQ 用户登录美年达开心年代网站参加活动；平均每天用户上传近 200 000 个开心故事；平均每天有近 20 000 人浏览他的开心足迹，并有近一半人分享；平均每天有近 50 000 次的开心签到；平均每天超过 20 000 人次通过腾讯微博和空间回访美年达开心年代；活动共有 85 000 人参与抽奖。

2. SNS 平台表现

本次活动在微博上共创造话题数 60 万个，引得数千网友微博主动分享故事。有网友主动二次转发或分享开心故事；也有各职业的 KOL 分享传播开心故事。

美年达抓住中国年轻人特征，设计"选择开心"的主题活动口号，以创新性的广告主题与活动内容，营销效果及市场反馈良好，在短期内实现了营销目标。

资料来源：根据（https://www.cnad.com/show/19/221717.html）文章《"美年达：选择开心 提升全民开心指数"》整理。

（五）调适性原则

市场经济变化迅速，企业的生产经营计划要随时进行调整，因此企业的广告策划仅仅具有统一性是不够的，还需要及时、灵活地随着企业经营目标、市场环境的变化而进行动态调适，否则广告活动就无法适应复杂多变的市场环境。广告策划只有坚持调适性原则，才能与市场环境和企业的现实经营状况保持同步并保持在最佳的适应状态。通常来说，广告策划的调适性原则主要应用于以下几个方面。

1. 广告受众发生改变

广告受众是广告信息的接受者，是企业的目标消费人群。当前期广告策划所瞄准的广告受众不够准确，或企业的消费群体发生变化时，就需要及时调整广告策划。美国广告大师大卫·奥格威在1963年的一份营销计划书中说道："也许，对于业务员而言，最重要的一件事就是避免使自己的推销用语过于僵化。如果有一天，你发现自己对着主教和对着表演空中飞人的艺人都讲同样的话时，你的销售生涯大概就差不多了。"

2. 广告创意不准

广告创意是广告策划的灵魂，如若出现创意缺乏冲击力，或者创意不准，抑或创意不能够凸显产品诉求，无法实现广告目标时，广告策划就需要进行适当的调适。

3. 广告策略的调整

当企业的广告策略发生变化或外部市场环境发生改变时，广告策划制定的广告发布时机、广告覆盖地域、广告发布方式以及广告发布媒体就需要及时调整，以适应新的环境。

三、广告策划的内容

广告策划是对整个广告活动进行的全面策划，其内容包含了市场调查与分析、确定广告目标、明确广告定位、表现广告创意、选择与规划广告媒体、制定广告预算、实施广告计划以及评估与监控广告实施效果等。

（一）市场调查与分析

对市场进行调查与分析是广告策划的基础，也是广告创意的第一步。市场调查的内容包括调查广告主企业所处的营销环境、企业经营状况、产品情况、消费者情况以及竞争状态。市场分析是以市场调查为基础的，通过细致入微的调查，明确广告主及其竞争对手产品在市场中的定位，把握市场动态，研究消费人群的消费心理与需求偏好，明确广告主及其产品在受众人群心中的形象与地位，为后续的广告策划活动提供依据。

（二）广告目标策划

广告目标是企业广告活动希望达到的目的，比如开展广告活动后，企业产品知名度、美誉度、产品市场占有率的提高以及消费者对产品的态度与评价均有好转等。广告策划相关人员需要清楚广告主的广告目标，并始终对此目标负责。广告目标不是企业随意设定的，而是建立在对企业当前市场营销现状进行调查与分析的基础上，以目标市场、市场定位以及营销组合等为决策依据，为企业提高知名度或促进销售、增加盈利服务的。广告目标是企业营销目标的一部分，然而营销目标的实现很难准确体现广告在其中所起的作用，因此，广告目标的确立要定量与定性相结合，并有明确的评估衡量指标，该评估指标既要符合实际，又要具有可操作性，否则目标的设定就失去了意义。

（三）广告定位策划

广告定位是企业产品在消费者心目中占据位置，留下深刻印象的一种新型的广告宣传方法和推销方法。定位理论的创始人艾·里斯和杰·特劳特曾指出："定位是一种观念，它改变了广告的本质。""定位从产品开始，可以是一种商品、一项服务、一家公司……但定位并不是要你对产品做什么事。定位是你对未来的潜在顾客所下的功夫，也就是把产品定位在你未来潜在顾客的心中。"人们每天接收的广告数量、种类繁多，但能够被消费者有效识别的很有限。广告定位策划就是要在市场调查与分析的基础上，寻找最有利于被消费者接受的产品定位，并以此进行广告定位策划。

（四）广告创意策划

在各式各样的广告信息轰炸下，要在第一时间、长期地吸引受众的注意力，引起他们的关注与好奇，进一步刺激他们的消费欲望是一件困难的事。大卫·奥格威曾说："要吸引消费者的注意力，同时让他们来买你的产品，就必须具有很好的特点，除非你的广告有很好的点子，不然它就像很快被黑夜吞噬的船只。"在当今这个"注意力经济"时代，一个好的广告策划需要在创意方面下功夫，通过广告策划与其他广告区分开，借助广告创意生动形象地展现广告主题，突出产品特点，这也是广告策划的重点。

（五）广告媒体策划

任何好的广告作品都需要借助一定的媒介进行信息的传递，广告媒体是承载广告信息、实现信息传递的最重要媒介。广告媒体是沟通企业与消费者的重要信息传播通道，广告媒体策划就是在既定的广告目标下，使用有限的广告预算费用，选择适宜的广告媒体或媒体组合，实现广告信息传播的目的。

（六）广告预算策划

著名的广告大师约翰·沃纳梅克曾说过："我知道我的广告费有一半浪费了，但遗憾的是，我不知道是哪一半被浪费了。"广告是一种付费活动，发布广告就意味着要投入一定的资金，在进行广告策划时，企业需要对广告活动所需要的费用进行规划与预算。广告预算策划指的是企业在一定时期内，对从事广告宣传活动所需要的费用总额、使用范围和使用方法进行的提前规划。准确地编制广告预算是企业广告策划的重要内容，也是确保广告活动能够顺利进行的基础。

（七）广告实施计划

广告活动需要在上述内容策划完成的基础上，制订具体的实施计划，对广告活动具体的步骤、层次和宣传都制定详细的实施办法，周密、详尽的广告实施计划才能确保广告活动顺利开展。

（八）广告效果评估与监控

广告效果是广告活动或广告作品对消费者所产生的影响。广告活动复杂多样，广告信息的传播受到多种因素的影响，因此广告效果的评估与监控显得格外重要。通过科学的方法和手段对已发布广告进行效果评估，为广告活动的改进提供依据与方向。通过评估，了解消费者对广告活动的反应，判断广告策划的目标设定是否合理，广告创意是否吸引消费者、符合产品设定，以及广告媒体组合是否选用合理等，这样才有利于企业的营销活动开展、广告策划方经营水平与广告策划水平的不断提升。

第二节　广告媒体策划

广告需要载入特定广告媒体中才能将广告信息传递给广告受众，广告策划人员需要评估各种媒体的特征、受众人群等，以便决定采用何种媒体与媒体组合。主要的广告媒体有报纸、杂志、广播、电视、手机以及网络等。这些媒体在到达率、影响度、覆盖人群以及成本方面互有差异。例如，杂志的影响比报纸要大，电视的到达率比杂志要高，网络的成本比电视要低等。

一、广告媒体

（一）大众广告媒体

1. 报纸

报纸是传统四大强势媒体之一，也是覆盖面较广的一种媒体。现在依然有很多人保持着读报的习惯。虽然报纸广告受到了电视和网络媒体的冲击，但报纸仍然有自己的优势和受众人群。其优点是市场覆盖面大；印刷成本低；发行对象明确，选择性强；信息传播迅速，时效性强。缺点是色彩单一，吸引力不强，不易于引起读者的注意力；缺乏动感；延续效果较差。

2. 杂志

与报纸相比，杂志印刷精美、色彩丰富、纸质精良，所以视觉效果更好，但杂志的时效性较差，覆盖人群针对性强。由于杂志种类繁多，且出刊周期短的杂志种类最多，影响较大，因此杂志也是传统四大主流媒体之一。

3. 广播

报纸和杂志属于纯视觉媒体，广播则是利用电波向广告受众传递信息的纯听觉媒体。通过语言和音效、主持人的风格等要素，广播能够紧紧抓住一部分受众。其优点是传播速度快，时效性较强；广告受众广泛，覆盖面较大；语言、声效以及主持人风格等多重作用下，广播广告感染力更强；信息容量大，传播周期短；随时收听，到达率高。缺点是广播广告无法像报纸、杂志一样可以反复收听，一闪而过，既看不见，也不能留存，难以查询并记录；只有声音，没有文字与图像，受众的注意力容易被分散。

4. 电视广告

电视是一种兼具视觉与听觉信息，综合运用声音、图像、文字和色彩，极具动感的大众传播媒体。电视的普及率较高，其优点是视听相结合，传达效果好，冲击力与感染力较强；声音与图像的双重融合，现场感较强；传播范围广，影响面较大；形式多样，娱乐性强；代入感强，有利于调动广告受众情绪，增强购买信心，且公信力和影响力较好。缺点是成本较高；承载的信息有限；不易保存；干扰信息多，影响受众的专注度。

（二）小众广告媒体

1. 户外广告

户外广告是在建筑物外表或街道、广场等室外公共场所设立的霓虹灯、广告牌、海报等。户外广告面向所有的公众，难以选择具体目标对象，但是户外广告可以在固定的地点长时期地展示企业的形象及品牌，因而对于提高企业和品牌的知名度是很有效的。

2. POP 广告

POP 广告也称销售点广告，其形式不拘，但以摆设在店头的展示物为主，如吊牌、海报、小贴纸、纸货架、展示架、纸堆头、大招牌、实物模型、旗帜等，都在 POP 的范围内。其主要商业用途是刺激引导消费和活跃卖场气氛。常用的 POP 为短期的促销使用，它的形式有户外招牌、展板、橱窗海报、店内台牌、价目表、吊旗，甚至是夸张幽默和色彩强烈立体卡通模型等，能有效地吸引顾客的视点唤起购买欲，它作为一种低价高效的广告方式已被广泛应用。

3. 直邮广告

直邮广告是指直接邮寄宣传品等对消费者进行传播的一种方法，媒体是邮政局。其目标对象明确，并且企业能够针对邮寄的对象，制定特定的宣传内容，增强了直邮广告的诉求力。直邮广告的类型有商业信函、邮送广告、新兴的直邮广告类广告，如手机短（彩）信，通过电子邮件寄发的产品信息等广告。它还能避免其他企业的竞争压力，因为广告信息是单独地被直接送到对象手中，接受者的注意不会被分散。

（三）新媒体广告

1. 手机广告

手机广告是通过移动媒体传播的付费信息，旨在通过这些商业信息影响受传者的态度、意图和行为，实际上就是一种互动式的网络广告。由于移动性使用户能够随时随地接收信息，所以比互联网更具优势。

2. 网络广告

网络广告又称在线广告，是利用电子计算机连接而成的信息通信网络作为广告媒体，运用多媒体技术设计制作，并通过电脑网络进行传播的广告形式。网络广告集电视、报纸、广播、杂志四大传统媒体以及其他各类媒体之大成，具有明显的优势。

【实例8-2】 **"小金刚能不能活过这一集"——红米 note7 抖音广告**

小米是内容营销一把好手。内容营销的关键有三：一是拥抱目标用户正在使用的新兴媒介；二是内容要生动、有趣、有吸引力，能和产品属性恰当连接；三是能够让受众参与并自主传播。

2019 年在红米 note7 发布之际，小米在抖音上开设首个"抖音快闪店"，作为首发及预售阵地。从空间角度来说，这个线上快闪店，是在抖音上开辟了一个前所未有的页面——在满是动态小视频的抖音里，这可能是最安静的一个页面：90%是静态的页面，剩下的10%动态在于不断减少的开售倒计时时间和不断增加的预约人数。从入口来说，这几天刷到过雷军视频的抖音用户可能会觉得"人生处处有惊喜"：从小米官抖的入口彩蛋，到换个头像挂件都会跳出快闪店"入场"卡片，据说关注了小米官抖的用户还会收到抢购提醒。从购买体验来说，抖音这次做的快闪店和之前的抖音购物车有很大的区别，不做外部跳转，在抖音页面内直接预约，直接购买，速度还是挺快的。

小米还为红米 note7 在抖音上打造了《小金刚能不能活过这一集》系列趣味短视频，

这个视频是红米 note7 在抖音上的预热视频，同时也是个趣味测试。截止到红米正式开售的 1 月 14 日，已经上演了 8 集，雷军出现在第三集，用水测试了 note7 的防水性；其余 7 集，也是延续了恶搞的风格：不是美女踩着高跟鞋狂踩手机屏幕，就是胖子猛坐手机还坐不烂。碾压测试更搞笑，一辆 SUV 开走后，车底下的玩具车在红米手机上摩擦……因此"小金刚"也成了红米 note7 的内部代号，视频通过对"小金刚"进行狂踩、狂摔、倒水等暴力测试，来体现"品质杠杆的"诉求点，内容诙谐生动，引发了用户的大量模仿视频。为了宣传这一系列短剧，雷军更是贡献出了自己的抖音首秀，这支视频点赞数达到 77.9 万，评论数超过 4.5w。

资料来源：根据《小米在抖音开快闪店：品牌升级背后的营销升级》（https://www.jiemian.com/article/2828374.html）整理。

二、广告媒体选择的影响因素

（一）媒体本身属性

在选择媒体时，首先要考察的是媒体的投放成本、影响力、受众群体、预估效益，此外，还有媒体的灵活性、协调性等因素也会影响媒体的广告投放效果，所以也是广告主需要考察的因素。

（二）基于营销与广告的因素

1. 产品属性

不同媒体对不同产品的表现力不同，所以要考虑产品本身的特征，结合媒体的特点，充分利用媒体的优势展现产品特色，例如，奢侈品的广告就不适合于投放公交媒体进行传播。

2. 市场范围

媒体受众范围应与企业的市场范围相匹配，媒体受众范围过大，会造成广告力度不够、成本浪费；而媒体受众范围过小，又会使广告无法覆盖企业目标市场范围，影响营销目标实现。

3. 受众特点

媒体的受众应与企业的目标消费者相一致，且应针对目标消费者的特点，设计广告作品，分别使用不同的广告媒体进行传播。

4. 广告经费

脱离广告经费所追求的广告效果是无意义的，广告主需要在广告经费的约束下，选择所能实现的广告效果最大化的媒体进行信息投放，在广告经费与广告媒体的宣传效果之间做出综合考虑。

5. 广告内容

广告内容的设计、表现形式与媒体的特征应相互协调一致。应明确什么样的广告作品适合投放在何种广告媒体上，什么样的广告媒体适合发布什么样的广告内容。两者相互协调，才能增强广告信息的宣传效果。

【实例8-3】　　　可口可乐公益广告：可乐电话亭与无人飞行器传递快乐

每天都有很多外来劳动力来到迪拜工作赚钱以获得更好的生活，为了节约用钱，这些外来务工人员甚至不舍得打电话回家。

所谓幸福，就是能听到孩子的叫声，能听到家人的声音。迪拜可口可乐联合扬罗必凯广告公司开发了一款可以用可乐瓶盖当通话费的电话亭装置，把这些电话亭放到工人们生活的地区，每个可口可乐瓶盖都可以抵三分钟的国际通话费。

新加坡作为一个重要国际港口，汇集了来自世界各地的人口，其中大量的外来建筑工人为新加坡做了巨大贡献。于是新加坡可口可乐从社会上征集民众对这些建筑工人的感谢信息，再把这些照片信息绑在可乐上，通过无人飞行器把这些感谢信递送到高空作业的工人手中，以感谢他们对自己的国家做出的贡献。

可口可乐公司的公益广告，在广告内容的设计上融入亲情、感恩之情，让人为之动容，也为其品牌树立了积极向上的良好形象。

资料来源：https://iwebad.com/case/2710.html；http://iwebad.com/case/2702.html。

6. 竞争对手

广告主在选择广告媒体时不仅要考虑广告作品与营销目标，同时也要充分调查了解竞争对手的广告战略，以便在媒体选择与广告作品设计时发挥己方长处。

三、广告媒体的选择策略、评价指标及组合方式

（一）广告媒体的选择策略

1. 按目标市场选择媒体

广告媒体的选择需要对接产品所面向的特定目标市场，确保广告宣传覆盖的范围与产品的销售范围一致。如某产品的目标市场为全国范围，那么就应该选择覆盖面广、影响范围大的媒体，如电视、网络。

2. 按产品特性选择媒体

在广告活动中，不同的产品特性适用不同的广告媒体。如专业性强、消费人群较为特定的产品，可以选择专业性杂志或报纸等媒体进行广告投放；而价格低廉的日常消费品，受众面广，可以选择电视媒体进行广告投放。

3. 按产品消费者选择媒体

任何产品都有其特定的消费人群，广告媒体的选择要充分考虑其目标消费者的媒体接触习惯，选择消费者能够接触且喜欢的媒体进行广告投放。如女性使用的化妆品可以选择与女性有关的电视节目、时尚杂志等。

4. 按广告预算选择媒体

广告预算的多少决定选择什么样的广告媒体以及广告发布的时间，广告预算充足的广告主可以选择收视率高的媒体；广告预算有限的广告主可以选择不是特别抢手的广告时间，或将覆盖面有限的广告媒体进行组合，以达到大面积覆盖的目标。

5. 按广告效果选择媒体

广告效果是一个比较复杂且难以估算的问题，广告主应综合比较，选择传播效果与信息表现最佳的媒体或媒体组合。

（二）广告媒体的评价指标

广告媒体的评价指标常用以下几项：

1. 触及率

触及率是指通过某一媒体推出广告后，接收到广告的人数占覆盖区域内总人数的百分比，每个广告媒体的覆盖面是不同的，所以借助某一媒体推送的广告只能让部分受众接收到，这一指标能够帮助企业衡量媒体的有效性。

2. 视听率

视听率是指在某一时段收视（看）某个节目的人数占收视（听）总人数的百分比，是一项用来统计电视、广播节目拥有观众和听众人数多少的指标。视听率是衡量广告媒体信息传播范围的重要指标。视听率是分析判断节目播出效果以及进行节目改进的重要依据，更是广告主决定是否投放该节目或继续投放该节目的主要依据。通常情况下，视听率越高，媒体的刊例价格则越高。

3. 毛评点

毛评点是广告投放期间，接触到该广告的人次数占传播范围内的总人数的百分比。比如某电视节目的视听率是 20%，播放频次是 3 次，那么毛评点就是 60%，即有 60% 的受众接触了广告，如选用的是媒体组合，则毛评点为播出次数乘以各媒体的视听率（刊出率），再加总求和。但是毛评点没有反映出哪些受众是重复接收信息的，一般而言，毛评点越高，覆盖面越广，所要求的资金投入也越多。

4. 视听众暴露度

视听众暴露度是指在某一时期内，接触到该广告的人次数之和。它的计算方法有两种：一是用在某人口群体中的人数乘以送达给特定人口群体的毛评率；二是暴露在一个广告排期表中的观众总人次，不考虑重复收看，每看过一次就记录一次，事实上是将每次播出时收看到该节目或广告的人数相加。

5. 到达率

到达率是指不同的个人或家庭在特定时期内暴露于媒体广告排期下的人数占总人数的百分比。到达率为非重复性计算数值，即在特定期间内暴露一次或以上的人口或家庭占总数的比例。在对期间的定义上，可以根据需要定为一周、四周或几个月等。

6. 暴露频次

暴露频次是指在一定时间段内，个人（家庭）暴露于广告信息下的平均次数。一是平均暴露频次，二是暴露频次的分配，即在同一个广告排期下，将不同类型的群体暴露于每种媒体下，但暴露频次有所不同的现象。

7. 每千人成本

每千人成本是指一种媒体或媒体排期内送达 1 000 人或家庭的成本计算单位。这可用于计算任何媒体，任何人口统计群体。它便于说明一种媒体与另一种媒体、一个媒体排期表与另一媒体排期表相对的成本。

（三）广告媒体的组合方式

1. 视觉媒体与听觉媒体的组合

视觉媒体借助视觉要素进行表现，听觉媒体借助于听觉要素进行表现。无论是视觉媒体还是听觉媒体都有其传播的局限性，两类媒体组合能够使其在特性上进行互补，提升传播效果。

2. 瞬间媒体与长效媒体的组合

瞬间媒体如广播、电视等，广告信息停留时间短暂，这类媒体需要与信息保留时间长的长效媒体如杂志、报纸等组合使用，有助于广告信息被受众对象长期记忆。

3. 大众媒体与促销媒体的组合

大众媒体传播面广，但通常只能起到间接的促销作用，促销媒体诸如户外广告、招贴画等，传播范围小，但促销作用较为直接，将二者结合能够起到"点、面"结合的促销效果。

4. 媒体覆盖空间的组合

媒体有其独有的覆盖空间，在进行媒体组合时，应选择在空间上能够互补的媒体。

5. "跟随环绕"媒体组合

消费者会在不同时间接触到不同的媒体，如早上开车听广播，晚上浏览网站、看电视等，媒体组合可以根据消费者从早到晚接触的媒体顺序，采用"跟随环绕"的组合方式，随时进行宣传，如此一来，广告的效果就会大幅提升。

第三节　广告定位策划

一、广告定位的概念及作用

（一）广告定位的概念

广告定位是广告主通过广告活动策划，突出差别化的产品特色，辅以一定的广告传播媒体，使企业品牌或产品在目标人群心中占据理想位置的过程。它是帮助企业产品在消费者心目中占据位置，留下深刻印象的一种新型的广告宣传和推销方式。

广告定位理论的产生经历了一个发展过程。20世纪50年代初，在西方国家，只要商品好，并有一定的经营手法配合，就能把商品推销出去，因而广告主要从商品的特点和顾客的利益上设计。20世纪50年代末，新产品不断出现，同类产品的市场竞争逐渐激烈；到60年代，步入所谓印象时代，成功的企业通过各种广告宣传和促销手段，不断提高企业的声誉，使消费者根据企业的名声与印象选购商品。70年代后，由于生产力的迅速发展，市场竞争更为激烈，只强调商品的性能特点、顾客利益和企业印象的广告设计，已不足以吸引消费者。为了在广告竞争中制胜，便产生了广告定位的理论。这一广告理论的特点，就是突出广告商品的特殊个性，即同类商品中所没有的优异之点，而这些优点正是消费者所需求的。

通过广告主与广告公司对企业目标消费人群的分析，确定产品的某种特色属性，从而满足目标消费人群的某种需要，在消费者心中树立独特的品牌形象，从众多的竞争者中脱颖而出，在消费者心中占据有利的心理地位，使产品能够在特定的时间、场景下出售给消费者，从而使双方获益。

（二）广告定位的作用

1. 广告定位是广告宣传的基准

企业的产品宣传要借助于广告这种形式，但"广告什么"和"向什么人广告"，则是广告决策的首要问题。在现实的广告活动中，不管你有无定位意识、愿意或不愿意，都必须给拟开展的广告活动进行定位。科学的广告定位对于企业广告战略的实施与实现，无疑会带来积极的、有效的作用，而失误的广告定位必然给企业带来利益上的损失。

2. 准确的广告定位有利于巩固产品形象

现代社会中的企业组织在企业产品设计开发生产过程中，会根据客观现实的需要，为自己的产品所针对的目标市场进行产品定位，以确定企业生产经营的方向。企业形象定位则是企业根据自身实际所开展的企业经营意识、企业行为表现和企业外观特征的综合，在客观上能够促进企业产品的销售。无论是产品定位还是企业形象定位，无疑都要借助于正确的广告定位来加以巩固和促进。

3. 广告定位是说服消费者的关键

一个消费者需要的商品能否真正引起其购买行为，首先就要看广告定位是否准确，否则，即使是消费者需要的商品，由于广告定位不准，也会失去促销的作用，使许多真正的目标对象错过购买商品的机会。在现代社会中，消费者对商品的购买，不仅是对产品功能和价格的选择，更是对企业精神、经营管理作风、企业服务水准的全面选择，而企业形象定位优良与否，又正是消费者选择的根据之一，优良的企业形象定位，必然使消费者对产品产生"信得过"的购买信心与动力，从而促进商品销售。

4. 有利于产品识别

消费者购买行为产生之前，需要此类产品的信息，更需要不同品牌的同类产品信息，广告定位所提供给消费者的信息，其中很多为该品牌特有性质、功能的信息，有利于实现商品识别。广告定位告诉消费者"产品的有用性"，更告诉消费者"该品牌产品的与众不同性"。

二、广告定位的方法

广告定位方法主要有抢先定位、强化定位、比附定位、逆向定位和补隙定位等。

（一）抢先定位

抢先定位是指企业在进行广告定位时，力争使自己的产品品牌第一个进入消费者的心目中，抢占市场第一的位置。最先进入消费者头脑中的品牌，平均比第二的品牌在长期市场占有率方面要高很多，而且这种关系是不容易被改变的。一般情况下，第一个进入消费者心中的品牌，都是难以被驱逐出去的。如摄影的"柯达"、复印的"施乐"、租车行业的"赫兹"、可乐中的"可口可乐"、电器中的"通用"、电脑中的IBM、快餐中的"麦当劳"等。

现代企业营销已进入一个以定位策略为主的时代。在这个时代，只发明或发现了不起的事物并不够，有时甚至还不一定需要。一定要把占据潜在顾客心目中第一的位置作为首要目标。IBM并没有发明电脑，电脑是兰德公司（Sperry-Rand）发明的。然而，IBM是第一个在潜在顾客心目中建立电脑位置的公司。又如"皮尔·卡丹"在法国名牌服装中只

能排在中间的位置，但是它在中国大陆被认为是法国最有名的服装品牌之一，拥有广泛的品牌忠诚者。因为它是改革开放后第一个进入中国的法国服装品牌。

（二）强化定位

强化定位是指企业一旦成为市场领导者后，还应不断地加强产品在消费者心目中的印象，以确保第一的地位。如可口可乐公司所用的强化广告词是"只有可口可乐，才是真正可乐"。这个策略可适用于任何领导者。仿佛可口可乐是衡量其他一切可乐的标准，相比之下，其他任何一种可乐类饮料都是模仿"真正的可乐"。"我们发明这个产品"这句话，是施乐复印机、宝丽莱相机、芝宝打火机等品牌所运用的策略，与可口可乐所用策略有异曲同工之妙，都具有强大的刺激作用。此外，密切注视竞争者的动向，绝不给竞争者以可乘之机，掌握竞争优势。

（三）比附定位

比附定位是指企业在广告定位中，不但明确自己现有的位置，而且明确竞争者的位置，竞争者的位置与自己的位置一样重要，甚至更加重要，然后用比较的方法设法建立或找到自己的品牌与竞争者的品牌、自己想要占据的位置与竞争者已占据的位置之间的关系，使自己的品牌进入消费者的心目之中，或用比较的方法在消费者心目中开拓出能容纳自己品牌的位置。例如，第一辆汽车问世后，被称为"不用马的马车"，这就使人们能够比较汽车与马车的相同与不同，接受汽车的概念，这就是用"不用马的车"去比附"用马的车"而建立一个新的位置。不含铅汽油、无糖汽水等都是新观念相对于老观念的比附定位。

中国企业中也有运用比附定位较为成功的。如宁城老窖在广告中宣称自己是"塞外茅台"，在中国北方拥有较好的声誉。

（四）逆向定位

逆向定位是指企业在进行广告定位时，面对强大的竞争对手，寻求远离竞争者的"非同类"的构想，使自己的品牌以一种独特的形象进入消费者心目之中。

"七喜"是逆向定位的典范。在充分了解到"可口可乐"和"百事可乐"在人们心目中已占有重要位置，并敏锐地洞察到消费者心中对可乐中含有咖啡因而萌发些许不安时，七喜公司激发出独特的定位构思：七喜不是可乐，因为不含咖啡因。把"七喜"与"可乐"进行反衬，树立自身的大反差位置，使"七喜"成为可乐类以外的另一种选择。逆向定位确定了"七喜"在饮料市场上的地位，销量逐渐上升为处于"可口可乐"和"百事可乐"之后的第三位，抢占了可乐类饮料的市场。

（五）补隙定位

补隙定位是指企业在进行广告设计时，根据自己产品的特点，寻找消费者心目中的空隙，力求在产品的大小、价位和功能等方面独树一帜。如农夫山泉用"农夫山泉有点甜"作为产品的广告语，从口感上体现自己的特色，并在广告宣传中强调只是大自然的搬运工，其广告语直接体现了农夫山泉天然与健康的特点，将自己的目标市场定位为喜欢喝"有点甜"的天然水的消费者。

第四节　广告设计策划

广告设计策划的内容包含了广告主题策划、广告设计组成要素策划、广告设计表现手法策划和广告投放策划。

一、广告主题策划

通过市场调查与产品分析，确定广告的诉求重点，这个诉求重点就是广告主题。广告主题是广告的中心思想，是对符合顾客消费心理、顾客需求和企业目标的产品的最主要特征的概括。广告主题是广告作品的核心、灵魂，没有广告主题的创意是无法实现广告目标的。广告主题通常有三类：理性主题、情感主题、道德主题。

（一）理性主题

理性主题直接向目标消费者或公众诉诸某种行为的理性利益，或显示产品的功能利益和需求，以促使人们做出既定的行为反应。通常，消费者对理性主题反应最为明显，因为消费者的购买行为多数情况下是理智的。

（二）情感主题

情感主题试图通过向目标消费者传达某种情感因素（恐惧感、荣誉感、自豪感等），以激起人们对某种产品的兴趣和购买欲望。这类广告主题一般适用于化妆品、饮料、仪器等产品或服务行业，促使消费者做出既定的行为反应，激发情感性购买动机，以获得成功。

（三）道德主题

道德主题是将道义诉诸广告主题，使得广告受众从道义上分辨什么是正确的或适宜的，进而规范其行为。这种广告通常是劝诫受众支持某种社会活动，用于公益广告的情况较多，商业广告较少采用。

二、广告设计组成要素策划

广告设计的目的是将广告作品以独特的创意展示出来，用以吸引目标消费者的眼球，刺激他们产生购买意愿，从而为企业带来盈利。所以，广告设计需要设计出优秀的广告作品，并兼顾目标消费者与企业的双方需求。广告设计组成要素分为三类：广告创意、广告内容和视听效果。

（一）广告创意

1. 广告创意的概念

广告创意是指通过独特的技术手法或巧妙的广告创作脚本，来突出体现产品特性和品牌内涵，并以此促进产品销售。广告创意包括垂直思考和水平思考。垂直思考用眼，想到的是和事物直接相关的物理特性。优秀的广告创意立即冲击消费者的感官，并引起强烈的情绪性反应，是降低购买阻力、促进消费行为的有效因素；而拙劣的创意，只会引起消费者的反感，使消费者对商品的美感度下降，并最终导致消费者终止对该品牌的购买。

广告创意即广告的创造性思维活动，它是广告定位的表现，广告定位是广告创意的前提。广告定位解决了"做什么"，广告创意则是解决"怎么做"，广告定位是为企业和产品创造特色，树立独特的形象，满足消费者的某种需要和偏好。而广告创意就是要将这种特色、独特的形象以富有创新、不拘一格的方式、手法表现出来。

2. 广告创意的基本原则

广告创意是广告策划的灵魂。在广告创意过程中必须运用创新思维，为此，应把握以下原则：

（1）简单性。

国际上流行的创意风格越来越简单、明快。一个好的广告创意表现方法包括三个方面：清晰、简练和结构得当。简单的本质是精练化。广告创意的简单，除了从思想上提炼，还可以从形式上提纯。简单明了绝不等于无须构思的粗制滥造，构思精巧也绝不意味着高深莫测。平中见奇，意料之外，情理之中往往是传媒广告人在创意时渴求的目标。

（2）冲击性。

在令人眼花缭乱的报纸广告中，要想迅速吸引人们的视线，就必须在广告创意时就把提升视觉张力放在首位。平面视觉广告、3D 制作、摄影艺术与电脑后期制作等，拓宽了广告创意的视野，产生了强烈的视觉冲击力，给观众留下了深刻的印象。

（3）新奇性。

新奇是广告作品引人注目的奥秘所在，也是一条不可忽视的广告创意规律。有了新奇，才能使广告作品波澜起伏、奇峰突起、引人入胜；有了新奇，才能使广告主题得到深化、升华；有了新奇，才能使广告创意远离自然主义向更高的境界飞翔。

（4）包蕴性。

吸引人们眼球的是形式，打动人心的是内容。独特醒目的形式必须蕴含耐人思索的深邃内容，才拥有吸引人一看再看的魅力。这就要求广告创意不能停留在表层，而要使"本质"通过"表象"显现出来，这样才能有效地挖掘读者内心深处的渴望。

（5）渗透性。

人最美好的感觉之一就是感动。感人心者，莫过于情。出色的广告创意往往把"以情动人"作为追求的目标。如公益广告"你是否考虑过他们？"的画面，就是以两个农村孩子渴望读书的眼神和教室一角破烂不堪的课桌椅为背景，已审核报销的上万元招待费发票紧压其上，引发读者强烈的心理共鸣。农民挣一分钱是那么不容易，而有的人用公款招待却大手大脚。如果我们每人省下一元钱，就可以让更多的贫困孩子实现读书梦。由于这个公益广告的情感表达落点准确、诉求恰当，因而获得了当年某省新闻奖一等奖。

总之，一个带有冲击性、蕴含深邃内容、能够感动人心、新奇而又简单的广告创意，首先需要想象和思考。只有运用创新思维方式，获得超常的创意来打破读者视觉上的"恒常性"，并寓情于景、情景交融，才能唤起广告作品的诗意，取得超乎寻常的传播效果。

【实例8-4】 　　　　**百年润发创意广告——青丝秀发，情系百年**

这是一则很古老的广告，讲的是一名爱好听戏的青年男子和戏剧女演员之间唯美的爱情故事。男子总喜欢帮着女演员卸妆及洗头发，并且在女演员的镜子上写上了"百年好合"以暗暗表白。可之后，戏班解散了，女演员也离开了；男子也要离开他们曾经在一起的地方。就在两位主人公被来往的人流冲散的时候，二位主人公又在一次机缘巧合下重逢。此时，广告响起画外音：如果说人生的离合是一场戏，那么百年的缘分更是早有安排。青丝秀发，缘系百年。

这则广告既代入情感，又具有内涵，给人的感觉就是唯美、真实、自然，突出了品牌形象，具有极佳的广告创意。

资料来源：https://wenku.so.com/d/43ca882bc161e74fb0d359609dd97c5b.

（二）广告内容

广告设计包含主题、文案、图形要素、听觉形象要素、标识、品牌展示等内容。

1. 主题

广告主题是广告的中心思想，已在前文描述，在此不赘述。

2. 文案

文案是辅助广告主题对产品、活动内容等的文字说明，能够直接或间接激发受众产生购买行动，要求简洁凝练、主旨突出、通俗易懂。一份好的文案能够描述广告目的、产品特点等内容，直击消费者的内心，引起共鸣。但需注意，广告文案要全力突出广告主题和销售卖点，产品的一般属性特征等可以略去，不需要面面俱到，大而全反而无法给目标消费者留下深刻印象。

3. 图形要素

消费者每天接收到的广告信息众多，所以广告仅靠文案是远远不够的，图画能够带给消费者视觉上的冲击，它以色彩丰富的设计与饱含艺术元素的创意带给消费视觉上的震撼力。图画元素是文案必不可少的补充。

4. 听觉形象要素

在广播、电视、网络视频等动态类广告中，听觉形象要素是不可缺少的，包括广告词和广告音乐。通过声音传递的广告词需要口语化、简明易懂、易记，突出重点。广告词的要求比广告文案更严格，因为它是转瞬即逝的，稍有一点失误都会影响广告的传播效果。广告音乐具有营造气氛、突出情感的作用，能够激发受众的兴趣，如果广告音乐选择恰当，能够起到促使广告受众共情的作用。

5. 标识

标识是一个企业或产品的载体，是具有企业特征性的符号，它代表了企业的品牌形象，具有高辨识度，在广告作品中需突出显示。

6. 品牌展示

广告设计中对品牌的展示不仅是突出产品特征的一种方式，而且是对企业品牌的一种重要宣传与推广，是扩大品牌知名度、树立品牌形象的重要手段。

（三）视听效果

广告设计中的广告创意与广告内容要有一定的冲击力和辨识度，通过画面、声音等视听元素的融合，激发消费者的购买欲望。

广告创意、广告内容和视听效果在广告设计策划中发挥着重要作用，缺一不可，只有将三者有效融合，才能充分发挥广告设计的目的。

三、广告设计表现手法策划

广告创意用巧妙的设计与艺术表现手法展现出来，才能给广告受众留下深刻的印象，提高他们的记忆效果，从而达到传播效果，实现广告目标。常用的广告设计表现手法有：

（一）直接展示法

直接展示法是运用摄影、绘画等较为细腻的技巧，将广告主题或产品直接展示在广告版面上，通过渲染产品的质感、形态和用途等特征，将其精美地呈现出来。

（二）对比衬托法

对比衬托法是将广告作品中所呈现的事物的特征与性质以鲜明对比的方式展现，可以是视觉的对比，也可以是听觉的对比，用以强调或者提示该产品的性能特色，从而给广告受众留下深刻印象。

（三）合理夸张法

夸张是在常规中追求新奇的变化，合理夸张法是通过虚构的方式，把广告对象的特点和特性夸大化展现，为广告受众带来新奇与变化的趣味，增加他们的记忆。

（四）运用联想法

通过饱含深意的广告语以及充满创意和富有联想的画面，让广告受众产生突破时空界限的丰富联想，从而让广告受众与广告主题产生情感共鸣，加深画面的意境。

（五）幽默法

幽默法是发挥广告作品的艺术感染力，营造耐人寻味的幽默意境的方法。幽默法能够引发广告受众会心的微笑，通过幽默达到意料之外又在情理之中的广告效果。

（六）比喻法

比喻法是在广告设计过程中，选择两种有类似但又不相同的事物，以此物喻彼物，从而获得婉转表达的艺术效果的方法。比喻法较委婉含蓄，不会一目了然，但领会其意思，便能产生深刻的记忆。

【实例 8-5】　　　　多芬创意广告：你不化妆不修图的样子，真美

随着当今科技的不断发展，人们在自拍时越来越依赖于美颜带来的"完美"体验，事实上你真的和美颜照片中的你是同一个人吗？还是虚荣心在作祟？

但究其原因，也不能以偏概全地把所有责任都归向自己，社会环境的因素也很重要。如今无论是男性还是女性，对于网络社交的压力也越来越大，每个人都希望自己拥有完美形象，最终也导致了审美"内卷"的趋势。

最近，多芬（Dove）就在针对女性美与自尊问题的广告战役中，把矛头指向了自拍时的过度修图美化，用一支创意广告片向人们表达了这种审美是一种畸形文化。影片中，我们看到了一场倒放的自拍过程。一开始，一位"女士"在社交媒体上发布了自己一张美丽的照片，她拥有着完美的发型、无瑕的皮肤和妆容，甚至看起来丝毫不输给大牌女星和超模。

而一切突然开始倒放，我们看到了照片中所有的元素，包括滤镜、调整和润色，最后到卸妆的时候，我们看到了图像背后的真实——一个年轻的少女，她看起来一点也不像一开始照片中的女性。

片尾的字幕表达了一切：社交媒体的压力正在伤害女孩们的自尊，让我们扭转这一切吧。

实际上，这则广告是对 2006 年多芬《Evolution》广告的一次升级与延续，《Evolution》展示的是把一个普通女性变成广告牌模特要经历的过程，当时的创意代理是奥美多伦多。

15 年前多芬的这支广告片就宣扬女性要回归美的本真，勇敢做自己，对比起今天的创意来说更具有前瞻性，但如今的广告片的创意也在进步，剧情倒放的设计增加了整部影片的悬念以及制造了对比，此外也不难看出 15 年前人们着重化妆技术，现在有了修图科技的加持，化妆更加简单化了。

多芬执行副总裁 Alessandro Manfredi 表示："在我们标志性的《Evolution》短片推出 15 年之后，这部新电影再次解决了'照片失真'的问题，但这一次更注重通过修图的应用程序表达。如今，社交媒体已经成为我们日常生活的一部分，照片失真的情况比以往任何时候都要多。曾经只有专业人士才能使用的修图工具，现在年轻女孩甚至只需按下一个按钮，就可以肆无忌惮地使用。"

这则广告将观众引导到多芬制作的登录页面，在那里，父母可以找到给孩子关于自拍的建议，还可以下载一套工具，帮助他们应对社交媒体的负面影响。

资料来源：根据《多芬创意广告：你不化妆不修图的样子，真美》（https://www.madisonboom.com/article/329049）整理。

四、广告投放策划

广告投放策划是广告策划人员对广告投放策略、广告投放周期等的总体设计和安排。

（一）广告投放策略

广告投放策略以产品或品牌的传播目标为前提。从市场推广的角度，产品的主要周期可以分为市场启动期、成长期、成熟期和衰退期。不同时期的宣传目的有提升产品的知名度、提升品牌的美誉度、树立品牌形象等，不同的宣传目的，采用的广告投放策略会大相径庭。

1. 集中式投放策略

在特定区域、特定时刻及特定媒体总量的限制之下，广告投放能产生一种挤出效应。也就是在广告版面总量为 100 的情况下，A 企业投放总量 80 的广告，其他企业只能投放剩余的 20。如果 A 企业投放总量再提高，其他企业所能投放的广告版面便相应减少。房地产是竞争非常激烈的行业，每日媒体上所刊登的楼盘广告信息多不胜数。A 企业在短时间内进行集中式投放，既能提高自身的曝光率，也让其他楼盘没有机会打广告，让消费者只能看到 A 企业，所以其结果也是非常有效的。

这种集中式的广告投放并非适合所有的企业及产品的市场推广。只有产品信息相对透明、企业无须花长时间培养市场对产品的认识，同时市场上同类产品竞争激烈，众声喧哗、小打小闹广告投放很难见效果的情况下，才可以考虑使用此策略。

2. 连续式投放策略

连续式的投放策略其优势就在细水长流般地将产品或者品牌渗透进消费者脑海中，使他们对产品的印象与好感持续增加。当然，这种投放策略需要企业有较长远的广告预算，同时也要预防后进的竞争对手以高强度的广告投放进行包围及拦截。这些都是在制定连续式投放策略所要考虑的。

3. 间歇式投放策略

对于一些在市场已经非常畅销，或者品牌知名度相当高的产品，许多人认为已经无投放广告的必要。在他们看来，广告的最大目的就在于传达产品信息及树立品牌形象，既然产品已经众所周知且品牌形象良好，何必再浪费额外的广告费呢？但是，广告投放除了以上两大功能外，同样承载着一个非常重要的功能，那就是消费者情感唤醒的功能，这就是间歇式投放策略。像可口可乐、百事可乐、微软、IBM 等行业巨头，无论是公司还是其主打产品，绝大部分的消费者都耳熟能详，而且，其品牌号召力也是非常大的。但是，除了在新产品面世时的正常广告投放外，我们还能时不时地在有关媒体上见到这些公司的产品广告信息。这种间歇式的广告投放策略其目的显然不再只是产品本身信息的传达，更是负担着唤醒消费者与产品之间的情感沟通。

从市场推广的角度看，间歇式的投放策略适合于产品的高度成熟期，消费者对产品的记忆与好感只需间隔性地提醒，而无须密集地接触。而广告投放的间歇期的长短，则要视市场竞争的激烈程度的大小而定。

（二）广告投放周期

在进行广告投放时间的安排上，应与市场推进的节奏相匹配。通常广告投放周期分为三个阶段：

1. 引导期

引导期是初期的广告信息传播阶段，宣传重点在于引起消费者的好奇心，吸引受众的注意力。

2. 强销期

当产品投放市场后，即进入强销期。媒体投放的重点在于加快推进销售进度，将关注度转化为购买行为。这一时期的广告投放密度较高。

3. 续销期

产品进入成长期后，即进入广告信息传播的续销期。为了培养品牌忠诚度，稳定产品的销量，或进行局部地区的渗透，需要维持广告投放的强度。

第五节　广告效果及其评估

一、广告效果的含义及分类

（一）广告效果的含义

广告效果是广告作品通过广告媒体的传播后所产生的作用，它是在广告活动中通过消耗和占用社会劳动而获得的效果。

广告效果受多方面因素的影响，这就决定了广告效果的复杂性。广告效果必须经过一段时间的播放之后才能反映出来，具有一定的迟效性。为了有效地对广告效果进行评估，必须先对广告效果进行科学的分类，再根据不同类型的广告效果采用不同的测定方法，这样才能取得良好的测定效果。

（二）广告效果的分类

按广告效果的性质，分为广告的经济效果、广告的心理效果和广告的社会效果。

广告的经济效果主要指的是广告的销售效果，即广告宣传对于产品或劳务的销售促进和利润增加所带来的效果。

广告的心理效果指的是广告对受众心理产生的反应以及对销售促进所产生的影响。心理效果又称为广告报道效果。

广告的社会效果是指广告作品对社会道德、风俗习惯和语言文字等方面的影响。

二、广告效果的评估

按广告的活动过程，可将广告效果评估分为事前评估、事中评估与事后评估。

广告效果的事前评估包含了市场营销调研中的产品分析、市场分析与消费者分析，此外，还需要探究目标消费者的购买心理与动机以及设法检测广告信息在传播过程中所起的作用。这就是文案测验，目的在于确定创作途径并选取最合适的传播信息。

广告效果的事中评估的目的在于使广告战略和战术能够按照计划执行，不偏离目标，即使出现偏差，亦能及时修正。

广告效果的事后评估在于分析与评估广告投放后的效果。并以此作为企业管理者决策的参考依据以及广告预算分配的基础。

（一）广告效果的事前评估

1. 亲身访问

亲身访问是一种传统的方式，其程序相对简单，访问的场所可以在机场、码头，也可以在百货商店等地。亲身访问的关键在于先找到目标人群，再去做访问。

2. 焦点小组

焦点小组指的是小组的注意力都集中在所评估的产品类别、策略上等。从目标市场中请8～12人组成受访小组，由一位训练有素的访问者指导他们集中讨论一个设定好的题目。讨论情况会被录音，讨论会后由访问者或一位解释者对讨论录音进行分析，形成讨论小组的共同意见。这种解释通常可以洞察小组成员的内心感受，确定他们是如何描述产品的以及他们对目前所使用的语言表达方式的认可情况。

3. 消费者固定调查户评估法

消费者固定调查户选择比较灵活，只要是可能购买某产品或劳务的消费者都可以作为调查户，选择好消费者固定调查户后，将其暴露于广告草图、毛片或完稿的广告作品之下，请其对广告作品进行评估。

4. 评定等级测试法

评定等级测试法是受测试者把要测试的广告按照某种顺序排列。顺序标准可以多样，普遍采用的是按广告说服能力高低排序。常用的问题有：你认为提供的这些广告中哪一个最有可能被你阅读？哪一个广告能够让你信服某产品是高品质的？除排序外，还可以让受测者说出为何选择某一广告，或者他们认为这则广告优于其他广告的原因，这有利于调研人员了解受测者做出这种决策的原因。

5. 投射法

投射法有字谜拼图、字词联想、角色扮演以及填句等方式。以字谜拼图为例，给受测者一份不完整的广告，如去掉标题，或缺少配图，然后再给受测者几个备选的标题或配图，让他们选择出最合适的标题或配图，将广告补充完整，以被选中次数最多的标题或插图作为有效。

（二）广告效果的事中评估

1. 销售地区试验法

销售地区试验法也称为试测市场测验，属于实地试验法的一种，也是一种比较直接的预测广告效果的方法。销售地区试验法是将销售地区划分为试验城市和控制城市，然后在新的广告运动开始的一个月或一个半月前，先在试验城市进行新的广告运动，而在控制城市控制住与试验城市大体相同的环境条件，但并不发布新的广告。最后将试验城市与控制城市两者在广告活动前后的销售量加以统计比较，便可测定新的广告的相对效果。

这种方法能够比较客观的实地测试广告的效果，特别适用于周转率高的商品，如流行商品、节令商品等。

2. 函索测定法

函索测定法是通过邮寄调查，检测不同广告作品、文案等在不同广告媒体上的效果。在不同媒体上刊登两个或两个以上的广告，其中一个广告的构成要素（标题、色彩等）不同于另外一个广告。每个广告中都包含两个项目：一是广告主为了获得消费者对其广告做出反应而做的邀请或提供物；二是便于核对广告及其所刊登的媒体的编号。常见的提供物有赠券，上面包含便于消费者填写寄回索要赠品或其他资料的内容，编号可以是函索表格上的一个记号，也可以是编制的一个号码。函索表格寄回后，广告主可以根据编号确定是哪一个媒体刊登的广告产生的效果，最后判断哪个广告、哪个标题或哪种媒体更有效。

（三）广告效果的事后评估

广告效果的事后评估可以从销售效果、心理效果两方面进行。

1. 销售效果的事后评估

销售效果的事后评估一般采取实地调查法，即调查广告产品在市场上的占有率、销售量及使用状况等的记录信息，并将其与同期广告量进行对比，以时间序列或相关分析来评估广告的效果。常用，使用事前事后评估法和小组比较法。

（1）事前事后评估法。

事前事后评估法是实际调查广告活动开展前后企业产品的销售情况，以事前事后的销售额、利润额结合广告费等因素，作为衡量广告效果的指标。

（2）小组比较法。

小组比较法中常用广告效果指数法与相关系数法。

①广告效果指数法。从看到广告而购买的人当中，减去因广告以外影响而购买的人数，得到真正因广告而唤起购买的效果，将这个人数除以全体受调查的总人数所得的值，即广告效果指数（AEI）。

②相关系数法。一般情况下，相关系数在0.20以下为低效果，在0.20~0.40为中等效果，在0.41~0.70为较好效果，在0.70以上为高效果。

2. 心理效果的事后评估

广告对受众心理活动的影响主要反映在消费者的认识过程、情感过程和意志过程上。广告心理效果的事后评估建立在广告心理目标的基础上，即接触率、知名率、理解率、购买意图率等基础上。常用的方法有以下几种：

（1）认知测定法。

认知测定法主要用来测定广告效果的知名度，即受测者对广告产品或品牌等的认知程度。最有名的方法是丹尼尔·斯塔齐所倡导实行的读者率调查。它是随机抽取调查对象，再由调查人员进行访问调查，如果调查广告是刊载于报纸上的，那么必须于报纸发行次日进行调查，因为时间间隔久了会影响受测者的记忆效果；如果刊载媒体为杂志，那么就要在杂志下期出版前进行调查。由调查者出示报纸或杂志，并询问受测者是否看过这则广告，如果看过，再问是否读过广告中的某部分，以此逐步询问广告中的各类要素，再根据调查结果将受测者分为注目者、阅读者和精读者。最后分别统计出三类受测者在广告费单位成本中所占人数。如果精读者所占人数最多，则表示广告效果佳。

（2）回忆测定法。

回忆测定法用于了解广告的冲击力和渗透力。具体来说，就是测试调查受测者能够回忆起多少广告信息，以及他们将产品、创意与广告企业联想在一起的能力，甚至是他们对广告的信任程度。

由调查人员询问受测者对测试广告所能记得的内容，有时调查人员需要给予受测者一定的辅助，这就是辅助回忆测定。常见的方式是让受测者在测定的杂志上看到所被问及的广告，或者让受测者看到杂志封面，请他们说出所记得的广告，再让他们看到有品牌名称或广告主企业名称的卡片，请他们指出记得的内容。然后调查人员再将杂志打开，对受测者做查证工作。询问得越复杂、层次越深，所能收集到的情报信息也越多，就越能够证实所刊广告的效果。

（3）态度测定法。

态度测定法主要用于测试广告心理效果的忠实度、偏爱度以及品牌印象等。态度测定法主要采用问卷、内部检核表、语义差异法、评分量尺等方式。语义差异法是由美国伊利诺伊大学的奥斯吉等研究制定的，主要用来判断受测者对广告的印象与广告创作者的本意是否相一致。如测试广告中的人物给受测者留下的印象如何，可以通过消费者在提供的一系列相反的评语中进行挑选而进行统计得到，如健康—衰老、美丽—丑恶、快乐—忧伤等，并从反义词中标出若干等级。

【知识训练】

一、重点概念

广告策划　广告定位　广告效果　广告投放策略

二、思考题

1. 广告策划的原则是什么？如何理解广告的实事求是原则？

2. 广告媒体的选择需要考虑哪些因素？如何进行广告媒体的选择？

3. 常用的广告定位的方法有哪些？

4. 广告设计组成要素包括哪些方面？为什么说广告创意是广告策划的灵魂？

【能力素质训练】

一、案例分析

青丝秀发，缘系百年

近年来，中国广告取得了令世人瞩目的成就，在数不胜数的广告中，"百年润发"电视广告品牌形象的独特定位、商业性和文化气质的完美结合，以及给人心灵的震撼，堪称具有中国特色的经典之作。

"百年润发"的电视广告共分六个镜头：

镜头一，从大院门前的一棵树开始，在一群孩子的嬉笑声中，画面里出现一个风尘仆仆的男人正抬头仰望门前的那棵大树。镜头跟随男人走进大院，大院内一群人翻滚打踢，看得出是在练习京剧。男人的眼神恍惚，似乎看到前尘往事。

镜头二：锣鼓声起，场景切换。台上美丽的刀马旦一个对打出手亮相，她妩媚飒爽，上演百般武艺。台下一男人起身站立，忘情鼓掌。女旦回眸亮相，眼光不离带头使劲鼓掌的男人。

镜头三：场景切到后台，男人用红漆在镜上含笑写下"百年好合"，镜子里是一个女人无限羞娇的容颜。

镜头四："串串相思，藏在心里。"音乐起，男人手提玻璃罐，俯身倒水，水珠带着男人的柔情蜜意缓缓流到女人乌黑的青丝上，女人抬头望着男人，脸上满满的幸福。

镜头五：青山白雾，场景再切。戏台拆迁，男人急促赶到时，已人去楼空。苍茫的古道上，女人在马车上回首遥望，风吹乱一头长发。湍急的人流里，火车笛鸣，男人依依难舍，登上火车作别故乡，从此人各天涯。苍凉的京戏拉长调子吟唱："相爱永不渝，忘不了你。"

镜头六：场景回到大院内。多年之后，男主角回到故里，同样的四合院，同样唱戏的人们。人面何处去，近乡情更怯，不敢问来人……几个头发湿漉的女人从男人身边走过，男人望着她们，似有所思。不远处，一女人手捧脸盆，正凝视着男人，男人一个不经意地回眸，却发现梦中相见多少次的她，依然站在那熟悉的巷口。故地重逢，恍若隔世。

此时配以画外音："青丝秀发，缘系百年"，然后推出产品："100 年润发，重庆奥妮！"——把中国夫妻从青丝到白发、相好百年的山盟海誓都融入了"100 年润发"中。

请分析：

"百年润发"广告采用了哪些表现手法，其创意的成功之处主要体现在哪些方面？

二、实训项目

选定一个欲进行广告宣传的产品，编制广告策划方案。

要求：以分组方式进行，每组5~7人。选定产品后，从市场调查开始着手，根据调查结果确定广告目标，编制广告预算，制定广告策略，设计广告文案，确定广告发布计划，最后形成一份完整的广告策划方案书。

第九章　公共关系策划

【学习目标】

知识目标：

1. 了解公共关系策划的概念、特点及原则。
2. 理解公共关系策划的内容与程序。
3. 掌握常见公共关系专题活动的策划要点。
4. 掌握公共关系危机的处理策略。

能力素质目标：

1. 会正确使用公共关系策划的工具。
2. 能结合特定社会经济现象策划公共关系专题活动。
3. 培养创新精神，树立危机意识，诚信开展公关策划。

【导入案例】

川航打造英雄故事，品牌危机变转机

　　2018 年 5 月 14 日发生了一起全球震惊的飞机事故，川航 3U8633 航班在飞行过程中驾驶舱右座前挡风玻璃破裂并脱落，驾驶舱失压，气温迅速降到零下 40 多度，仪器多数失灵，甚至一度将副驾驶吸出机外。面对险情，川航机长刘传健凭着过硬的技术使飞机成功着陆，机上所有旅客安全落地。

　　险情过后，川航官方迅速掌握新闻发布主动权，对具体的事故险情一笔带过，而将重点放在"致敬英雄"和称赞"奇迹"上。之后不管是媒体还是网友，都开始歌颂英雄机长的事迹，而导致飞机故障的原因和川航管理问题则被放在一边，连川航的食品都被拿出来大夸特夸，还有网友表示以后都要坐川航。川航及时有效的新闻传播处理将一场品牌危机转变为提升品牌形象的良机。

　　资料来源：改编自《2018 十大教科书级别公关案例》（https://www.wenanka.com/post/32414.html）。

第一节　认识公共关系策划

一、公共关系策划概述

（一）公共关系策划的概念

公共关系策划，简称"公关策划"，是营销策划人员根据企业形象的现状和目标，在对公众进行系统分析的基础上，利用已经掌握的知识和手段对公共关系活动的整体战略和策略进行规划，它包括了谋划并设计公共关系战略、举行专题活动和选择具体公共关系活动的最佳行动方案等过程。

在公关策划活动中，组织目标是公共关系策划的原动力，公众心理是公共关系策划的主战场，信息个性是公共关系策划打入市场的"金刚钻"，审美情趣是公共关系策划方案深入人心的"金钥匙"。公关策划属于公关活动中最高的层次，是公共关系价值的集中显现，更是公共关系竞争制胜的法宝。

（二）公共关系策划的基本特点

1. 针对性

公共关系策划是在审时度势后，根据组织或公众的某种特殊需要而举办的。不同的组织需要策划不同的公共关系方案；同一组织在不同的外部环境条件下需要策划不同的公共关系方案；同一组织在同一个外部环境但不同的自身条件下，也需要策划不同的公共关系方案。

2. 传播性

公共关系活动的策划者把活动作为一个信息传播的载体，通过活动内容把信息传达给活动参与者，并且进一步通过参与者的人际传播和大众传播媒介把信息传播到更大的范围。

3. 协调性

公共关系活动的协调性表现在活动过程的各个方面与各个环节，主要体现在以下三个方面。第一，目的与内容的协调。一个既定的目的，要通过内容来实现，只有这两者之间相互协调，策划构思才能实现。第二，内容与活动形式协调。公共关系活动形式多样化，不同活动形式服务于不同的内容，需取得活动主题、活动内容、活动形式的统一性与协调性。第三，实施操作管理的协调。在实施管理过程中，管理事项纷繁复杂，各个实施项目之间要综合协调，否则活动就不能实现既定的目的。

4. 效率性

公共关系活动讲求效率性，这主要体现在两个方面：第一，投入与产出的比例，一个活动应该衡量投入了多少人力和物力，以及能产生多少效益；第二，现代社会的人们有较强的时间观念，参与活动的公众既然付出了时间的代价，那么活动策划者就应该予以有效的回报。

5. 灵活性

公共关系活动方式多样，活动内容和规模大小根据需要而定，公共关系策划方案应该具有一定的灵活性，以便随着环境的变化和方案的实施进行有针对性的调整。

（三）公共关系策划的原则

企业在进行公共关系策划时需要遵守以下原则。

1. 求实原则

公共关系策划必须建立在对事实有了真实把握的基础上，并以诚恳的态度向公众如实传递信息。

2. 系统原则

在公共关系策划中，应将公共关系活动作为一个系统工程来认识，并按照系统的观点和方法予以谋划和统筹。

3. 创新原则

公共关系策划必须打破传统、刻意求新、别出心裁，使公共关系活动生动有趣，从而给公众留下深刻而美好的印象。

4. 弹性原则

公共关系活动涉及的不可控因素很多，任何人都难以把握，只有留有余地才可进退自如。

5. 伦理道德原则

无论是公共关系活动的策划者还是从业人员，都需要按照社会的伦理道德规范行事，对自己要有严格的道德要求。

6. 心理原则

策划者需要将心理学的一般原理应用在公共关系策划中，正确把握公众心理，按公众的心理活动规律，因势利导。

7. 效益原则

公共关系策划要以较少的费用，去取得更佳的效果，达到企业预先确定的目标。

二、公共关系策划的注意事项

（一）以组织目标为核心

公关策划为组织目标服务，偏离组织目标的策划行为是对组织资源的浪费。

在公共关系策划开始时就必须确定主题、媒介、标志、广告词、理念、资金量和来源、持续时间等，而这一切都要围绕组织目标进行。评估一个公共关系策划方案的好坏，要看其能否实现组织目标，以及其能在多大程度上实现为总目标服务的公关目标。要研判公关策划目标，一方面需要在公共关系活动立项前充分了解组织的目标并迅速将目标归类分析，列出公共关系活动策划的目标系统；另一方面需要在公共关系活动中保持一定的灵活性与应变性。

（二）以公众心理为主战场

公众心理研究是公共关系策划的依据之一。首先，这是由公共关系的性质决定的。公共关系工作面对的客体是公众。公众心理研究成功与否决定了公共关系的策划效果的好坏。其次，这是由社会和时代发展决定的。公众需要的多样化，其根源在于心理需要的多样化，因此，研究公众的心理成为公共关系策略走向成功的必由之路。公众心理是公共关系策划综合评估的重要内容。

公共关系策划过程中要研究公众心理，就要先开展公众调查研究。调查后还要深入分析公众处于什么层次，诉求点应放在何处，公众心理的主要倾向是什么。论证评估时，一定要讲清公众心理与组织目标的辩证关系。

（三）以信息个性为"金刚石"

信息个性是指公关策划所要传播的信息要具有鲜明的个性，要明显区别于同类其他信息，且是不可替代的。信息个性是公关策划获取竞争优势的需要。若公关策划没有好的创意、没有信息个性，就会被信息的汪洋大海所淹没。任何组织要赢得公众，就必须满足信息个性化需求。因此，公关人员在策划伊始就必须着眼于策划的信息个性。比如，公关策划要突出个性，就可以将组织名称嵌进信息传播口号，使组织特色一目了然。

（四）以审美情趣为"金钥匙"

审美情趣是公共关系策划的起点之一。要想使公众满意，不仅要考虑公众的审美水平、审美感知、审美评价、审美享受和审美意识的层次；还要注意到审美的关系，即美与美感、内容与形式、主体与客体的关系，方案设计者与方案接受者的审美关系等。公关策划人员应充分了解公众的文化背景，运用心理学、美学、哲学的观点，考虑多方面的审美效果。

第二节　公共关系策划流程和策略

一、公共关系策划流程

公共关系策划是一项系统工程，它包含多种层次的内容，其流程如图 9-1 所示。

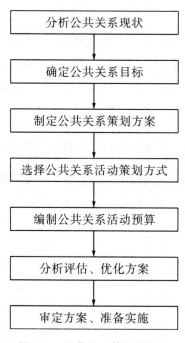

图 9-1　公共关系策划的流程

（一）分析公共关系现状

公共关系策划人员被称为"开方专家"。他们进行公共关系策划的第一步，就是综合分析在公共关系调查中收集到的信息资料，对组织进行诊断并找到问题，只有这样才能"对症下药"。

（二）确定公共关系目标

公共关系目标是公共关系策划所追求和渴望达到的结果。目标规定了公共关系活动要做什么、要做到什么地步和要取得什么样的效果。公共关系目标是公共关系全部活动的核心，也是公共关系策划的依据和方向。

（三）制定公共关系策划方案

一旦确定了公共关系目标，便可制定具体的公共关系策划方案。一个完整的公共关系策划方案应包括以下基本要素。

1. 目标体系

公共关系目标不是一个单项指标，而是一个目标体系。策划人员应当对总目标进行分解，形成一系列的操作目标。

2. 公众对象

任何一个组织都有其特定的公众对象，确定公众对象是制定公共关系策划方案的首要任务，只有确立了公众对象，才能选定需要的公共关系媒介及公共关系活动模式，从而将有限的资金和资源科学地分配使用，取得最高的效益。

3. 确定公共关系传播的媒介

媒介的种类很多，不同的媒介各有所长，也各有所短。只有选择恰当的媒介，才能取得良好的效果。

4. 确定时间

制订一个科学的、详尽的公共关系计划时间表。公共关系计划时间表的确定，应和既定的目标系统相配合，按照目标管理的办法，形成一个系统的时间表。对于活动的起始时间，公共关系人员要独具匠心，抓住最有利的时机，以取得事半功倍的效果。

5. 确定地点

安排好每一次活动的地点。每次公共关系活动要用多大的场地、用什么样的场地，都要根据公众对象的人数、公共关系项目的具体内容和组织的财力预先确定。

【策划视角9-1】　　某房地产企业2022年世界杯公关策划方案

活动概述：全民狂欢的世界杯激战正酣，不管你是真"球迷"还是假"围观"，反正这个秋冬注定有球就不孤单。

活动目标：

1. 借势2022年世界杯打造足球狂欢嘉年华系列活动，聚集市民眼球，以此吸引目标客户，促成项目销售

2. 在秋冬为广大球迷朋友们提供一个观赛好去处，吸引客户大量来访并停留

公众对象：自然到访客户、邀约客户、新老业主。

传播媒介：企业微博官方账号、微信公众号、电话邀约。

活动时间：2022年11月20日—12月18日。

活动地点：××企业房地产营销售楼处。

资料来源：由编者按照"公共关系策划方案模板"整理。

（四）选择公共关系策划的活动方式

公共关系策划活动模式多种多样，究竟选择哪一种活动模式，要根据公共关系的目标、任务，公共关系的对象分布、权利要求等具体内容确定。常见的公共关系策划的活动方式有以下几种。

1. 宣传型公共关系策划

宣传型公共关系策划活动方式的特点是采用各种媒介，传递组织信息。因此，当组织要提高知名度时，一般会采用此种模式。宣传型公关策划的特点是主导性强，时效性强，传播面广，推广组织形象见效快，有利于提高组织的知名度。发新闻稿、开记者招待会、新产品展览、广告、演讲、板报等都属于这种模式。

2. 交际型公共关系策划

交际型公共关系策划活动方式主要是运用各种交际方法和沟通艺术，广交朋友，协调关系，缓和矛盾、化解冲突，为组织创造"人和"的社会条件。这种活动方式富有人情味，在加强情感联络方面效果突出，主要适用于旅游服务等第三产业机构。

3. 社会型公共关系策划

社会型公共关系策划活动方式主要是以组织的名义发起或参与社会性的活动，在公益、慈善、环保、文化、体育、教育等社会活动中充当主角或热心参与者，在支持社会事业的同时扩大组织的影响力。社会活动型公关策划的特点是社会参与面广，与公众接触面大，社会影响力大，形象投资费用也高，能同时较有效地提高知名度和美誉度。赞助各种文化体育活动、开展公益性和福利性事业等都属于这种类型。

【实例9-1】　　　　　　　　**人民需要什么，五菱就造什么**

2020年最感人的一句话莫过于"人民需要什么，五菱就造什么！"五菱集团公司为了抗击疫情，大量生产口罩，将广西德福特集团原有生产车间改建为了2 000平方米无尘车间，共设置14条口罩生产线，其中4条生产N95口罩，10条生产普通医用口罩。从想法提出到第一批口罩下线，仅用时3天，又一次刷新了五菱速度。五菱口罩不仅让世界见证了中国速度，更见证了民族企业的担当。有付出就会有回报，上汽通用五菱为抗击疫情做出的努力和贡献，也使其收获了满满的人气和口碑，五菱宏光也是民族之光。

资料来源：改编自网络资料（https://zhuanlan.zhihu.com/p/265704464）。

4. 服务型公共关系策划

服务型公共关系策划活动方式主要是以实际的服务行为作为特殊媒介，吸引公众，感化人心，获取好评，争取合作，使组织与公众之间关系更加融洽、和谐，为组织提高社会信誉。这种活动方式主要以提供各种服务来提高组织的知名度和美誉度，如消费指导、售后服务、咨询培训等。

5. 进攻型公共关系策划

进攻型公共关系策划活动方式是在组织与外界环境发生激烈冲突、处于生死存亡的关

键时刻采用的以攻为守、主动出击的一种公共关系活动模式。

6. 防御型公共关系策划

公共关系部门不仅要处理好已出现的公共关系纠纷，还要预防可能出现的公共关系纠纷。及时向决策部门反映外界的批评意见，主动改进工作方式，争取主动等，就是防御型公共关系活动模式。

7. 建设型公共关系策划

建设型公共关系策划活动方式是在组织创建初期，为了给公众留下良好的第一印象，提高组织在社会上的知名度和美誉度而采用的一种公共关系活动模式，如举办开业庆典、奠基仪式、免费参观等。

8. 维系型公共关系策划

维系型公共关系策划活动的主要目的是通过不间断的宣传工作，维持组织在社会公众心目中的良好形象。

9. 矫正型公共关系策划

矫正型公共关系策划活动方式是当组织遇到风险或组织的公共关系严重失调，使组织形象发生严重损害时所采用的一种公共关系活动模式。这种模式的特点是能及时发现问题，及时纠正错误，及时转变不良形象。

（五）编制公共关系活动预算

编制公共关系活动预算，首先要清楚地知道组织的承受能力，做到量体裁衣。公共关系活动预算的基本构成大体包括三类：一是行政开支，主要包括劳动力成本、管理费用及设施材料费；二是项目支出，即每一个具体的项目所需的费用，如场地费、广告费、赞助费、邀请费以及咨询费；三是其他各种可能支出，如突发性事件支出等。

（六）分析评估、优化方案

经过认真的信息情报分析，公共关系人员确定了公共关系目标，制定了公共关系策划方案。但这些方案是否切实可行、尽善尽美，就有赖于对方案的分析评估和优化组合了。对公共关系策划方案评估的标准有两条：一是看方案是否切实可行；二是看方案能否保证公共关系目标的实现。如果方案实施成功的可能性较大，且能保证策划目标的实现，便付诸实施，否则，便要对方案加以修正和优化。

（七）审定方案、准备实施

公共关系策划方案在经过分析评估、优化组合后，会形成书面报告，交由相关决策层进行最终审定决断，通过后方可准备实施。任何公共关系策划方案都必须经过本组织的审核和批准，使公共关系目标和组织的总体目标一致，以便使公共关系活动和其他部门的工作相协调，从而得到决策层和全体员工的积极配合和支持。策划方案一经审定通过，便可组织实施。

二、公共关系策划的策略

公共关系策划的策略是指企业为获得公众信赖、加深顾客印象而用非付费方式进行的一系列促销活动的总称，简称"公关策略"。要提高企业公共关系工作的有效性，必须恰当运用公关策略。公关策略的选择，要以企业一定时期的公共关系目标和任务为核心，并能针对特定公众的不同特点来进行。

（一）新闻宣传

企业可以通过新闻报道、人物专访等方式，利用各种新闻媒体对公司进行宣传。新闻宣传不用支付费用，而且具有客观性，能取得比广告更好的宣传效果。但是新闻宣传的重要条件是所宣传的事实必须具有新闻价值。因此，企业必须十分注意提高各种信息的新闻性，使其具有被报道的价值。

（二）广告宣传

企业的公共关系活动中也包括利用广告进行宣传，这就是公共关系广告。公共关系广告和一般广告的主要区别在于：前者主要宣传企业的整体形象，而不是仅仅宣传企业的产品和服务；前者是以提高企业的知名度和美誉度为主要目的，而不是仅仅为了提高销量。公共关系广告一般又可以分为直接宣传企业形象的声誉广告和向社会倡导某项活动或提倡某种观念的倡议广告。

（三）自我宣传

企业还可以利用各种能控制的方式进行形象宣传。例如，在公开场合进行演讲；派公共关系人员对目标市场及公众进行游说；散发各种宣传资料，如公司介绍、商品目录、纪念册等；有实力的企业还可以创办和发行公司刊物，持续不断地对公司形象进行宣传，扩大公司的影响力。

（四）社会交往

企业应通过同社会各方面的广泛交往来扩大自己的影响，改善企业的经营环境。企业的社会交往活动不应该是纯业务性的，而应该突出情感性，以联络感情、增进友谊为目的。例如，对各有关方面的礼节性、策略性访问；逢年过节发礼仪电函、送节日贺卡等；还可以参加一些社团组织或者公益活动，同社会各有关方面发展长期稳定的关系。

第三节 公共关系专题活动策划

一、公共关系专题活动的概念及分类

（一）概念

公共关系专题活动又称为公共关系特殊事件，它是社会组织围绕某一特定主题进行的专题性的传播活动。在每次公共关系专题活动中，社会组织就某个方面同公众进行重点沟通，从而实现组织特定的公共关系目标。

（二）分类

公共关系专题活动有许多不同的类型，主要有以下几种划分方法。

1. 按公共关系专题活动的规模分类

根据活动规模和参与人数，可以分为大型系列活动、大型活动和小型活动。

2. 按公共关系专题活动的场地分类

根据活动举办的场地，一般可分为室内活动、普通室外活动和野外活动。

3. 按公共关系专题活动的性质分类

根据活动的性质，一般可分为商业性活动（商业促销活动、商业推荐活动）、公益性活动（环保、敬老、慈善、救灾活动等）、专业性活动（如科技、文学、艺术、体育等某一专业内容十分突出的活动）、社会工作活动（如道德示范、公民教育等属于社会工作范畴的活动）、综合性活动（如集各种性质于一体的活动）。

4. 按公共关系专题活动的形式分类

根据活动的形式，一般可分为会议型活动（新闻发布会、研讨会、洽谈会、交流会、鉴定会和培训类活动）、庆典型活动（如奠基礼、周年庆典、落成典礼、开业典礼、颁奖典礼、庆功会等）、展示型活动（如展览会、展销会、促销活动等）、综合型活动（如集各种活动形式于一体的系列活动）。

二、典型公共关系专题活动策划

（一）公共关系赞助策划

公共关系赞助是指组织通过无偿提供资金或物质对各种社会公益事业做出贡献，以提高社会声誉，树立良好社会形象的公共关系专题活动。公共关系赞助是最常见、最重要的公共关系活动之一，越来越多的营利性组织以自己收益的一部分回馈社会公益事业，既表示它们乐于承担一定的社会责任和义务，又能有效证明组织的经济实力，以获取公众的信任。

1. 公共关系赞助活动的类型

（1）从赞助的对象来看，可以分为环保赞助、文艺赞助、科教赞助、公益赞助和体育赞助等。

（2）从赞助的形式来看，可以分为组织参加型赞助和组织发起型赞助，前者是指对其他组织的赞助邀请做出响应，后者是指一个组织为实现某项公共关系目的而主动发起的赞助活动。

【实例9-2】　　　　　　　谁获得了奥运营销"金牌"？

体育赞助能够最全面、最强烈地体现出公关赞助的所有优越性，因而是当今最具魅力、最受厂商欢迎的赞助类型之一。2022年2月20日，被载入奥运史册的第24届冬季奥运会落下了帷幕。运动员们秉承"更快、更高、更强——更团结"的奥林匹克格言，在赛场上闪耀自我。而在赛场之外，另一场"奥运会"的成绩也即将揭晓，那就是运作奥运营销的赞助商以及非赞助商、大企业和小公司、外国企业和本土公司之间的商业较量。它们的竞争，同样也是体力与智慧的角逐，更是创意、财力和执行力的比拼。

"奥林匹克，只与体育相关。"现代奥林匹克奠基人顾拜旦的这一信念，在今天似乎已经很难实现，在无数企业将"奥林匹克"看作商业机会和营销契机的同时，它们也为"奥林匹克"注入了另一种活力和精彩。

瑞幸咖啡、元气森林获得"最佳代言人选择"金牌

近几年，很多品牌开始选择体育明星进行品牌代言，将品牌与体育拼搏精神相关联。在本次北京冬奥会之前，就有很多品牌签约冬奥会体育选手。由于是赛前签约，大家完全不知道谁会在冬奥会上夺冠，因此这种方式存在一定的押宝、赌注的风险。

瑞幸咖啡在冬奥会之前签约了谷爱凌，在她夺得自由式滑雪女子大跳台金牌后，瑞幸咖啡在第一时间进行了品牌营销，并迅速登上微博热搜。而另一个押宝选手——元气森林选择的谷爱凌、徐梦桃、苏翊鸣，也都获得金、银牌，甚至网友戏称元气森林已经"赢麻了"。

在本届冬奥会上，我们看到大量的品牌正在押注体育营销，通过体育明星，将品牌声势进一步扩大，从消费者端来看，他们也更加青睐体育明星代言和背书，较利于品牌提升好感度。

Lululemon、安踏成为"羽绒服走秀"大赢家

在冬奥会开、闭幕式上，各个国家代表团隆重登场，有许多网友都在关注运动员们身上的羽绒服，多个与"冬奥会羽绒服"相关的话题登上热搜。事实上，运动员所代表的国家队，会有专门的品牌与之合作，提供运动员比赛期间的定制服装。比如中国队是安踏、美国队是 Ralph Lauren、加拿大队是 Lululemon、韩国队是 The North Face、德国队是阿迪达斯等。

但很多品牌都没有想到，国家队身穿定制服装在冬奥会亮相时，有大量网友都被"种草"了，很多网友表示已经开始购买同款羽绒服了。比如，当加拿大队身穿 Lululemon 服装出场的时候，网友直呼："太好看了！"加拿大代表团成员从帽子、围脖、羽绒服、手套、长裤到靴子，很是体现枫叶之国的特色。另一个冬奥"羽绒服营销"赢家则是中国队，由中国本土品牌安踏设计的开幕式出场服装，是一袭中国红，搭配毡帽和国旗颜色的围巾，显得特别温暖和喜庆。

资料来源：改编自《拿下 45 家赞助商，冬奥营销"卷"起来了？》(https://www.thepaper.cn/newsDetail_forward_16720369)。

2. 公共关系赞助应该注意的问题

公关赞助对企业品牌提升的作用是其他促销形式无法比拟的，它的效果持久，十分有利于企业的长远发展。但公关赞助也存在一些不足：对企业产品的促销作用比较缓慢，对短期需要提高产品销量的企业没有太大帮助；费用较高，一次赞助几百万元甚至几千万元乃是稀松平常的事，几万元、十几万元的零星赞助根本不能引起人们的关注，新闻媒体也会缺乏报道的兴趣。因此，营销人员和公关人员在公关赞助活动过程中应注意以下问题：

（1）传播目标明确。

传播目标明确是指所赞助的项目必须适合本企业的特点和需要，有利于提高本企业的社会影响，或有利于扩大业务领域。

（2）受资助者的声誉和影响。

要认真研究和确认被赞助的企业、个人或社会活动本身是否具有良好的社会声誉，是否有积极、广泛的社会影响，保证赞助活动取得良好的社会效益。

（3）企业的经济承受力。

要考虑赞助额是否合理、适当，企业能否承担，避免做力不从心的事情。

（4）赞助方式切忌雷同。

一般来说，凡是符合社会及公众利益的赞助活动，都会引起社会各界特别是新闻界的关注。但是，如果能够以新鲜、别致的方式来实现赞助，效果必定会更好。

【策划视角 9-2】　　　　　　善因营销与赞助营销的对比

当前，如何选择营销传播活动成为企业关注的重要问题。以李宁和农夫山泉的善因营销和赞助营销活动为例，探究善因营销和赞助营销对品牌忠诚的影响机制并比较二者之间的差异。研究结果表明：善因营销和赞助营销对真有之情、应有之情和品牌忠诚的正向作用都很显著，且前者强于后者；真有之情和应有之情在善因营销和赞助营销对品牌忠诚的影响过程中都起到了中介作用。

由于消费者因善因营销产生的品牌忠诚大于赞助营销，所以企业在自身营销资源有限的情况下，若想赢得消费者对品牌的忠诚，更宜开展善因营销活动。这表明积极承担社会责任的企业能树立良好的形象、占据更大的市场。

企业在采取善因营销和赞助营销活动时应关注其可能引起的消费者的真有之情和应有之情，争取引起的真有之情和应有之情双高。激发真有之情和应有之情的营销策略和方式有许多本质的区别，企业可以借助一定的营销手段来表达对消费者的渴望、灵感和生活环境的理解，在消费者之间建立一定的社区归属感，进而激发消费者对品牌的真有之情；而激发应有之情通常需要借助象征主义或理性诉求的营销策略，有时也可借助消费者所处的外部因素（场合、家庭、地缘等）。

资料来源：董大海，马芳，宋晓兵. 善因营销与赞助营销对品牌忠诚影响的对比研究［J］. 科技与管理，2018，20（5）：6.

（二）新闻发布会策划

新闻发布会又称记者招待会，是一个组织集中发布新闻，树立或维护组织形象，引导舆论，扩大社会影响，搞好媒介关系的重要方法。它是一种两极传播，即先将消息告知记者，再通过记者所属的大众媒介告知公众。

1. 举办新闻发布会的注意事项

第一，是否具有召开新闻发布会的新闻价值，也就是主题是否确定。一般而言，企业新产品的开发、经营方针的改变、组织领导人的更换、企业的合并、组织的周年庆典、发生的重大事故等都可以成为新闻发布会的主题。

第二，选择发布会的最佳时机。最佳时机的选择，一方面要考虑企业自身的需要，另一方面要考虑社会形势，使自己的新闻发布会尽可能与社会大环境合拍，利用社会的声势扩大影响。

2. 新闻发布会的策划要点

（1）确定发布会的主题。

确定新闻发布会的主题很重要。主题的策划可以借势当前公众关注的新闻事件，确立相关性话题。

（2）确定邀请对象。

确定新闻发布会的目的和主题之后，信息发布的目标受众也基本确定。策划者要根据新闻发布会的主题有选择地邀请新闻记者来参加。发布会通常会邀请组织高层，甚至请最高领导发言，因此需要赢得组织高层和相关部门的理解与支持。

（3）确定发布会时间。

为了吸引更多的记者参加，一定要掌握好新闻发布会的时机。新闻发布会的持续时间不宜过长，通常半小时左右为宜，最好不要超过一小时。发布会一般要避开周末或假日，也要避开重要的政治事件和社会事件，因为媒体对这些事件的大篇幅报道会冲淡发布会的传播效果。

（4）确定发布会场地。

发布会场地的选择一般应综合考虑品位与风格、实用性与经济性、方便性与适宜性等具体要求。场地可以选择户外，也可以选择室内，一般以室内居多。比如在酒店举办新闻发布会，可根据需要选择不同的星级酒店，所选酒店的风格与发布会的内容要协调。同时，相关人员还要确定会议厅容纳人数、主席台的大小，投影设备、电源是否可正常使用，布景、麦克风是否可正常使用，相关服务如何，交通是否便利，泊车是否方便，等等。

（5）确定发布会流程。

发布会流程涉及迎宾、签到，分发资料；主持人宣布会议开始，介绍发言人、来宾和新闻单位；发言人发布新闻、介绍详细情况；记者提问、发言人回答；主持人宣布结束；参观或其他安排。

【策划视角 9-3】　　　　×××新闻发布会策划执行模板

- 新闻发布会流程设计（×月××日）

9:10	嘉宾报到，迎接
9:10—9:45	茶歇/看宣传片/（备用1个会议室，四楼）
9:45—9:50	嘉宾入场（由专人引导）
9:50—10:30	新闻发布会
10:30	活动结束，赠送礼物

- 新闻发布会程序

嘉宾、记者分别入座（由专人引导），主持人宣布新闻发布会开始，主持人介绍参加发布会的嘉宾和媒体记者，××领导致欢迎词，××领导宣读活动规则，××领导与嘉宾拉开慢布，邀请××领导讲话，记者提问，结束会议。

- 新闻发布会主题设计

主题：×××

- 新用发布会场地布置

会场地点：×××大厦会议厅

主题会标：×××新闻发布会

主题画面：巨幅彩喷画，主席台背景（具体内容由广告公司设计，由××领导审批）

主席台：设一排座椅（视主席台嘉宾人数而定），座椅前置小桌，配备台布，主持人前设1个有线话筒，主席台前设演讲台，配备2个有线话筒，鲜花1篮

记者、来宾席：设在主席台对面，记者来宾席每位备矿泉水1瓶，资料袋1个

根据需要配置音响设施（由广告公司负责）

- 报到、指引：凭请柬报到，发礼品券；大堂设置报到处，由专人负责接待
- 来宾车辆停放安排：指定地点、指定专人
- 录像、摄影：指定专人负责

资料来源：由编者按照"新闻发布会策划执行模板"整理。

（三）媒介事件策划

策划媒介事件不是指无根据地编造新闻，而是指有意识、有目的、有计划地根据新闻事件的特点，有效开展一些宣传组织形象的活动，以便引起新闻媒介的广泛报道。策划媒介事件在公共关系活动中具有特殊的重要意义，往往比投新闻稿、举办新闻发布会更能产生轰动效应和引起公众的注意。

1. 媒介事件策划的步骤

（1）活动调研。

在策划事件营销之初，一定要确定活动面向的对象以及最终要实现的目标。建立活动前的数据指标，可以作为检验活动的标志。

（2）活动策划。

经过第一步精确的活动人群和活动目标的确定后，活动策划会精准很多。在策划的过程中最好能想到各种细节和各种突发情况，然后在执行过程中不要出现大的变化，这样才是真正的活动策划。

（3）活动筹备。

按照策划内容，提前做好各项准备工作，如活动需要的文案、PPT、图片和音频等。需要注意的是，在活动筹备过程中，要做的一件重要工作是设置一些数据收集统计点，如活动的签到人数、每小时入场人数及离场人数、男女比例、年龄情况和可能的咨询问题等。

（4）操作执行。

事件营销一般都在执行阶段，此时除了要按照预定流程，认真执行之外，还要关注活动中的各种数据，以及客户的状态，而不是单纯地出一个结果，一定要注意通过相关观测点收集数据。

（5）总结复盘。

活动结束后，对收集到的数据进行分析统计，着重比较哪些方式对哪类客户较为有效，分析的过程中，要注意客户的细分，要找到同一类客户的行为和渠道的共同点。可以说，总结复盘是最为关键的一步，也是后续工作成功的基础。

2. 媒介事件策划要注意的问题

（1）要选择公众的兴趣点。

（2）事先进行充分的舆论准备。

（3）充分利用名人效应。

（4）选择恰当时机。

（5）制造的新闻要自然得体。

（6）充分调动媒体参与的积极性。

【实例9-3】　　　　　　　　　小米换新logo

2021年3月30日，全球技术领导者小米在中国北京宣布了更换全新品牌logo，将东方哲学与"活着"的设计理念融合在一起。细心的网友发现新logo只是把形状从方形改成圆形。小米的全新logo是由武藏野美术大学教授、日本设计中心（NDC）董事长原研哉亲自操刀，历时三年完稿。不过所谓的全新标志，对比旧有的 logo，只是在以前的方形徽标的拐角处采用更柔和、更圆的轮廓，并重新设计了"MI"的字体，新徽标在美学上更加令人愉悦。企业色彩保持橙色，以继续传达小米的活泼和青春。黑色和银色也将用作补充颜色，以适应高端产品线的应用。"由方到圆"的蜕变，不仅与原研哉"Alive"设计理念相符，同时也蕴含东方哲学中"外圆内方"的处世之道，更是代表着小米十年以来，从最初的锋芒毕露，到逐渐走向成熟、稳重、高端的发展之路。截止到 2021 年 4 月 13 日"小米新 logo"的话题在微博的阅读量已达 2.7 亿，讨论超 3.7 万，话题同步在抖音持续居于热榜，热度达 684.1 万，还有很多蹭热点的媒体人利用这个话题进一步扩大受众群体，预计受众群体数以亿计，可以说 200 万的设计费获得了千万级的营销效果。

资料来源：改编自《小米换新 logo，背后的真相》（https://new.qq.com/rain/a/20210409A0AWTA00）。

（四）展览活动策划

展览是通过实物、文字、模型、录像等多种传播工具来展现成果的一种综合性的传播方式。展览要灵活运用各种传播工具，图文并茂，使公众能形象直观地了解展览的意图。

1. 展览活动的类型

展览活动的类型从内容上划分可分为综合性展览和专题性展览。综合性展览的规模一般很大，参展项目繁多，参展内容全面，综合概括性强。例如，"国际服装贸易交易会"就是专门为服务贸易搭建的国家级、国际性、综合型展会和交易平台。专题性展览通常是由某一组织或特定行业性组织围绕某一特定专题而举办的展示活动。例如，"中国酒文化博览会"就是以酒为核心，通过酒来展示企业文化和中国传统的酒文化。

展览活动的类型从展览规模上划分可分为博览会、陈列室展览、样品室展览、橱窗展览等。

展览活动的类型从展览时间上划分可分为长期固定形式的展览、定期更换部分内容的展览和一次性展览。

展览活动的类型从展览性质上划分可分为展览会和展销会。展览会以展示宣传为目的，而展销会以展示和销售为目的。

2. 展览活动的策划要点

想要策划出一个好的展览需要策划人员精心的组织和有关部门的密切配合，具体需要做好以下几个方面：

（1）设计展览主题。

精心设计好展览主题，在展览主题的指导下去精心挑选、制作展览的实物，如图表、照片、文字、录像及音频等。

（2）确定展览内容。

在展览主题的指导下确定展览内容。展览内容须结构严谨、层次分明。要使各分篇之间环环相扣、互相呼应，并注意版面、实物、解说词之间的合理配置，使整个展览融为一体。

（3）确定展览方案。

确定展览方案包括明确展览时间、展位布置、相关人员培训、宣传册等，撰写好精练的、深入浅出的前言、解说词和结束语。

(五) 危机公关活动策划

1. 公共关系危机与危机公关的概念

公共关系危机是指企业在运行的过程中,由于某种突发事件的出现,损害了品牌在公众心目中的形象,影响了品牌的美誉度。公共关系危机可以导致企业与公众的关系迅速恶化,品牌的正常经营活动受到影响,生存与发展受到威胁,使品牌处于高知名度、低美誉度的形象地位。企业出现了公共关系危机,就有必要开展危机公共关系活动,帮助企业最大限度地降低危机的影响。

危机公关是指组织针对危机事件采取的预防、控制、挽救与恢复措施,开展的一系列公共关系活动。

2. 公共关系危机的特征

(1) 必然性和偶然性。

只要有公共关系,就会有公共关系危机。但就具体的事件而言,它的发生又具有偶然性。公共关系大系统是开放的,每时每刻都处于与外界物质、能量信息的交换和流动之中,其中任何一个环节都可能因某种偶然因素而使系统失衡、崩溃,从而形成危机。

(2) 突发性与渐进性。

公共关系危机总是在意想不到、没有准备的情况下突然爆发,具有突发性。但就本质而言,公共关系危机的爆发是一个从量变到质变的过程。也就是说,危机的酿成是一个累积渐进的过程,通过一定潜伏期的隐藏和埋伏后,如果未能得到有效控制,就会继续膨胀,形成公共关系危机的总爆发。

(3) 破坏性与建设性。

公共关系危机,小可辱没形象,大可颠覆市场,其破坏性显而易见。认识到危机的破坏性,才不会掉以轻心;认识到危机的建设性,才会采取主动姿态,沉着冷静而满怀信心地面对危机,从中寻找和抓住任何可能的机会。正如某公共关系公司的一位经理所说:"危机,即危险加机遇。"

(4) 急迫性与关注性。

公共关系危机总是在短时间内猛烈爆发,具有很强的急迫性。一旦爆发,会造成巨大影响,成为社会舆论关注的焦点、竞争对手发现破绽的线索。

3. 危机公关策划的原则

公关关系危机发生后,企业要处理好两方面的问题:一是利益问题,无论孰是孰非,企业都应该承担责任;即使受害者在事故中有一定责任,企业也不应首先追究其责任,否则会各执己见、加深矛盾,引起公众的反感,不利于问题的解决。二是感情问题,公众很在意企业是否关注自己的感受,因此企业应该站在受害者的立场上表示同情和安慰,并通过新闻媒介向公众致歉,在情感上赢得公众的理解和信任。

(1) 勇于担当原则。

企业在危机事件发生之时应该勇于承担责任,即使受害者在事故发生中有一定过错,也要拿出最负责任的态度与实际行动迅速对事件做出处理,及时补偿受害者,并通过新闻媒介向公众致歉,解决深层次的心理、情感关系问题,以赢得公众的理解和信任。

（2）真诚沟通原则。

处于危机事件中的企业往往是公众和媒体的焦点，企业的一举一动都受到关注，弄虚作假都只会弄巧成拙。企业需要始终保持坦诚的态度，对公众真诚相待是取得公众信任和谅解的基本条件。

（3）快速反应原则。

面对危机公关，企业必须当机立断、快速反应、果决行动，及时与媒体和公众进行沟通，迅速控制事态，确保事态不扩大、不升级、不延伸。

（4）系统运行原则。

危机公关虽然是因某个事件而引发，有不确定性，但其影响可能是巨大而深远的。制定危机公关方案时，需要站在整体的角度进行全面缜密的策划，不要头痛医头脚痛医脚，也不要指望通过一两次公关活动就能彻底化解危机。危机发生时，企业内部应迅速统一观点，组建危机公关班子，保证对外口径一致，不发布不准确的消息，使公众对企业处理危机的诚意感到可以信赖。

（5）权威证实原则。

危机发生后，邀请第三方权威机构为自己证言，在尊重事实的基础上，请权威机构对自己的行为做出客观公正的评价。尤其是当公众对企业产生误解的时候，由第三方权威机构证明自己的清白要远远好于自证清白。

【实例 9-4】　　　　　钉钉一星事件的危机公关活动

"钉钉"是阿里巴巴集团开发的移动办公应用 App，用户规模超过 2 亿。2019 年 12 月，钉钉通过教育部备案，成为全国首批通过备案的教育类移动 App。

2020 年年初，受新冠病毒感染的影响，全国各地学校均选择推迟开学时间。钉钉则推出了在线网课功能，让学生和老师可以在网络直播间上课。许多中小学校应用钉钉 App 上网课。但是，钉钉没有想到近 11 亿次下载后，整体评分由 4.5 分狂降到只有一星。原来，中小学生因不高兴寒假时间被占用上网课，于是集体"出征"，疯狂在手机应用商店给钉钉打出一星评价。中小学生网友给出的一星评论有："自愿下载，作业翻倍，神仙软件！""我打算一直好评，分期五分……"

面对一星评价，钉钉立刻借助社交媒体策划了危机公关活动。钉钉在微博上用图回应大规模一星差评——"相识本是缘，不爱勿伤害"，请求广大中小学生高抬贵手。接着，钉钉推出"阿里全家桶"声援，淘宝、支付宝、阿里云等发声请求支持钉钉。但是，网友从"吐槽"钉钉变成开始"吐槽"来声援的 App，于是又引发了一波新的"吐槽"。之后，钉钉在官微上发布了一条狂喊爸爸的小视频。钉钉的吉祥物小燕子"钉三多"在视频中唱道："请求少侠们饶命，请求五星一次付清。"同时，钉钉对外表示"被孩子们关注对钉钉是好事，他们是数字世界的未来"。

启示：钉钉面对一星事件的危机公关策划是比较出色的。一方面，面对危机事件，钉钉快速反应，果断行动，及时通过媒体与公众沟通。另一方面，面对给予差评的中小学生，钉钉没有采用讲大道理和讨论对错的方式与其沟通，而是通过社交媒体从共情角度请求理解，且传播策略较好地契合了中小学生的语境。

资料来源：改编自《被小学生组团打一星，钉钉的这波公关操作堪称典范》（https://36kr.com/p/1725124100097）。

4. 危机公关活动策划的步骤

企业出现了公共关系危机，就有必要对公共关系危机进行处理，采取一定的措施控制危机的发展，挽回企业的损失。通常，危机公关活动策划的步骤如下：

（1）控制事态发展。

危机事件突如其来，最明智的办法就是面对事实、公开事实、增强透明度，利用传播媒介等有效手段及时公开企业所采取的处理事故的一切措施，以防止事态扩大，表明企业积极处理危机的态度，赢得时间去化解危机。

（2）调查情况，收集信息。

企业出现危机事件后，应及时组织人员运用有效的调查手段，迅速开展事故调查工作，并形成基本的调查报告，为处理危机、制定相应政策及应急措施提供基本依据。

（3）成立专门机构，制定对策措施。

出现危机事件后，企业应迅速成立处理事件的专门机构。公共关系部门会同有关职能部门人员组成有权威性、有效率的工作班子，统一行动，制定处理危机的基本方针和对策，有序开展工作。

（4）采取对策措施。

在对危机事件进行真相调查分析的基础上，可以针对不同的公众对象确定不同的对策，采取相应的措施。针对企业内部，及时向员工通报危机的现状，要求员工不对外传播任何对组织不利的言辞；针对受害者，企业应主动承担责任，向受害者表示歉意，了解其赔偿要求，有分寸地做出让步；针对新闻媒体，企业要成立临时的记者接待机构，由专人负责发布消息，主动向新闻界提供真实准确的消息；针对其他公众，企业要利用新闻媒介向公众公开致歉，尽力挽回在公众心中形成的不良印象。

（5）总结经验，切实改进工作。

事态发展得到有效控制后，应针对事件的原因和发展情况采取有效的改进措施，改进对公众的服务。实事求是、及时地把事件真相向公众和领导部门汇报，并定期报告事态发展情况以获得帮助和指导。处理结束后，详细报告处理的全过程及预防措施的制定和落实情况等。同时利用新闻媒介消除公关危机造成的影响，向公众公开致歉，及时向新闻界提供公众希望了解的信息；还可组织各界公众到事故现场参观检查；公开受害者或其家属对组织表示谅解的讲话和文章等。

【知识训练】

一、重点概念

公共关系策划　公共关系策划过程　公共关系危机　危机公关

二、思考题

1. 什么是公共关系策划？公共关系策划的原则有哪些？

2. 常用的公共关系专题活动有哪些？

3. 公共关系策划的流程包括哪些环节？

4. 危机公关策划应该注意的问题有哪些？

【能力素质训练】

一、案例分析

故宫——超级 IP 的诞生

故宫的新媒体负责人表示："故宫这两年最大的改变就是心态更开放了，希望通过社交平台呈现给大家一个有温度的紫禁城，所以故宫的官方微信、微博发布的大量内容都是带着感情色彩的。"社交平台的推出体现了故宫博物院院长的互联网流量思路。在接受新华社采访时单霁翔说："展馆再多，能来故宫看看的也是少数。"为了让更多的人可以感受故宫文化，故宫上线了"每日故宫""故宫展览""皇帝的一天"等多个手机 App。故宫微博一度成了网红，皇帝趣图、雪景图片被疯狂转发；文创产品在社交平台上被广泛讨论。故宫博物院全面拥抱数字化，焕发新的活力。

2019 年春节，故宫博物院特别举办了春节大展"贺岁迎祥——紫禁城里过大年"，"宫里过大年"数字沉浸体验展于 2019 年 1 月 23 日在乾清宫正式拉开帷幕。沉浸体验展融汇了故宫历史及院藏文物中所蕴藏的过年元素，运用数字投影、虚拟影像、互动捕捉等方式促成春节文化与人的互动，传统文化元素与当代艺术设计交织，打造了创新的文化体验空间。观众可以沉浸其中，感受到新鲜有趣的浓浓年味。

2020 年是紫禁城建成 600 周年，也是故宫博物院成立 95 周年，故宫博物院正变得越来越年轻、越来越亲民，它在社交媒体上拥有超过 770 万粉丝。年轻人正在成为故宫的主力参观人群。故宫博物院公布的数据显示，在来访故宫的游客中，30 岁以下观众占 40%，30~39 岁观众占 24%，40~50 岁观众占 17.5%。

如今故宫已经是一个超级 IP（知识产权），而超级 IP 的标杆其实是迪士尼。故宫和迪士尼有很多相似的地方，它们不是那种简单的 IP，这种超级 IP 来自历史积淀，是古老和创新力量的结合，不仅仅是卖萌那么简单。

故宫模式的成功依托的是故宫资源和品牌 IP 的独特性和唯一性，这些其他景区和品牌无可比拟的先天优势使得故宫模式不可简单复制。故宫的营销虽然看起来很接地气、很卖萌，但并没有把对历史的严谨研究态度、厚重的历史感全部抛弃，而是以一种新的展现形式，让更多人了解中国的历史和文化。

请分析：

1. 故宫模式体现了公共关系策划的什么原则？

2. 如何评价故宫的公关关系策划？

二、实训项目

2022 年 3 月 15 日，中央广播电视总台"3·15"晚会曝光了湖南插旗菜业、锦瑞食品有限公司为多家知名企业代加工酸菜制品，但有很大一部分酸菜是从外面收购的"土坑酸菜"。事件的相关企业如统一、康师傅等知名方便面企业在晚会曝光后受到严重影响。

实训练习：

结合此次事件，请你为康师傅进行一次危机公关策划。

第十章 营业推广策划

【学习目标】

知识目标：

1. 了解营业推广的含义与特点。

2. 掌握营业推广策划的程序。

3. 掌握营业推广活动策划的实施要点。

4. 理解店头营业推广活动、节假日营业推广活动的策划要点。

能力素质目标：

1. 能够实事求是地向推广对象开展营业推广活动。

2. 能够运用店头营业推广策划方法开展策划活动。

3. 能够根据节假日营业推广活动策划程序进行活动策划。

【导入案例】

Vans "祝你 Vans 如意"

2019 年 12 月 30 日，原创极限品牌 Vans 携手天猫超级品牌日，以"祝你 Vans 如意"为主题，开启第二次 Vans 天猫超级品牌日活动。本次活动内容为"新品造势×新年营销"。

活动期间，天猫线上首发 Vans 鼠年生肖联名系列，还有 AVE 职业滑板鞋、安纳海姆系列、Vans×RHUDE 系列等尖货产品发售。

除此之外，为持续打造本次活动的最大声量，除产品创新与跨界联名外，天猫超级品牌日更联合 Vans，与上海 More Skatepark 共同打造"祝你 Vans 如意"大聚会，带领体验者一起吃喝玩乐跨新年，引爆新年营销热度。

活动当天，滑板学校、滑板现金果酱赛和大绝招比赛、Vans 鞋头收藏展、TYAKASHA 手工工作坊、Vans Era Customized by FMACM 鞋展、限时福利大礼包等精彩环节与互动，吸引了无数滑板爱好者和潮流青年前来打卡这场嘉年华派对，体验极限运动、音乐、艺术、街头文化，为消费者打造了一场乐趣无限的街头盛宴，也带来了最独一无二的新年体验和仪式感。

通过本次天猫超级品牌日活动，Vans 将品牌倡导的极限运动、音乐、艺术、街头文化精神内涵，传达给了更多的消费者。

资料来源：根据《电商平台"超级品牌日"营销 IP 玩法》(https://zhuanlan.zhihu.com/p/130796948)整理。

第一节　营业推广概述

一、营业推广的含义

营业推广也称销售促进，是除人员推广、广告和公共关系之外，为了刺激目标消费者而采取的能够快速产生促进作用的一种促销手段。营业推广包括各种类型的工具，如赠券、比赛、小额减价交易和奖金等，这些工具都拥有许多独特的性质。如果说广告上写着"买我们的产品"，而营业推广则诱导消费者"现在就买"。它们吸引消费者的注意力并提供信息，可能导致购买；它们通过提供劝诱或给予消费者额外价值的贡献强有力地激励消费者的购买意愿；它们刺激邀请消费者立刻购买，并给快速响应者额外的利益。

二、营业推广的特点

营业推广是一种强烈刺激需求、扩大销售的活动，它的方式多种多样，一般有以下几个明显的特点。

（一）营业推广促销效果显著

在开展营业推广活动中，可选用的方式多种多样。一般说来，只要能选择合理的营业推广方式，就会很快地收到明显的增销效果，而不像广告和公共关系那样需要一个较长的时期才能见效。因此，营业推广适合于在一定时期、一定任务的短期性的促销活动中使用。

（二）营业推广是一种辅助性促销方式

人员推销、广告和公共关系都是常规性的促销方式，而多数营业推广方式则是非正规性和非经常性的，只能是它们的补充方式。也就是说，使用营业推广方式开展促销活动，虽能在短期内取得明显的效果，但它一般不能单独使用，常常要配合其他促销方式使用。营业推广方式的运用能使与其配合的促销方式更好地发挥作用。

（三）营业推广使用不当易造成逆反心理

采用营业推广方式促销，似乎迫使顾客产生"机会难得、时不再来"之感，进而能打破消费者需求动机的衰变和购买行为的惰性。不过，营业推广的一些做法也常使顾客认为卖者有急于抛售的意图。若频繁使用或使用不当，往往会引起顾客对产品质量、价格产生怀疑。因此，企业在开展营业推广活动时，要注意选择恰当的方式和时机。

【实例 10-1】　　　　　　　　　　　Uber 的创新营销

2015 年，Uber 火得一塌糊涂，不管是赞扬还是贬斥，都为它赚足了人气博足了眼球。我们不得不佩服 Uber 各种有趣、好玩的创意营销，如戛纳电影节上 Uber 叫直升机。

Uber 似乎一直想告诉消费者，它不只是专车。一键呼叫 CEO，用 Uber 找工作、找对象、送外卖、领养小动物，这些都是 Uber 曾经展开的营销活动，而在纸醉金迷的终极名利场——戛纳电影节，Uber 再次将服务升级，推出了直升机送客业务。

据悉，直升机业务主要是往来机场和戛纳电影节的主会场（影节宫）之间，这也是每一位来参展旅客的必经之路。

两地在不堵车的情况下，走高速大约 40 分钟，但是电影节期间，小城戛纳和机场大约要接待 20 万位远道而来的客人，其拥堵状况可想而知，而乘坐直升机，只需要 7 分钟即可到达。

该项服务的价格大约为 180 美元，一次可乘 4 人，虽然换算人民币还是有点贵，但据悉一般乘坐出租车往返于机场和戛纳影节官，也需要人民币 800 元，这样算下来，直升机只是贵了 400 元而已。

其实在 2014 年戛纳电影节期间，Uber 曾在法国巴黎和尼斯之间开展过飞机接送业务，当时一个小时的航程收费 9 000 美元。

对于明星而言，钱不是重点，如此霸气的出场方式才值得拥有，而对 Uber 来说，通过这次活动盈利不是重点，通过明星引发社交媒体关注才是目的。

明星斗秀的名利场，也是品牌扎堆的地方，不是每个闪光灯都有价值，不是每次博版面都有掌声，正所谓经得起多大的诋毁，就受得起多大的赞美，戛纳营销以质取胜。

资料来源：根据《Uber：全球营销只有你想不到》（https://www.docin.com/p-2457922215.html）整理。

三、营业推广的方式

营业推广的对象包括消费者、中间商和内部员工。推广对象不同，推广方式也不同。人员推销、广告和公共关系等促销方式具有一定的常规性和持续性，营业推广一般作为其辅助促销手段，用于特定的时期和商品销售过程中。

（一）面向消费者常用的营业推广方式

1. 赠送促销

赠送促销即向消费者赠送样品或试用品，赠送样品是介绍新产品最有效的方法，缺点是费用高。样品可以选择在商店或闹市区散发，或在其他产品中附送，也可以公开广告赠送，或入户派送。

2. 折价券

折价券是指在购买某种商品时，持券可以免付一定金额的钱。折价券可以通过广告或直邮的方式发送。

3. 包装促销

包装促销是指以较优惠的价格提供组合包装和搭配包装的产品。

4. 抽奖促销

抽奖促销是指顾客购买一定的产品之后可获得抽奖券，然后凭券进行抽奖获得奖品或奖金，抽奖可以有各种形式。

5. 现场演示

现场演示是指企业派促销员在销售现场演示本企业的产品，向消费者介绍产品的特点、用途和使用方法等。

6. 联合推广

联合推广是指企业与零售商联合促销，将一些能显示企业优势和特征的产品在商场集中陈列，边展销边销售。

7. 参与促销

参与促销是指通过消费者参与各种促销活动，如技能竞赛、知识比赛等活动，能获取企业的奖励。

8. 会议促销

会议促销是指各类展销会、博览会、业务洽谈会期间的各种现场产品介绍、推广和销售活动。

（二）面向中间商常用的营业推广方式

1. 批发回扣

批发回扣是企业为争取批发商或零售商多购进自己的产品，在某一时期内给经销本企业产品的批发商或零售商加大回扣比例。

2. 推广津贴

企业为促使中间商购进企业产品并帮助企业推销产品，可以支付给中间商一定的推广津贴。

3. 销售竞赛

销售竞赛是根据各个中间商销售本企业产品的实绩，分别给优胜者以不同的奖励，如现金奖、实物奖、免费旅游、度假奖等，以起到激励的作用。

4. 扶持零售商

扶持零售商是生产商对零售商专柜的装潢予以资助，提供 POP 广告，以强化零售网络，促使销售额增加；生产商还可派遣厂方信息员或代培销售人员。生产商这样做目的是提高中间商推销本企业产品的积极性和能力。

（三）面向内部员工的营业推广方式

面向内部员工的营业推广主要是针对企业内部的销售人员，鼓励他们热情推销产品或处理某些老产品，或促使他们积极开拓新市场。一般可采用方法有销售竞赛、免费提供人员培训、技术指导等。

【策划视角 10-1】

不同的国家或地区，对销售推广方式在当地市场上也会采取不同程度的限制。有的国家规定，企业在当地市场上进行营业推广活动时要事先征得政府部门的同意；有的国家则限制企业销售推广活动的规模。比如，法国政府规定：禁止抽奖，赠送的物品不得超过消费者所购买商品价值的 5%。还有的国家对销售推广的形式进行限制，规定赠送的物品必须与推销的商品有关，比如杯子可作为咖啡购买者的赠品，而餐具就不能作为推销洗衣机的随赠品。因此，在各地出现了各式各样的推广方式。有一项研究表明：在法国，最有效的销售推广方式是降价、贸易折扣和免费样品；在巴西，最有效的方式是附送礼品；在匈牙利、荷兰和希腊，最有效的方式则是贸易折扣。

第二节　营业推广策划程序

一、营业推广策划的步骤

营业推广策划是一项系统工程，需要策划人员对营业推广活动的每个环节进行一系列的策划。营业推广策划主要分为确定营业推广目标、选择营业推广工具、制定营业推广方案、预试与实施营业推广方案、评估营业推广效果五个步骤。

（一）确定营业推广目标

1. 面向消费者的营业推广目标

面向消费者的营业推广主要是：①鼓励消费者继续购买产品、接受品牌的延伸产品，鼓励即时购买和大批量购买等；②挖掘潜在消费者，培养新的客户群体；③从竞争者手中抢夺消费者。

2. 面向中间商的营业推广目标

面向中间商的营业推广目标主要有：①改善销售渠道，如巩固和维持现有销售渠道、鼓励中间商陈列企业完整的产品系统等；②维持较高的存货水平；③建立品牌忠诚度，如吸引新的中间商；④鼓励推销产品的积极性等。

3. 面向销售人员的营业推广目标

面向销售人员的营业推广目标主要有：①鼓励销售新产品；②挖掘寻找更多的潜在消费者；③在淡季时加大销售力度等。

（二）选择营业推广工具

选择营业推广工具是在企业确定了营业推广目标后，为了实现目标而选择的最恰当的营业推广方式。面向不同对象所采取的营业推广方式也不同，在前文已经详述。在选择营业推广工具时，需要详细了解工具的使用方法，充分考虑企业的营销目标、市场竞争情况以及营业推广实施的成本与收益情况。

（三）制定营业推广方案

营业推广方案包含营业推广费用预算、制定参加条件、选择营业推广方式的预算分配和规定营业推广实施时间等。

1. 营业推广费用预算

营业推广费用是影响推广效果的重要因素，企业的营业推广需要考虑在目标实现的前提下以最小成本获得最大收益，所以需要提前预算好一些必要的开支。营业推广费用预算的方法通常有两种：一种是全面分析法，即选择具体的营业推广方式并估算其总费用；另一种是全体营业推广预算，即对企业一定时期内的所有营业推广活动进行整体费用预算，而不仅是考虑一两次的营业推广活动预算。

2. 制定参加条件

为提高营业推广活动的有效性，需要对参与营业推广的对象设定条件，避免企业营业推广费用的浪费。参加营业推广活动的对象应该是企业营业推广的目标群体。

3. 选择营业推广方式的预算分配

根据营业推广预算和企业的实力，在综合考虑营业推广费用开支的情况下，选择合适的推广方式进行预算分配，开展营业推广活动。

4. 规定营业推广实施时间

规定营业推广实施时间主要包含营业推广的时机、营业推广活动持续的时间以及举办推广活动的频率等。一般大企业在全国性的营业推广活动中，会在选定的市场范围内测试不同的推广策略。

（四）预试与实施营业推广方案

1. 预试营业推广方案

预试营业推广指的是在正式实施营业推广方案前，进行的试点效果测试，判断推广的形式、途径和规模是否有效，待试点成功后再进行全面实施。预试的方法有两种：一种是面向消费者的，如对比试验法、征求意见法等；另一种是面向中间商的，如深入访问、征询意见等。

2. 实施营业推广方案

实施营业推广方案的过程分为三个阶段：

一是事先准备阶段。该阶段主要包括初步的规划、设计和推广产品的准备等。

二是实施阶段。营业推广活动要严格按照操作计划来具体实施，企业需要配备组织与控制小组，负责组织营业推广活动方案的实施。

三是销售延续阶段。从实施营业推广活动开始，到约95%的优惠商品已转到消费者手中为止。

在执行的过程中要进行有效的跟踪控制，做到信息及时反馈，在执行过程中发现问题要及时采取必要措施，调整或修改原方案。

（五）评估营业推广效果

在营业推广方案实施后要对其实施的效果进行评估，普遍的做法是比较推广前、推广过程中及推广后的市场份额的变化。营业推广效果的评估可以通过推广时间、推广对象和推广媒体等来获取数据，然后进行比较分析，得出结论。

1. 对实施营业推广前后的市场份额进行对比

用推广前、实施过程中和推广之后的销售量变化进行对比，分析推广效果，在其他条件不变的情况下，可以分析出促销效果。这也是最常用的评估方法。

2. 进行市场调查

通过市场调查了解消费者对活动的看法、参与情况，以及这次促销活动是否影响其今后的购买行为等。

3. 通过试验进行比较

通过试验对比不同情况下营业推广活动的效果，并根据实验的结果确定推广活动的实施策略。

二、营业推广活动策划的要点

营业推广活动是一种比较有效的促销手段，但如果使用不恰当，不仅无法达到促销目的，而且会影响企业的产品销售和品牌形象。所以在策划和活动开展过程中需要注意以下几个问题。

（一）选择适当的方式

营业推广的方式多种多样，每种方式的适用情况也有所不同，策划人员需要结合推广对象、产品特点、费用预算等选择合适的推广方式。如配合新产品上市的广告促销，可以选用赠送样品、试用或现场演示的方式；推销产品时，选择经济装或优惠券较合适。

【实例10-2】　　　　　　　　蓄力"双十一"，营销新玩法

1. 直播带货

像"双十一"这样的大促节，直播绝对是转化促单的撒手锏。越来越多企业意识到，直播正在成为企业品牌营销、用户运营，甚至生产运作环节中的必要工作，公域平台提供的直播服务却很难适应多样化的行业场景。于是，企业开始将目光转向搭建专属自家的直播间，开启企业自播之路。

2. 定金预售功能

定金预售是"双十一"多年来的"保留节目"，有利于商家提前预热市场，高效积累人气，锁定客户并帮助商家针对性营销，最终助力交易额井喷式增长。

3. 限时秒杀功能

"双十一"秒杀活动不仅有利于提高用户留存率，还可以用支付有礼发放大额优惠券作为奖品，促进"双十一"购物节的销售转化，可谓留存转化一箭双雕。

4. 游戏化营销——幸运大转盘等

"双十一"这样的重头戏，怎么少得了各种大抽奖的活动。系统中有多种游戏化营销工具，如幸运大转盘、砸金蛋、刮刮乐等，商家可以灵活选择线下兑奖或者线上支付完成后抽奖，有效沉淀私域流量。

5. 优惠券促活

现金优惠券满足广大商家新客户定向优惠促转化、老客定向优惠促回购、老客传播拓新客、节日大促定向优惠等多种场景的需求。"双十一"来临之际，正好可以趁着噱头给消费者发放面值为11.11元、111.1元、1111元的优惠券，与购物节有机结合。

6. 拼团、砍价活动引发裂变式拉新

想让"双十一"促销活动被更多人参与，基于微信强大的关系链，商家发起"多人拼团""抽奖团""拼小团"的促销活动，可快速实现商品传播并且促成下单，同时商家也能拓展销售渠道。

资料来源：http://hlbe.weifenxiao.com/info/display/1882.html.

（二）确定适当的时间

营业推广的效果与推广时间的长短有很大关系，推广时间过短，影响力不足以刺激消费者的购买行为；推广时间过长，又容易使消费者产生企业积压产品多的不良印象，而且推广时间越长，费用消耗也越大。因此推广周期要与消费者的平均购买周期相符合。

（三）限定营业推广的对象

首先，要明确营业推广的对象，可以是企业的现有消费者或潜在消费者，也可以是中间商；其次，当企业选用有奖销售的推广方式时，应控制企业员工或家属的参与，以彰显公正性，避免给人留下徇私舞弊的印象。

（四）做好营业推广方案的实施工作

营业推广方案的实施工作包括了明确营业推广的具体工作任务，实行责任管理制，并做好方案实施情况的监督检查工作。

（五）正确评估营业推广效果

关于营业推广效果的评估，主要着眼于两个方面：一是注重营业推广的效果评估，即经济效益和社会效益的评估。经济效益评估主要是评估营业推广活动后，产品的促销额是否扩大、企业盈利是否增长等；社会效益评估主要是总结成功经验和失败教训，调整营业推广方案，提高推广效率，激发消费者的购买意愿，提高企业和产品的知名度，以及树立良好的企业形象等。二是注重营业推广评估方法的选用，一般可采用市场份额对比、市场调研访谈、实验对比等方法进行评估。

第三节　营业推广专题策划

一、店头营业推广活动策划

市场的饱和、消费者消费意识的增强、消费随意性增大、市场竞争激烈、大众传媒的广告效果日趋减退等原因使得企业不得不思考更多的营销推广方式，从而提高商品销售的灵活性、降低销售成本，这就对企业的经营模式、人员素质等提出了更高要求。店头营业推广因其作用于销售终端，具有不可替代的推广效果。

（一）店头营业推广的含义及策划要点

店头，指的是门面、门市。店头推广也称为店头营销（in-store marketing），是在店铺内外针对光临或路过的流动顾客所实施的促销手法，是零售终端在长时间实践中积累的现场专业知识。店头推广是终端在营销力和服务力上的综合体现。

一般店头营业推广活动有店头展示、店头广告和传播、店头文化氛围营造、陈列窗展示和零售会员体系运营等。

在进行店头营业推广活动策划时，需要注意以下几个要点。

1. 营造店头文化氛围

能够吸引并留住消费者的不仅是店铺的产品，更重要的是文化的氛围，具有特色的店头营业推广活动才能让销售"活"起来。"品牌的一半是文化"，做好有文化的品牌，自然能够在营业推广中取得好的效果。

2. 销售氛围营造

通过卖场配置、道具陈列、商品有序摆放，能够让消费者一目了然。策划人员可以根据产品特点与推广主题，运用不同设计理念，设计能够刺激消费者感官的产品陈列，营造有利于感官促销的购物环境，达到带动消费的目的。

3. 持续广告宣传

广告需要持续性发布才能不断提醒消费者，起到累积性的刺激作用，直至对消费者产生吸引力和购买行动影响。有些企业在销量下降的情况下才想到要做一两期的广告，但殊不知，这种短期性、临时性的广告宣传很难引起消费者的注意，广告信息也容易被淹没。

4. 注重店头广告

店头广告处于消费终端，是唯一能够诱导消费者主动参与、充分刺激消费者感官的交互式媒体，是消费者在购买行为前的最后一个信息源，它能起到促进决策、临门一脚的作用。因此，店头广告的设计需要新颖、有创意、有吸引力。

（二）店头营业推广活动策划方法

1. 店头展示推广

消费者购买日常小件商品的冲动性、随机性很强，店头展示和宣传就能对消费者产生极大的吸引和诱惑力。店头展示推广的方法通常使用"五觉法"。

（1）视觉。

视觉营业推广主要是通过产品展示设计、陈列与人员展示几个方面来进行。展示设计是向消费者传达企业品位的机会，在产品展示中要将企业愿景与产品特色展示出来。如宝马车的展示中心在设计上传递给消费者的是高科技、高雅的信息；捷豹则是展示尊贵、古典与豪华的信息。商品陈列要考虑整体风格与特色，以精准的视觉刺激来吸引消费者的注意。在人员要求上，工作人员的着装、神采等要展现企业的文化与形象，因为他们是直接与消费者接触的，比公司的管理层对消费者的影响更大。

（2）听觉。

听觉的刺激主要源于音乐和销售人员的谈吐。据调查，在超市中播放舒缓的音乐可以使销售额提高40%，音乐对于产品的促销作用显著，又是店头营业推广中简单易行的方法。所以在店铺及展示厅内，可以用音乐配合产品的陈列，以达到促进销售的目的。销售人员的谈吐可以反映销售人员的专业程度以及服务态度与修养，这些也是消费者十分在乎的。

（3）嗅觉。

干净整洁、空气清新的卖场是店铺所应具备的基本条件，所以店铺应保持良好的通风，保证空气新鲜。同时，卖场的气味也会反映其格调，所以应避免放置有浓烈香气的物品，如果使用香氛，也应给人舒适、自然的感受，切忌烧香散发香气。

（4）味觉。

味觉的服务主要体现在店铺周到和温馨的服务上，这也是店铺基本的待客之道。如随季节变化备相应的茶水或糖果等，以此来体现店铺的人性化服务。

（5）触觉。

干净整洁的店铺环境，可以触摸的产品或样品，能够为消费者带来更直接的产品体验，增加对产品的知觉感受。

"五觉法"体现的是基于对消费者尊重的销售哲学，店头展示推广基于销售人员的销售主动性以及对工作的热爱，在店铺内为消费者营造舒适、美好的购物环境，吸引消费者进店、停留，甚至成为店铺的免费宣传者。

2. 店面广告推广

店面广告承担着传递信息和诱导购买的双重任务，因此，策划人员应通过挖掘潜在消费者，最大限度实现店面广告推广的目的。在进行店头营业推广活动策划时，应充分利用店面广告的效应，营造浓厚的现场销售氛围，将潜在消费转变为现实消费。

（1）利用电视媒体宣传。

电视媒体广告信息传播覆盖面大，能够以其鲜活的广告形象引起消费者长期记忆，店面内的广告则是在短期记忆上引起消费者的注意，刺激其产生购买意愿。所以可以将电视与店面广告相结合，在消费者心中树立良好的企业形象与长期印象，促进产品销售。

（2）柜台、包装等广告推广。

展柜应根据产品和消费者特点进行针对性设计，配合店头推广，吸引消费者进店消费。商品包装本身也能起刺激消费者购买欲的作用，如日用品通常是反复购买的，所以可以在产品的包装设计上挖掘消费者的关注点，比如在包装上设计网红梗、广告贴纸等。

（3）创新店面广告推广。

传统的店头推广方式有折扣券、店内海报、焦点广告陈列、发放广告样品等，店面广告推广可以在此基础上进行创新。如选择张贴海报、夹报等方式，在海报上印上企业的名称、产品等信息，让消费者对企业及产品有记忆。对于重点推荐的产品，可以在店内的醒目位置，结合产品自身特点，创新设计展示方式，以吸引消费者眼球，进而心动，直至发生购买行为。

（4）店面广告推广实施要点。

店面广告内容不宜太多，简洁、干净的广告设计更易给消费者传达明确的广告主题，内容太多、太杂，反而会引起消费者的混乱感和抵触情绪。广告的制作要有吸引力，从配色、标题与配图的选用上，都要力求能够对消费者产生视觉冲击力，引发消费者的情感共鸣。同时，有趣的广告画面设计能够给人留下深刻印象，特别是与产品相关联的广告更易让消费者记住。

二、节假日营业推广活动策划

节假日营业推广活动策划指的是在节假日期间进行的品牌、产品的推广，其目的在于提高品牌形象、促进产品销售，特别对于节假日产品，如月饼、粽子等，节假日营业推广的意义更大。

（一）节假日营业推广活动策划程序

节假日营业推广有别于常规的营业推广活动，其呈现出集中性、突发性和规模性的特点。卖场是消费者购买产品的终端，节假日是消费者在终端消费的重要时机，也是企业进行营业推广的好时机。企业通过开展节假日营业推广，在卖场营造浓厚的节日气氛，会促使消费者产生购买欲望。节假日营业推广活动策划程序如下。

1. 找准定位

节假日营业推广首先要明确推广主题，是注重品牌形象宣传还是现场产品的销售，同时需要调查了解竞争对手的情况，特别是在几个大的节假日中，竞争对手的推广定位、促销意图，并以此来设定企业的推广定位。

2. 选择恰当的推广形式

（1）特色创意，烘托气氛。

策划人员需要抓住人们的节假日心理，制造热点，针对不同的节假日特点，塑造富有

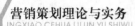

特色的鲜明活动主题，把消费者吸引到企业的柜台前，实现节假日的销售目标。

（2）借助文化，传达品牌内涵。

在节假日浓厚的文化氛围下，借助节假日的文化内涵，为营业推广活动赋予特定的文化诉求，提升营业推广活动的层次。将节假日文化与企业文化和经营理念相融合，使消费者感受到企业的营业推广活动中的艺术氛围和良好的企业品牌形象，从而促进产品的销售。

（3）互动参与，增强品牌亲和力。

与消费者互动性的营业推广活动能够提升消费者对企业和产品的感知力，能够帮助企业为消费者提供个性化营销、定制营销，更好的服务消费者，提升品牌的亲和力。

3. 分析对象，明确目标

营业推广需要明确推广活动的受众对象，在节假日的营业推广活动要分析面向的消费群体对产品的倾向性、节日消费特征以及对促销方式的接受程度等。在营业推广的控制方面，需要用定量化的指标来衡量推广目标。

4. 确定时间安排和预算

节假日推广活动的时间应尽早开始，特别是特色类的活动，要尽量比竞争对手开始得早，以免竞争对手先进行此类特色活动，影响企业营业推广活动的效果。同时，也要做好活动的预算规划，如产品备货准备、促销品的准备等，如果没有前期充分的预算规划，一旦出现促销品及其他产品供应不足的情况，就会极大地影响营业推广的效果。

5. 准备方案的实施

首先，需要详细的人员安排，工作人员需要具备强大的执行能力与团队合作能力，促销活动需要团队成员的紧密配合；其次，节假日营业推广活动的设计与物资准备都要与活动主题相一致，负责人要清楚推广活动的所有环节、时间进度，及时发现并解决活动现场可能出现和已经出现的各类问题，做好场控；最后，要在活动开始前对工作人员开展培训，令所有的工作人员都清楚活动的目的，充分调动其积极性。

6. 控制促销成本

任何营业推广活动都会产生费用，不能单纯地为追求活动目标和效果而不顾成本投入，要理性地予以评估和控制，切不可盲目跟风。同时，要根据企业自身的实际情况量力而行，尽量不与竞争者正面对抗。

7. 营造现场气氛

现场的气氛可以借助主题广告来营造，从广告的色彩、标题到整体营业推广的活动设计上，包括海报和POP广告、装饰品、背景音乐等均要突出浓厚的节假日气氛，以期最大程度刺激消费者的购买欲。同时，工作人员的心情也很重要，需要策划人员积极调动员工的积极性，全身心投入推广活动中，通过设置合理的销售目标与奖励给予一定的激励。

8. 评估与总结

评估与总结是为以后的活动策划积累经验、总结问题。在每次节假日营业推广活动结束后，策划人员都要对销售情况、活动的执行效果、消费者的满意度等进行评估总结，对每次活动的优点和不足进行总结，才能在以后的营业推广活动策划中吸取教训，不断提升活动效果。

【实例10-3】　　　　　　**百雀羚、宝马玩转节气文案**

　　百雀羚曾经低调地出过一版H5，将二十四节气通过唯美的插画和文案表达，美得像一首隐藏在时间里的诗。二十四节气作为东方的传统节气，蕴含东方之美，这与百雀羚的品牌特点暗合。东方解冻，草木复苏，传递着草本能量，呵护着现代东方之美，也传递了百雀羚的品牌特色。

　　宝马曾经做过一整年的二十四节气营销，将这个十足中国传统文化韵味的节点，以水墨画的方式表现美妙意境。大寒，是全年二十四节气中的最后一个节气，画中山水泼墨的表现形式（见图10-1），意境十足，文案搭配也恰到好处，不多一点，不少一分，在"为品牌发声"的传播过程中显得非常有力量。

图10-1　大寒：宝马，中国水墨风

（二）节假日营业推广活动策划要点

1. 明确促销与节假日的结合点

　　企业的节假日促销活动需要与节假日主题紧密结合，这样才能在浓厚的节假日氛围中，让消费者从内心接受企业的营业推广活动，从而被带动、被影响。围绕着提升销量与品牌形象的目标，营造节日销售卖场氛围，同时考虑消费者的消费心理特征，如消费者是求廉心理，那么活动设计不仅要吸引人，更要经济实惠。

【策划视角10-2】　　　　**企业如何借势节日热点进行品牌营销推广？**

1. 发掘内涵，呈现品牌文化与中华传统文化

　　策划人员不仅要注重节日所主要表现的当季特性和民间风俗，更要对知名品牌本身的内涵有一个确定的了解，并从中寻找可以重叠、结合的核心理念，在主要表现中华优秀传统文化的同时，自然呈现知名品牌气场或叙述品牌文化。

2. 用艺术创意将知名品牌与节日特性传统式结合

　　要自然、极致地融合知名品牌与节令节日，就必须依靠艺术创意。也就是说，自始至终，这一营销推广都必须靠艺术创意来吸引大家的眼球，例如核心理念的适配、界面的设计方案与主要表现、创意文案对接相互配合、视频拍摄制作、主题活动创立等都必须充分

发挥联想，形成创意。

3. 选用充分视觉艺术创意的表达方式

因为节令节日时间短，借势营销的及时性就十分强，要在短时间里让大家留意到知名品牌，就务必应用可以简洁明了、迅速吸引消费者注意力的方式，如宣传海报、动态图、H5、视频等视觉方式能够更合理地承揽、表现艺术创意，这些方式不仅具有很强的冲击性，能快速把握住大家的眼球，而且也一目了然、十分快速、有力地传达营销推广的内容。

4. 能够制成系列产品种类

以节令为例，一年有二十四个节气，每一节令尽管只有一天，但其实际的时间是固定不变的，能够依据营销推广日历表来准备充分。知名品牌能够依据这种特性制作有关节令的系列产品宣传海报，打造出一个主题风格，选择相同的设计风格和元素，依据不一样的节令展示出实际的区别，这种统一的设计风格，能够让知名品牌更加深得人心。

5. 与别的知名品牌开展协同宣传策划

知名品牌之间的强强联手还可以体现在节日营销中，这种方式不但能够进一步提高关注度，引起大众的注意，而且可以产生新的营销推广构思和艺术创意，将本来没什么联系的元素进行结合和渗入，造就出营销推广的新方式。

资料来源：https://www.yimiaotui.com/article-3655.html.

2. 整合资源宣传

节假日是最好的促销时间，企业必须争取在最短时间内获取最好效果，这就需要企业进行内外部资源的整合，以及全方位的宣传和沟通。在节假日内，企业可以采用软硬广告等组合宣传方式实现信息的全覆盖传播。这种策略尤其适合新产品上市或企业开拓新的目标市场。

3. 精心策划节假日推广活动内容

（1）时间的选择。

节假日的类型有法定节假日，如元旦、春节等；有非法定节假日，如情人节、母亲节等；有民俗时令节，如冬至、腊八等；还有商家自定的节假日，如店庆日、服装节等。

无论哪种节假日，时间均比较短，所以在节假日的营业推广活动竞争也异常激烈，因此可以将节假日营业推广活动设计为节前、节中和节后三个阶段，从而延长节假日的营业推广时间。节前4天为活动的推动期，节中7天为重点促销期，节后3天为修补期，每期持续时间以平均购买周期的长度为宜。

（2）地点的选择。

活动地点可选择在大型商场门口，那么可以借助商场引流到店。一方面，商场本身的人流量较大；另一方面，企业的宣传推广活动会吸引一批消费者前来参加，营业推广活动的成功率将会大大提高。

（3）对象的选择。

节假日营业推广的活动对象必须明确，对象可以是个体消费者、社会团体，也可以是中间商、零售商等，或者是企业的销售人员等，明确推广对象，才能有针对性地开展营业推广活动。

（4）目标的量化。

首先，节假日营业推广活动的目标必须量化，这样才能进行有效控制。量化的指标有销售额、销售量、市场占有率、增长率、重复购买率和促销广告到达率等。

其次，选择适宜的营销沟通工具。针对不同的推广对象可选择不同的营业推广工具。充分利用这些沟通工具与沟通工具组合在节假日期间提高企业品牌形象的宣传、购买条件优惠的宣传以及产品特色亮点的宣传等，根据消费者的文化背景、收入等特征，选择有针对性的沟通工具与促销活动，引起消费者产生购买意愿，达到营业推广的目标。

（5）方法的使用。

节假日营业推广的方法有广告前置、限量销售、限时购买、赠送优惠等。广告前置是在节假日开始之前就通过广告宣传某种产品或营业推广活动，在广告中重点宣传产品的功能性价值，但又留有一种神秘感，吸引消费者的注意，待节假日到来时，便开始推广活动。

限量销售是一种能够有效提高销量的办法，在节假日期间，通过一定的条件限制，只让一部分消费者能够享受到实惠，从而形成争相购买的销售氛围。限时购买有利于将促销活动推向高潮，由于优惠时间有限，会促使犹豫不决的消费者果断下定决心购买，以免错过实惠。限时购买需要辅以其他优惠措施，相互促进才能取得好的效果。

在节假日期间，还可以通过提供赠品的活动吸引消费者，以此来促使销量倍增，可以先设定一个完整的销售过程，若消费者想要获得赠品就需要完成全套的消费过程才能达到获赠条件，但此销售过程的设计必须合理且相对简便。

【实例10-4】　　　　全棉时代超级品牌日——"高流量，促销量"

2018年11月，全棉时代brief华南区数字营销创意机构i2mago，负责此次京东超级品牌日整合营销项目的推进及落地。活动以品牌宣传+带货为目标，超级品牌日打造思路为：高流量，促销量。它的营销策略主要有两种。

一是双IP策略打法，即挖掘明星IP价值，定制化打造IP内容，实现精准圈层，高效转化。从品牌IP出发，进一步发掘流量特点与属性，找到与粉丝及消费者的共鸣点，打造超级品牌日。为实现精准的圈层覆盖，在纯棉柔巾系列代言人王俊凯的流量基础上，丰富IP的类型属性，精准覆盖了核心客群，锁定流量。具体来说，就是以王俊凯作为主体IP，成功撬动粉丝群体；然后针对另一大核心客群——母婴群体，邀请前奥运体操队长杨云，以全棉生活体验官的身份参与到本次campaign中。

二是渠道融合，打造矩阵传播阵地。这是以"双微"为首发主阵地，进行明星微博、品牌官方微博、品牌及KOL微信公众号、微信朋友圈投放，再配合京东资源形成首发矩阵。系列视频一经上线，就迅速点燃社交媒体，带动激发UGC原创内容，并形成UGC内容二次传播。

资料来源：https://zhuanlan.zhihu.com/p/130796948.

【知识训练】

一、重点概念
营业推广　店头营业推广　五觉法
二、思考题
1. 营业推广策划的程序是什么？

2. 营业推广活动策划的要点有哪些？

3. 店头营业推广活动策划方法有哪些？

4. 节假日营业推广活动策划的要点有哪些？

【能力素质训练】

一、案例分析

蜜雪冰城的成功营销

2021 年，一句"你爱我，我爱你，蜜雪冰城甜蜜蜜"迅速上头洗脑，瞬间火爆全网，仅是雪王相关视频播放量就超 8 亿次，抖音上蜜雪冰城相关话题近 150 亿次。

事件的起因是蜜雪冰城发起了消费者去蜜雪冰城唱这几句歌词，就可以得到一杯免费奶茶的活动。一经传播，火爆整个网络，大家纷纷拍视频，组团唱歌。后来越来越火，一时间，年老年少的人都在唱，掀起了这股热潮，甚至连路边的大叔都喝起了蜜雪冰城。

除了洗脑神曲，蜜雪冰城的 IP 形象同样出圈。拿着权杖、戴着皇冠的雪王形象，让消费者快速建立品牌联想与品牌识别。这样的 IP 形象能够快速取悦于消费者并引起注意，并为更多维度的视觉应用打下很好的基础。用 IP 形象打造系列周边产品，定制马克杯、帆布袋等，在营销活动中作为奖品赠送粉丝。同时，将雪王 IP 软植入游戏中，通过互动的巧妙营销，让客户在玩乐中记住呆萌的雪王，大大地提高了客户对品牌的感知度。

线下拍照，线上投票：蜜雪冰城在门店置放活动海报，客户上传和冰激凌系列产品合影即可参赛。参赛门槛低，同时奖品丰盛，吸引了不少客户参与。而客户上传的照片中，既能展示冰激凌的颜值，消费者享受的表情又展示了冰激凌的美味程度，每一张图片都在为蜜雪冰城做宣传，这样就用极低的成本做了大量的宣传推广。加上融合了投票的竞争策略，参赛者拉票产生裂变，又迅速引爆了流量。

这个推广实属成功。简单的广告重复，土味又洗脑，与品牌调性紧密结合，在主题曲传唱过程中再次深化了用户对品牌的记忆。密切结合品牌形象设计的赠品与活动设计，极大地吸引消费者的参与热情。

2022 年 9 月，蜜雪冰城股份有限公司的 A 股上市申请，已获受理并正式披露了招股书，拟登陆深交所主板。这是继奈雪的茶上市之后，又一震撼茶饮行业的大新闻。

资料来源：https://zhuanlan.zhihu.com/p/480584298.

请分析：

1. 蜜雪冰城开展了哪些营业推广活动？

2. 蜜雪冰城的营业推广活动为什么能够吸引消费者的广泛参与？

二、实训项目

请自选店铺，以小组为单位，为该店铺设计节假日营业推广策划方案。（方案设计须体现创新创意、合理预算、彰显文化特色，且方案切实可行。）

第十一章 新媒体营销策划

【学习目标】

知识目标：

1. 了解新媒体营销的产生背景、发展过程和现状，正确认识新媒体营销的基本概念。

2. 认识新媒体营销平台，了解不同新媒体平台的特色。

3. 掌握微博、微信及公众号营销策划的流程。

能力素质目标：

1. 能根据营销的目标，选择合适的新媒体平台进行营销策划活动。

2. 能结合企业市场目标，进行一次完整的新媒体营销策划。

3. 树立正确的网络价值观，能辨识新媒体营销中的违规违法现象并主动杜绝。

【导入案例】

"奥运冠军终身免费玩欢乐谷"——欢乐谷出圈

2020 年 8 月 5 日，年仅 14 岁的小将全红婵以 3 跳满分，总分 466.20 分打破世界纪录的成绩获得了东京奥运会跳水女子单人十米台金牌。一跳成名天下知，全红婵接受采访时透露没有去过游乐园的新闻也在新媒体社交平台广泛传播开来。

看到机会的@①OCT 华侨城首先在 8 月 5 日表示，欢乐谷 9 大游乐园任全红婵选。紧接着@ 欢乐谷在 8 月 6 日发文表示："不只是昨天棒棒的全红婵妹妹，每一位奥运健儿都值得全国的宠爱，向奥运健儿致敬，欢乐谷限量珍藏版终身年卡将赠予每一位在东京奥运会中夺冠的中国健儿。"

欢乐谷让奥运冠军终身免费游玩的新闻，经过一天的发酵成功登上微博热搜，"奥运冠军终身免费玩欢乐谷"这一话题收获了 3.4 亿次阅读、3.7 万次讨论。

欢乐谷通过及时回应全红婵和奥运冠军，不仅收获了关注与好评，也在众多游乐园品牌中脱颖而出，实现出圈。

资料来源：广州日报官方账号 2020－08－06 报道《全红婵说想去游乐园玩，欢乐谷：终身年卡，安排!》。

---

① @符号在本章表示其后名称为微博用户，或"提示某用户看到特定的微博消息"的举动。

第一节　认识新媒体平台和新媒体营销

进入互联网时代，网络平台成为企业提升品牌形象，进行产品营销的必然选择。特别是随着移动互联网的普及，智能终端在应用上的不断延伸，以及消费者对于碎片化时间的利用，现代企业更能通过新媒体平台，结合大数据、人工智能等精准算法，把企业价值理念、产品功能、服务等信息精准推送给目标群体。

一、新媒体的概念

媒体（media）一词来源于拉丁语"medius"，本意为两者之间。媒体是传播信息的媒介，是传递信息与获取信息所借助的工具、渠道、载体、中介物或技术手段。狭义的媒体是指传统的四大传统媒体，包括报纸、杂志、广播、电视。而新媒体则是相对于传统媒体而言的，是继传统媒体后发展起来的新的媒体形式，是利用数字技术、网络技术、通信技术，通过互联网、广域网、局域网、无线通信网、卫星等渠道以及计算机、手机、数字电视机等终端向用户提供信息和服务的传播形态。"新媒体"的概念是动态的、相对的和发展的，电子图书、数字报刊相对于图书报纸是新媒体，数字广播相对于广播是新媒体，数字电视相对于电视网络也是新媒体。而随着科学技术的发展，新媒体形态也在发生变化。近年来被称为"新媒体"的则是随着移动互联网技术的发展而兴起的媒体渠道，如微信、微博等。

对新媒体的理解，需要抓住要点——新媒体是建立在数字技术和网络技术等信息技术基础之上的。如果传统媒体开始利用信息技术改造自身运营模式，那么这些传统媒体也可以变成新媒体。网络上层出不穷的新媒体一方面反映出新媒体发展之快、变化之多，另一方面也说明关于新媒体的研究还不成熟、不系统。

【策划视角 11-1】　　　　　　新媒体的出现和发展

"新媒体"一词是英文"new media"的直接翻译，所以要了解"新媒体"的起源，还得从"new media"一词的来源说起。一般认为，"新媒体"作为传播媒介的一个专有术语，最早是由美国一个叫 P·戈尔德马克（Peter Carl Goldmark）的人提出来的。P·戈尔德马克是留声机唱片（LP）和电子录像（EVR）的发明者，也是参与制定彩色电视 NTSC 标准的重要成员，曾担任过美国哥伦比亚广播公司（CBS）技术研究所所长。他在 1967 年发表了一份关于开发 EVR 商品的计划，在这个计划里他第一次提出了"新媒体"一词。之后，有一个叫 E·罗斯托（E. Rostow）的人，他是美国传播政策总统特别委员会主席，他在 1969 年向当时的美国总统尼克松提交的报告书中，也多处使用"new media"（新媒体）一词。从此以后，"新媒体"一词就开始在美国社会流行，并逐步流传到全世界，"新媒体"也逐渐成为全世界的热门话题。

还有一种说法则认为新媒体（new media）概念的起源出自加拿大传播学家马歇尔·麦克卢汉（Marshall MeLuhan）。1959 年 3 月，麦克卢汉在芝加哥参加全美高等教育学会举办的会议时，发表了题为《电子革命：新媒体的革命影响》的演讲。在演讲中，麦克卢汉指出："从长远的观点来看问题，媒介即讯息。所以社会靠集体行动开发出某种新媒介（印刷术、电报、照片和广播）时，它就赢得了表达新讯息的权利……今天，印刷术的君王统治结束了，新媒介的寡头政治篡夺了印刷术长达 500 年的君王统治。寡头政治中，每种新媒介都具有印刷术一样的实力，传递着一样的讯息……"1964 年出版的《理解媒介：论人的延伸》是麦克卢汉的成名作。正是在这本经典善作中，麦克卢汉提出了"媒介即讯息"的观点。他认为媒介对信息、知识、内容有强烈的反作用，媒介是积极的、能动的，对讯息有重大影响，决定了讯息的清晰度和结构方式。更为重要的是，麦克卢汉在书中提出了"地球村"的概念，并前瞻性地预言了互联网时代，即信息时代的到来。这让麦克卢汉的理论在互联网时代再次成为热点。即便在人工智能和物联网大行其道的智能媒体时代，麦克卢汉在 50 多年前提出的媒介理论仍然丝毫没有过时。媒体是人类进行信息传播的媒介、手段和工具。信息传播是通过媒体进行的，媒体的发展史，即人类传播的历史。而媒体的发展本身就是不断推陈出新的过程。

资料来源：https://baike.baidu.com/item/新媒体/6206.

以数字技术为代表的新媒体，其最大特点是打破了媒介之间的壁垒，消融了媒体介质之间，地域、行政之间，甚至传播者与接受者之间的边界。新媒体还表现出以下几个特征：

1. 媒体个性化突出

由于技术等原因，以往所有媒体的受众几乎都是大众化的。而新媒体却可以有目的地细分受众，甚至可以面向个人。也就是说，每个新媒体受众手中最终接收到的信息内容组合都可以是完全不同的。这与传统媒体受众只能被动地接收毫无差别的内容有很大区别。

2. 受众选择性增多

从技术层面上讲，新媒体打破了只有新闻机构才能发布新闻的局限，人人都可以接收信息，人人也都可以充当信息发布者，这充分满足了消费者对信息的细分需求。与传统媒体的"主导受众型"不同，新媒体是"受众主导型"。受众有更多的选择，可以自由阅读，还可以放大信息。

3. 表现形式多样

新媒体内容表现形式多样，可将文字、音频、画面有机融合，做到即时地、无限地扩展内容，从而使内容变成"活物"。除此之外，新媒体还具备"大容量""易检索性"的特点，可以随时存储内容，查找以前的内容和相关内容非常方便。

4. 信息发布实时

与广播、电视等传统媒体相比，只有新媒体才真正具备无时间限制，随时可以加工发布的特点。新媒体用强大的软件和网页呈现内容，可以轻松地实现 24 小时在线。

新媒体交互性极强，独特的网络介质使得信息传播者与接受者的关系趋于平等，受众不再轻易受媒体"摆布"，而是可以通过新媒体的互动，发出更多的声音，影响信息传播者。

二、新媒体平台

新媒体营销依托于新媒体平台，不同的新媒体平台有不同的特征和典型应用，了解当下最主流的新媒体平台及其特征与应用是进行新媒体营销策划的先决条件。同时，要做好新媒体策划的工作，还需要策划者对新媒体上的各种素材及素材的处理技术有较全面的认识和掌握。

（一）新浪微博

2009 年 11 月 3 日，新浪微博正式上线。运营早期，微博通过邀请明星和名人加入，与网友们进行内容分享与互动，吸引了一大批用户使用新浪微博。用户的聚集使得企业从中嗅到了商机，开始使用新浪微博获取用户与树立品牌，如小米手机、蒙牛等都在微博建立了自己的官方账号，并长期运营。

Weibo 2021 Environmental, Social and Governance Report 显示，2021 年新浪微博月活跃用户达 5.73 亿，其中，95% 的用户都是通过移动端访问的，同时新浪微博超越 Twitter 成为全球用户规模最大的独立社交媒体平台。

新浪微博已经成为企业新媒体营销中不可或缺的一环。

（二）微信

2011 年 1 月 21 日微信正式上线。凭借腾讯系产品的庞大用户群导入与极佳的用户体验，微信完成了早期大量用户的积累，开始了飞跃式发展。2012 年 8 月 23 日，微信上线微信公众平台，曾命名为"官号平台"和"媒体平台"，后于 2013 年 8 月 5 日更名为微信公众平台，并进行了大幅度调整。2014—2015 年是平台疯狂式爆发期，大批内容创作者与企业开展微信营销，其中"罗辑思维"等自媒体人获得了丰厚的回报，企业也由以往的微博营销转变成微博、微信"双微营销"。

2022 年微信月活跃用户数量已经达到 12.883 亿，超越了 QQ 与微博的用户，成为企业新媒体营销必选的平台。

（三）今日头条

2012 年 8 月，今日头条上线。凭借个性化推荐引擎技术，平台根据每个用户的兴趣、位置等多维度信息进行个性化推荐，推荐内容不仅包括狭义上的新闻，还包括音乐、电影、游戏、购物等资讯，成为移动资讯客户端的一匹黑马。2013 年，今日头条推出了头条号，致力于帮助企业、机构、媒体和自媒体在移动端获得更多曝光和关注，在移动互联网时代持续扩大影响力，同时实现品牌传播和内容变现。今日头条这个用户量众多的新媒体平台如今致力于输出更优质的内容，创造更好的用户体验。

2022 年，今日头条月活跃用户数量为 3.4 亿。

（四）其他平台

2015 年始，市场掀起了个性化资讯客户端的浪潮。各大互联网巨头纷纷加入了这个战场，腾讯推出企鹅号，百度推出百家号，阿里巴巴通过旗下 UC 浏览器推出大鱼号，网易推出网易号，搜狐也推出搜狐号。战场硝烟弥漫，各平台争抢好内容，投入大量资金补贴内容创作者。到 2022 年，新媒体各类平台层出不穷，用户规模过亿平台已达到 58 家。

正是因为移动互联网的高速发展，才出现了用户分散、流量入口分散的局面，企业为获取用户，由以往的双微营销转换成全渠道全平台的新媒体矩阵营销。

三、新媒体营销

新媒体营销是利用新媒体平台进行营销的方式，通常指以互联网（包括移动互联网）为基础，利用网络媒体、自媒体、社交平台的交互性，来辅助企业实现营销目标的一种方式，是信息化背景下市场营销的大趋势。

新媒体营销经过近几年的高速发展，已不再是最初的简单内容制作。新媒体营销趋势有以下三个方面。

（一）以"用户为导向"的内容制作

在传统媒体时代，信息与资讯的创作权掌控在记者和编辑的手里，他们在很大程度上决定着用户能看到什么信息，不能看到什么信息。而在新媒体时代，信息与资讯创作权开始发生改变，亲民、有趣的内容更容易获得大众的喜爱，小众、专业的内容也能拥有较高传播价值，并收获可观的流量。

在碎片化的移动互联网时代，即便是再优质的营销内容，用户也不一定有机会或有精力去欣赏，因此，他们更喜欢那些与自己关联度高、参与度高的内容。所以在新媒体营销中，用户的黏着性决定了用户对于信息和内容的选择，以"用户为导向"的内容才能留住更多的用户。

（二）以"引导用户表达"的形式传播

传统媒体时代，企业对内容传播渠道的掌控力较强，用户通常扮演倾听者的角色，内容呈现以单向传播模式为主。在新媒体时代，人人都是内容的创作者、传播者和接受者，人人都自带传播渠道，信息呈现出复杂的多向传播模式。

在这样的媒介环境下，用户自我表达的欲望也越发强烈，他们的兴趣和偏好成了新媒体营销成功的关键。同时，在这个"人人都是创作者"的时代，用户需要的不仅是倾听，更是表达。新媒体营销者应该考虑的不只是有效内容的制作，还有如何为用户提供一个反馈和表达的平台。

（三）以"集中用户注意力"的产品宣传

传统媒体时代，当一个产品诞生的时候，它就变成一个信息，想要去占据人们的注意力。传统营销活动中，因为用户获取信息的途径单一，简单直接的广告就可以达到信息传递的目的。在新媒体时代，人们一方面通过搜索引擎、智能终端等自由、快速地寻找自己想要的信息；而另一方面，又会因为搜索到的信息太多，而转瞬即忘。在纸媒时代用户获取信息就好像戴着潜水呼吸器，在文字的海洋中缓缓前进；而在互联网时代，用户就像一个个摩托快艇手，贴着水面呼啸而过。

在面对信息过载带来的认知负荷时，用户不会努力去记忆那些他们认为重要的信息，他们更倾向去屏蔽、遗忘那些他们认为不重要的信息。如此一来，新媒体营销必须降低用户消化、储存信息的成本，集中用户注意力才有机会在用户的脑海中留下印象。

【实例11-1】　　　　　"完美日记"新媒体全渠道布局策划

完美日记成立于2017年，是美妆国货品牌，诞生不到三年时，总体销售额就突破40

亿元。完美日记的成功与其通过各大新媒体平台进行流量投放密不可分。

小红书：前期明星+知名 KOL 进行品牌背书；中期主要投放头部达人+腰部达人；后期主要与底部达人+素人合作，小红书搜索完美日记，有 34 万+的种草笔记。

抖音/快手：以产品评测、剧情视频、妆容分享为主要营销内容，非垂直+垂直领域达人投放。

B 站：与 UP 主合作进行内容营销+弹幕互动。

微博：官宣品牌代言人，跨界合作等，塑造品牌形象，提升品牌声誉。

微信：打造朋友圈+社群+公众号+小程序四位一体的私域社区，完美日记宠粉联盟、美妆俱乐部等五十多个微信公众号及配套小程序，以及虚拟导购人设"小完子"组建的大量社群，进一步提升了完美日记品牌产品的复购率。

完美日记通过新媒体全渠道内容营销传播，增加公域流量，以公域带动私域，大力发展私域流量，提高用户留存、转化、裂变。

资料来源：腾讯网文章《品牌营销案例分析 | 完美日记 & 鸿星尔克》。

第二节　新媒体营销策划的要素、　内容及数据分析

一、新媒体营销策划关键要素

（一）找准营销引爆点

新媒体营销引爆点的策划和构建，是新媒体营销的重中之重，引爆点不仅必须足够诱人，还必须能充分结合品牌及产品的特性。

找准引爆点，首先要从分析用户入手，了解企业主营新媒体上用户的基本画像、利益诉求、兴趣爱好、信息接收方式等因素才能更精准的定位内容。其次，企业要思考什么样的话题和展现形式在新媒体上更能受用户的欢迎，除了感情诉求外，有趣、有料、时尚的，能为大众提供表达机会的，获得大众认同感的话题也同样可以成为新媒体营销的引爆点。

（二）制定有效的传播机制

新媒体营销的特点之一就是病毒式的网络传播，传播的深度、广度直接关系到营销目标的达成情况。在进行营销策划时，制定有效的传播机制也是策划的关键要素之一。首先，精准定位目标人群，特别是最先影响或者投放的第一批传播者，他们的任务就是接收品牌的营销信息并其他消费者传递，所以第一批的传播者是病毒营销能够有效传播的关键。第一批传播者往往是新媒体平台上的活跃用户，他们善于言论、喜欢分享，在某个领域有较高的话语权和影响力，比如关键意见领袖（key opinion leader，KOL）。其次，如何传播，以何种形式，通过哪些平台渠道传播信息才能到达传播效果，需要策划者精心选择传播的渠道和工具。传播渠道的选择决定了信息接触群的选择，用户接收信息的习惯与活动、传播渠道的结合，才能让信息得以迅速传播。

（三）设置合理的利益诱惑

消费者都有逐利性，在新媒体平台上参与游戏，分享活动的用户，除了满足本身的分

享欲望，还能获得一定福利优惠，无疑是活动的最好助力，能更好地促进传播。

通常情况下，可以在新媒体平台设置和策划以下形式的利益诱惑：

1. 红包、优惠券

如果是电商类品牌，利用红包、优惠券、体验券等，能很好地将流量转化为销量，对消费者的吸引力很大。"双十一"越来越复杂的优惠规则一方面引起了消费者的诸多抱怨，另一方面也增加了消费者更精明地参与活动的兴趣。

2. 体验活动的机会

这对活动的设计要求比较高，要尽可能独特、好玩、有诱惑力。

3. 礼品

活动礼品策划首先需具有独特性，对用户而言有一定价值，或者能满足用户猎奇的心理。其次赠送礼品也要结合活动设置一定的门槛，不然就失去了价值。

4. 无形的感觉

新媒体策划也可以围绕用户的社交体验来设计，如比较、炫耀、自我满足、虚荣等。

5. 游戏机会

例如转发过后可再获得一次游戏机会，游戏通关后会有礼品或者完成游戏的过程中会获得礼品。

【实例 11-2】　　　　　　　　**关键意见领袖 KOL**

关键意见领袖（key opinion leader，KOL）是营销学上的概念，通常被定义为：拥有更多、更准确的产品信息，且被相关群体接受或信任，并对该群体的购买行为有较大影响力的人。KOL 的主要特征有以下三个：

一是持久介入特征。KOL 对某类产品较之群体中的其他人有着更为长期和深入的介入，因此对产品更了解，有更广的信息来源、更多的知识和更丰富的经验。

二是人际沟通特征。KOL 较常人更合群和健谈，他们具有极强的社交能力和人际沟通技巧，且积极参加各类活动，善于交朋结友、喜欢高谈阔论，是群体的舆论中心和信息发布中心，有强大的感染力。

三是性格特征。KOL 观念开放，接受新事物快，关心时尚、流行趋势的变化，愿意优先使用新产品，是营销学上新产品的早期使用者。

资料来源：https://baike.baidu.com/item/意见领袖.

二、新媒体营销策划的主要内容

认识新媒体营销策划的关键要素是进行策划的前提，在新媒体营销策划的具体执行和操作中，还需要了解新媒体营销策划的主要内容。

（一）新媒体平台选择

新媒体营销活动和新媒体平台密不可分，新媒体营销策划者进行营销策划的前提是根据营销的目标、产品或服务定位，用户的特征和浏览习惯选择合适的营销活动的渠道——新媒体平台，如微博、微信等自媒体平台比较适合具有话题性的内容营销，也可以通过明星效应打造产品热度。这要求营销策划者了解各大新媒体平台的特征及所聚集用户的特点，并对平台的后台操作设置与功能使用有清晰的认识和了解。

同时，在从事新媒体营销策划和运营工作的过程中，从业者要用到很多辅助工具。例如，微官网的制作要用到搜狐快站与腾讯风铃，微表单的制作要用到表单大师与金数据，微商城的搭建要用到微店、有赞、搜狐微商城，H5 页面与游戏的制作要用到易企秀、百度 H5 营销游戏等。

（二）新媒体营销内容策划

新媒体时代以"内容为王"，无论是新媒体营销中的拉新、留存、促活还是转化，都需要靠内容来进行支撑。新媒体营销的内容策划指的是文案、图片和视频的策划、制作与处理。在企业新媒体营销策划中，对内容的策划是整个策划的核心和关键。

1. 文案策划

一个好的新媒体营销文案策划应该做到以下三点：

（1）知产品。

文案策划应该围绕产品在市场中的独特定位，精准提炼产品的卖点、用多媒体的形式展示产品的使用场景和理解产品的属性。

（2）懂用户。

从大数据中准确分析目标用户人群，进行目标客户画像，认识他们的属性，了解他们的需求与痛点，精准找到用户需求和产品定位之间的关键链接。

（3）有创意。

新媒体营销向用户展示产品的方式具有多样性，但同时也存在信息过载的问题，因此富含趣味性、让用户耳目一新的文案更容易获得用户的青睐，进而达到推广的效果。

文案策划对运营者的文笔要求不高，但也需具备基本的文字功底和写作能力。对于新媒体营销工作者而言，要在日常的工作中尽量锻炼自己的文案撰写能力，在平时的工作生活中要养成文案写作习惯；经常选择一个领域、一种产品，根据特定的目标人群，用不同的方式、从不同的角度、选择不同的风格来培养文案写作能力。

2. 图片策划

新媒体营销文案通常图文并茂，这要求策划者具备基本的图片策划能力，对于文档的配图选择、色彩搭配、图文排版等有精心的安排，图片策划既能满足用户对于产品的直观印象，又能有效的配合文字等其他素材，抓住用户的注意力或引起用户的好奇心。同时，新媒体运营者应精通 Photoshop 等图片处理软件，并拥有基本的审美能力和设计能力。

3. 视频策划

视频策划往往涉及与视频制作团队合作进行视频内容的确定及视频的拍摄工作，视频策划需要策划人员能准确地确定视频的类型；根据营销的目标设计视频的主要架构，即文案大纲、视频的风格和结构；视频所需资源和素材的保障、进度的把控以及拍摄过程中与各方的沟通和配合；以及对最后的视频呈现内容、效果的预期。

（三）新媒体用户策划

新媒体营销内容虽然重要，但光有内容还不够。只有用户消费了内容，内容才能具备价值，才能给予企业市场回报，因此用户策划也是新媒体营销策划的重要内容之一。

1. 拉新——获得新用户

"拉新"指通过网站、App、微信公众号和微博等新媒体营销活动平台获取新用户。策划者通过使用免费推广、付费推广的方法，在各大用户人群聚集的新媒体平台引导目标客户进入并成为企业的用户。

2. 留存——保留老用户

用户进入平台是第一步，企业用户策划的重要目标是要留住用户。营销策划者要进一步分析用户进入平台的目的，然后通过优化企业平台展示页面，不断地输出内容，满足用户的需求并使其持续关注。

3. 促活——激活潜在用户

用户在关注了企业的公众号、微博账号或下载 App 后，可能出现使用一段时间后就很少打开或阅读内容的情况，此时，策划者就要激活这些"潜水"的用户。一般可以通过策划有针对性的活动、互动、奖励等让"潜水"的用户参与，从而促进这些潜在用户的活跃度。

4. 转化——转化高价值用户

让用户购买某一个产品或某一项服务，从而获得利益的回报，是企业进行市场活动的最终目标，也是新媒体营销策划的目的。新媒体营销策划的核心是将用户的"关注"转化为消费行为，从而实现营销的价值，策划者在通过"拉新""留存""促活"等用户运营后，一般会通过软文、优惠活动和促销活动的策划，吸引用户进行购买，实现从"关注"向"变现"的转化。

（四）新媒体活动策划

活动是在短期内达到某个营销目的的捷径，也是提升某项营销指标的有效方法。例如，想完成新用户关注量的指标，营销人员需要策划并执行一场拉新活动；想完成销售业绩的指标，则需要策划并执行一场优惠促销活动。

1. 新媒体活动流程

通常，新媒体活动是作为一个具有独立性的项目来运营，其流程为：

（1）撰写活动的策划方案；

（2）交由上级领导审批与报备；

（3）领导审核通过后，统筹各部门及调用各方面资源；

（4）制订活动进度与时间表；

（5）编制执行方案，让各部门清楚自己的工作内容、完成效果、人员配合等；

（6）活动后的数据分析及经验总结。

2. 新媒体活动策划内容

新媒体活动策划内容主要包括：活动目标制定、活动费用预算、活动奖品、其他部门协助配合、资源整合调用、推广方式和渠道选择等。

三、新媒体营销数据分析

在互联网时代，"以用户为导向"的营销思维体现得淋漓尽致。例如，在今日头条、抖音等一批依靠智能推荐算法来实现内容分发的新闻客户端中，营销效果的评判往往通过后台数据进行直观地展示。内容的点击率，用户的阅读进度、阅读速度，内容的评论数、收藏数以及点赞数是常用的评价指标。所以在大数据时代里，营销策划者除了要借助数据来分析用户的属性、喜好度、偏好类型等，还需要通过计划执行后的数据对运营效果进行客观的评价，并对下一次的策划进行调整。

数据分析包含以下五个步骤：

（一）制定目标

新媒体数据分析是为了能够更科学地制订营销计划、更精准地评估营销效果。在进行数据分析前，首先应当制定目标。

（二）挖掘数据

挖掘数据前首先需要进行数据来源分析，然后从后台数据、第三方数据以及手动统计三个方面进行数据的挖掘操作。

（三）处理数据

新媒体数据来自不同的平台或不同的方式，往往因为数据结构不同、质量不高而不能直接使用，还需要数据分析人员对数据进行清洗和处理。处理数据主要包括删除无效数据和合并重复数据、组合相关数据三个部分。

（四）分析数据

数据在经过处理后就可以进行分析了，常见的数据分析类别有流量分析、销售分析、内容分析和执行分析等，并通过不同的形式对分析结果进行展示。

（五）总结数据

在完成数据分析后，还需要总结数据。总结数据不仅有利于沟通新媒体营销的情况，而且便于分析新媒体营销结果、总结新媒体营销规律、制订更科学的新媒体整体营销规划。

新媒体营销策划者要了解各大新媒体平台的数据含义，清楚每一项数据代表用户怎样的行为、情绪，学会各项数据的整理归类与分析。图文型数据分析示例见图11-1。

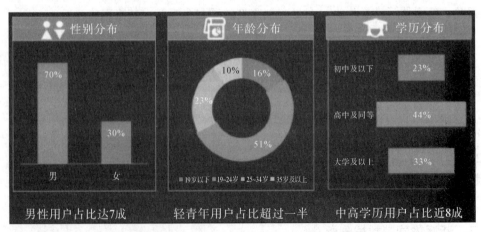

图11-1　图文型数据分析示例

第三节　微博平台营销策划

一、了解微博营销

（一）微博的产生背景

2006 年，美国网站"Twitter"（推特）推出了微博客服务。Twitter 作为一个边缘项目诞生，它允许用户将自己的最新动态、所见所闻和想法、看法以短信息的形式发送给手机和个性化网站群，而不仅仅是发送给个人。

随着 Twitter 的风靡，国内的微博也悄然兴起。在中国，微博的发展经历了引入期、探索期、成长期，早期的"饭否""叽歪""做啥""嘀咕""Follow5"等都因经营困难而退出或转型，中后期以各门户网站、大型网站为主要代表，新浪微博、腾讯微博因突出其媒体特性、社交特性，将人群扩大到更大范围，而走进了普及阶段。

2009 年 8 月，新浪推出微博产品。2013 年 4 月，新浪微博宣布与阿里巴巴牵手成功并签署了战略合作协议，阿里巴巴以 5.86 亿美元的价格购入新浪微博 18% 的股份，双方在用户账户互通、数据交换、在线支付、网络营销等领域进行深入合作。2014 年，继腾讯撤销微博事业部之后，网易微博也跟用户说再见，搜狐微博坚持了一段时间后也处于停滞状态。与此同时，新浪微博却表现出色，在三个领域都具有极强的竞争力：第一，它是国内用户排名前三的智能手机移动客户端应用；第二，它有基于用户个性化语义进行大数据挖掘的潜力和资源平台；第三，它是最有传播能量的媒体渠道。2014 年 4 月 17 日晚，新浪微博（Nasdaq：WB）正式登陆美国纳斯达克股票交易所，市值 40 亿美元。

【实例 11-3】　　　　**奥运明星成为新顶流，社会化传播加速体育文化出圈**

2021 年东京奥运会期间有 80% 以上的运动员都开通了微博，自开赛以来，运动员们共发布 2 472 条微博，互动总量约为 1.51 亿元，粉丝量增加超过 7 128 万人。随着微博热搜成为奥运的风向标，我们通过梳理热搜可以有效把握不同时间内奥运的整体动向，可以看到有约一半的奥运热搜都和运动员相关，其中奥运爆点热搜高达 76 个，包括如"东京奥运开幕式""孙颖莎战胜伊藤美诚""苏炳添创造历史"等热搜话题通过在微博中持续互动发酵，吸引了众多观众关注，有效助力体育文化出圈。东京奥运期间和杨倩有关的微博热门话题及热度值见图 11-2，东京奥运期间微博内容运营价值分析见图 11-3。

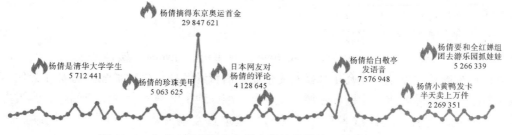

图 11-2　东京奥运期间和杨倩有关的微博热门话题及热度值

微博升级品牌号	突发热点处理机制	提供丰富营销素材	热点衍生营销价值

图 11-3　东京奥运期间微博内容运营价值分析

东京奥运伴随社交媒体平台及新内容形式的发展，观众的情感得以快速传播，在微博平台上集中体现了"全民奥运的高参与度、UGC 深度互动、情感化传播加速、多元关注维度、更加开放包容的体育态度"等内容及用户行为特征。在此背景下，微博也为 B 端品牌主提供一系列营销解决方案，助力提升品牌商业价值。

资料来源：艾瑞咨询文章《奥运期间中国社交媒体价值分析报告——以微博为例》。

（二）微博营销的特点

基于微博用户的特性以及微博平台信息传播的特性，微博营销与传统营销模式以及其他互联网营销模式相比，有着自己鲜明的特点。

1. 目标群体规模巨大

微博的用户数量达几亿人，这里面涵盖了各种年龄、职业、性格等特性的人群。微博平台可以通过技术手段对微博用户进行分类分组，进行精准营销。

2. 信息传播速度快

在移动互联网时代，无论是企业商家还是用户消费者，都可以随时随地在微博平台上进行信息的发布与接收。这使得企业与消费者之间的沟通与互动可以更加直接快捷且有效，并帮助企业收集第一手的用户信息与用户反馈，进而掌握最新的市场资料，进行有效的营销策划。

3. 营销成本低廉

企业在自己的微博账号中对自己的产品发布广告并进行推广是不需要向平台缴纳费用的，即使是使用付费推广，这笔费用相比传统广告投放也更加低廉。同时，企业通过微博进行消费者和市场调研所花费的人力成本也远小于传统渠道。正是这种低成本性，才更加吸引企业在微博平台进行营销。

4. 集中化数据管理

在微博平台上，企业可以将活动、文化展示、客户服务、市场调查、信息发布和产品销售等功能进行一体化解决。

5. 与消费者建立持续关系

微博是一种兼具 4A（anywhere、anytime、anything、anyone）属性的流动性社交媒体平台，这种时空全覆盖的交流互动容易使企业的消费者粘黏性得到增强。随着社会化客户关系管理系统的逐渐建成并趋于完善，企业可以准确地了解消费者的消费偏好、购买力以及行为习惯，方便企业针对客户的特性与兴趣进行互动交流，可以有效长期维护客户关系。

二、微博营销策略

（一）微博矩阵

微博营销首先要建立一个能够产生影响力的平台，并建立链式传播系统，这就需要一个账号矩阵。一些成熟的微博运营企业都建立了完善的微博矩阵。

建立微博矩阵前，企业要清楚自己微博的定位和功能分类，是产生销售、品牌传播、客户管理，还是公共关系。没有明确的功能定位，不仅无法形成有力的微博矩阵，而且连主微博的运营都会成问题，因为微博的内容更新、活动策划、粉丝互动都要根据微博本身定位来运作。

【实例11-4】 　　　　　　　　　　**小米的微博矩阵**

小米科技建立了以@小米公司、@小米手机、@Redmi 红米手机、@雷军为主要阵地的微博矩阵，形成了以企业、产品、服务、管理层、员工为分类的一个比较完整的微博矩阵。同时各账号的头像、页面装修、内部建设都保持统一，共同展现小米科技的企业文化和产品品牌内涵。

资料来源：根据微博平台账号信息整理改编。

（二）创意策划

微博作为社会化自媒体，与传统媒体的一个主要区别就在于其可以借助社会化媒体能量传播覆盖更多人，因而做好微博创意策划是非常重要的。在微博热门转发中，以下几类内容更能提高创意的互动效果：情感类、新鲜类、实用类、通用话题类、娱乐类、消遣类。具体如表11-1所示。

表11-1　微博热门内容分类

内容大类	话题内容小类
情感类	爱情攻略/煽情密语；哲理；小资情调
新鲜类	灾难新闻；罕见新鲜类/猎奇；环境破坏；新发现/科技进步；愤怒/揭露/悲惨
实用类	处世/交际/职场攻略；生活百科/经验
通用话题类	共同的记忆引发共鸣；转发送奖品；感人事迹；祈福；愚人
娱乐类	明星动态/八卦；星座；趣味/性格测试；非主流/独特；音乐/电视剧/全套剧集
消遣类	可爱动物；搞笑；性感/清纯美女；美景摄影；设计/艺术

（三）微博活动

微博活动是微博营销必不可少的，初期为了增长粉丝要做活动，后期粉丝稳定了要通过做活动引爆品牌传播或者回馈粉丝，增强黏性。所以在微博营销中活动是贯穿始终的，如何开展活动对聚集人气、提升品牌尤为关键。

微博活动一般可分为新浪平台活动和企业自建活动两种。新浪平台上活动形式多样化，大转盘、砸金蛋、晒照片等很有趣味；活动的数据分析也很详尽，有转发、邀请、收藏、每日参与人数等详细数据；抽奖更加公正公平，管理更加规范方便。

企业微博自建活动主要是各种形式转发抽奖。抽奖、数据统计比较烦琐，而且对主题活动要求较高。一般先基于内部粉丝相互传递发起，只有先有效调动内部粉丝的积极性，才能增加微博的活跃度。但是如果没有足够的粉丝数量，传播效果一般不会太好，除非奖品很给力或者有"大V"推荐转发。

三、企业微博营销策划

（一）策划准备

1. 微博营销的选择

活跃于微博上的商家，多半都是生活服务业或与电子商务结合紧密、物流配送方便高效的行业。目前适合微博营销的行业见表 11-2。

表 11-2　适合微博营销的行业

行业	特点
快速消费品	服装、化妆品、饰品、食品、日化用品、玩具、家居类、母婴、文体书籍、家电数码、保健等快消品或其他类
同城化消费	能够通过团购网站进行同城消费的商品，如医院、餐饮、装修等
远程化服务	拥有广大区域分散的客户，通过微博互动能够提供更及时的反馈，提升客户满意度
品牌化推广	媒体、公益组织、高校、政府机关

2. 精准定位微博营销目标

企业的微博营销也是一种市场经营行为，企业在开展微博营销之前，应该明确自己通过微博营销需要达到什么目标。

通常情况下，企业市场经营行为营销目标主要有提升品牌、促进销售、客户服务、市场调研和公共关系。这五个维度的营销目标，最终都是期望加深自己的产品和服务在消费者心目中的印象，让其拥有知名度、美誉度和忠诚度。但是不同的企业在不同的发展阶段，其市场目标侧重有所不同，若想将五个维度都做到，企业需要投入非常高的市场成本会。因而，企业在开展微博营销前，应该先精准定位自己的营销目标，最好对不同目标的侧重点有所选择，或者不同阶段侧重不同的运营目标。

3. 成立微博运营团队

高层重视是很多国内成功的企业微博营销成功的前提，新东方的俞敏洪、小米的雷军、360 的周鸿祎等，其本身就是关注度极高的博主，而且通常由他们的微博账号作为其企业的主账号，并带动其微博矩阵的其他账号整体发展，成功的通过微博这一受众面极广的社交媒体完成企业的营销目标。

但大部分企业没有这样成功的官方个人品牌微博，在这种情况下，企业官微的运营还是得通过微博运营团队来实现。以微博为主要传播平台的企业需要一个专业的策划运营团队，一般而言，专业的运营团队的组成和主要职责见表 11-3。

表 11-3　微博运营团队及主要职责

职位	主要职责
微博运营经理	1. 企业微博定位策划； 2. 制定并优化企业微博的运营流程； 3. 参与市场推广的专题策划，并协调部门资源； 4. 对微博运营的结果进行监控和考核
微博运营专员	1. 日常更新及维护企业微博，积极与粉丝互动，提高微博关注度； 2. 参与制定微博运营策略，定期策划并执行微博营销活动； 3. 撰写微博文案，提升用户活跃度，有效利用微博进行推广
数据分析师	1. 搜集及分析用户、竞争对手基本数据，微博使用习惯，进行精准用户画像； 2. 跟踪微博活动，分析活动数据并反馈； 3. 深度挖掘微博有价值的信息并进行统计分析，发现商机
微博客服	1. 搜索潜在客户，进行客户开发； 2. 及时处理客户留言，与用户进行互动； 3. 配合运营专员开展微博活动

（二）企业微博运营策划

1. 企业官方微博命名策划

企业官微的命名首先需要考虑对企业的品牌建设是否有价值。官方微博命名时应注意几点：

（1）重视近似命名保护。

微博的账号名和互联网兴起时的域名一样，具有稀缺性和排他性，很多企业在微博刚兴起时没有注意进行对品牌官微的注册保护，等加微博时才发现一些品牌名或者近似品牌名已经被人抢注。

（2）关注个性域名申请。

微博个性域名支持长度为 4~20 个字符的个性域名，个性域名不能重复且设置后个人微博账号不可进行更改。好的域名不仅方便让用户记住微博地址，同时也是企业识别系统的一部分，最好和官网保持一致，这样会有较高的辨识度。

（3）在使用微博矩阵时，注重关联账号的命名。

2. 企业微博矩阵策划

除了对微博账号的命名，企业微博账号的数量也是企业运营策划需要考虑的重要方面，对于有的企业，一个官方微博就够了，但是拥有矩阵式的微博团队在品牌运营推广方面更容易取得成功。

像小米公司的微博矩阵设计就非常完备，既有品牌区分，又有高管微博@雷军，还有各个职能部门的员工微博，总体上构成了个人品牌与公司品牌的互补，每个矩阵群都交叉关注，形成一个多维度的结构。

【实例 11-5】　　　　宝洁公司的微博矩阵策划

宝洁公司作为世界 500 强企业，在品牌保护方面有很强的意识，其企业官微命名思路

就很值得效仿，具体如表 11-4 所示。

表 11-4　宝洁公司微博账号矩阵

运营思路	微博用户名
围绕产品	@帮宝适、@头皮专家海飞丝、@欧乐 B、@佳洁士 Crest……
围绕品牌	@宝洁中国
围绕客户	@宝洁会员中心
围绕服务	@海飞丝丝源复活
围绕工作	@宝洁工作
围绕高管	@许有杰 Rene、@胡鑫如

资料来源：根据微博账号整理。

3. 企业官方微博装饰策划

为了让企业官方微博给人清晰、直观、良好、深刻的印象，传递鲜明的企业形象，需要在界面装饰方面加强设计。

（1）设计企业简介。

企业简介需要精练，让人一看就知道企业是做什么的，语句宜简明扼要。

（2）设计特色标签。

标签是非常重要的信息，它是可以描述企业的行业或领域、企业产品类型等的关键词，从而让更多的人更容易找到你，也可以让你找到更多同类或有相同兴趣的潜在客户。

（3）添加企业 logo。

企业的 logo 是非常重要的视觉呈现，所以在微博中必不可少，微博头像可以直接用企业 logo 也可以用企业形象代言人。

（4）选择个性模板。

微博内置有很多模板，可以选择比较适合自己企业的，从而体现出企业特色。

（5）添加企业认证。

经过认证的企业可以赢得用户的信任，所以长期经营的企业应按照新浪微博的要求上传各项资料进行认证。

（6）设计微博背景。

背景、头像应该是一体化的，最好由企业自己进行设计，更能体现企业的独特市场形象。

（7）添加轮换广告。

轮换广告的位置在官方微博首页上醒目位置，凡是到达页面，都可以看到。同时，广告最好经常更换，这样才有新鲜感。

微博是中国受众面最广的社交新媒体平台之一，企业注册官微的主要目的就是借助这一用户基数巨大的平台进行品牌广告宣传。除了微博平台提供的付费广告位，以及通过有奖活动等进行广告，微博还有可以让企业自行调整的广告位。具体策划如表 11-5 所示。

表 11-5　企业官方微博广告策划

广告位	广告策划
背景模板	定期更新，结合重要市场活动统一更新
微博头像	活动推广或品牌更新时进行更新
视频展示	及时更新有冲击力的宣传视频或滚动图片切换
滚动公告	及时更新企业官方最新通报信息
官方链接	官网的信息更全面，合理设置官方链接名称会提高点击率

4. 企业官方微博人设策划

微博的社交属性使得用户更愿意和人打交道而不愿意和一个冷冰冰的官方微博互动。所以企业官方微博可以拟人化设计，显得更形象生动，这样和粉丝互动起来，才会更有效果。如有的官方微博自称主页君，或者给自己的一个小编的爱称，方便和网友进行亲民化的互动。

5. 企业官方微博加关注

官微需要关注商业上的合作伙伴，关注类型要更多元化，对同行、客户、上下游价值链的微博都需要关注。

不管是哪个企业官微，都建议关注@企业微博助理，这是新浪微博官方企业服务账号，主要介绍企业运营方法，分享新浪微博相关数据和案例，其关注清单可以看作目前新浪微博营销成功公司和优秀团队的活目录。

6. 企业微博栏目策划

运营微博要考虑企业品牌营销和宣传的需要，不能过于随性。企业官微应设计一些固定的栏目，在相对固定的时间发布类似的内容。

7. 企业官方微博内容征集策划

除了企业固有的产品服务和企业文化、活动宣传外，企业官微主要的内容来源有四个，它们分别是：

（1）媒体新闻报道推荐；

（2）组织内部新闻事件；

（3）转发或@内部账户矩阵发布的优秀微博；

（4）转发关注粉丝优秀微博。

8. 企业微博发布节奏策划

确定了栏目规划和内容来源后，应该建立相对稳定的企业微博发布节奏。同时，发布节奏需根据时事热点和粉丝反馈互动情况随时加以调整。

（三）微博活动策划

1. 微博活动策划的常用方法

（1）有奖转发。

有奖转发是目前采用最多的活动形式，一般粉丝们转发+评论或+@好友就有机会中奖，这也是最简单的活动策划，但目前有奖转发也提高了门槛，如除了转发外，还需要评论或@好友（@的数量现在普遍要求三个或者更多）。

（2）有奖征集。

有奖征集就是通过征集某一问题解决方法吸引参与，常见的有奖征集主题有广告语、段子、祝福语、创意点子等。有奖征集通过调动用户兴趣、获得奖品可能性等系列利益"诱导"，从而吸引用户参与。

（3）有奖竞猜。

有奖竞猜是揭晓谜底或答案，最后抽奖。这里面包括猜图、猜文字、猜结果、猜价格等方式。这项活动目前的使用范围不广泛，但是有很强的互动性，转发和推广主要取决于环节设计的趣味性。

（4）有奖调查。

有奖调查目前应用不多，主要用于收集用户的反馈意见，一般不是直接以宣传或销售为目的。要求粉丝回答问题并转发和回复微博后就可以有机会参与抽奖。

2. 微博营销活动策划的四个关键点

（1）规则应该清晰、简单。

要想使活动取得最好的效果，一定不要为难参加微博活动的用户。活动规则简单才能吸引更多的用户参与，最大限度提高品牌曝光率。因此，活动官方规则介绍文字应尽量控制在100字以内，并配以活动介绍插图。插图一定要设计得美观、清晰并且图片尺寸适度。

（2）把握并激发参与欲望。

激发用户参与活动欲望最好的方式是奖励机制，包括一次性奖励和阶段性奖励。所以官方微博活动奖品的选择很讲究，一要有新意，二要有吸引力，三要成本不能太高。微博活动奖品如果是印有官方 logo 的纪念品之类的更能促进二次曝光。

（3）控制并拓展传播渠道。

活动初期如果没有足够的人参与，很难形成病毒式营销效应。微博活动渠道控制可以通过内部和外部渠道两种方式解决。在活动初期可以通过内部渠道，即要求企业所有员工参加，并且邀请自己的亲朋好友。外部渠道就是要主动去联系那些有影响力的微博账号，通过合作和激励的形式利用这些大 V 进行渠道拓展。

（4）沉淀粉丝和后续传播。

微博活动在策划的起始阶段就要考虑到如何沉淀优质粉丝和后续传播的问题，鼓励用户去@好友时，好友数量也有讲究，如果@太多的话，会导致普通用户遭受@骚扰。另外，通过关联话题引入新的激发点，带动用户自身的人际圈来增加品牌的曝光率，也可以促进后续的多次传播。

第四节　微信及公众号营销策划

微信营销主要是在安卓或苹果系统手机以及平板电脑等客户端上进行区域的定位营销，商家通过微信公众平台提供微官网、微会员、微推送、微支付、微活动等一系列的服务，随着智能手机用户数量的爆发式增长，目前，微信营销已经成为一种主流的线上线下互动营销方式。

一、了解微信营销

伴随着微信的兴起，商家利用移动终端的微信软件进行的营销方式就称为微信营销，它是网络经济时代一种新的企业营销模式。

（一）微信营销的产生背景

1. 移动电子商务的迅速发展

移动电子商务就是利用手机、PAD 及掌上电脑等无线终端进行的 B2B、B2C、C2C 或 O2O 的电子商务。它将因特网、移动通信技术、短距离通信技术及其他信息处理技术相结合，使人们可以在任何时间、任何地点进行各种商贸活动，实现随时随地、线上线下的购物与交易、在线电子支付以及各种交易活动、商务活动、金融活动和相关的综合服务活动等。作为一种新的技术方法，移动电子商务给全球化经济注入了新的元素，而微信是移动电子商务的一个典型应用平台。

2. 社会化媒体的崛起

社会化媒体是指网民通过撰写、评论、分享等，与他人互相交流、沟通、反馈，这种可交流、沟通的工具和平台就叫作社会化媒体。社会化媒体在移动电子商务中的一种典型应用就是利用社会化网络、微博、论坛、在线社区等互联网交流平台来进行营销。国外的 Facebook、Twitter，国内的新浪微博、微信等都是社会化媒体的产物。社会化媒体营销所带来的便利正深刻地改变着人们的生活。

3. 智能手机的普及

随着科技的发展、5G 网络的推广，智能手机、平板电脑也越来越普及。中国互联网络信息中心（CNNIC）发布的第 49 次《中国互联网络发展状况统计报告》显示，截至 2021 年 12 月，我国网民规模达 10.32 亿，互联网普及率达 73.0%。其中，农村网民规模已达 2.84 亿，普及率为 57.6%；60 岁及以上老年网民规模达 1.19 亿，普及率达 43.2%。值得一提的是，能独立完成购买生活用品和查找信息等网络活动的老年网民比例已分别达到 52.1% 和 46.2%。网民使用手机上网的比例达 99.7%，手机仍是上网中的最主要设备。同时，我国在网络基础建设与信息通信上有明显增长，主要表现在开通 5G 基站数达 142.5 万个，在建"5G+工业互联网"项目超 2 000 个。移动终端的普及，手机上网用户的快速增长，是移动电子商务及微信营销发展不可或缺的助推器。

4. 手机软件的发展

近几年，随着智能手机的普及，Android 和 IOS 系统几乎垄断了整个智能手机平台。与之相伴的是手机 App 应用软件的高速发展，智能手机和手机 App 已经渗透人们的衣食住行，给人们的生活提供了极大的方便，而微信就是在各大应用软件下载平台上长期占据榜首的社交软件。

（二）微信营销与传统营销方式的对比

传统营销强调将尽可能多的产品和服务提供给尽可能多的消费者。它主要借助实体卖场、各广告平台来开展营销活动，顾客在消费过程中交流性强、体验感强，能体验到购物的休闲和乐趣，但是企业的经营成本和宣传成本相对较高。与传统营销模式相比，微信营销具有以下优势。

1. 及时性强

随着移动网络的发展，无论是企业还是个人，只要拥有移动终端如手机、平板电脑等，就可以随时随地刷微信，发布自己的状态、心情、分享图片、精彩内容等，对于企业的微信营销来说也是如此。企业微信营销的商家可以通过微信公众号第一时间发布新产品信息、企业新闻资讯、宣传最新的优惠促销活动等，只要在有无线网络的地方，用户即刻就可以收到并阅读这些讯息。与传统营销方式通过报纸、杂志、广告牌、电视等发布消息的方式相比，时效性强、到达率高。同时，用户还能在第一时间接收并反馈意见，这为企业通过微信营销取得良好效果奠定了基础。

2. 精准度高

在企业竞争日趋激烈的当下，谁能在竞争中保持独特性、把握客户需求、提供个性化服务，谁就能占据更多的市场份额，因此精准营销成为当前营销市场的一大主流趋势。精准营销是为产品、业务、内容等寻找可能会感兴趣的潜在目标用户的方法和过程，商家要能精确地找到目标客户，就必须对目标客户的行为、爱好等进行精确的把握和分析，并精确匹配产品、内容、服务及营销方式。

与传统营销方式地毯式搜索客户消费者不同，微信营销属于"许可式"营销，是主动吸引消费者前来，因为只有真正对产品感兴趣的用户才会关注企业微信。微信营销建立在4C 理论强调顾客需求的基础上，要求精准地定位客户，与客户建立良好的关系，充分利用用户数据，按照多个维度对客户行为进行细分，实现精确选取客户，达到精准营销的目的。因此微信营销使得营销成本更加可控，营销过程可检测，营销成果也可预测。

3. 成本低

一般而言，传统的电视、报纸、广播、电话以及互联网等营销方式都需要企业投入大量的资金成本，而目前微信的基本功能并不收取使用费，企业基于微信这一免费平台开展微信营销，无须花费高昂的营销费用，仅支付少量的网络流量费即可。这是微信营销和传统营销相比最大的优势。成本低主要体现在几个方面：一是宣传广告投入低；二是销售费用构成简单，人力资本节约；三是生产、经营和库存成本低，生产经营风险小。

4. 互动性强

从某种意义上来说，微信的出现在很大程度上解决了企业在管理客户关系上的难题。当用户有欲望把对产品或进店消费的体验，以及个人提出的建议告知企业时，企业微信公众平台就能为他们提供一个便捷的渠道。只要用户一发送信息，微信客服就能即时接收，并对信息做出相应回复和解释。企业与用户通过微信能够快捷且良好地互动，有利于维护客户关系，进而提升营销效果。

5. 面向广大网民，具有广泛性

根据腾讯发布的 2021 年第四季度综合业绩，2021 年年底微信月活跃用户已接近12. 682 亿，这无疑是巨大的用户使用量。

6. 操作简便，便利性高

微信营销发布快捷，只需要撰写、发布、推广微信即可，比起传统营销策划、实施、反馈，操作更为简便。

综上所述，与传统营销模式相比，微信营销信息发布及时性和互动性更强、精准度更高、经营的成本更低、传播范围更广，而且操作便利，维护的人力资本更少。但同时，微信营销模式也有它自身的一些缺点，比如体验感比传统模式要弱，商品信息停留在视觉上，消费者无法感触，实际商品和宣传内容上的出入较大；特别是安全问题，比如网上支付的安全性、顾客隐私泄密、利用网上支付诈骗等。

（三）个人微信和企业号、微信公众号的对比

1. 个人微信与微信公众平台

对个人和企业而言，微信的用途并不相同，个人开通的微信叫个人微信。微信个人号可以和手机通讯录绑定，使用者可以邀请通讯录里的好友用微信进行交流、联系，还可以通过朋友圈互动。

微信公众平台是腾讯公司在微信基础平台上增加的功能模块。通过这一平台，企业可以打造自己的微信公众号，并在微信公众平台上以文字、图片、语音、视频等方式实现和特定群体全方位的沟通、互动。

从连接关系来说，个人微信是基于点对点的关系，微信公众平台是基于一对多的关系。两者比较如表 11-6 所示。

表 11-6　个人微信与微信公众平台的比较

对比项	个人微信	微信公众平台
使用方式	以手机端为主	以 PC 端为主
功能	加好友、发消息、通过朋友圈分享以及一些个人相关的城市服务	提供智能回复和图文回复等功能，图文编辑后能让传送的信息更丰富
用户导入	个人微信注册成功后，可以自动导入手机通讯录，这就建立了初步的微信通讯录和朋友圈	刚注册成功的微信公众平台只拥有一个微信号和一个二维码，必须通过推广才能吸引到一定数量的用户
圈子定位	熟人圈子，基本是自己认识的人	用户或者粉丝圈子
推广方式	大部分是通过朋友介绍或者面对面交流关注的	需要利用手里的资源进行推广，包括线上和线下的资源

2. 企业微信

微信最初的定位是"微信，是一种生活方式"，但是在微信构建的社交领域生活和工作的交织往往使得用户对微信的定位不清，所以腾讯选择了单独创建"企业微信"App，将办公领地的社交协作功能独立出来。企业微信及其主要功能见图 11-4。

图 11-4　企业微信及其主要功能

企业微信——"让每个企业都有自己的微信"，是款专注于基础办公沟通的 IM 产品，适用于各种类型的企业和机构用户，拥有贴近办公场景的特色功能和 OA 工具，让员工可以在手机上处理办公事宜。后台管理员端还可以添加自定义应用。

企业微信适用于政府、企事业单位等各类组织，为企业客户提供移动应用入口，帮助企业建立员工、上下游供应链与企业 IT 系统间的连接。

二、微信营销策划的步骤

（一）设定微信营销目标

微信营销和整个市场工作一样，必须制定明确的目标，一般来讲，目标的制定应遵循 SMART 法则，是指 S（specific）即具体、M（measurable）即可量度、A（attainable）即可实现、R（realistic）即现实性和 T（time-based）即时限性。

如表 11-7 是某企业根据 SMART 法则制定的一个简单的微信营销目标。

表 11-7　某企业微信营销目标

时间周期	目标
9 月 1 日—9 月 10 日	微信公众号申请成功
9 月 11 日—10 月 10 日	前期粉丝累计 1 000 个
10 月 11 日—11 月 10 日	中期粉丝增加 1 000 个

（二）制定微信营销整体方案

设定好了微信营销的目标，就可以以此为依据制定整体营销方案。这个过程主要分为资源准备、预算准备、人员准备、任务分解等。

制定微信营销整体方案的第一步是组建营销团队，一般来讲，一个完整的微信营销团队的层次结构如图 11-5 所示。

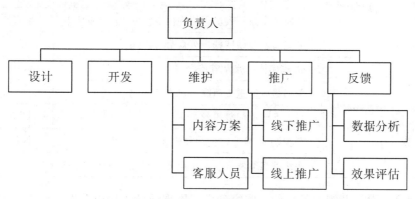

图 11-5　微信营销团队结构

在确定人员分工后，还需要分析和预测项目需要投入的预算和资源，表 11-8 是某企业微信营销的预算资源分析。

表 11-8　某企业微信营销预算资源分析

资源形式	资源说明	备注
现金	15 万元	6 个月资金储备
企业官方网站	首页头部二维码	网站日 PV15 万
	文章末尾二维码	
企业官方微博	首页二维码	30 万粉丝
店面资源	36 家店面收银台二维码展示位	只能使用 2 个月
现有客户	36 233 位	可向现有客户推介公众号

完成以上策划后，策划人员便可据此制订详细的实施计划，表 11-9 是某企业对微信营销目标进行分解、细化后的工作计划实施表。

表 11-9　某企业对微信营销工作计划实施

时间周期	目标	子目标	负责人	预算
6 月 1 日—15 日	前期准备	公众号申请	小何	
		15 篇文章撰写	小张	
		头像设计	小陈	
		实体店面宣传海报设计	小陈	

表11-9（续）

时间周期	目标	子目标	负责人	预算
6月16日—7月15日	前期粉丝积累1 000个	每日最少推送1篇高质量文章	小张	
		最迟5分钟回复粉丝留言	小何	
		15家实体店张贴宣传海报	小宋	
		招聘3个兼职人员，每周最少派发1 000张传单	小宋	
		公司官网及微博挂上公众号二维码	小陈	
7月16日—9月15日	中期粉丝增加10 000个	46家实体店张贴宣传海报	小宋	
		每日最少推送1篇高质量文章	小张	
		最迟5分钟回复粉丝留言	小何	
		最少购买20个微博大号进 行广告宣传	小宋	
		组织5名兼职人员，每周最少派发2 000张传单	小宋	

一般而言，微信营销的策划分为内容产生、展现设计、功能开发、数据统计分析、线上推广和线下推广六个步骤，策划者可以将这六个部分和表11-9的内容相结合，完成一份详细、完整的微信营销策划方案。

（三）阶段性营销成果总结及策略调整

微信营销计划都不是一成不变的，在实施过程中，可能会遇到外部、内部环境的变化，微信营销实施者需要及时对这些变化进行跟踪和采取应变措施。

1. 外部环境变化

外部环境变化是指微信营销实施企业之外发生的，对微信营销可能产生影响的情况变化。一般来说，实施者需要持续跟踪以下两点：

一是微信官方政策变化，即技术性的政策和非技术性的管理政策。

二是竞争对手变化，包括竞争对手的加入或退出，竞争对手市场策略的变化，竞争对手推广手段的变化，竞争对手产品服务类型、价格、方式的变化等。

2. 内部环境变化

内部环境变化指的是团队成员的变化、投入预算的变化、组织机构的变化等。

三、个人微信、朋友圈的营销策划

（一）个人微信及朋友圈的营销价值

个人微信及朋友圈的营销价值主要体现在以下三个方面。

1. 输出个人品牌

美国管理学者汤姆·彼得斯（Tom Peters）提出，21世纪的工作生存法则就是建立个人品牌。不只是企业、产品需要建立品牌，个人也需要在职场、生活中建立个人品牌。个人品牌的树立是一个长期的过程，人们希望自己塑造的个人形象可以被周围大众"广泛接受并长期认同"。而以微信为代表的社交软件的出现，让个人可以成为传播载体。人们能够在社交软件上展示自己鲜明的个性和情感特征，在符合大众的消费心理或审美需求的情况下，使自身成为可转化为商业价值的一种注意力资源。

2. 刺激产品销售

不论是基于熟人经济的微商，还是基于个人品牌效应的微店，"人"都成为新的商业人口。通过个人微信的朋友圈发布产品信息，用微信聊天为买家提供咨询沟通服务，用微信支付功能完成付款……就这样实现了"社交电商"。

3. 维护客户关系

微信是人与人之间便捷沟通的一种手段。如果由于业务关系添加了很多客户的微信，通过个人会话模式聊天或朋友圈互动，你就有了与客户加深情感连接、让客户进一步了解你的机会。

总而言之，社交网络的营销最需要解决的是两个字：信任。有了信任，才会有商业转化，客户信任你才会选择购买。客户既购买产品，也给予信任。

（二）个人微信账号策划

微信个人号好比是自己的一张微名片，他人会通过观察你的微信昵称、头像、签名以及封面图产生初步印象，进而决定是否愿意和你接触，所以做好微信个人号账号策划是必要的。

微信个人号策划包括昵称、头像、微信号、个性签名、地区和朋友圈共六个方面。

1. 个人商标——昵称策划

通过微信与他人互动时，对方最早接触的就是自己的昵称和头像。从营销角度来说，好昵称能够减少沟通成本。

【策划视角 11-3】　　　　　微信昵称命名技巧

一般来说，起好微信昵称有以下几个技巧。

1. 品牌一致，重复刺激

如果你已经有了一定的社会影响力，建议最好在各大网络社区都沿用已经被大众熟知的昵称，因为你经营多年的昵称就如同一个商标。

除了微信个人号，还有微信公众号、微博、QQ、豆瓣、知乎等网络媒体，如果要打造网络个人品牌，最好在不同网络媒体和社区上都使用完全一样的昵称。

2. 字数要短，便于搜索

微信昵称尽量要简单、亲切、好记。想让用户可以更快地记住，并能在产生需求时能迅速产生联想。

3. 拼写简单，便于输入

好昵称应该要方便用户快速输入和搜索，除非特殊情况，否则不要出现难写、难拼、难读、难认的文字。

4. 提供标签，对号入座

采取"个人昵称+工作标签"的起名策略，让人一下子就能对号入座，从而减少沟通成本。

5. 长期不变，增强记忆

微信昵称设置好之后，就不要频繁更换。因为用户一旦熟悉了某个昵称，更换后用户

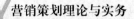

需要再花时间和精力去记忆，增加了记忆负担，导致用户找不到或忘记。

6. 忘掉技巧，拿出真诚

网上曾经流传着很多微信起名技巧，用这些技巧所起的昵称或许在短时间内确实有效，但滥用之后就带来相反的效果，如在自己名字前加个"A"或"0"，就有机会占据别人通讯录最前面的位置，而现在，昵称加"A"好像就暗示着将"营销""微商""卖货"等标签提前告知别人，会让别人产生提防心理。

2. 第一印象——头像策划

头像象征品位、印象、信任度，也是留给用户的第一印象，所以一定要用心设置，尽可能减少社交成本。头像策划应遵循以下基本原则。

一是辨识度高，清晰自然。

二是真实可靠，安全可信。如果微信个人号是用于运营的话，则建议使用真人头像，因为真实头像照片能够给人带来真实感、安全感。

三是贴近职业，风格匹配。如果要去对接客户或合作伙伴，选择网络搞笑图片做头像难免会给自己的形象和专业度减分。

3. 网络 ID——微信号策划

微信号是微信唯一的 ID，设置后不能再进行修改，所以如果微信号不好记、不好拼，就会带来一些麻烦。微信号的策划应做到以下两点：一是好记、好识别、好输入；二是可以通过拼音、关联、系列化进行设置。

4. 自我介绍——个性签名策划

在添加新好友的时候，个性签名的内容会直接影响着新增好友的通过率。

个性签名最多可以设置 30 个字，风格可以严肃也可以幽默，关键的是展示自己的个性与特点。

5. 不可或缺——地区策划

在很多人的个人信息里，所在地区是冰岛、法国巴黎、马尔代夫，然而，除非是特殊需求或与产品相关，不要把自己的地址写成这些，这会让客户感觉不踏实，甚至丧失客户的信任。

6. 秀场——朋友圈策划

"我通过了你的好友验证申请，现在我们可以开始互翻朋友圈了。"

打开朋友圈，第一眼看到的就是相册背景图，这是很多人都会忽视的地方。比较常见的做法就是设置风景图和人物图，如果微信号是带有运营性质的，完全可以利用相册背景图来打造自己的个人形象，把自己精选后的经历、头衔或能提供的资源放上去，这样好友在查看你的朋友圈时就能对你有个大致印象，方便后续链接。

【策划视角 11-4】　　　　　　微信朋友圈日常运营

朋友圈中发布的状态就是关于一个人的各种信息碎片。这些碎片会随着一张张图片、一段段文字、一条条转发散布在朋友圈，把这些碎片拼合起来，哪怕没有见到本人，也能看出个大概。朋友圈的行为有信息发布、转发、评论、点赞等，这些行为背后隐藏着什么秘密呢？

1. 新的一天从发朋友圈开始

朋友圈这个交流平台改变了人们的生活方式，人们可以随时随地晒美食、晒幸福，但朋友圈也暴露了很多人的"秘密"。想要进一步了解一个人，可以看看他平时都在朋友圈发什么、发多少、何时发。

2. 转发背后更是一种转达

转发与评论、点赞、收藏等行为是有本质不同的，转发行为的背后更多是向外界表达转发的内容并阐述自己的观点、立场和态度。从一个人喜欢转发的内容里也可以看出这个人的价值观、世界观。

3. 评论和点赞也是一种礼仪

喜欢评论别人的动态、为别人点赞的人，一般来说，对生活有热情，很容易满足，也很乐观。他们在人际交往中有更多发言权，而且乐于和别人交流。

（三）微信朋友圈内容策划

微信是一个新媒体社交软件，可以通过朋友圈恰当地向别人展示自己的形象，所以朋友圈形象管理是非常重要的。

1. 软文广告更适合社交场合

朋友圈是私人社交空间，因此在微信朋友圈里做营销时，一般建议发在朋友圈的内容三分之一与业务有关，不建议只做产品广告，还要适当穿插一些其他类型的内容，比如写干货、做免费分享、定期清理朋友圈、保留大家最想看的内容等。

即使要发产品的广告，也不要太生硬，如结合自己或朋友们的经历系统地讲述产品的故事就是一种不错的方式。

2. 发圈频度、文章长度要适中

首先，微信朋友圈是社交分享互动的空间，大家本质上是在里面看信息，而不是买东西。微信朋友圈营销的核心是通过分享内容建立信任，水到渠成地去销售产品。因此不宜急功近利地"刷屏朋友圈"。其次，朋友圈是小屏阅读，如果不是文章链接，大家缺乏读长文的耐心。因此内容要尽量控制在 150 字内，并把内容写得轻松有趣，引发大家和你互动，了解更多信息。不要把朋友圈当成展示平台，只有通过引导评论、私聊、点开文章等互动才能创造真正的沟通机会。

3. 营销方式要符合碎片化消费习惯

首先，朋友圈的阅读是一种对碎片化时间的利用，因此朋友圈的广告应该尽量吸引人，能在短时间内引起用户的购买欲望；其次，朋友圈营销非常依赖可靠的社交关系，循序渐进的同时在用户间建立可信赖的社交关系是营销成功的关键；最后，朋友圈营销是数字化背景下的精准营销，有效地对用户进行分组、选择合适的时间以及有针对性地使用"@"提醒功能能提高营销的效果。

【策划视角 11-5】　　　　　　　　　**发圈黄金时间**

一般来说，发朋友圈有四个黄金时间：

7:00—9:00，新一天的开始，也是人们在上班路上的时间，需要打发时间，信息需求量大；

11:30—13:30，吃饭、午休时间，玩手机概率大；

18:00—19:00，下班路上；

22:00 以后，睡前躺床上玩手机，此时也是发布消息的好时机。

当然，更佳的手段是针对产品所对应的目标客户的活跃时间段进行发布。

4. 朋友圈内容要注重深度、广度、热度和尺度

（1）专业性体现深度。

在朋友圈，专业性才是获得用户信赖的关键，能够把专业性做到极致，才能长久地收获丰厚的回报。特别是一些专业领域，像茶、酒、文化、美妆产品等，或者做专业的服务，像制作 PPT、培训等，首先要把自己树立成这方面的专家，经常在朋友圈里分享相关的深度文章，解答一些问题，行业专业性的深度才是最有力的名片。

（2）广度创造机会。

用户翻看朋友圈是想在碎片时间里获取不一样的信息，而如果只发布所有人都知道的事情，那么发布的大部分内容就是无效信息。所以，朋友圈软文要有独特的观点、想法和思考。特别是站在潜在客户的视角去组织内容，而不是简单地推广业务，要写出自己的业务对别人的价值，引发别人的好奇心，进而向你打听更多信息，创造成交的可能。

（3）热度带来关注。

互联网上每天都会有热点新闻、热传段子、视频等。作为策划者要善于挖掘热点和自己产品、服务之间的关联，找到杂交营销的机会，让热点变成自己的卖点，引爆朋友圈。

（4）尺度展现态度。

凡事有度才有得，朋友圈内容一旦过了某个分寸，可能就会适得其反。

朋友圈内容要非常注意尺度。首先，要注意自夸尺度，特别是对微商或对自己的产品，一味自夸而不注重用户的感受和反馈很难赢得用户的信任；其次，要注意跟风尺度，特别是对一些会带来流量，但很难判断真伪的谣言进行转发评论，很容易降低用户对你的感官和信任，更有可能触犯法律；最后，要注意自创内容的尺度，发布低俗趣味、敏感话题来博取眼球的做法短期可能吸引流量，但对长久的经营是不可取的。因此低俗的、阴暗不堪的、炫耀嘚瑟的和违背社会主义核心价值观的内容不能发。

（四）微信朋友圈活动策划

微信朋友圈的活动形式主要包括转发、集赞、试用、筛选、向线下引流和互动等。朋友圈活动要形成了一定热度，想提高大家的参与度，在活动策划时要注意以下几点。

1. 活动主题要鲜明

活动必须有一个主题，如"评论就有奖""三八节美丽专场"等，让人能明确这是一场是什么活动、有什么好处。主题非常重要，好的主题能吸引人们关注活动，并乐于转发。

2. 介绍内容要简洁

在朋友圈发布活动，字数不要太多，内容要言简意赅，文字建议控制在 150 字以内，这样才可以完整显示。若超过 150 字，就只能显示一行字，很难一下子阅读完整，给用户的阅读体验就不太好。

文案切忌死板、生搬硬套、没有趣味。如果文字功底不强，做不到精彩绝伦，至少要做到信息简明扼要、一目了然。

3. 活动流程要简单

在朋友圈开展的活动不能太复杂，要尽量简单，参与及评选的方法都要简单，朋友圈的消费行为有很强的碎片化特性，很少有人愿意花太多精力去参与复杂的活动。

4. 发布时机要斟酌

发布朋友圈活动选择目标人群大量在线且有时间刷屏的时间段，效果会更好。例如，在 21：00 以后发布活动，在线人数多，刷屏时间充足，而且如果活动受欢迎也有二次扩散传播的时间。

四、微信公众号营销策划

（一）认识微信公众平台

微信公众平台分为以下三种不同的账号。

1. 服务号

服务号一个月只可以发四条消息，消息显示在用户的聊天列表当中，可以自定义菜单。

2. 订阅号

订阅号每天可以发送一条消息，显示在"订阅号"文件夹中，个人用户只能申请订阅号。

3. 企业号

企业号是微信为企业用户提供的应用接口，只有一定范围的用户才可以关注企业号，它发送消息的数量不受限制，如企事业单位、学校、医院等，可建立企业内部的连接，简化管理流程。

微信公众平台是对开放平台和朋友圈的延伸，通过用户分组和地域控制，企业可以实现将精准消息推送给目标人群。公众平台可以展示商家的微官网、微名片、微活动、微会员等，还可以实现客服咨询，互动等功能。

（二）微信公众号的营销价值

微信公众号有以下六个方面的营销价值。

1. 信息入口

在 PC 时代，企业需要通过官网提供信息查询入口，在移动互联网时代，企业依然需要这样的官方入口。基于移动互联网的特点，用户不需要通过搜索引擎搜索关键词或输入网址来访问官方入口，只需搜索微信公众号就可以获得企业介绍、产品服务、联系方式等信息，也可以单击微信公众号中的菜单直接跳转到官网。

2. 客户服务

客户关系管理（customer relationship management，CRM）的核心是通过客户分析来实现市场营销、销售管理和客户服务，从而吸引新客户、保留老客户以及将已有客户转为忠实客户，增加市场份额。微信作为受众面最广的社会化沟通工具，极大地方便了用户与企业沟通。将微信公众号与企业原有的 CRM 系统结合可实现多人人工接入，提高客户的满意度。通过设定好的关键词，微信公众号就可以实现自动回复，这可以大大节约人工客服的人力成本。

3. 电子商务

未来的零售是全渠道的，企业需要尽可能使消费者随时随地方便地购买到产品，而微信公众号就可以实现销售引导，及时把产品或服务信息送达给用户，促成交易、缩短营销周期。若消费者在看微信图文时想买某件商品，可以不用跳出微信而直接在微信上下单购买，实现下单和支付完成交易。甚至包括物流查询、客户服务都能够通过微信实现，而不需要下载 App 或跳转到其他渠道购买。

4. 调研

调研是企业制订经营策略中非常重要的环节。大型公司的调研工作甚至由专门的研发部来负责，或者通过付费找第三方公司发放问卷或者进行电话调研。这些方式不仅成本高而且所得数据不精准，而通过微信可以直接接触精准用户群体，因而可以省去大笔经费。

5. 品牌宣传

微信公众平台可以承载文字、图片、音频、视频等多元化形式，能及时有效地把企业最新的促销活动告知用户，具有互动性较好、信息传递快捷和信息投放精准的特点，还能让用户更方便地参与品牌互动活动，从而深化品牌传播，降低企业营销成本。

6. 线上线下整合

线上与线下（online to offline，O2O）营销的互通是必然趋势，而微信为两者的结合提供了更便利的通道。

（三）微信公众号策划

1. 公众号定位策划

公众号定位策划是公众号营销的前提和基础，公众号定位策划主要包含企业的需求分析，互联网用户画像和公众号品牌策划三个主要方面。

（1）企业需求分析。

企业微信号主要有四大类需求：①关注，一般指微信公众号的粉丝关注数量（用户量）。企业利用微信公众号通过内容传播及运营手法增加用户量，从用户身上获得直接或间接的商业回报。②传播，指微信公众号推送文章的阅读量，通过高质量的内容创作、推广传播，提升曝光量或公关形象。③互动，指转发、评论、点赞、收藏等方式，新媒体和传统媒体之间最大的差异体现在及时性和互动性，通过平台进行互动，缩短了企业与用户之间的距离，提高了用户黏性。④销售，指通过微信公众号带来产品转化。

（2）互联网用户画像。

互联网用户画像主要是用数据化的方式清晰地显示目标用户的客观显性、主观隐性和平台价值属性。客观显性属性是完全客观的用户资料中展示的包括地域、性别、收入、年龄、受教育程度、行业特征、产品使用场景等属性，通常从用户基本信息中可以收集；主观隐性属性也就是群体的个性化标签，是主观的群体特点，如爱好、三观、习惯、圈层、文化等，这些属性通过在线上行为表现得更为突出，但需要运营者与用户深入接触才能了解到；平台价值属性主要指用户关注公众号期望获得的价值，比如有用、有趣、共鸣和参与等。

（3）公众号品牌策划。

公众号品牌策划是根据企业需求和用户画像所确定的定位，见图 11-6，并推出具有系列化和统一风格体现公众号定位的栏目。

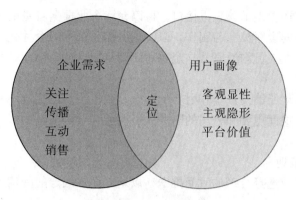

图 11-6 公众号品牌定位

系列化和统一风格是强化品牌存在感的重要手段，反映在微信公众号中就是推出周期性的固定栏目或形式，一般包括栏目、封面和导航和配色图案策划等。比如公众号"罗辑思维"的"罗胖 60 秒"栏目。

2. 公众号运营策划

（1）公众号内容策划。

微信公众号的内容产出主要有原创、转载和约稿三种方式。

原创即独立完成的创作，而非改编、翻译、注释、整理他人已有创作而产生的作品。能够持续输出原创内容的微信公众号是很不容易的，需要在不同的选题下创作出新的内容。微信公众平台很早就推出了原创保护机制，因而各内容平台引流思路也已经落点到对优质原创作者的争夺。

转载是更多微信公众号运营者的选择，能持续原创的公众号相对较少，更多的公众号运营者则通过转载与自己定位相关的内容来持续输出，但一定要找原作者拿到授权再转载，以避免版权纠纷。

约稿是运营团队主动邀请特定创作者根据运营团队提出的创作要求完成原创文章或其他形式的作品。约稿和转载不同，约稿是和作者达成长期合作关系。为了促成合作，要说明合作可以为对方提供的价值，如对作者的曝光、稿酬的提升等。达成合作后，可以签署正式的合作协议，以此约束双方履行合作事项。

（2）公众号用户策划。

微信公众号运营的价值取决于用户量和用户价值。用户运营的工作主要分为拉新、促活、留存和转化。用户策划可参考"新媒体用户策划"章节内容。

（3）公众号活动策划。

公众号活动通常指的是以投票、好友邀请、发红包、留言抽奖、答题猜谜、征文征稿有奖调研等创意形式在企业公众号上开展的各种用以达到某种营销目的的活动。

和朋友圈策划相比，公众号活动策划往往是企业的一次完整营销活动，所涉及的人、财、物、技术支持等资源较多且活动需要的时间较长，因而往往需要团队完成，一次公众号活动策划涉及设计、文案、开发、客服、财务等相关工作。

公众号活动策划和新媒体活动策划类似，但微信公众平台官方除了提供基础的信息编辑和信息推送功能，还提供了第三方接口，可以允许企业根据自身的需要进行特殊的功能开发，因而需要专业的程序员参与制作，以实现微信公众号的个性化功能，支持活动的开展。策划人员在跟开发人员沟通时，一定要对活动页面设计、功能、数据和监测指标等进行清晰表述。

此外，公众号活动所涉及资金和财务的要求是微信朋友圈活动不能比较的，如奖品的设置、宣传推广等，这就需要和公司的财务人员沟通，做到活动的成本预估清晰、活动的收益效果简单明了。

3. 公众号推送策划

微信公众号文章应选择合理的时间推送，以培养用户固定的阅读习惯。

（1）推送时间。

黄金时间推送：根据手机用户的阅读习惯，在黄金时间进行内容推送（参考朋友圈发圈黄金时段内容）。

错峰或根据用户画像进行推送：各类微信文章容易在黄金时间段扎堆推送，因而错峰推送也不失为一种策略，不过能结合之前的用户画像，找准用户的使用时间、场景进行个性化推送，效果更好。

（2）推送频次。

对不同的营销对象、不同的推广内容，企业可以采取不同的推送频次。

值得注意的是，很多企业特别看重订阅号每天一次的推送机会，但如果推送的内容对用户的价值有限，天天推送也最容易被用户取消关注，尤其在微信对订阅号改版后，取消关注变得更便捷。

【实例11-6】　　　　　　　　星巴克微信公众号策划

星巴克中国是星巴克的官方微信平台，是星巴克企业通过新媒体营销，塑造自身品牌形象，拉近与用户的距离，打通线上线下，并通过微信平台的功能性多元化服务客户的成功案例。

星巴克微信公众号的用户拉新首先从门店开始，通过扫二维码等方式让经常光顾星巴克的顾客先成为公众号粉丝，然后再利用活动等方式让粉丝自主推荐给自己的朋友，让粉丝数量在短时间内暴增。

而在公众号设计上，通过与浙江天猫技术有限公司等的合作开发，星巴克公众平台具备从线上点单到客户服务等较为完善的功能，同时通过公众号文章推送的功能，定期向咖啡爱好者推介自己的产品，或推送咖啡的科普知识，文章的阅读量基本超过 5 万，活动的阅读量超过 10 万，成功地树立了自己咖啡达人的品牌形象，针对不同的消费群体不定期地开展活动，成功将线上流量转化为线下消费。

星巴克公众号的策划和运营充分展示了微信这种新媒体平台及时性、个性化、互动性和社交性的优势，通过对公众号功能的不断开发和运营，不仅成功地留住了老客户，也增加了客户的信任感，同时在推广方面也起到了事半功倍的效果。

资料来源：根据网络资料整理改编。

【知识训练】

一、重点概念

新媒体　新媒体营销

二、思考题

1. 比较微信个人号、微信公众号和微博在新媒体营销上的特点。
2. 新媒体营销的关键要素有哪些？
3. 微博营销的策略有哪些？
4. 个人微信和微信公众号的营销价值有哪些？

【能力素质训练】

一、案例分析

世界杯的中国元素——蒙牛助力世界杯

在 2022 年卡塔尔世界杯期间，借助中国球迷对世界杯的热情，蒙牛公司不仅豪掷重金成为世界杯全球官方赞助商，而且签下姆巴佩等知名球星作为代言人，更是在新媒体平台上投入大量的广告开展进球送奶、世界杯竞猜等活动。

作为一名微博运营策划人员，你会如何为蒙牛策划本次世界杯的营销活动？

二、实训项目

请从公众号定位策划的角度对你的学校的公众号策划进行分析和评价，并给出改进的意见。具体内容可在表 11-10 中进行完善。

表 11-10　_____ 高校微信公众号策划

策划	内容	指标	评价	改进意见
定位	企业需求分析	关注		
		传播		
		互动		
		销售		
	用户画像分析	客观显性属性		
		主观隐性属性		
		平台价值属性		
	定位			
	系列化视觉化	栏目设计		
		封面设计		
		导航设计		
		配色选择		
		功能设计		

表11-10(续)

策划	内容	指标	评价	改进意见
运营		内容		
		用户		
		活动		
推送		推送时间		
		推送频次		

第十二章　直播营销策划

【学习目标】

知识目标：

1. 了解直播营销的产生、发展和现状。
2. 认识不同的直播营销的类型、直播的形式和主要的盈利点。
3. 掌握直播营销的流程，正确认识直播营销的关键点。

能力素质目标：

1. 能在各直播平台进行账号注册，开展直播营销活动。
2. 能结合企业的市场目标选择合适的直播平台和直播形式。
3. 树立正确的网络价值观，能创新性地开展直播营销活动。

【导入案例】

直播营销——电子商务的下一个风口

数据显示，2021 年"双十一"期间（10 月 20 日至 11 月 11 日）直播电商 GMV（商品交易总额）达到 1 318.6 亿元，相比 2020 年"双十一"期间的 729 亿元，增长了 80.9%。2021 年 10 月 20 日，淘宝双十一开启预售当日，李佳琦直播 12 小时 26 分钟，上架了 439 件商品，实现了 3 615.8 万件的销售数量，客单价为 305.98 元，销售额达到 115.4 亿元，超过了他本人在 2020 年整个"双十一"期间的销售额。相比 2020 年预售首日的 38.7 亿元增长 198%。截至 2021 年 11 月 10 日，淘宝直播带货销售额前十名中有六位为带货达人，其中两位为贵重珠宝带货主播。有三商家直播间——天猫超市、小米和 PG 生活家入选前十名。

但在直播营销野蛮生长的背后，存在很多法律和道德上的问题，2021 年 11 月，杭州市税务局稽查局依法对主播雪某追缴税款、加收滞纳金并拟处 1 倍罚款共计 6 555.31 万元，对主播林某追缴税款、加收滞纳金并拟处 1 倍罚款共计 2 767.25 万元。12 月，浙江省杭州市税务局稽查局再次通报主播薇某在 2019 年至 2020 年期间，偷逃税款 6.43 亿元，其他少缴税款 0.6 亿元，并依法对薇某做出税务行政处理处罚决定，追缴税款、加收滞纳金并处罚款共计 13.41 亿元。

数据来源：观研报告网文章《2021 年双十一期间三大直播电商平台销售统计情况》。

第一节　认识直播平台和直播营销

"直播"一词由来已久，在传统媒体平台就已经有基于电视或广播的现场直播形式，如晚会直播、访谈直播、体育比赛直播、新闻直播等。词典对直播的定义为："与广播电视节目的后期合成、播出同时进行的播出方式。"

随着互联网的发展，尤其是智能手机的普及和移动互联网的速度提升，直播的概念有了新的延展，越来越多基于互联网的直播形式开始出现。

所谓"网络直播"或"互联网直播"，指的是用户在手机上安装直播软件后，利用手机摄像头对发布会、采访、旅行等进行实时呈现，同时，其他网民在相应的直播平台可以直接观看与互动。

一、直播营销的概念和特点

广义的直播营销，指的是企业以直播平台为载体进行营销活动，以达到品牌提升或销量增长的目的。2016 年起，互联网直播进入爆发期，截至 2020 年年底，我国网络直播用户规模已达 6.17 亿，占整体网民的 62.4%。其中，直播电商经过高速发展已成为网络直播中用户规模最大的直播类别，用户规模达 3.88 亿人（见图 12-1），较 2020 年 3 月增长 1.23 亿人，占整体网民近四成。直播下单用户占观看直播用户的 66.2%，即近三分之二的用户曾观看直播后做出购买行为。

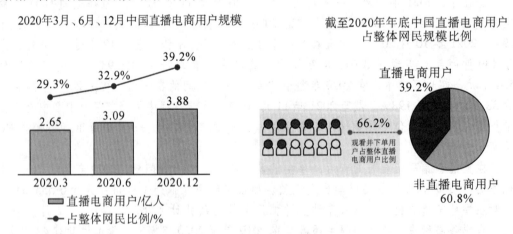

图 12-1　中国直播电商规模及比例

资料来源：艾瑞咨询发布的《2021 年中国直播电商行业报告》。

随着我国网民规模进一步扩大，消费者对直播互动性、社交性、娱乐性特点的认知加深，以及直播带货给观众提供更优惠的价格、更直观的介绍、更高度的信任，用户群体对网络直播和直播电商接受度正逐步提高，用户日均观看直播的时长持续增加，直播电商用户在整体网民占比增加明显，越来越多的人认可在直播间购物的消费方式。现阶段谈到的"直播营销""移动直播营销"等，多数情况下默认是基于互联网的直播。

直播营销之所以受到越来越多企业的青睐，主要是因为其具备以下四个特点。

一是"即时事件"。由于直播完全与事件的发生、发展进程同步，因此可以第一时间反映现场状态。无论是晚会节目的最新投票、体育比赛的最新比分，还是新闻资讯的最新进展，都可以直接呈现。

二是"常用媒介"。收听或观看直播通常无须专门购买昂贵的设备，使用电视机、计算机、收音机等常用设备即可了解事件的最新进展。也正是由于这一特点，受众之间的相互推荐变得更加方便，从而更有利于直播的传播。

三是"直达受众"。与录播节目相比，直播节目不会做过多的剪辑与后期加工，所有现场情况都会直接传达给观众或网民。因此，直播节目的制作方或主办方需要花更多的精力去策划直播流程并筹备软、硬件，否则一旦出现失误，都将直接呈现在受众面前，从而影响制作方或主办方的品牌形象。

四是"及时互动"。与一般的在线营销相比，直播营销更能及时与消费者产生互动，在直播中回应或反馈消费者的诉求，特别是很多直播间的弹幕，有时也很有趣，能引起粉丝的关注。

二、主流直播平台及其特点

现阶段，在线直播类软件已成为软件市场最火爆的类目之一。根据平台主打内容划分，直播平台可以分为综合类、游戏类、秀场类、商务类、教育类等（见表 12-1）。但需要强调的是，此分类仅表示该平台的主打内容，实际上绝大多数平台并非单一属性，会出现"既有游戏直播，又有教育直播，还有秀场直播"的多维度定位。

表 12-1　直播平台分类

综合类	游戏类	秀场类	商务类	教育类
一直播	战旗直播	六间房	抖音直播	网易云课堂
映客直播	斗鱼直播	Bilibili 直播	快手直播	沪江 cctalk
花椒直播	虎牙直播	新浪秀场	京东直播	千聊
QQ 空间	CC 直播	NOW 直播	天猫直播	荔枝微课
……	……	……	……	……

（一）综合类直播平台

综合类直播平台通常包含较多的直播类目，网友进入平台后的选择余地较多，包括游戏直播、户外直播、校园直播、秀场直播等。目前属于综合类的直播平台有一直播、映客、花椒直播、QQ 空间等。

（二）游戏类直播平台

游戏类直播平台主要是针对游戏的实时直播平台。与体育爱好者痴迷于某项体育比赛甚至某位体育明星相似，游戏爱好者通常会较为规律地登录游戏直播平台，甚至追随某位游戏主播。

目前属于游戏类的直播平台有斗鱼、虎牙等。其中斗鱼是一家弹幕式直播分享网站，为用户提供视频直播和赛事直播服务，斗鱼的前身为 ACFUN 生放送直播，于 2014 年 1 月 1 日起正式更名为斗鱼。斗鱼以"穿越火线""王者荣耀"等热门游戏直播为主，同时涵盖了娱乐、综艺、体育、户外等多种直播内容。斗鱼直播界面见图 12-2。

图 12-2　斗鱼直播界面

（三）秀场类直播平台

秀场直播从 2005 年开始便在国内兴起，是直播行业起步较早的模式之一。秀场类直播是主播展示自我才艺的最佳形式，用户在秀场类直播平台浏览不同的直播间，类似于走入不同的演唱会或才艺表演现场，目前具有代表性的秀场类直播平台有腾讯 NOW 播、YY 等。

（四）商务类直播平台

与游戏、秀场等平台不同，商务类直播具有更多的商业属性，在这类直播平台上进行直播的企业通常带有一定的营销目的，它们尝试以更低的成本吸引用户并产生交易。目前，最具有代表性的商务类直播平台是淘宝直播，还有很多短视频平台（抖音、快手等）也上线了电子商务直播功能。

2020 年直播电商服务企业与从业人数快速增长。企查查数据显示，截至 2020 年年底，中国新增直播电商相关企业注册数 6 939 家，累计注册有 8 862 家，2019—2020 年增长360.8%。其中，据艾瑞统计，行业内以达人播为主的直播服务机构有 6 528 家，以企业播为主的直播服务机构有 573 家，这两类直播服务机构占整体企业数的 80.1%。直播电商行业主播的从业人数也在不断增长，行业内主播的从业人数已经达到 123.4 万人。

电子商务市场发展态势良好。网经社电子商务研究中心发布《2022 年度中国电子商务市场数据报告》显示，截至 2022 年年底，中国电子商务市场规模达 47.57 万亿元，同比增长 12.9%；直接从业人员 722 万人，同比增长 6.17%；间接从业人员 6 325 万人，同比增长 8.11%。

商务类直播是本教材主要介绍的直播类型，后续的内容主要围绕商务类直播展开。

（五）教育类直播平台

传统的在线教育平台以视频、语音、PPT 等形式为主，虽然呈现形式足够丰富，但互动性不强，无法做到实时答疑与讲解。因此，教育类直播平台应运而生，其中网易云课堂、沪江 cctalk 等平台直接都是在原有在线教育平台的基础上增加直播功能的；而千聊、荔枝微课等平台则属于独立开发的教育直播平台。

三、电商直播带货模式

随着互联网经济的快速发展，直播带货迅速发展成为一种新兴的购物方式，各大电商平台纷纷加入，直播带货模式主要分为两类，即传统电商平台直播模式和内容平台直播模式。

（一）传统电商平台直播模式

电商平台直播模式是指传统电商平台开设直播间，属于"电商+直播"，以淘宝、京东、拼多多等传统电商平台利用原有资源开展直播服务为代表。

2016年3月淘宝直播上线运营，随后，拼多多、京东也开通了直播功能。借助传统电商平台完善的服务功能、电商购物体系以及强大的供应链支持，淘宝直播2021年直播带货销售额占比超过50%。

近年来，电子商务及物流业的快速发展为传统电商带来了巨大的公域流量池，且传统电商直播平台线上交易系统稳定，商品管理、订单管理、交易结算、售后服务、平台监管以及数据分析都很完善，用户认可度和信任度高，具有较强的用户黏性，直播转化率较高。

传统电商直播带货模式最大的弊病在于流量分配不均，以淘宝为例，直播流量主要被头部主播消耗，新主播以及小主播也很难发展起来。此外，传统电商直播门槛较高，平台对商家的资质、商品、地理位置都有要求，审核时间较长。

（二）内容平台直播模式

内容平台直播模式是指内容平台接入电商平台来布局直播带货，其根据内容形式及带货目的的不同又可以进一步细分为短视频电商带货模式和社交电商直播带货模式。

1. 短视频电商带货模式

短视频电商带货模式以快手和抖音为典型代表。2018年，快手开始发展电商业务，凭借独特的家族文化和天然的私域流量，孵化出@辛有志等网红主播，此后6月与有赞合作，发布了"短视频电商导购"解决方案，成为淘宝直播之后的第二大直播电商平台。抖音在2018年年底上线直播功能，凭借着海量的日活跃用户，直播电商市场份额从2019年的0.37%增长到2021年的5%，@罗永浩、@疯狂的小杨哥、@董宇辉等成为2022年最红的带货主播，@贾乃亮、@黄圣依等明星也在抖音上开通了自己的直播账号。

首先，与传统电商直播模式相比，短视频电商直播带货门槛较低，只需要进行实名注册就可以开通自己的直播间，对新人主播比较友好，平台对店铺自播和中腰部主播的培养重视程度也高，直播生态环境良好。其次，短视频时长短、节奏快、信息量大，十分契合人们当下的生活状态，因此短视频平台拥有非常可观的日活跃用户，奠定了直播带货的用户基础。最后，短视频电商直播的流量分配采用去中心化的分配机制，且通过算法向感兴趣的用户精准推送，极大提升了用户购买概率。

但短视频电商直播业务起步较晚，相对欠缺电商直播运营经验及基础设施，其系统功能、运营机制尚不完善，且商户进入条件不高、平台监管不严，容易导致产品质量没有保障。近年来，短视频电商直播中虚假宣传、产品劣质、维权困难等问题层出不穷，不仅用户流失情况严重，还造成了不良的社会影响。

2. 社交电商直播带货模式

社交电商以小红书、微博为典型代表，作为典型的社交种草平台，是一些头部主播、网红主播和明星进行预告直播、曝光产品的媒介平台。微博和小红书分别在 2020 年 5 月和同年年底开通了自己的直播平台，正式踏入直播带货行业。凭借其用户群体基数大、活跃年轻用户比重大、用户对新鲜事物接受度高、用户互动性强、话题流量高等特点，直播带货消费潜力巨大。

社交电商直播模式相对于其他电商直播起步更晚，转型难度也更大。首先，大众对于社交平台具有相对固定的定位认识，如认为小红书仅限于美妆穿搭，微博主要作用就是追星，很少将其作为购物型电商平台看待。因而，目前社交平台在直播电商中的功能和作用更多的是一个广告或宣传的媒体。其次，社交种草平台主要以社区运营为主，社交电商直播的购买转化率受社区和电商平衡关系的影响较大，也需要在满足用户的平台使用体验和满足社区用户的购买需求之间进行平衡。

目前，电商直播带货仍处于快速发展的阶段，新的模式也在不断地涌现。对于直播带货而言，处于流量顶层的头部主播仍是直播带货主要的利益既得者，获得了大量的产品、用户和流量资源，且往往在多个平台同时拥有直播账号，采用多种模式混合的方式运营。

【实例 12-1】　　　　　　　　国货品牌们的直播"商战"

2023 年 9 月，受某主播事件影响，一些物美价廉的老国货品牌抱团重新进入大众视野，众多国货品牌借着主播的言论风波推出"79 元套餐"，被网友戏称为"国货商战"。

蜂花率先凭借"79 元产品套装"以及"79 能在蜂花这里买到什么"等相关视频，获得了首批大量关注，频频登上热搜。随后，莲花味精、孔凤春、戴春林、谢馥春、上海硫磺皂、白玉牙膏等一众老牌国货纷纷出动，借势营销，希望被消费者看到。不少消费者也下单力挺，表示"这泼天富贵接好了"。

9 月 13 日晚，国货品牌"活力 28 直播间"意外出圈，几名手足无措的公司的中高层人员组成"老年主播团"，边学直播规则边卖老牌国货，却意外吸引了 10 万网友涌入直播间。

"79 元套餐"就这样火出了圈。而这还没完，很快网友们就发现，一些品牌的直播间，开始了一场"抱团式商战"——

蜂花卖断货开始卖鸿星尔克。

鸿星尔克直播间，主播拿鞋用蜂花洗头发，放着蜜雪冰城神曲"我爱你你爱我"，桌上摆着白象、汇源……

看似互相拆台，实则一团和气；看似"战况激烈"，实则精诚团结。一时间，老牌国货们的直播间和评论区，好不热闹。

对于国货品牌来说，一时的"泼天的富贵"或许可以"喜从天降"，但热闹过后，如何长久地留住流量更值得经营者去深入思考。

资料来源：根据网络资料整理改编。

第二节 直播营销流程和效果数据分析

一场直播活动看似简单，只是主播的表演，但背后都有着明确的营销目的，或者通过直播营销提升企业品牌形象，大部分商务类直播活动则是利用直播营销促进产品销售。

一、直播营销流程

将企业营销目的巧妙地设置在直播各个环节，这就是直播营销的整体设计。直播营销的流程主要包括五大环节（见图 12-4），营销团队需要对每个环节进行策划，确保其完整性和有效性。

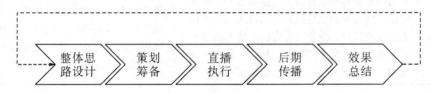

图 12-4 直播营销流程

（一）整体思路设计

直播营销的第一大环节是整体思路。在做营销方案之前，企业新媒体团队必须先把整体思路厘清，然后有目的、有针对性地策划与执行。

直播营销的整体思路设计，需要包括三部分，即目的分析、直播模式选择和策略组合。

1. 目的分析

对企业而言，直播只是一种营销手段，因此企业直播营销不能只是简单的线上才艺表演或互联网游戏分享，而是需要综合产品特色、目标用户、营销目标，提炼出直播营销的目的。

2. 直播模式选择

在确定直播目的后，企业新媒体团队需要进行直播模式选择，根据企业目前的资源情况，电商运营的现状和营销目标，合理选择直播平台及直播模式，并且在颜值营销、明星营销、稀有营销、利他营销等直播方式（见表 12-2）中，选择其中的一种或多种进行组合。

表 12-2 主要直播方式的特点及策划要点

营销方式	主要特点	策划要点
颜值营销	直播营销中，主播的"颜值"往往是直播间流量的保障。高颜值会吸引大量粉丝的围观与打赏，而大量粉丝围观带来的流量正是能够为品牌方带来曝光量的重要指标	在美颜技术日益发展的今天，颜值营销的运作条件比较宽松，企业可以选择自己培养主播或者与已经有一定经验的专业主播合作

表12-2(续)

营销方式	主要特点	策划要点
明星营销	明星本身自带流量,他们的一举一动都受到粉丝的关注和追捧,因此当明星出现在直播中与粉丝互动时,直播的效果能得到最大的保障	明星营销适用于预算较为充足的项目,在明星选择方面,尽量在预算范围内寻找最贴合产品及消费者属性的明星进行合作
稀有营销	稀有产品往往备受消费者追捧,在直播中稀有营销不仅仅体现在直播镜头为观众带来的独特视角,更有助于利用稀有内容直接拉升直播室人气,对于企业而言也是极佳的曝光机会	稀有营销适用于拥有独家信息渠道的企业,独家冠名、知识版权、专利授权或唯一渠道方都可能成为吸引消费者的卖点
利他营销	直播中常见的利他行为主要是知识的分享和传播,旨在帮助用户提升生活技能或动手能力。与此同时,企业可以借助主持人或嘉宾的分享,传授关于产品使用技巧、分享生活知识、展示使用场景等吸引消费者	利他营销主要适用于美妆护肤类及时装搭配类产品,如主播可以使用某品牌的化妆品向观众展示化妆技巧,在让观众学习美妆知识的同时,增加产品曝光度

【实例12-2】 格力,竭力打造第二个董明珠

2021年,格力董明珠在中国制造业领袖峰会上一句"第二个董明珠"不仅轰动了全场,也让"孟羽童"这个名字在一夜之间传遍了大街小巷。大家都在对这个能够被董明珠称赞提携的新人感到好奇,孟羽童抖音的个人账号涨粉超过90万。随后她就在拥有粉丝139万的"格力电器"直播间进行了第一次直播带货。这场直播共持续了4个小时,其间共上架了24件商品,总观看人数为11.3万,单场销售额约62万元,当晚的商品交易总额远高于格力直播间近30天的场均值。

然而,2023年5月,格力电器的网红秘书孟羽童离职再次引发全网热议。据财经快报网5月10日消息,格力称孟羽童已离职并表示,人员流动很正常,感谢外界关心。

好的营销策划,可以制造话题,利用新媒体传播的便利性引起大家好奇讨论,短期可以打造一个爆点。然而,事情的发展又是谁都难以预料的。

资料来源:根据网络资料整理改编。

3. 策略组合

方式选择完成后,企业需要对场景、产品、创意等模块进行组合,设计出最优的直播策略。

(二)策划筹备

直播营销的第二大环节是策划筹备。好的直播营销需要在筹备阶段策划和安排好直播所需要的所有的硬件和软件资源。首先,撰写直播营销方案并进行完善;其次,在直播开始前将直播过程中用到的软硬件测试好,并尽可能降低失误率,防止因筹备疏忽而引起不良的直播效果。

为了确保直播当天的人气,新媒体运营团队还需要提前进行预热宣传,鼓励粉丝提前进入直播间,静候直播开场。

（三）直播执行

直播营销的第三大环节是直播执行。前期筹备是为了现场执行更流畅，因为从观众的角度，只能看到直播现场，无法感知前期的筹备。

为了达到已经设定好的直播营销目的，主播及现场工作人员需要尽可能按照直播营销方案，将直播开场、直播互动、直播收尾等环节顺畅地推进，并确保直播的顺利完成。

（四）后期传播

直播营销的第四大环节是后期传播。直播结束并不意味着营销结束，营销团队需要将直播涉及的图片、文字、视频等，继续通过互联网传播，让其抵达未观看现场直播的粉丝，让直播效果最大化。

（五）效果总结

直播营销的第五大环节是效果总结。直播后期传播完成后，营销团队需要进行复盘，一方面进行直播数据统计并与直播前的营销目的做比较，判断直播效果；另一方面组织团队讨论，提炼出本场直播的经验与教训，做好团队经验总结。

每一次直播营销结束后的总结与复盘，都可以作为新媒体团队的整体经验，为下一次直播营销提供优化依据或策划参考。

二、直播效果数据分析

企业直播营销需要与新媒体营销的整体目标相结合，而新媒体营销的整体目标又必须紧扣企业的市场营销总目标。因此在直播前企业营销团队需要准确地提炼出本次直播的营销目标，并在直播后将转化情况与营销目标做比较，分析直播转化效果。

直播转化情况根据行业特点及营销目标而定，可以是销售数量、咨询数量、下载数量等。

（一）商品交易总额（GMV）

以提升网店销量为目的的直播活动，可以通过店铺后台的 GMV 观察直播效果。一场有效的直播，在直播期间及直播后的发酵期，其 GMV 会有明显的销量提升。直播 GMV 及其影响因素见图 12-5。

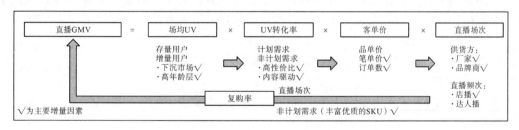

图 12-5　直播 GMV 及其影响因素

资料来源：艾瑞咨询《2021 年中国直播电商行业报告》。

不过需要强调的是，除了 GMV 本身之外，企业也可以根据直播目的的设置对销售数量、下单比例、成交比例进行分析。

下单比例指的是当日下单人数除以当日浏览人数，如果店铺浏览人数激增而下单人数很少，说明直播向网店引流的目的已经达到，但是页面吸引程度不够导致下单人数小，后续需要重点提升的是网店页面的设计。

成交比例指的是当日付款人数除以当日下单人数，如果下单人数多而成交比例小，说明店铺的支付功能可能存在问题，后续需要重点提升的是支付功能，或者更换销售平台。

（二）咨询数量

传统教育、工业设备行业等通常不通过线上直接成交，仅通过互联网咨询并达成初步意向，随后在线下实现销售。因此，这类行业的转化情况主要通过分析咨询数量来判断。综合直播期间及直播后的 QQ 咨询数量、网站咨询数量、微信咨询数量等各渠道整体咨询数据，可以得出直播的咨询转化效果。

（三）下载/安装/注册数量

游戏、软件等行业的营销目标不一定是销售情况，有时会是游戏下载数量、软件安装数量、新用户注册数量等。对这类数字进行直播前后对比，可以计算出直播对下载/安装/注册数量的贡献。

第三节　直播营销策略组合与策划方案

一、直播营销策略组合

直播营销的策略组合一方面可以将上述直播营销目的落地，另一方面便于下一步直播方案的制作。

（一）人物

直播营销策划中的人物，主要指主持直播活动的主播，在目前的直播行业中，主播呈现多元化发展的趋势。通常情况下，根据主播的粉丝基础、内容专业度和直播转化率，可将主播分为三个层次的量级：头部主播、中部/腰部主播、素人主播。而对于主播的选择，则主要根据直播营销目的和直播标的物产品进行选择。

1. 头部主播

头部主播通常是参与直播带货的明星、企业家或有巨大粉丝流量的带货网红，他们本身具有较高的知名度和较大的话语权，对企业品牌提升和商务活动有积极正向的影响。

2. 中部/腰部主播

中部/腰部主播通常是通过自身的专业度成为某一专业领域的专家。

3. 素人主播

素人主播通常由海量的店铺导购和企业客服人员组成。

（二）产品

直播营销的目标通常是通过直播形式建立企业品牌形象或实现销售目标，选品是直播营销策划的关键。每一个产品，都有自己的成功路径，在直播选品时，首先应该摸清产品属性以及产品在市场中的定位，其次通过数据化分析找到能与消费者对话的人（主播），最后用合适的方式向用户展示产品的功效或使用场景。

（三）场景

直播场景的策划不仅要符合行业特点和产品定位，更要迎合消费者的喜好，同时兼顾直播展示的效果。以下是五种常见的直播场景。

1. 原产地直播场景

原产地直播场景指在产地或源头厂家进行直播活动，原产地直播能让消费者看到产品的原产地，并通过压缩供应链长度来突出产品的性价比。

2. 货架场景

货架场景可以让客户感受到在和主播一起逛超市或商场，因此主要用于零食、百货、箱包、鞋帽等类产品的直播。货架场景设计一般采用货架做背景，主播用中间近景来展示产品，让消费者进入直播间后，第一时间能明白企业是做什么的、它们销售的产品是什么，也可以帮助企业快速精准筛选客户。

3. 实体店场景

有门店的企业可以直接选择企业门店来作为背景，与货架式的场景相比，实体店场景更加真实，能够更容易获得消费者信任。

4. 使用场景

使用场景是将产品的使用场地搬进直播间，用现实的使用场景来展示自家产品的功效，这种成本相对比较高，但是效果非常好。

5. 虚拟场景

虚拟场景就是将直播间的背景替换成营销活动的主题图片或者宣传视频。

直播场景的策划也并非单一选择，在一些直播活动中，多种场景搭配使用能更好地展示产品或品牌，达到营销目标。

（四）创意

如果说"人物""场景""产品"是直播营销策划的硬件组合，那么"创意"则是直播营销软件因素。"创意"在直播营销策划、实施的过程中无处不在，独特的场景展示，巧妙的产品介绍，风趣的互动对话可以放大产品的亮点或功效，制造话题吸引消费者关注，还可以达到增加直播活动趣味性、可看性的目的。

人物、场景、产品和创意四部分的综合效果会影响直播的整体效果，因此在设计直播营销的策略组合时，要注意这四部分的有机结合。此处以新品发布会直播、知识分享直播、游戏直播为例，来看如何策划直播营销策略组合，具体见表12-3。

表 12-3　直播营销策略组合策划

类型	人物	场景	产品	创意	案例
新品发布会直播	发言人/明星/首批产品体验者	发布会现场	新产品	新产品新特性的展示	小米 13 发布会
知识分享直播	某领域专家	家里/办公室	基本知识	现状分析及建议	理财直播
游戏直播	游戏主播/多人连麦	家里	某场电子竞技比赛	比赛现场解说、结果预测、复盘分析	虎牙 KPL 直播

【实例12-3】　　　　东方甄选——新东方"助农直播"

自"双减"之后，新东方剥离义务教育学科培训业务，转向直播电商等新业务。公开数据显示，从2022年6月至9月，新东方旗下直播业务东方甄选已连续4个月位列抖音直播带货第1名，并持续保持高速增长势头。当前，东方甄选抖音直播间粉丝总数超过3 000万，30天累计销售额5亿至7.5亿元。新东方直播卖农产品，成了破圈的现象级事件，其直播间成了网民竞相探访的网红"打卡地"，旗下直播品牌价值狂飙突进，连带着拉升公司股价翻倍上涨，引起社会的广泛关注。

从新东方靠卖农产品逆袭的故事里，"创意"是其成功的关键，东方甄选尝试定位为"双语知识输出+故事讲述"，将免费知识作为产品加分项。主播们的产品介绍简洁快速，但会围绕产品的使用场景、使用感受或关联点即兴发挥，进行丰富而生动的知识讲解，这就在产品定位、差异优势等方面与众不同，找到了自己的核心竞争力。

资料来源：根据网络资料整理改编。

二、直播营销策划方案

完整的思路设计是直播营销的灵魂，但是仅依靠思路无法有效实现营销目的，策划人员必须将抽象的思路具象化，并以方案的形式进行呈现。直播策划方案的作用是传达。在直播营销思路及目的确定后，需要通过策划方案准确地表达，将核心思路传达到团队所有人及外部，如直播平台运营人、合作主播、摄像师等。

作为传达的过渡或桥梁，策划方案需要将抽象概述的思路转换成明确传达的文字，使所有参与人员，尤其是直播相关项目的负责人既了解整体思路，又明确落地方法及步骤。

由于策划方案一般用于企业内部沟通，目的是用最精练的语言让直播相关的所有人员熟悉活动流程及分工，因此其核心和观点需要简明扼要、直达主题。一份完整的策划方案正文，需要包括直播目的、直播简述、人员分工、时间节点、预算控制五大要素。

1. 直播目的

方案正文首先需要传达直播目的，告诉团队成员，通过这场直播需要完成的销售目标、需要提升的口碑关键词、现场期望达到的观众数量等信息。

2. 直播简述

方案正文需要对直播的整体思路进行简要描述或以"一页PPT"形式展示，包括直播形式、直播平台、直播亮点、直播主题等。

3. 人员分工

直播需要按照执行环节对人员进行项目分组，包括道具组、渠道组、内容组、摄制组等。每个项目组的负责人姓名、成员姓名等，都需要在方案正文中予以描述。

4. 时间节点

时间节点包括两部分：第一是直播的整体时间节点，包括开始时间、结束时间、前期筹备时间、发酵时间段等，便于所有参与者对直播有宏观印象；第二是项目组时间节点，方案正文要清晰传达每个项目组的任务截止时间，防止出现某项目组在某环节延期而导致直播整体延误的情况。举例如表12-4。

表 12-4　直播策划时间节点规划

时间	6月1日	6月2日	6月3日	6月4日	6月5日	6月6日	6月7日	6月8日
	星期四	星期五	星期六	星期日	星期一	星期二	星期三	星期四
阶段	前期筹备			直播执行			后期发酵与传播	
场地								
直播硬件								
宣传								

5. 预算控制

每一场直播活动都会涉及预算，新媒体团队整体预算情况、各环节预期需要的预算情况，都需要在方案正文中进行简要描述。当某个项目组有可能会出现预算超支的情况时，需要提前知会相关负责人，便于整体协调。

【知识训练】

一、重点概念

直播营销　商品交易总额

二、思考题

1. 简述直播营销的策略组合。

2. 简述直播营销的基本流程。

【能力素质训练】

一、案例分析

佰草集，延禧宫传

在直播带货已成为电商新常态的当下，无数的直播间争夺着观众们的注意力，流量的获取已经变得越发艰难。

在此背景下，佰草集成功打造了一个现象级直播间：在没有头部主播和明星引流的情况下，"佰草集延禧宫正传"的抖音账号开播一周就一炮而红，冲进了抖音直播带货销售额实时榜单 TOP50，开播不过一个多月就迅速起量，成功吸粉 23 万，观众人数峰值达到82 万+，成为 2021 年"双十一"期间的现象级案例。

直播间的场景搭建、主播服装、话术、表演等都是经过精心策划的。主播在直播间的话术，还有几个副播和主播之间的合作，都有浓浓的后宫代入感，沉浸式体验"娘娘直播"，甚至在回答观众问题的时候，摒弃了常规的回应方式，而是采用古代一些常用的称呼。

除此之外，佰草集还将这类创意产品化，推出宫廷小剧场，在抖音平台上进行传播。

请分析：

你认为"佰草集延禧宫正传"的直播营销策划是成功的吗？如果是，你认为成功的原因有哪些？如果不是，请提出你的意见。

二、实训项目

选择一款你熟悉的手机产品，为该产品制作一个新品发布在线直播的策划方案。

第十三章　事件营销策划

【学习目标】

知识目标：

1. 正确认识事件营销的基本概念，理解互联网为事件营销策划带来的机遇。

2. 理解事件营销策划的基本方法以及使用原则。

3. 掌握事件营销策划的操作步骤，理解科学的事件营销策划思维。

能力素质目标：

1. 能结合当下的社会环境进行事件营销策划基本方法的选择以及运用。

2. 树立明确的是非观和价值观，能结合社会经济现象为企业进行完整的事件营销策划。

3. 结合市场需求和业界变化，进行事件营销策划手段的创新。

【导入案例】

哈尔滨旅游，从"退票"到爆火"出圈"

2024年新年，"哈尔滨"爆火"出圈"，成为来自全国游客的首选打卡地。

哈尔滨爆火的起因是冰雪大世界退票事件。面对突如其来的风波，哈尔滨市文旅部门第一时间向游客表示歉意，并督促景区进一步优化接待安排，确保每位游客都能享受更好的游玩体验。哈尔滨市的真诚感动了全国网友，激发了他们的共情和行动上的支持，在互联网上成功"出圈"。

哈尔滨成功"出圈"后，积极营造舒心、放心、安心的消费环境和市场氛围，并不断探索文旅产品创新，不断给游客带来惊喜：从冻梨果盘、东北大棉被到商场里的交响乐团；从松花江上升起的热气球到在索菲亚大教堂旁升起的"人造月亮"；从广场上建起的暖气休息室到开放的哈尔滨工业大学校园、哈尔滨制药六厂……

当"泼天的富贵"降临，哈尔滨又借助了新媒体资源进行跨圈层的营销策划，通过制造新话题比如#尔滨#、#南方小土豆#、#马铃薯公主#等再次引发热梗潮，持续拉长市场热度，让哈尔滨一次次成为社交媒体上讨论的焦点，吸引大量网友和大v自发为品牌传播，进一步放大了流量的传播效果。

此外，哈尔滨还通过举办跨年夜烟花秀、松花江冰雪嘉年华、新年音乐会等各种活动，借助主流媒体+社交媒体在线上进行沉浸式营销，最终将"流量"成功转化为"留量"。

资料来源：根据"中国旅游报"2024年1月29日报道《哈尔滨火爆出圈背后的逻辑与思考》及"媒介盒子"2024年1月11日《营销解读|从哈尔滨旅游爆火案例，学习景区营销的正确方式》整理改编。

第一节　认识事件营销策划

在产品日益丰富的当今社会中，人们对各种商业广告和各种促销公关策划活动，由热衷到麻木，进而变得反感以至于无动于衷，企业的营销人员开始思考营销模式的创新。从偶然突发事件对企业经营活动的影响中企业得到启示，通过策划、组织和利用具有名人效应、新闻价值以及社会影响的人物或事件，可以吸引媒体、社会团体和消费者的兴趣与关注，可以为企业新产品推介、品牌展示创造机会，快速提升品牌知名度与美誉度。一种集新闻效应、广告效应、公共关系、形象传播、客户关系于一体的营销模式——事件营销开始出现，并被国内外企业广为使用。

一、事件营销策划的概念

目前关于"事件营销策划"（event marketing）有一个比较统一的概念，事件营销策划是企业通过策划、组织和利用具有名人效应、新闻价值以及社会影响的人物或事件，引起媒体、社会团体和消费者的兴趣与关注，以求提高企业或产品的知名度、美誉度，树立良好品牌形象，并最终促成产品或服务的销售目的的手段和方式。

从这一定义来看，事件营销策划包括三个方面的内容：

一是企业运作事件营销策划的动机和过程应是合法的，要注重社会道德和社会责任，并对消费者而言无任何负向外部性。

二是事件营销策划是企业抓住社会上的热点事件，巧妙地策划出某一话题或事件，使人们的注意力由关注热点事件转到关注企业的方向上来，是企业进行自我展示的一种营销策略。

三是事件营销策划的着眼点在于制造或者放大某一具有新闻效应的事件，以期让传媒自觉竞相报道而吸引公众的注意。企业对其进行的深层次运作是借助传媒力量将企业品牌的形象迅速融合到所运作的热点事件中，使人们在关注事件发展的同时，自然而然地联想到企业品牌。

【实例 13-1】　　　　　　　　**国宝三星堆跨界玩营销**

2021 年 3 月 20 日，"考古中国"重大项目三星堆遗址考古成果新闻通气会在四川广汉三星堆博物馆举行。会上宣布，被誉为世界第九大奇迹的三星堆遗址有新的重大考古发现：在 1986 年发现的两个"祭祀坑"旁新发现的 6 座"祭祀坑"，出土金面具残片、鸟形金饰片、金箔、眼部有彩绘铜头像、巨青铜面具、青铜神树、象牙、精美牙雕残件、玉琮、玉石器等重要文物 500 余件。沉睡数千年，一醒便惊天下。说起刷屏，三星堆必是其一，一经出土，更是掀起全民惊叹。随后各界便开启三星堆文物形象与各自产品的疯狂跨界与传播，从表情包到盲盒、音乐、冰激凌、彩妆、月饼……让人不得不感叹：国宝一旦潮起来，没人能抵得住！跨界带出事件，让三星堆更亲民的同时，也增加了与观众的互动。

资料来源：根据知乎文章《为什么那么重视三星堆文化》改编。

二、事件营销策划的特点

在参与活动的过程中，参与者能够和企业产生直接的交流和互动，从而便于企业掌握消费者的心理，为以后的决策提供依据，这种活动方式重在及时、共同感知、相互讨论和积极参与，这些都是事件营销活动的基本属性。在此过程中，事件营销的整体形象不断被强化，进而产生质变。事件营销策划通常包括以下五大特点。

（一）参与性

消费者可以直接参与事件营销策划活动。当今时代是信息爆炸的时代，信息的传递非常便捷和迅速，对消费者而言，他们具有非常强烈的表达欲望，因此更加喜欢互动性的体验，所以信息传递也必须是双向的。事件营销策划正是这样一个让消费者直抒胸臆的交流平台，消费者在参与活动的过程中，可以向企业传递自身的感受，包括对企业的评价和期望，这些信息都是非常有价值的情感表达。全新的体验将会给人的心理造成不一样的冲击，从而形成前所未有的新颖感知。

（二）话题性

信息源所能产生的强大影响力，被社会公众所关注，形成口口相传的显著宣传效果。通常，选取新闻价值更高的热点事件才能成为话题性高的事件，这类事件才是媒体争相报道的焦点。更能引发消费者的共鸣，并且还能为企业带来积极的影响，从而不断提升口碑和人气。

（三）接近性

消费者与事件营销策划活动在时空或者心理上有一个共同点，两者就会产生非常紧密的关联。通常，人们对自己周围的事件或者影响自身利益的事件会特别关注，这也是事件营销活动要贴近消费的重要原因。

（四）趣味性

事件营销策划活动更能激发消费者主动接近和探索的心理欲望。通常，人们对好奇的事情会表现出更高的积极性，人们追求生活上的开心快乐，当事件营销变得非常有趣时，那么消费者也就更加投入，获得的感受也就越深刻，营销效果当然就更明显。以农夫山泉的"寻找水之源"活动为例，该事件营销组织消费者实地考察农夫山泉的水源地，在欣赏一路大好河山美景的同时，让消费者愉悦了身心，同时也将产品的高质量特性展现在消费者的面前，这样的活动无疑能激起消费者的兴趣，宣传效果自然也非常好。

（五）创意性

事件营销策划相比传统的营销方式更具新颖性和独创性。事件营销策划可以让消费者耳目一新，将商业色彩淡化，使消费者更容易接受，这种营销活动可以潜移默化地将产品定格在消费者心中。

【策划视角 13-1】　　　　　互联网带给事件营销的机会

从传播的角度分析，互联网开创了人际传播、群体传播和大众传播在同一平台同时并存的新的传播形态；而对于企业制造的营销事件而言，互联网则带来了新的传播空间。

第一，互联网快速反应，使公关事件可以在最短的时间内进行传播。互联网出现后，由于新闻的发布不需要经过太多环节，所以使更加"及时"地发布新闻成为可能，因而一些重大的商业事件也可以借助这种及时的力量得以迅速地、不受时空限制地传播。

第二，互联网为其他媒体提供了更多的新闻素材，促进了其他媒体对新闻的转载。从互联网上获取新闻线索已经成为当今新闻工作者获取新闻素材的主要途径之一，因此对于事件营销的策划人员来说，只要有一个足够引起人们关注的新闻点，马上就可以传遍整个世界。

第三，网络的可参与性使一个公关事件引起更多的讨论，争议性的加强可以让事件营销在更大范围内引起轰动。互联网提供了人们可以广泛发表意见的空间，人们可以自由发表对重大新闻事件的观点和看法，企业策划的事件营销往往具有一定的争议性，这种争议性在网上爆发以后，可以非常容易地把这一事件扩大化，从而达到企业传播的初衷。

第四，只要事件具有新闻价值，就可以在互联网上被阅读和转载，而不像传统媒体一样，由于担心出现广告倾向而被拿下版面。

第五，互联网使多个资料库互相连接，成功的、经典的事件营销可在出现相关新闻时随时被链接出来。

资料来源：百度文库文章《网络事件及网络新闻营销》。

三、事件营销策划的科学思维

（一）营销策划阶段

营销事件策划的内涵选择要与品牌自身的风格形象有一定的契合度，如果品牌把不合适的信息推送给不合适的消费者，不仅会造成资源的浪费，而且也可能会引起消费者的不适与反感。除了与品牌本身风格相关联，企业还需要明确事件营销所针对的目标受众，产品的用户与一个事件的关注主体有时未必是同一类人，因此，品牌在开展事件营销前，需要参考整合营销传播中"以客户为中心"的思想，根据品牌用户的年龄、喜好等特点选择营销对象感兴趣、参与度高的事件，使事件的目标受众与品牌的营销对象尽可能重合。除此之外，借势营销传播速度快，影响力大，但事件发展主动权不由品牌控制，使用不当容易降低品牌美誉度；造势营销由企业决定事件的宣传方式和实施时点，因此更容易掌握把控，但相对于借势营销，造势营销需投入的成本较高。营销是选择"借助事件"，还是"打造事件"，也是品牌在开展营销时需要思考的因素。

对于市场中的大多数产品来说，其特点之一就是注重便利性，若品牌忠诚度较低，消费者对其购买的习惯通常是瞬间的感性冲动，因此营销信息的精准投放则显得更加重要。2005年美国西北大学教授菲利普·科特勒首次提出"精准营销"的概念，他指出企业的营销沟通应带来更高的投资回报，且是精准、可测量的。企业应重视对直接销售沟通的投资，其所制订的营销传播计划应注重行动与结果。菲利普·科特勒的这个定义强调的是企业与消费者之间的沟通计划。精准营销个性化的服务沟通方式强调以数据作为支撑，利用新媒体平台对消费者做出精确的区分，这有利于维持目标消费者，使消费者保持对品牌的关注度和忠诚度。近两年，大数据理论以及相关数据库的运用被越来越多的人重视，因此我们可以借助大数据细化客户群体，还可以利用大数据对营销所用的事件进行分析，这样的精准选择使得营销事件策划以更具吸引力的方式展现出来，提升消费者参与度和媒体的关注度。

（二）营销推广阶段

营销推广阶段是事件营销的主要阶段。企业在确认目标受众和目标事件后，通过不同的传播方式进行推广宣传，借势营销大多通过互联网平台进行线上传播，其中多利用海报、视频等方式进行内容介绍和推广，这些文案通常短小精悍，以速度和诙谐而富有内涵著称；造势营销线上线下均可开展，并于微博、微信、官方网站等线上平台进行跟踪宣传。

不同的推广形式需要根据受众的需求进行斟酌。唐·舒尔茨在《新整合营销》一书里，针对"以客户为中心"的核心思想提出了"接触管理"这一理念。他认为，信息传达的途径与信息本身的内容同等重要，甚至更为关键，因此"接触管理"就是要选择并决定营销者何时何地或在何种情况下与消费者进行沟通。品牌接触只有在两种条件下才有意义，一是品牌接触对于顾客而言具有相关力，二是具有开放力。若想要品牌接触与顾客相关，营销者在推送营销信息时就需要注意时点选择，使自己与顾客的联系发生在顾客希望或者想要联系的时刻，而非自己一厢情愿的时刻，但传统营销经常忽略这一点，因此频繁地插播广告等方式会让消费者觉得被打扰，从而形成信息屏障。想要营销接触具有相关力，就需要从客户以往对品牌接触的信息中寻找线索，以帮助营销人员理解顾客什么时候最愿意接受品牌的相关传播。开放力则与相关力紧密联系在一起，当品牌接触与顾客息息相关并发生在恰当的时点时，顾客自然持开放的态度接触营销信息。在他看来，当人们当下就有需求，或是有潜在需求要解决某个问题或者做出购买选择时，他们最容易与品牌接触。舒尔茨在研究过程中发现，大部分公司所采用的传播系统中有50%到60%与顾客的偏好和愿望不一致，只有当人们感觉自己可以对某种局面进行掌控时，他们才会觉得放松，选择权赋予顾客对品牌接触的掌控感，当他们可以选择获取信息的时间地点时，他们会更加主动地参与到营销过程中去。

因此，营销者在进行事件营销策划时，不仅要对客户群体和营销事件进行分析策划，还需要注重营销传播方式的创新，提前了解不同的客户希望通过什么方式在何时获取信息，这样才可以在营销推广时率先抓住有利时机，以防传播出去的信息不知去向。

（三）效果维护阶段

事件在营销推广结束后，事件营销的全过程并非戛然而止，事件营销需要依靠后续的宣传延续其影响力，甚至需要对同一类事件进行多次营销取得联动效应，最大限度扩大事件影响力的延展性。当企业选择造势营销时，营销效果维护则会贯穿事件营销的全过程，从活动开始前的预热宣传，到活动进行期间的互动交流，再到活动结束后的延续性传播。不论造势还是借势，品牌最后都需要对客户对事件发展的评价和反应进行监控，通过激励措施吸引用户与品牌营销者进行交流互动，促使他们对营销信息进行传播，并根据用户反馈的信息对品牌的未来发展进行指导。

第二节　事件营销策划的原则与基本方法

随着新事物的不断涌现，人们视线的不断转移，如何吸引消费者的眼球，无疑是现代市场营销成功的关键。许多成功的企业充分利用事件营销本身所具有的涟漪效应及公正公开性等特点，达到了预期的效果。

一、事件营销策划的原则

事件营销策划要求有较高的技巧性，要求营销人员有较强的市场分析判断能力及相当丰富的营销经验。在事件营销的操作上有三个基本的原则应当掌握。

（一）善于引导事件的发展走向

要善于引导事件的发展走向，注重事件中所涉及的不同地域的文化内涵、民族风情、风俗习惯和思想行为的取向，不能与我们所倡导的社会主义核心价值观相违背。就国内的营销事件而言，应注重与我们的优良传统文化相一致，与我们的民族精神相一致，与我们社会发展的主流方向相一致。只有这样才能被国内更多的媒体关注并接受，才能使企业的形象经许多媒体的报道，赢得"民心"。就国际范围的事件而言，企业应选取不同的立足点，通过与知名的媒体主动交流来强调自身的规范化运作，让国际公众对其产生新的认识，从而提高知名度。

（二）注重事件的核心问题与企业的关系

注重事件的核心问题与企业的关系，掌握好切入角度，力求两者完美结合。不要因为注重事件本身的宣传而分散对企业的关注，特别是一些鲜为人知的小企业，也不要因为过分地强调媒体立体全方位高科技的应用，而忽视目标受众的触媒习惯，更不要在事件营销中过分使用煽动性的语言。若夸大或突出事件的某一方面，策划时导向不准或传播时处理不当，易造成对受众、对企业生产经营情况的误解。

（三）注重事件营销的根本——企业形象的重塑

要充分认识到事件营销不应当是企业的短期的营销推广活动，也非只为提高一时的企业知名度，它实际是一系列的营销活动相继跟进，这些营销手段或方式相辅相成，具有一定的传承性和连续性。这就要求企业应站在战略发展的角度策划营销活动，有全局观和发展观。

【策划视角 13-2】　　　　　　　　　小米更换 logo

2021 年 4 月，在小米新品发布会上，小米正式公布了全新版本的 logo 图案（见图 13-1），官方介绍此次更新由日本国际著名设计师原研哉操刀设计打造，新 logo 融入了东方哲学思考。没想到新 logo 由于和原版太过相似，一经发布便引来众多网友的群嘲，纷纷@ 小米官方提醒其上当了。实际上此次 logo 换新更像是一次精心策划的营销造势，通过小米+原研哉+雷军+新 logo 这个顶级流量配置，为小米带来巨大流量。

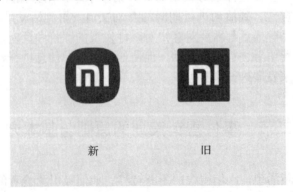

新　　　　　　旧

图 13-1　小米 logo 更换图

资料来源：maigoo 网 "2021 十大营销案例"。

二、事件营销策划的基本方法

（一）借势造势——重大事件千万别放过

借势策略，就是参与大众关注热点话题，将自己带入话题的中心，由此引起媒体和大众的关注。当今社会每天都会有大众关心的热点问题，企业要深度调研，从众多热点问题中筛选出与自身主题相关的话题，然后搭上媒体的平台，诱导消费者把事件与企业联系起来。

造势策略，就是企业通过自身策划富有创意的活动，从而引起媒体或公众的注意。企业要善于从过剩的信息中发现市场机会，人为地创造一些与企业或产品相关的事件，并和事件发生连锁反应，影响消费者的购买意愿，从而达到最终目标。

新闻的出现总是出乎人们的意料。经常是这样的，当你打开手机时，突然震惊地发现，一个意想不到的重大事件发生了，如突如其来的 2020 年年初暴发的新冠病毒感染疫情，如 2021 年的新疆棉事件。当然还有其他很多重大的事件同样吸引人们的关注，像四年一届的奥运会、世界杯等重大体育赛事，还有类似于神舟系列飞船这样的事件，都是能够吸引全国甚至全世界公众的眼球的。如果哪一个企业能够借助上述事件，并在整个事件被关注的情况下参与其中，必定可以声名大振，企业的经营业绩自然可以相应得到提升。

一般而言，企业采取借势策略的前期成本远远低于造势策略，但不应忽视的是善于用借势策略的企业通常都有良好的媒体和沟通渠道，甚至会在媒体上投入巨大费用，才能起到效果。所以采取何种策略，企业应注意做好投入产出分析，根据自身实力量力而行。

【实例 13-2】　　　　温情路线的父亲节营销

关于父亲，每个人都有无尽的回忆。父爱如山，在大多数人的印象里，父亲似乎总是不言不语，一般都是用行动证明对孩子的爱，父爱如山说的就是父亲的爱如山一般的沉稳，又如山一般悄无声息。朱自清的《背影》，"总是可以唤醒人们内心对父亲最深的感情。我看见他戴着黑布小帽，穿着黑布大马褂、深青布棉袍，蹒跚地走到铁道边，慢慢探身下去，尚不大难，可是他穿过铁道，要爬上那边月台，就不容易了。他用两手攀着上面，两脚再向上缩；他肥胖的身子向左倾斜，显出努力的样子。这时我看见他的背影，我的泪很快地流下来了。"

华为荣耀：爸爸总说，我是他一辈子的骄傲；其实我想说，你也是我一生的荣耀。

美团外卖：爱就马上开口，为亲爱的老爸点份外卖，在外卖单备注栏写下对父亲的祝福。

小米手机：无论你多大了，在父亲眼里，都还不够大。父亲节到了，让爸爸好好看够你，小米 MAX。（"无论你多大了，在父亲眼里，你都不够大"文案巧妙地表达了小米 MAX 手机屏幕大的产品特点。）

走温情路线永远不会出错，温情路线的父亲节营销最打动人心，但是想把最常规的温情路线走好，企业还是要摸清消费者的心理需求和消费需求，结合父亲节借势打造事件营销，这样才能获得更多的消费者关注。

（二）逆向思维——想不到的事件高招

逆向思维也叫求异思维，它是对司空见惯的似乎已成定论的事物或观点反过来思考的一种思维方式。敢于"反其道而思之"，让思维向对立面的方向发展，从问题的相反面深入地进行探索，树立新思想，创立新形象。当大家都朝着一个固定的思维方向思考问题时，而你却独自朝相反的方向思索，这样的思维方式就叫逆向思维。

逆向思维的重点是和传统的思维、做事方法相反，很多新鲜点子、新鲜事物都是经由逆向思维而来。逆向思维本身并没有多大的投入，但这恰恰是构成新闻事件的一个很重要的条件，新闻事件追求的就是"新"，需要的就是用前所未有的逆向思维满足受众求知、好奇的心理。因此，逆向思维的事件营销办法一般是比较经济又大多可以获得成功的。

【实例13-3】　　"别买我"——Patagonia 希望消费者拒绝过度消费

Patagonia（巴塔哥尼亚）是美国一线的户外品牌，在户外界有 Gucci 之称，不论是产品设计，还是工艺、功能，还是企业责任，都有很好的口碑。这是一家注重产品质量而非产品销售数量的公司，因其让顾客在购买自己家产品前三思而出名。

在美国的"黑色星期五"，其他品牌都在大肆做营销活动，这个品牌却推出了一个"反黑色星期五"的营销活动，鼓励他们的消费者去维修旧物而非购买新品。Patagonia 也因为打出不要购买这件外套的广告而出名。

看似劝导顾客不要购买新品，实则这个营销策划活动取得了巨大的成功。这个方法帮助这家品牌赢得了良好的社会口碑。随着环保低碳的理念深入人心，这个品牌所倡导的生活态度被越来越多的人接受和欣赏。Patagonia 所提倡的"拒绝过度的消费"，一度让它成为可与快时尚品牌 H&M 和 Forever21 一较高下的运动品牌。

Patagonia 的品牌理念为它树立了良好的品牌形象，所有 Patagonia 的粉丝都相信这个品牌，也欣赏这个品牌的理念，并且坚持这样的观念和生活方式。Patagonia 表示，我们设计和售卖商品必须是持久耐用的，这是为了环保，也是为了消费者少花冤枉钱。我们必须告诉消费者，不要购买自己不需要的产品，因为你浪费的不仅是自己的钱，更是地球的资源。我们从地球索取的资源远多于回馈给地球的。

现在这一代人穿着快时尚长大，这些衣服意味着用低价就能享受时尚，并且穿一季，或者一个场合就被抛弃了。从环保角度，这是不值得提倡的。庆幸的是，现在的顾客越来越注重产品质量，而非产品数量。

资料来源：《Patagonia 逆向思维引爆创新营销："别买我"》。

（三）制造矛盾冲突——小事闹大的事件营销办法

新闻学的研究表明，公众对于矛盾冲突事件有着非常多的好奇，尤其是涉及有胜负关系的矛盾冲突，更是可以充分地吸引注意力。这就是我们通常说的"看热闹心理"。人为什么喜欢看热闹？

首先，人皆有好奇心。好奇心是支持人类认识世界的最大的动力之一，描述矛盾冲突的新闻相比起其他的新闻类型能更大地满足受众不同种类的好奇心，这就是它在今天受到受众喜爱和媒体重视的原因所在。

其次，这类新闻能满足受众的窥私欲。当有双方产生矛盾时，公众在旁边借助新闻媒体看着矛盾的发生发展、高潮，直到最后的结果，会让人产生强烈的兴趣。

最后，能满足受众的娱乐心理。一则有关矛盾对立的新闻完全可以让公众看作一种与自身关系不大的游戏节目。通过观看别人的竞争来愉悦自己。

【实例13-4】　　　招商银行"番茄炒蛋"营销事件

招商银行2017年的一个营销广告，内容是一个在美国留学的男生，想做一道番茄炒蛋给同学，于是在美国时间下午4点多发微信问他的母亲，并在母亲的视频指导下完成了这一道番茄炒蛋，在结束聚会后，朋友问到中国和美国的时差，他才意识到中国正是凌晨。

这则广告发布后广为网友诟病，广告视频里虽然没有过多地展示品牌logo和营销，在一般人的选择里，会很疑惑招商广告为什么会选择这个视频。但后来，这个事件的发展超出了所有人的想象。伴随着营销火爆刷爆朋友圈之后是不绝于耳的争议：和招行有什么关系？视频内容存在重大bug，简直是场做作的营销……这则广告发布当天，引爆了朋友圈和微博，微信指数暴增68倍，达到2 445万，远超王者荣耀和房价等关键词。我们不得不承认，这是一起很成功的事件营销。毕竟，能引发广泛讨论的营销才是真正火爆的营销。

在"番茄炒蛋"这起事件营销里，离不开3点：群体、深度、矛盾。群体决定了事件的上限，深度是引发共情的关键，矛盾是持续发酵的核心。番茄炒蛋在中国家喻户晓，并且可以作为很多人对家的一种情感寄托，在这起事件里，父母内心的情感得以诠释："想留在你身边，更想你拥有全世界。"这不仅仅是简单的文案，也是深刻的社会洞察，表达了家长想要放飞孩子，却又无比想念、担心的心理。群体和深度有了，矛盾在哪里？在于上面所说，广告和招行有什么关系？妈宝男导致父母受累？所以，一石激起千层浪，"番茄炒蛋"成了人人可参与、可讨论的一起事件，并引发多重故事的衍生，比如黑暗做法，比如"番茄炒蛋"背后的情感等，自然而然，人们也就关注了这起事件的始作俑者——招商银行，品牌观念深入人心。对营销来说，最怕的不是有负面声音，而是根本没有人讨论，没有人讨论意味着营销的洞察根本没有触及用户的内心。

资料来源：知乎文章《有哪些经典的可以放进教科书的事件营销？》。

第三节　事件营销策划流程

与传统营销一样，事件营销策划流程建立以后需要正确有效的实施，本节将从以下几方面阐释事件营销策划的实施过程。

一、确定事件营销策划的目标

事件营销的目标就是企业进行事件营销活动所要完成的沟通任务和所要达到的沟通效果，这是企业开展事件营销工作首要明确的问题。企业策划事件营销，可以提高企业及产品品牌知名度，可以扩大企业产品的销售。确定事件营销策划的目标必须以企业的产品类型、目标市场群体、潜在消费者以及企业的产品生命周期等因素作为参考依据，根据企业产品所处生命周期不同，围绕以下目标进行策划。

1. 充分传递信息

一个企业在刚刚进入一个行业或新产品上市阶段通常倾向于采用事件营销进行企业信息的传播和表达，其目的是让公众了解企业的经营范围和性质，或者企业产品的功能、价格以及使用状况等信息。企业所传播的信息一般包括以下内容：①向受众介绍有关企业和新产品的信息；②使消费者产生品牌认知；③建立品牌联想；④说明制作工艺；⑤描述可以提供的服务；⑥改正错误的品牌印象；⑦树立品牌的良好形象等。

例如，宝洁公司的新产品"激爽"上市之初组织的"激爽沐浴劲歌大赛"，就是典型的信息传递型的事件营销。通过这种新颖的事件策划方式，让受众充分了解了产品的品牌信息，同时，其自然、健康、激情的营销理念也成功地传播到公众之中。

2. 提升公众认知度

当企业产品处于成长期时，企业多以提高公众认知度为目标进行事件的策划和运作。在这一个阶段，市场上开始出现大量的竞争对手，消费者面对众多品牌难以取舍，这时，企业就应开始关注公众认知度的提高，通过向公众传递企业产品和服务的优势，促使公众产生品牌认知，进而形成特殊的品牌联想，从而形成一种有利于产品销售的品牌优势，促使消费者购买自己的产品。企业一般会通过一个重大事件的提出将产品的特征与竞争对手区别开，形成消费者对产品理念和优势的认知。

例如，奥克斯的"空调成本白皮书"事件，就是通过一个爆炸性的事件策划，突出了产品的优势和诉求点，从而有效地启动了市场。再如，农夫山泉引发的天然水和纯净水在媒体上的"口水战"，不但提升了公众认知度，而且成功地拉开了与竞争对手之间的距离，使企业和产品得到了迅速的发展。

【实例 13-5】   遥遥领先，一个华为热梗的非典型走红

2023 年 9 月 25 日，华为在北京举行了新品发布会，推出了华为 Mate60RS 手机、华为 MatePad13.2、华为 Watch4 系列智能手表等多款新品。这场发布会吸引了众多媒体和网友的关注，但在这场发布会上，最让人印象深刻的并不是华为的新品，而是频频被刷屏的"遥遥领先"。

"遥遥领先"，这个词也并非华为创意人员苦思冥想的文案，只是余承东在发布会上由于口才一般而大量重复的词，这本不是一个正面的案例，但经过网友的二创和传播，以及国际环境的助推，成了华为营销最好的"广告语"。

"遥遥领先"，代表着华为的研发能力、产品能力以及品牌能力的领先，背后还蕴含着企业面对困境自强不息、努力突破的精神。这个词几乎已经被华为垄断。市场上，有不少人在打所谓"销量遥遥领先"的广告，如果今后继续打这样的广告，不啻为花钱给华为打广告。华为凭借热梗形成特殊的品牌联想，并利用热梗将自己的产品优势与竞争对手拉开差距，让消费者形成品牌和优势的认知。

资料来源：知乎文章《遥遥领先，一个华为热梗的非典型走红》。

3. 强化品牌认同

当企业或产品处于成熟期或衰退期时，消费者可能由于消费习惯而对企业的品牌产生了品牌忠诚，因此，企业应抓住时机进行品牌强化，增强消费者对品牌的回忆、理解和认同。例如，农夫山泉在产品销量大增、具有相当品牌知名度时推出了与申奥紧密相连的"一分钱一个心愿，一分钱一份力量"活动，有效地强化了农夫山泉品牌的民族化、健康化、公益化的良好形象。

事件营销目标的确定不是随机的，而是建立在全方面考虑各种影响因素和充分的目标市场调查和研究的基础之上的。当然，企业进行事件营销的目标不一定是单一的，可能是多种目标的组合，因此，企业应在其事件策划和实施过程中不断地改进方式和手段，以达到企业营销目标的共同实现。

二、进行事件营销策划定位

事件营销是通过制造或者放大具有新闻效应的事件，让传媒竞相报道，进而吸引公众的注意。做好事件营销，大致包括四个维度的定位，即事件定位、产品诉求点定位、目标消费者群体定位、市场推广定位，简称"四维定位"。

1. 事件连接点定位

事件营销策划不能脱离品牌的核心理念，一定要找到品牌与事件的连接点，而不是抓住所有具有轰动效应的事件策划营销活动。只有将公众的关注点、事件的核心点、企业的诉求点重合起来，准确找到事件的连接点，做到三点一线，才能击中目标。

从农夫山泉长期赞助体育事件的案例中，我们发现，这种行为不是一时兴起，而是一种理性分析和长久坚持。从"喝农夫山泉，为申奥捐一分钱"活动，到"再小的力量也是一种支持"，农夫山泉巧妙地将商业与公益融为一体，至今依然能在广告中体现出它与公益的结合。

2. 产品诉求点定位

在事件营销策划过程中，产品的诉求点要和事件有机结合在一起，因势利导，切不可将事件与产品同时堆砌。

进行产品诉求点定位，就要充分结合目标市场的人口分布、经济状况、消费习惯、购买特点等，通过详细的市场调研，进行细致的产品细分或定位。产品诉求点定位策略有三种：一是跟进，二是差异化，三是取长补短。诉求点定位就是要通过创造差异性，找准产品的卖点和切入点，从而为产品更好地找到增长或获利空间。对产品的诉求点做出准确定位后，要将其与营销广告等传播手段相联系，达到最佳的传播效果。

【实例 13-6】　　　　　　　　　**奇强与雕牌的竞争之战**

以我国的两大洗涤品牌为例，雕牌和奇强都利用了足球世界杯进行事件营销。雕牌的广告以"购买纳爱斯雕牌，参加千人助威团，到韩国为中国队加油"为传播内容，显然没有将这一体育事件与产品的卖点结合起来。由于在目前的中国球迷中，男性在数量上占据了绝对优势，因此，纳爱斯雕牌之于目标受众的产品诉求点定位错误。而奇强则把踢足球经常不可避免地会弄脏球衣的事实和奇强作为清洁用品的卖点巧妙地联系起来。奇强巧借这一体育事件，以及产品诉求点的成功定位，再加上"中国人，奇强"的广告语，引起受众的共鸣。事实也证明，奇强在投放该广告不久，销量大大增加。因此，通过这两例应用事件营销进行宣传的广告效果可以看出，事件的应用必须和产品的诉求点紧密联系，相互依托，否则，即使投入再大的人力、物力、财力，也很难引起消费者的共鸣，难以达到有效传播的效果。

资料来源：百度文库文章《体验广告抢眼球情感互动促消费》。

3. 目标消费者群体定位

事件营销虽然是以外部事件为依托的一种特殊性质的营销手段，但也并不是单纯地、盲目地制造事件，它必须有明确的造势对象。只有明确了营销对象，了解了消费者真正的需求，有的放矢地进行事件营销，才能最大限度地提升营销效果。反过来说，要产生一定程度的营销效应，就必须把企业的目标、消费群体的生活态度和潜在期望联系在一起，通过各种营销形式具体表现出来，才能达到触动消费者潜在需求的目的。

事件营销的一个关键点就是根据消费者的心理与购买动机寻求目标消费者群体不同的购买倾向。而影响顾客心理需求与购买动机的因素有许多种，包括消费者的价值心理、规范心理、习惯心理、身份心理、情感心理等。因此，企业在针对不同的事件进行消费者定位时，只有以消费者的心理需求与购买动机为依据，准确定位、"投其所好"，营销模式才有可能取得成功。以疫情防控期间防疫用品购买为例，女性出于对家庭和自身的照顾意识，关注率要高于男性。

但是，针对同一事件进行目标消费者群体定位时，由于其心理需求和购买动机不尽相同，因此，定位的消费者群体也可能不同。不进行详细的市场调查和研究就盲目地进行消费者定位，势必会造成营销目标模糊、营销措施混乱的局面，最后造成事倍功半的结果。因此，事件营销的目标群体定位既要突出企业的近期和长远战略目标，又要考虑到不同消费者的特点和心理需求，要因人而异、因事而异。

4. 市场推广定位

市场推广定位又被称为促销定位，即选择什么样的促销方式同媒体合作来开展企业的促销活动。市场推广定位有两层含义：一层是市场推广方式的选择定位，即人员推销、营业推广、广告、公共关系等方式的选择及其组合；另一层含义是在选择了特定的促销方式后，又怎样确定实现这个方式的具体手段或合作媒体。市场推广定位准确与否直接关系到促销的效果。要提高促销定位的准确性，必须分析产品的属性和消费者的特性，同时要考虑到企业本身的实力，从而找准既适合产品，又适合消费者的促销方式。

事件营销成功要点是事件与推广传播手段的协调与合作，包括新闻、电视广告、平面广告、宣传海报等，形成围绕"事件"的一个有机整体。而成功的广告传播定位必须解决好两个问题，一是媒体问题，二是广告创意问题。媒体选择恰当，既宣传了产品，又节约了费用；创意准确、独特，可以为广告传播定位起到画龙点睛的作用。

三、选择事件营销策划策略

事件营销的最终目的是促成产品或服务的销售目的，因此，企业应以消费者的需求和满意度为策略选择的标准，并联系企业实现营销活动的目标而制定出最有效的营销策略。

通过对国内外各种事件营销案例的分析，一般来说，可将营销策略分为以下几种：

1. 概念炒作策略

概念炒作是指企业为自己的产品或服务创造一种新的理念，引领消费者新的消费倾向和潮流。在概念炒作时，策划者将市场看作理论市场与产品市场两个不同的侧面。通过先启动理论市场而不是产品市场来传输一种观念，进而做好产品市场。如农夫山泉宣布停止生产纯净水，只出品天然水，大玩"水营养"概念，从而引发的一场天然水与纯净水在全国范围之内的"口水战"，招致同行们的同仇敌忾，但农夫山泉正是借此树立了自己倡导健康的专业品牌形象。

2. 公益活动策略

企业应广泛参与社会公益活动，争取与消费者近距离地接触和交流，使消费者对企业理念和企业产品有较深的认识，获取消费者对产品的意见和反馈信息，并且通过赞助公益事业等方式提升企业的知名度和美誉度。

2023 年 5 月 ubras 通过一枚"小粉标"，开启了具体的公益实践——让更多女性了解自己的乳房，同时也对乳腺健康越来越关注。在女性营销集中爆发的当下，ubras 没有空喊口号，而是以微小却具体的改变，用实质的关怀对女性群体给予回应，这一小小改变不仅是品牌社会责任感的体现，也是强化用户与品牌情感联系的方式，并且提升了企业的知名度美誉度。

3. 文化传播策略

通过利用我国悠久的历史文化，与企业的产品理念相联系，深入消费者内心，提升消费者的自我满足感，达到提升知名度的目的。

近几年来，故宫口红、故宫贺卡、故宫摆件的出世，让故宫不再是严肃辉煌的代名词，并慢慢入世到人们生活当中。从"我在故宫修文物"再到"故宫文创"，仿佛一夜之间，故宫变成了为全国最大"IP"。许多人认为故宫拥有上千年的历史底蕴，包含着成百上千的文物古迹，无论做什么都是必会成功的。然而在文创之路上，许多博物馆都努力推出蕴含文化底蕴的产品，最终只是在自己小圈子中"圈地自萌"。而故宫文创，则是借助着互联网这道"东风"，让更多圈子外的路人所知晓、所喜爱。

4. 新闻舆论策略

新闻舆论策略是指企业通过利用社会上有价值、影响面广的新闻，或者与相关媒体合作，不失时机地把自己的品牌和新闻事件或消费者身边的热点问题联系在一起，发表大量介绍和宣传企业产品或服务的软性文章进行报道，以理性的手段传播自己，从而吸引公众的视线。

新闻舆论策略的重要一环是与媒体的沟通。对于很多事件，如果没有媒体的有效传播，可能就不会真正成为具有利用价值的事件。首先，媒体对社会上和企业内部发生的事件永远都会感兴趣，这是媒体的行业特点和记者的职业特点所决定的，所以企业进行事件营销时必须做好与媒体的沟通工作，这在一定程度上将是最重要的沟通。要做好与媒体之间的沟通，制造有利于企业发展的新闻舆论，就必须注意以下几点：

（1）要相信媒体会给予事件以客观的报道。

及时、准确、客观报道新闻是记者的工作职责和职业要求，但是考虑到也有少数媒体缺乏职业道德，因此企业应尽量选择知名度与可信度高的媒体合作。

（2）要认识到媒体的报道不是以个人或企业的意志为转移的。

虽然媒体报道会是客观的，但对同一件事，不同媒体有不同的报道角度，有的媒体报道的角度可能是企业无法接受的，对此企业应提前做好应急准备。

（3）要充分尊重媒体。

媒体和记者都需要受到别人的尊重，一旦记者感受到尊重，他们也与大众一样有同情心，在报道时也许会减少刻薄加大宽容。因此要尽量与媒体配合提供报道条件。

（4）要明确媒体对事件的关注度是有限度的。

如果事件已无新鲜的内容，媒体就会结束对事件的报道。因此要用尽可能少的次数、尽可能短的时间把事件的信息尽可能多地告诉媒体。

5. 宣传活动策略

宣传活动策略是指企业为推广自己的产品而组织策划的一系列宣传而非广告的活动，以吸引消费者和媒体的眼球达到传播企业理念和产品的目的。利用企业宣传活动进行事件营销是向公众传播企业理念和产品信息的重要而有效的方式，具体宣传形式有两种：

一是举办各种招待会、座谈会、联谊会、茶话会、接待和专访等社交活动。这类公共关系活动具有直接性、灵活性和人情味等特点，能使人际的关系进入"情感"的层次。

二是提供各种优惠服务如开展售后服务、咨询服务、维修技术培训等，以行动证实对公众的诚意。这类活动被称为"实惠公关"，容易获得公众的理解和好感。

通常，企业通过体育冠名、赞助或者利用明星的知名度增加附加值等方式追求宣传效益最大化。

四、强化品牌形象

事件营销过程中的品牌强化应当依赖其他市场活动来实施，这些活动包括广告宣传、价格调整、促销策略、渠道策略等。对于以产品相关的品牌联想为品牌核心的品牌来说，事件营销过程中应着重于宣传企业产品的设计、制造及各种创新性营销方式。对于以非产品相关的品牌联想为品牌核心的品牌来说，事件营销应以广告活动为主的品牌沟通为主要的强化策略，企业可以通过广告活动与消费者进行沟通，在广告中采用符合品牌联想的品牌使用者及使用场合，从而强化该品牌的形象。

五、进行营销过程控制

在执行事件营销活动过程中可能会出现许多意外情况，企业必须行使控制职能以确保营销目标的实现。即使没有意外情况，为了防患于未然，或为了改进现有的营销计划，企业也要在计划执行过程中加强控制。事件营销模式的实施过程控制大致可以从三个方面入手：

1. 营销战略控制

在复杂多变的市场环境中，原来制定的目标和策略往往很快就过时。营销管理者必须通过采取一系列行动，使企业的事件营销实际活动与原战略规划尽可能保持一致，在控制中通过不断的评估和信息反馈，连续地对营销措施和营销策略进行纠偏和调整。战略控制要不断地根据最新的情况重新调整计划和进展，因此，营销战略控制较难把握。

例如，家电业"黑马"奥克斯，就善于运用事件营销进行市场操作，从"爹妈革命"到"米卢代言"，从"空调价格白皮书"到"吴士宏风波"……，其营销战略也经历了低价战略、服务战略、技术战略、渠道战略等不同阶段。不同的经济形势和竞争状况采取不同的营销战略，使奥克斯从一个二三阵线的小企业一夜成名，进入全国前三名，这些成绩足以证明企业进行事件营销的营销战略不应是一成不变的，而应根据市场状况、企业自身条件等诸多因素综合制定营销战略。

2. 定位控制

要进行准确的事件营销市场定位，就必须正确评估事件的性质、企业产品特性、消费者实际需求和企业自身以及竞争者所处市场位置，确定适合本企业和企业产品的市场定位，作为拟定营销策略和新产品研发的依据。

【实例 13-7】　　　　　　　　宝洁"激爽"决策

以 2002 年宝洁公司力推的"激爽"品牌的失败为例。2005 年宝洁公司三年花费 10 亿元力推的沐浴产品激爽（Zest），已停产退市告别中国市场。这种结局出乎所有人的意料。2002 年 6 月，当宝洁公司推出激爽的时候，以其特别的路演吸引了无数媒体和大众的目光，也引起了营销界关于"事件营销"的讨论。但宝洁公司如今却无奈地宣布："出于长远发展的战略考虑，宝洁公司已经决定从 2005 年 7 月起，停止激爽的生产。"根据其营销活动分析，它的"新奇和刺激的体验"的沐浴概念并不被普通消费者接受，因为当时中国大多数消费者对沐浴的概念还停留在清洁除菌的层面。因此，激爽的失败，最主要的原因在于其广告诉求的超前性及其定位不够准确。

资料来源：百度文库文章《宝洁品牌失败案例解析：品牌延伸三大危害》。

3. 策略控制

事件营销模式以营销策略为营销行动的指导思想，选择正确的营销策略是事件营销模式成功的基础和保障。事件营销策略有概念炒作、宣传活动策略、价格策略等多种，企业应当考虑自身的现实状况、市场竞争状况和经济形势的发展，针对不同时期的战略目标制定不同的营销策略，来满足企业的营销需求。

六、实施营销效果反馈

事件营销模式的效果反馈是在对事件营销模式操作过程的全面分析基础上所进行的系统检查，这种做法有助于企业事件营销模式的完善和提高，为今后的事件营销提供参考依据。营销效果大致可以从营销绩效、社会影响和客户评价三个方面体现出来，因此，可以通过这三个方面的反馈来衡量营销效果。

1. 事件营销绩效反馈

事件营销绩效的反馈可以通过企业实施事件营销模式前后的销售业绩、成本和利润三个方面的比较来实现，通过在事件营销实施前后的数据对比，衡量其营销绩效。

2. 竞争市场反馈

对竞争市场状况的反馈，可以从市场占有率和市场份额的比较、现有竞争对手的业绩状况、潜在竞争对手调查三方面体现。通过在事件营销实施前后的市场占有率比较，可以衡量事件营销活动引致的营销效果；通过对现有竞争对手的业绩状况潜在竞争对手的调查，可以衡量事件营销是否有助于企业取得竞争优势。竞争市场反馈可以帮助企业认清自己在行业中的地位和实力，为企业下一步营销战略和策略的调整提供依据。

3. 客户评价反馈

客户评价反馈可以在事件营销实施后，通过客户基本情况调查、企业形象调查、产品知名度和美誉度调查等方式，了解客户对企业及产品的评价反馈，帮助企业及时了解消费者对事件营销活动的反应，了解他们对企业产品或服务的意见和建议，促进企业产品或服务的改进和更新。

营销模式的效果反馈可以在营销过程中及时调整营销策略，使企业的各项工作按计划进行，也可以在营销行动结束后总结经验教训，并为企业今后的营销工作提供参考。企业可以依据事件营销模式的效果反馈结果做出适当的人事、组织机构和合作者的调整，可以明确责任人的工作成绩奖优罚劣，可以及时调整企业的发展战略和方向，可以反思企业进行营销活动的各项举措的准确性，并做出适当改进。

【知识训练】

一、重点概念

事件营销　借势策略　造势策略

二、思考题

1. 常用的事件营销策划方法有哪些？
2. 事件营销策划包括哪些流程？
3. 你认为事件营销策划中需要注意避免哪些误区？

【能力素质训练】

一、案例分析

蜜雪冰城新品营销：天气太热，雪王都"黑化"了

2022年6月下旬，不少人发现蜜雪冰城的品牌IP雪王"黑化"了，蜜雪冰城在外卖平台、微信公众号以及抖音号的官方头像都变成了黑雪王。不仅线上"黑化"，线下门店也同步变成了黑雪王。

"黑化"的雪王立即引发了网友的热烈讨论，有人猜测可能和河南近期的高温天气有关，毕竟蜜雪冰城的总部就在河南郑州。官方也开始下场互动，有人问蜜雪冰城在外卖App上还有个别门店头像没黑化，蜜雪冰城官方幽默回答"用了防晒，黑得比较慢"。还有人问为什么微博头像还没"黑化"，对此，官方也机智解释称"还在日光浴中"。

直到19日18时，蜜雪冰城官方在微博公布了正确结果，"变黑的真相只有一个，雪

王去桑葚园摘桑葚被晒黑了"，原来蜜雪冰城的最终目的是给自己的新单品造势。

请分析：

1. 蜜雪冰城使用的何种事件营销方法？

2. 请评价蜜雪冰城此次事件营销策划活动，并给出你的优化建议。

二、实训项目

地球关灯一小时是世界自然基金会发出的一项全球倡议活动：呼吁个人、社区、企业和政府在每年三月最后一个星期六的 20:30—21:30 熄灯一小时，以此来激发人们对保护地球的责任感，以及对气候变化等环境问题的思考。为了支持这项公益活动，某餐厅也参与了这项熄灯活动，号召参与活动的朋友来一场烛光晚餐。

实训练习：

结合此次公益活动，请你为这个餐厅进行一次完整的事件营销策划。

参考文献

[1] 邓镝. 营销策划案例分析 [M]. 2 版. 北京：机械工业出版社，2014.

[2] 赵静. 营销策划理论与实务 [M]. 北京：机械工业出版社，2013.

[3] 连漪，梁健爱. 营销策划：原理与实务 [M]. 北京：中国人民大学出版社，2021.

[4] 乔辉. 营销策划：创意、信息处理及表达 [M]. 上海：上海财经大学出版社，2015.

[5] 姜岩. 营销策划：方法、实务与技能 [M]. 北京：清华大学出版社，2020.

[6] 王锦程. 市场营销策划原理与实务 [M]. 北京：中国财富出版社，2015.

[7] 王又花. 营销策划理论与实务 [M]. 北京：中国水利水电出版社，2020.

[8] 朱洁，包月姣. 营销策划实务 [M]. 重庆：重庆大学出版社，2017.

[9] 潘小珍. 营销策划：思路·创意·技巧 [M]. 广州：中山大学出版社，2009.

[10] 孙雷红，薛辛光. 营销策划理论与实务 [M]. 3 版. 北京：电子工业出版社，2022.

[11] 孙德禄. 营销策划一本通. [M]. 广州：广东旅游出版社，2016.

[12] 张晓红，金宏星. 品牌策划与推广 [M]. 北京：人民邮电出版社，2020.

[13] 叶生洪，陶乐，吴国彬. 营销策划理论与实务 [M]. 北京：人民邮电出版社，2019.

[14] 王晓华，戚萌. 营销策划 [M]. 北京：人民邮电出版社，2021.

[15] 李阳，林玉贞，吴吉明. 市场营销策划理论与实务 [M]. 北京：北京理工大学出版社，2018.

[16] 王斐，罗军. 营销策划 [M]. 北京：北京理工大学出版社，2018.

[17] 余敏，陈可，沈泽梅. 营销策划 [M]. 北京：北京理工大学出版社，2020.

[18] 李悦. 现代市场营销学 [M]. 北京：清华大学出版社，2015.

[19] 谭俊华. 营销策划 [M]. 北京：清华大学出版社，2016.

[20] 张剑渝，王谊. 现代市场营销学 [M]. 成都：西南财经大学出版社，2019.

[21] 王瑞丰. 市场营销策划与执行 [M]. 北京：首都经济贸易大学出版社，2013.

[22] 任锡源，郑丽楠. 营销策划 [M]. 北京：中国人民大学出版社，2020.

[23] 左仁淑. 营销策划：原理与方法 [M]. 北京：中国人民大学出版社，2020.

[24] 郭勇. 产品分销与渠道策划 [M]. 北京：中国时代经济出版社，2005.

[25] 孟克难. 广告策划与创意 [M]. 北京：清华大学出版社，2021.

[26] 任锡源. 营销策划 [M]. 北京：中国人民大学出版社，2016.

［27］王志刚，陈寰. 市场营销策划［M］. 北京：中国轻工业出版社，2018.

［28］张成允. 新媒体背景下广告营销策划发展路径探索［J］. 营销界，2022（9）：41-43.

［29］潘晓瑜. 浅析"互联网+"时代精准营销策划与实施［J］. 经贸实践，2018（23）：167.

［30］佘岫音，隋欣. 读《策划人时代》有感：策划时代对营销理论的新认知［J］. 艺术研究，2017（1）：94-95.

［31］史思乡. 市场营销管理创新与策划方法研究：评《市场营销策划》［J］. 人民长江，2020，51（5）：236.

［32］韩江月. 品牌形象策划与网络营销策略分析［J］. 营销界，2022（16）：74-76.

［33］俞凌岚. 中国网红茶饮品牌形象设计研究：以网红品牌喜茶为例［J］. 品牌研究，2020（2）：52-55.

［34］刘明远. 探析 IP 形象在现代品牌形象设计中的运用［J］. 中国民族博览，2022（10）：58-61.